공공감사

Public Sector Auditing

Public Sector Auditing

존 번경 지음 ㅡ 김성준 · 전광춘 옮김

공공감사 公共監査

성과감사의 역할과 방법론

아모르문디

이 책은 내가 1988년 이후 영국 감사원장으로, 1998년부터 2005년까지 웨일스 선임 감사원장으로, 그리고 유엔 감사위원회 의장 및 위원 등 다수의 국제기구 외부감사직으로 업무를 수행하며 겪은 경험을 기술한 것이다.

나는 항공부, 재무부, 공무원대학, 국방부, 북아일랜드 행정청 등에서 30여 년간 공직 생활을 거친 후 감사원장에 취임하기 위해 공무원직을 떠났다. 물론 공무원 재직 중에도 감사원 업무를 접할 기회가 있었다.

나는 영국 중앙정부의 재무제표를 감사하고 법률과 의회의 기대에 부응하여 예산이 사용될 수 있도록 감시하는 감사원의 역할에 큰 경의를 품고 있었다. 또한 감사원의 존재 자체가 공적 자금 집행의 중요성을 지속적으로 드러내는 작용을 한다고 보았다.

이와 더불어, 나는 영국 감사원이 예산의 적법한 사용 여부를 감시하는 전통적 책임에 더하여 새로운 역할을 할 수 있는 매우 좋은 기회를 맞았다고 생각했다. 그것은 바로 성과감사 개발을 통해 정부 예산사업의 재정가치(value for money, VFM) 달성을 장려하는 역할로, 1983년 제정된 국가감사법(National Audit Act of 1983)이 감사원에 부여한 새로운 책무였다. 예산이 비록 적법하게 사용되었다 하더라도 그 결과가 실망스럽거나 VFM과 정반대가 되어 낭비를 초래할 수 있음을 기억해야 한다.

이 책은 나와 영국 감사원 직원들이 어떻게 VFM 감사 프로그램을 발전시켜왔는지, 그리고 우리가 새로운 감사 전문 영역과 새로운 방법론을 개발하면서 외국 감사원과 민간 부문으로부터 어떻게 교훈을 얻었는지에 관해 기술하고 있다. 그리하여 이 책이 영국뿐 아니라 다른 많은 국가에서도 VFM이 유용하고 효과적인 수단으로 자리매김하도록 해주는 지침서가 되기를 희망한다.

이 책은 수많은 공공행정 분야 및 단계에 걸친 세계 각국의 경험과 보고서에 기초한다. 또한 공산주의 패망 이후 많은 국가에서 경험하고 있는 정부 본질의 변화도 고려하였다. 즉 정부활동과 서비스를 제공할 때 공공 부문과 민간 부문 간 더욱 밀접해진 연계, 커뮤니케이션과 정보 처리에 새로운 기술이 미치는 영향, 돈세탁 같은 새로운 형태의 범법행위가 주는 위협, 그리고 많은 면에서 국가들을 더욱 가깝게 만들었지만 한편으로는 긴장과 도전도 야기한 글로벌화의 위력 등에 대해서도 다루었다.

따라서 이 책이 공공 부문 감사인이 모든 시민을 위해 효과적인 민주 정부를 달성하는 데 지금보다 훨씬 더 큰 기여를 할 수 있는 방법을 조명할 수 있기를 바란다.

감사의 말 ————————————————————

먼저 내가 런던정경대학(LSE) 방문교수로 재직하면서 감사원장 경험을 토대로 일련의 세미나를 진행할 때 발표 내용을 책으로 남기면 좋겠다고 제안한 조지 존스 교수에게 감사드리고 싶다. 그리고 이 책을 완성할 수 있도록 격려하고 도움과 조언을 아끼지 않은 제프리 패티 경에게도 감사를 전한다.

무엇보다 영국 감사원의 모든 동료들, 특히 마이클 화이트하우스, 마크 배빙턴, 팀 밴필드, 에드 험퍼슨, 제러미 론스데일, 제임스 로버트슨, 닉 슬론에게 큰 감사를 드린다. 이 책은 많은 부분 오랜 기간에 걸쳐 나와 감사원 직원들이 힘을 모아 이루어낸 영국 중앙정부와 국제기구에 대한 감사 활동의 기록이기에, 감사원의 모든 이에게 실로 감사하다.

이 책을 완성하기까지 정말로 유용한 아이디어를 제공하고 조언을 해준 친구들과 동료들인 미국정부회계사협회 차장 피터 앨리페리스, 전 호주 감사원장 팻 배럿, 킹스 칼리지의 리처드 로플린 교수, KPMG 파트너인 길버트 로이드, 런던정경대 에드 페이지 교수, 루뱅 가톨릭대의 크리스토퍼 폴릿 교수에게도 감사를 드린다.

이 책은 공공감사에 관한 책으로, 내가 감사원장 책임을 맡았던 영국 정부뿐 아니라 영국 전체 및 다른 국가의 모든 공공감사에도 유의미한 분석과 아이디어, 제안 등을 담기 위해 기획되었다.

그래서 나는 영국과 다른 국가의 관할권에서 공공감사 권한을 부여받은 여러 동료로부터 많은 것을 배웠다. 세계감사원장회의(INTOSAI)와 유럽 감사원장회의(EUROSAI)를 통해 만난 동료들, 영국 감사원의 피감 부서인 정부부처들의 동료들, 재무보고위원회(Financial Reporting Council, FRC)의 동료들, 회계협회(Accountancy Foundation)와 FRC 감독위원회에 감사드린다. 또한 우리가 작성한 감사보고서를 보고받는 영국 의회 소속 의원들, 특히 공공회계위원회(Committee of Public Accounts)의 위원장이었던 존경하는 셸던 경과 데이비드 데이비스, 에드워드 라이 세 분께도 감사드린다. 그리고 공공회계심의회(Public Accounts Commission)[1]의 세 분의 위원장인 존경하는 피터 호던 경(호셤과 크롤리 선거구의 전 의원)과 셸던 경, 앨런 윌리엄스 의원과, 내가 초대 웨일스 감사원장으로 재임할 때의 웨일스 의회 구성원들, 특히 감사위원회 소속 위원들과 내 재임 기간과 겹친 두 위원장 재닛 데이비스와 대피드 위글리에게 감사의 말씀을 전한다.

끝으로 아낌없는 지원과 조언을 해준 이 책의 출판인 케이틀린 코니시에게 큰 감사를 드린다.

이 책의 내용은 영국 감사원(NAO)의 감사보고서에 많은 부분을 의존하였기에, 내가 저자로서 얻게 될 모든 수입은 감사원에 전달하려 한다.

마지막으로, 이 책을 저술하면서 수많은 도움을 받았지만 내용의 부족함에 대한 모든 책임은 오로지 나에게 있음을 밝힌다.

---

1) 역주: 공공회계심의회는 1983년 영국 국가감사법 제정과 함께 영국 감사원(NAO)의 감독기구로 영국 감사원 예결산 심의 등을 위해 하원에 설치되었다. 공공회계위원회 의장과 하원의장을 포함한 9명의 하원의원으로 구성되며, 장관직을 맡고 있는 의원은 위원이 될 수 없다. 위원장은 소속 위원들이 선출한다(출처: *National Audit Act of 1983*).

‖ 차 례 ‖

11장 프로그램 및 프로젝트 관리
—관료제의 가장 약한 연결 고리   345

12장 성과의 측정—명확함 혹은 혼동   382

1장 들어가며

감사(Auditing)는 현대 사회에 꼭 필요하지만 그다지 인기는 없는 활동이다. 누구도 감사인이 자신의 업무를 들여다보는 것을 반기지 않으면서 어쩔 수 없이 감사 활동의 존재를 받아들인다. 그러나 회계처리가 잘못된 것으로 드러나거나 부정이 발견될 때, 또는 공공사업의 낭비적 요소가 낱낱이 공개되는 경우와 같이 감사인이 정부 활동의 감시자(watchdog) 역할을 할 때 우리는 감사의 필요성을 새삼 확인하게 된다.

그러나 많은 사람들이 감사에 소요되는 비용이 과연 감사로 인한 결과로 정당화될 수 있는지 의문을 제기한다. 이는 민간 부문과 공공 부문에서 공통으로 나타나는 현상이다. 공공 부문에 한정할 경우 공공사업의 지연, 사업비 증가, 질 낮은 공공서비스 등과 같은 잘못이 왜 개선되지 않고 반복되는지에 대해 많은 국민들이 의문을 갖고 있다.

따라서 '공공감사는 과연 재정가치(Value for Money, VFM)가 있는가?'라는 질문을 제기할 수 있다.

이 책의 목적은 공공감사가 재정가치가 있을 수 있음을 보여주는 것이다. 그 논거는 다음과 같다.

• 공공 부문은 근본적으로 규정에 의해 움직이는 계급제의 관료조직이다. 따라서 봉사할 책임이 있는 대상에게 어떤 결과를 미쳤는지에 관심을 기울이는 외부 지향성보다는 과정이나 절차 등에 관심을 먼저 기울이는 내부 지향성이 크다.

• 공공감사는 대상 기관으로부터의 독립성과 그로 인해 주어진 권한 및 객관성을 통해 가치를 발휘할 가능성을 갖고 있으나, 전통적으로 규정과 절차가 준수되었는지, 예산이 적법하게 사용되었는지 등을 점검하는 데 초점을 둠으로써 내부 지향성이 강화되었다.

• 감사인은 실패 사례 분석에 초점을 두어왔으며, 물론 이를 통해 무엇을 하지 말아야 하는지에 대한 교훈을 얻을 수 있었다. 그러나 이러한 접근 방법은 부정과 낭비를 지적하고 적발하는 데에는 분명 중요한 가치가 있지만, 실패 사례를 축적하는 것이 성공으로 이끌어주지는 않는다.

• 이 책의 논리는 공공행정의 성공을 분석하고 장려함으로써 감사인이 비판자 및 고발자(critic and nark) 역할에서 벗어나 코치 및 멘토(coach and mentor)의 역할을 할 수 있으며, 따라서 감사인의 권고 사항이 공공감사의 고객인 공공기관이 범한 과거의 실패 사례를 단순히 비난하는 데 그치지 않고 앞으로의 성공을 지원할 수 있다는 것이다.

1.1 현대의 공공행정

이러한 논리의 배경으로서, 서론에서는 감사인이 수행해야 하는 활동을 규정하기 위해 우선 현대 공공행정의 몇 가지 주요 특징을 설명한 후 다음 장에서 제시할 논리를 간략하게 요약하고자 한다.

먼저 국가에 따라 정부 및 행정부가 서로 다른 방식으로 조직되어 있음을 인식할 필요가 있다. 영국, 중국, 포르투갈, 아일랜드, 그리스는 일원적 국가인 반면 러시아, 인도, 미국, 독일 등은 연방국가이다. 한편 덴마크, 핀란드, 스웨덴 등의 국가는 공공서비스 전달 책임의 상당 부분을 시(市) 정부가 담당한다. 많은 유럽 국가에서 공공서비스는 두 차례에 걸친 세계대전의 전비 조달과 같은 주요 역사적 사건에 대응하여 변화하고 적응해왔다. 그리고 모든 국가들은 빈곤과 사회적 소외 문제를 해결하고 일반 국민의 복지를 증진해야 할 도덕적 책임을 공유한다고 주장한다.

많은 국가에서 정치 이데올로기가 공공행정을 변모시켜왔다. 제2차 세계대전 이후 수십 년간 전 세계 많은 국가들이 정부활동의 범위와 규모를 확장해왔는데, 산업을 국유화하고 국가가 운영하는 의료서비스가 출범했으며 사회보장제도가 확대되었다. 공산주의 국가들은 대부분의 경제 활동을 국가 통제하에 두고자 하였고, 영국과 프랑스 등 사회적 시장경제를 유지했던 많은 국가들도 전기, 수도, 가스, 철도 등의 주요 서비스를 공기업이 제공하는 등 상당한 규모의 공공 부문을 보유하였다.

그러나 1970년대 이후부터 새로운 변화가 일어났다. 구 공산권 국가를 포함한 많은 국가에서 국가 기능의 축소가 진행되었다. 많은 경제 활동이 민간 부문으로 반환되었다. 예를 들어 영국의 경우 철도, 전기, 상수도, 국영항공, 통신 등이 민영화되었으며, 국가 독점사업이 민간 독과점으로 전환되는 경우 주주와 소비자 간의 공정한 거래를 보장하기 위해 규제기구가 설치되었다.

보다 최근에는 급격한 기술 진보가 공공서비스 전달 방식의 변화를 일으키는 동인으로 작용하고 있다. 공공 부문이 영향을 미치고자 하는 대상도 많은 국가에서 바뀌었다. 과거에 공공기관은 제공할 서비스에 대해서만 관여해왔지만, 이제는 반사회적 행태, 비만 방지 식단, 좋은 부모 훈련,

환경 지속 가능성 등 소위 '라이프 스타일의 선택'을 포함한 다양한 영역에서 영향을 미치려는 시도가 늘어나고 있다.

이러한 트렌드로부터 많은 국가에서 공통적으로 새롭게 나타나는 현상이 공공 부문이 더 이상 서비스 전달을 독점하지 않는 것이다. 이에 따라 민간과 자발적 부문(voluntary sector)의 역할이 점차 더 중요해지고 있다. 그러나 다른 많은 측면에서 공공서비스는 여전히 놀라울 정도로 변하지 않고 있다. 명확히 정의되고 대개는 세밀하게 규정된 의사결정 절차가 그대로 유지되고 있다. 복지 혜택 같은 국가 지원의 자격 여부나 경제개발을 촉진하기 위한 보조금 등은 매우 복잡한 세부 규정과 규칙을 만족해야한다. 이 같은 내재적 정교함은 행정적 비효율을 초래할 가능성을 높이는한편 혁신과 기업가정신을 억제하는 방향으로 작용할 뿐 아니라, 혜택을받아야 할 상당수 사람들이 실제 혜택을 받지 못할 위험을 높인다. 역대 정부들이 해결하고자 씨름해온 많은 내재적 갈등이 그대로 남아 있다. 예컨대 변화를 유도할 때 정부가 하향식으로 추진하는 것과 시장 및 경쟁을 창출하는 것 사이에 최적의 균형을 달성하는 것, 또는 중앙의 전략 및 시스템과 현장 집행부서의 재량권 사이에 발생하는 긴장을 해결하는 것과 같은이슈들이 여전히 숙제로 남아 있다.

그리고 여기에 역설이 있다. 영국이 그렇듯 의료, 교육, 사회복지 등의분야에서 대규모 지출 증대를 통해 공공서비스를 혁신, 개선하고자 하는좋은 시도가 있음에도, 그 수준이 기대에 미치지 못한다는 의견이 여전히널리 퍼져 있다. 기술 격차의 해소나 생산성 향상 같은 분야에서 기대 이하의 성과는 글로벌 경제하의 국가경쟁력 저하로 이어진다. 물론 이것이 다는 아니다. 모든 국가는 아니더라도 대부분의 국가에서 평균 생활수준이향상되었고, 경제적 번영뿐 아니라 의료, 교육 등과 같은 공공서비스도 이에 기여하였다. 그러나 여전히 심각한 예산 낭비와 성과 저하, 사회 취약계층이 마땅히 받아야 할 서비스를 받지 못하는 등의 사례가 계속되고 있다. 왜 이와 같은 사례가 발생하는지에 대한 많은 연구가 진행 중이다. 그러나 대부분 국민의 합리적인 기대 수준을 충족하면서 감당할 수 있는 예산 한도 내에서 비용효율성도 있는 공공서비스를 설계하고 제공하는 최적의 방법에 관해 이해관계자들 간에 합의에 도달하는 것은 여전히 해결하지 못한 문제이다. 따라서 이러한 논의에 공공감사의 개입 여지가 충분하다.

1.2 국가감사의 전통

지난 수백 년간 국가감사는 전제주의나 민주주의 국가를 막론하고 거의 모든 국가에서 어떤 형태로든 존재해왔다. 그리고 공적 자금 사용에 대한 공공책무성(accountability)은 민주적 정부의 기초라 할 수 있다. 어느 국가에나 감사원장 또는 감사원 등과 유사한 명칭의 기구가 존재하기는 하나, 공공감사 체계는 전 세계에 다양한 형태가 존재하고 있다.[1] 이러한 다양성 내에서도 크게 두 가지 전통을 찾을 수 있다. 하나는 영연방국가, 미국, 스칸디나비아 국가 등에서 볼 수 있는 관습법적 전통(common law tradition)인데, 이들 국가에서 감사원장(auditor general)의 주요 책임은 감사 결과를 의회에 보고하는 것이며, 의회는 보고를 받은 후 정부에 어떤 권고안을 제시할지를 결정한다. 그러나 감사원장은 감사보고서에 수록된 위법사항에 대해 처벌할 법적 권한을 갖고 있지 않다.

다른 하나는 로마법적 전통(Roman law tradition)으로 불리는 것이다. 이에 따르면 회계법원에서 공공감사를 수행하는데, 그 과정에서 청문회를 개최할 수 있으며 회계법원의 결정과 처벌은 법적 효력을 갖는다. 프랑스

---

1) Comptroller and Auditor General(2005), *State Audit in the European Union*.

감사원(Cour des Comptes), 이탈리아 감사원(Corte de Conti), 스페인 감사원(Tribunal de Cuentas) 등이 대표적이다.

보다 최근에는 많은 국가에서 국가감사기구의 감사 범위와 업무에 상당한 변화를 도입하고 있다. 이러한 변화의 공통된 목표는 성과감사 또는 VFM 감사 수행을 위한 법적 권한을 부여하는 것이다. 예를 들어 이탈리아의 경우 1994년 감사 관련 주요 법률이 새로 제정되어 Corte de Conti, 즉 이탈리아 감사원의 역할을 강화하고 성과감사 실시 권한을 부여하였다. 아일랜드는 1993년 감사원장법(Comptroller and Auditor General Act)을 개정하여 감사원장의 권한 범위를 확대하고 성과감사 수행에 대한 법적 근거를 마련하였다.

영국의 경우 1983년 국가감사법(National Audit Act of 1983) 제정으로 감사원장의 지위에 매우 큰 변화가 발생했다. 이 법의 제정은 당시 행정부, 특히 국고 업무를 담당하는 재무부가 공공감사 예산과 감사자료 접근 권한에 영향력을 갖고 있다는 점, 그리고 감사원장과 재무부가 서로 상대방을 감사하게 되는 명백한 이해 상충이 발생하는 비정상적 상황에 대한 의회, 학계,[2] 그리고 일반 국민의 우려에 따른 것이었다. 1983년 법률에 따라 감사원장은 공식적으로 영국 하원의 관리가 됨으로써 행정부로부터 명확하게 독립되었다. 그리고 감사원의 예산이 행정부가 아니라 의회로부터 직접 주어지게 되었다. 이와 함께 중앙정부 부처와 공공기관 등이 주어진 자원을 경제적, 효율적, 효과적으로 사용하였는지를 조사하는 성과감사 권한이 감사원장에게 명시적으로 부여되었다.[3]

---

2) Normanton, E.L. (1966) *The Accountability and Audit of Government* Manchester University Press.

3) 잉글랜드 지방정부에 대한 감사 책임은 영국 감사원이 아니라 Audit Commission에 있으며, 잉글랜드 외 지역의 지방정부에 대한 감사는 해당 지역 감사원이 수행한다.(역주:

국가감사법의 결과, 영국 의회의 지원하에 성과감사(VFM audit) 활동이 빠르게 확립되었다. 오늘날 매년 60개의 VFM 보고서가 발간되고 의회에 보고된다. 1983년 법 제정 이후 정부활동의 전 범위에 걸쳐 1천 개 이상의 성과감사 보고서가 작성되었다. VFM 감사는 엄밀한 절차를 요구하는데, 감사 결과 지적 및 권고된 사항에 대응하여 필요한 조치를 해야 하는 피감기관에게 확신을 줄 수 있어야 하기 때문이다. 이는 공공감사가 지속적으로 긍정적 영향을 미치는 데 중요한 요소이다. **박스 1.1**에는 VFM의 일반적 작동 원리와 수행 방식을 요약하였다. 또한 VFM에 주로 사용되는 진단 및 분석 기법에 관한 설명은 부록을 참조하길 바란다. 감사원장의 감사 범위에 정부정책의 타당성은 포함되지 않으나, VFM 감사 활동과 전통적 감사 활동, 특히 정부부처 회계에 대한 재무감사는 공공서비스 집행의 성공과 실패의 근본 원인에 대한 상당한 통찰력을 제공한다. 영국 감사원의 VFM 연구는 민간 부문과 자발적 부문, 해외 부문 등의 경험도 점점 더 많이 활용하고 있다. 이는 연구를 통해 제공할 수 있는 시각과 통찰력을 향상시키며, 곧 이 책에서 제시하는 논리와 교훈이 공공감사 일반에도 타당성을 갖는다는 의미이기도 하다.

1.3 이 책의 구성과 논의

왜 공공서비스 수준이 기대에 미치지 못하는지 그리고 어떻게 성과를 개선할 수 있는지에 대한 이 책의 분석은 매우 방대한 자료를 기반으로 한다. 로마법 또는 관습법 전통 가운데 어디에 기반을 두고 있는지와 관계없

Audit Commission은 2015년 3월 폐지되어 현재 용역 방식으로 지방정부에 대한 감사가 이루어지고 있으며 영국 감사원은 감사실무규정을 제정 및 개정하는 책임을 갖고 있다.)

박스 1.1: 성과감사(VFM audit)의 의미

 VFM 조사, 연구 또는 평가 활동은 특정 프로그램, 프로젝트 또는 업무가 비용과 혜택(산출물, 결과, 서비스의 질, 그리고 최근에는 공평성까지도 포함)을 최적화할 수 있도록 자원의 최적 활용 방향으로 설계가 되었는지, 또 실제로 최적 활용을 달성하였는지 여부를 객관적으로 평가하는 것이다.

VFM 연구는 통상 성과 부진 또는 가설 수준에 도달하기 위해 개선할 부분 등 무엇이 이슈인지에 대한 구조적 진단에서 출발한다. 그리고 다음 단계로 양적, 질적 데이터를 수집, 분석하여 가설에 대한 검증을 실시한다. 최종 단계는 분석 데이터에 대한 다각적인 접근을 통해 충분한 근거를 갖는 결론을 도출하고 개선을 위한 실질적인 권고안을 이끌어내는 종합 과정이다.

다른 주요 사업과 같이 VFM 조사 역시 프로젝트 관리 원칙에 입각해 운영하는 것이 중요하다. 영국 감사원의 경우 다음과 같은 접근방법을 사용한다.

• 조사가 필요한 사항의 개발을 위하여 제기하고자 하는 이슈, 수집하고자 하는 증거, 그리고 이것들을 어떻게 분석하여 주어진 예산과 시간 내에서 완료할 것인지 등이 제시되어야 한다.

• 실제 조사 단계에서는 분석을 실시하고, VFM 달성 여부 또는 가능성 여부에 대한 결론을 도출하며, 개선방안을 수립한다.

• 감사 대상 부처 또는 이해관계 기관에 지적 사항, 증거자료의 해석 및 제시 방법, 결론 등에 대한 의견을 피력할 기회를 제공한다. 물론 감사 결론에 대한 최종 책임과 의회 보고 권한은 감사원장이 갖는다.

• 보고서를 발간한다.

출처: UK National Audit Office, *Value for Money Handbook—A Guide for Building Quality into VFM Examinations*—http://www.nao.org.uk/

이, 공공감사는 서비스 수혜자이자 세금 납부자로서 시민의 이익을 위해 지속적인 개선을 지원하고 장려할 수 있는 상당한 잠재력을 지니고 있다. 이러한 잠재력을 실현하기 위해서는 면밀한 고려가 필요하다. 이 책은 공공감사가 효과적이려면, 그리고 그 자체로 VFM을 가지려면 과연 무엇이 필요한지에 대해 논의하고 있다.

제2장에서는 관료제적 절차가 어떻게 공공서비스 목표 달성을 저해하고 있는지를 다룬다. 질서 있는 행정을 대변하고 평등과 불편부당을 촉진한다는 점에서 관료제가 많은 기여를 한 것은 분명하다. 그러나 그것은 매우 큰 대가를 수반했음을 부인할 수 없으며, 제2장에서는 그 이유를 분석한다.

제3장은 전통적인 공공감사의 성공과 실패를 다룬다. 정부 회계 및 관련 문서에 대한 검토와 감사 활동이 공적 자금의 출처와 사용처에 관한 가치 있는 정보를 제공한다는 것은 분명한 사실이다. 이러한 활동은 각종 비리와 예산 남용을 막는 보루의 역할을 해왔으며 지금도 그러하다. 그러나 VFM 달성 여부를 알 수는 없다.

많은 정부가 비용편익 분석 같은 기법을 통해 VFM 여부에 대한 답을 찾고자 시도해왔다. 많은 진전이 있기는 했으나, 정부활동의 비용과 혜택을 산출하는 데 필요한 개인 및 집단의 선호도 추정 능력에 대해서는 논란이 있다. 이러한 접근방법과 그에 대한 감사의 장점과 약점에 대해서도 제3장에서 논의를 하고 있다.

보다 나은 결과를 얻는 데 핵심은 공무원의 행동양식이다. 왜냐하면 공무원은 정치권이 부여한 책임 한도 내에서 공공서비스의 설계, 전달, 자원 조달에 관한 주요 결정을 내리는 주체이기 때문이다. 관료의 행동양식에 어떤 영향을 미친다는 것은 모든 인간 행동과 마찬가지로 본질적으로 복잡한 문제이다. 정책 결정의 기초가 되는 정보의 원천과 품질, 성과 측정 방식과 대응 방식, 일반 국민의 견해 등은 주요 결정 요인 중 일부에 불과하다. 그렇다고 해서 감사의 효과, 특히 업무 개선 잠재력이 과소평가되어서는 안 된다.

제4장에서는 비용편익 및 비용효과성 접근방법에 기초한 감사 결과 권

고안을 정부가 대부분 수용하지만 공무원의 행동양식에 변화를 가져오는 데는 왜 대부분 실패하는지 그 이유를 분석한다. 이러한 패러독스의 핵심은 공공감사가 전통적으로 성공의 조건보다는 실패에 초점을 둔다는 데 있다. 물론 감사가 성과 저조와 낭비 등을 드러내는 것이기는 하지만, 이것만으로는 보다 잘하기 위한 학습 및 열의를 이끌어낼 수 없다. 기본적인 심리상 사람들은 실패보다는 성공에서 더 잘 배울 수 있다. 따라서 비판은 건설적이어야 하며, 개선을 해야 하는 당사자들이 납득할 수 있고 의미 있는 방식으로 전달할 필요가 있다. 이렇게 하려면 감사인에게는 인간의 행태에 대한 이해가 필요한데, 이는 감사 업무에 일반적으로 적용할 수 있는 기법은 아니다.

전통적인 관료제 형태에 대한 불신은 새로운 공공서비스 전달 방식에 대한 실험으로 이어졌다. 그중 가장 유망하고 세계적으로 널리 활용되는 방식이 민영화(privatization)와 민관협력사업(public private partnership)이다. **제5장**, **제6장**에서는 관료제의 대안으로서 이 두 방식이 갖는 타당성과 시사점, 그리고 공공서비스 형태에 대한 기존의 견해에 미치는 영향 등에 대해 설명한다. 영국에서 공공감사는 공적 자금 사용에 대한 공공책무성을 확보하는 전통적인 역할을 통해 위 두 가지 전달 방식의 발전 과정을 추적해왔다. 관리가 필요한 리스크를 발굴했을 뿐만 아니라 성공을 위해 필요한 요인 등 성공 사례도 제시했다. 민영화와 민간투자제도는 또한 공공 부문 감사인으로 하여금 VFM을 측정하는 방법론을 재검토하고 새로운 기법을 개발하도록 요구한다. 이러한 변화가 공공 부문 감사인에게 던져주는 시사점은 매우 크다.

제7장에서는 더 많은 규칙과 규정을 만들어내고자 하는 관료제적 경향이 갖는 폐해에 대해 논의한다. 그 원인을 살펴본 후 달성하고자 하는 긍정적 효과보다 도입과 관리에 높은 거래비용이 소요되는 규정을 어떻게 억

제하고 폐지할 수 있을 것인지, 감사인은 어떤 권고안을 제시할 것인지에 관한 지침을 제공한다.

제8장은 국민을 위한 공공서비스의 품질에 대한 감사 문제를 다룬다. 모든 공공서비스의 최종 목표는 그 전달 방식이 무엇이든 간에 합리적 수준의 국민 수요를 경제적이고 효율적인 방법으로 충족하는 것이다. 복잡다기한 기대 수준이 존재하는 현대 사회에서, 선택의 기회를 주지 않고 동질적이고 비차별화된 고객을 가정해버리는 관료제적 경향은 대부분 국민이 원하는 것을 전달하기에 적절하지 않다. 지난 30년간 전통적 공공서비스 전달 방식에 대한 조율 및 혁신적 개편이 시도되어왔다. 점차 민간 및 자발적 부문이 공공서비스 전달에 관여하고, 인터넷은 이전에 상상할 수 없었던 방식으로 공공서비스를 변모시키고 있다. 이러한 발전은 전통적인 관료제 업무 모델에 영향을 주었고 또 그 영향을 받기도 했다. 이에 따라 새로이 관리해야 할 여러 갈등이 출현하고 있다. 예를 들어 품질 기준에 관한 중앙의 결정과 지역의 수요 및 VFM 결과를 반영하는 서비스 설계에 있어 재량권 간의 균형을 어떻게 달성할 것인가의 문제가 그러하다. VFM의 또 다른 구성요소인 효과성은 이제 바람직한 산출물과 결과의 달성을 평가하는 것뿐만 아니라, 다문화 사회에서의 사회 통합과 서비스 접근을 보장하는 형평성 등 공공서비스의 질에 대한 평가까지 포함하여 보다 넓게 해석된다. 이러한 발전은 공공서비스를 설계하고 전달하는 공급자뿐 아니라 공공서비스 수혜자의 시각에서도 타당성이 해석되어야 한다는 인식에 크게 영향을 받은 것이다. 제8장은 공공감사가 공공서비스 품질에 대한 판단을 할 때 이러한 발전이 주는 시사점에 초점을 두고 있다.

마지막 네 개의 장에서는 공적 자금을 최적으로 활용하여 높은 품질의 서비스 창출로 연결하는 데 필요한 수단에 대해 살펴본다. **제9장**에서는 공공 부문의 리스크 관리가 갖는 의미와 관련성에 대해 논의한 후, 관료제는 리스크에 대해 보수적(risk averse)이라는 일반적 인식과 달리 오히려 리스크에 무지한(risk ignorant) 상태일 가능성이 높음을 보여준다. **제10장**에서는 부정과 부패를 예방하기 위한 높은 기준의 중요성에 초점을 두고, 참여자가 다원화되는 변화하는 공공 부문에서 점점 복잡한 양상을 띠는 부정과 부패 문제가 어떻게 여전히 중요성을 갖는지를 살펴본다. **제11장**은 프로젝트 및 프로그램 관리기법의 적용에 관해 다룬다. **제12장**은 성과측정이 서비스 전달의 개선을 방해하지 않고 촉진할 수 있는 실무적 방안에 대해 다룬다. **제13장**에서는 외부감사인이 관료제에 효과적으로 대응하기 위한 감사 업무 조직 방안을 살펴본다.

끝으로 **제14장**에서는 이 책의 주장을 요약 정리한 후, 공공서비스 전달의 본질이 계속 변화함에 따라 외부감사에 주는 시사점을 조명한다. **부록**에는 영국 감사원이 VFM 연구를 수행할 때 사용하는 방법론을 실었다.

2장 왜 관료제는 작동하지 않는가?

오늘날 국민들은 교육, 의료, 국방, 법질서, 사회안전망, 노인복지 등 다양한 분야에서 양질의 국가 서비스를 기대한다. 이런 서비스를 실행하는 계획과 프로그램은 규모가 작지 않으며 최근 들어 점점 더 증가하고 있다. 예컨대 빈곤 해소를 위한 20년 계획, 문맹 퇴치 프로그램, 실업 대책, 암과 심장마비 사망률 저감 방안같이 행동양식의 변화를 최종 목표로 겨냥한 장기 계획이 그렇다. 이러한 프로그램들은 정부 외부의 민간과 비영리 부문을 포함하여 많은 파트너들 간의 협력을 필요로 하며, 프로그램을 지속시키기 위해 이른바 '이해관계자들'의 네트워크도 필요로 한다.

프로그램의 성공은 많은 경우 대규모 조직 개편, 직원 재배치나 재교육, 첨단 정보통신기술의 성공적 도입 등에 달려 있다. 프로그램을 구성하는 개별 프로젝트에는 대규모의 재원은 말할 것도 없고 공공 부문과 민간 부문의 최정예 인력들이 투입된다. 정부에서 내놓는 공공 프로그램을 보면 하나같이 행정 효율이나 장기적인 효과 측면에서 큰 개선이 있을 것이고 기왕에 드러난 문제점도 보완될 것이란 기대를 품게 된다.

2.1 공공사업의 지연, 사업비 초과, 기대효과 미달성

그러나 이런 기대는 곧 실망으로 바뀌곤 한다. 계획과 집행을 위해 많은 노력을 들이는데도 공공사업은 지체되고, 계획보다 비용이 많이 들고, 작동도 안 되는 경우가 많다. 몇 가지 예를 들어보자.

• 공공사업은 당초 예상보다 비용이 초과되는 경우가 많고(**박스 2.1** 참조), 그 비용만큼 편익을 내지 못하는 경우도 많다. 현금을 기준으로 쉽게 말하면 비용이 수입을 초과한다는 것이고, 복합적인 기준으로 말하면— 예컨대 무기체계의 성능은 속도, 정확도, 성공률 등의 기준을 달성해야 한다—최종 결과물이 기대에 못 미친다는 것이다. 특히 의료 및 교육 관련 프로그램들은 당초 계획보다 비용도 더 들고 결과도 형편없는 경우가 많다.

• 관료들은 공적인 것을 자신의 사적인 이익을 위해 이용하는 경우가 적지 않다. 그것은 때로는 사기나 부정부패와 같은 명백한 범죄행위를 구성하기도 하지만, 좀 더 미묘한 형태일 때도 있다. 예컨대 특정 현상을 조사하기 위해 설계되고 재원이 확보된 연구사업인데도, 다른 영역을 조사하길 바라는 관료들은 이 사업을 뒤집어버린다. 외부인들이 공직 내 전문 프로그램을 속속들이 이해하기가 점점 어려워지고 있는 상황에서, 공식적인 권한 범위야 어떻든 자신들에게 가장 이익이 되는 일을 계속 만들려고 하는 관료들이 그럴듯한 계획서, 제안서, 중간보고서 등으로 꾸미고 합리화하는 것은 그리 어렵지 않다.

• 이러한 잘못된 행태로 인해, 많은 공공 부문 프로그램들이 소비자가 아닌 공급자 위주가 되어버렸다. 운송, 의료, 교육과 같이 생산자가 재화와 서비스의 독점적 공급자가 되기 쉬운 경우 특히 그렇다.

박스 2.1: 영국 국립보호관찰청

1990년대 말 영국 국립보호관찰청(National Probation Service, NPS)은 보호 관찰 대상자 관리를 위하여 National Probation Service Information Systems Strategy(NPSISS)라는 새로운 사례 및 기록관리 시스템의 구축을 추진하였다. 사업 자체는 완료되었지만, 시스템을 구축하는 데 당초 예상치를 70%나 초과한 총 1억 1,800만 파운드가 소요되었다. 그 원인을 살펴보면 당시 NPS가 소속되어 있던 내무부(Home Office)는 시스템 개발 사양을 명확히 정하지 못했고, 시스템 서비스에 대한 모니터링도 부실했으며, 관련 물자 구매 관리도 부실했다. 내무부의 프로그램팀에는 일관된 리더십이 없었고, 문제 해결을 위한 지원도 충분하지 않았다. 사업 초기 7년간 프로그램 팀장 자리를 거쳐 간 사람만 7명이었다. 준비 단계부터 추진 우선순위에 혼선이 생기면서 관련 계약의 갱신 등이 지체되었고 이는 추가적인 비용 상승으로 이어졌다. 내무부는 기술적인 리스크를 과소평가했고, 보호관찰 업무를 둘러싼 환경 변화에 따른 주요 이해관계자들의 새로운 기대를 시스템 개발 과정에 제때 반영하는 데 실패했다.

출처: Comptroller and Auditor General. *The Implementation of the National Probation Service Information System Strategy*(HC 401, Session 2000-2001).

• 공공 프로그램은 종종 의도하지 않은 결과들, 경제학 용어를 빌리자면 외부효과(externalities)를 초래한다. 예컨대 무기 공장은 테스트 과정에서 토지를 오염시키고 미래 세대에게 그 비용을 안길 수 있다. 원자력 시설은 직원뿐 아니라 인근 주민의 건강과 복지에 해가 될 수 있다. 공공주택이 잘못된 설계로 인해 범죄자에게 은신처를 제공하기도 하는데, 복도나 계단이 혼란을 일으키거나 체포를 피하기 안성맞춤일 때 그렇다. 때로 이런 외부효과는 동원할 수 있는 지식 범위 밖이어서 일이 터지고 나서야 비로소 알게 되는 경우도 있다. 그러나 공공기관들은 흔히 외부효과를 고려하지 않을 경우 발생하는 비용이 적어도 단기적으로는 무시해도 좋을 정도일 것으로 가볍게 생각한다.

• 때로는 공공 프로그램의 설계와 집행에 참여한 사람들이 잠재적인 리스크나 문제 발생 가능성을 예측하지 못한다. 리스크나 문제 발생 가능성이 미리 예측되었다 하더라도, 관계자들은 충분히 빠른 시간 내에 효과적으로 공론화하기를 꺼린다. 결국 사업을 성공시키기 위해 필요한 다양한 관계자들 사이의 합의가 충분치 않은 것이다(**박스 2.2** 참조).

지난 수십 년간 공공 프로그램의 실패 사례에서 드러난 문제의 심각성에 대한 인식은 국가에 따라 차이가 있다. 독일과 프랑스, 스칸디나비아반도 국가들은 초기에는 미국, 영국, 호주에 비해 공공 프로그램 실패를 그다지 심각하게 받아들이지 않았다. 그러나 1970년대를 거쳐 1980년대에 이르자 누적된 여러 문제들로 인해 많은 비평가, 정치가, 그리고 시민들이 그

박스 2.2: 패딩턴 헬스 캠퍼스(The Paddington Health Campus)

패딩턴 헬스 캠퍼스 설립계획은 세인트메리 대학병원, 브롬턴 & 헤어필드 심장병원, 그리고 임페리얼 대학의 심장 및 폐 연구 부문을 통합하고 민간 자금을 일부 참여시킴으로써, 런던에 질 높은 의료 교육 및 연구 센터를 설립하는 것이었다. 2000년 당시 2006년 완공을 목표로 책정된 사업비는 3억 파운드였다. 그러나 부지 부족 등으로 이 계획을 중도 포기한 2006년 시점에서의 사업비는 8억 9,400만 파운드에 달하는 것으로 추정되었다. 이 프로젝트의 근본적인 문제는 통합 대상인 두 병원 직원들의 협력을 끌어내지 못한 것이었다. 상이한 이해관계를 조정하기 위해 수차례 합의를 시도했지만, 결국 실질적인 성과는 없었다. 서로 다른 이해관계를 조정하지 못한 채 중도에 좌절된 패딩턴 헬스 캠퍼스 사례는, 어떤 계획의 성공적 추진에 이해관계자들의 협력이 필수조건인 경우 그들 사이에 완전한 합의를 이끌어내지 못했을 때의 위험성을 잘 보여준다. 요컨대, 계획 수립 시 내부에만 신경을 쓰고 외부에 충분한 관심을 기울이지 않았을 때의 위험을 보여주는 것이다.

출처: Comptroller and Auditor General, *The Paddington Health Campus Scheme* (HC 1045, Session 2005-2006)

동안의 행정은 실패였고 공공 부문이 20세기에 접어들면서 국민에게 했던 약속을 지킬 수 없을 것이란 인식을 갖게 되었다. 사회주의 국가인 중국의 경우, 1949년 국민당의 실정으로부터 인민을 해방시켰다고 환영받았던 사람들이 권력과 특전을 독점하고 일반 국민과는 다른 세계에 사는 새로운 관료계급으로 변신하는 데 많은 시간이 걸리지 않았다.[1] 다른 지역에서도 거대한 관료제는 서서히 실망스러운 결말에 근접해갔다. 사회주의 국가들에서 공공 부문이 경제를 관리하는 데 실패했다는 것은 시간이 흐를수록 명백해졌고, 1989년 베를린 장벽 붕괴는 유럽 전역에서 공산주의 체제의 퇴출을 알리는 전조였다.

서유럽에서도 국영화된 산업은 고비용, 저효율의 대명사로 인식되었다. 영국 같은 국가들은 제2차 세계대전 이후 국가의 모든 잠재력을 실현하려 했기에 실패에 대한 자각도 있었다. 종전 직후 이 국가들은 전장에서 과시하였던 기술, 독창성, 자원이 이제는 나라의 재건에 활용될 수 있다는 믿음에서 비롯된 국가의 잠재력에 대한 강한 자신감을 가지고 있었다. 돌이켜보면 이런 자신감은 어느 역사가의 표현처럼 "무한한 가능성의 허상"(The Illusion of Limitless Possibility)[2]이었고, 그 이후의 현실은 그야말로 실패의 연속이었다. 정권마다 내걸었던 약속들, 예컨대 경제성장과 물가안정을 이루고, 효과적인 정책으로 과학기술 발전을 촉진하며, 의료, 교육, 복지 수준을 빠른 시일 내에 높이겠다는 약속은 지켜지지 않았다. 1970년대에 공공 부문 관리에 대한 실망은 지배적인 평가로 자리 잡았다.

그렇다고 해서 서구 사회가 실패했다고 단언할 수는 없다. 대부분의 분야에서 서구 사회는 괄목할 만한 발전을 이뤄냈다. 서구인들은 전반적으

---

1) Short, P. (1999) *Mao: A Life,* London: Hodder and Stoughton.
2) Barnett, C. (1986) *The Audit of War,* Macmillan.

로 볼 때 이전보다 부유해졌고(예컨대 연금 혜택을 받는 현 세대는 평균적으로 과거 어느 세대보다도 부유하다)[3], 식생활과 건강 수준이 개선되었으며, 수명도 길어졌다. 여가도 늘어났고, 자동차 보유가 보편화되고 최근에는 저렴하게 비행기를 이용할 수 있게 되면서 다른 지역 사람들에 비해 훨씬 자주 여행을 즐기고 있다. 그리고 텔레비전을 비롯해 다양한 전자 통신 수단, 특히 최근 들어 인터넷과 휴대폰의 혜택도 누리고 있다. 이런 것이 사람들을 더 행복하게 만들었느냐는 문제는 계속해서 논쟁이 필요한 이슈이지만,[4] 서방세계 전반에서 많은 사람들의 삶을 개선한 진보가 있었다는 주장은 설득력이 있어 보인다. 한 연구서에서 지적하듯, "미국과 유럽연합이 지난 수십여 년 동안 어떤 잘못을 저질렀든 간에—사실 많기는 하다—그 둘은 체계적으로 거의 모든 사람들의 일상 환경을 개선하였다."[5] 우리 시대의 위대한 이야기는 '평균적으로 사람들의 삶이 나아졌다'는 것이다.

그러나 이러한 혜택 가운데 공공 부문 관리의 성과로 인식될 수 있는 것은 그리 많지 않았고, 공공 부문의 성과는 날이 갈수록 실망스러웠다. 현대 정부에 대한 비관론은 오래전부터 있어왔다. 영국의 경우 보어전쟁[6]에서 드러난 국방 부문의 비효율, 다시 말해 영국군은 현대전을 치를 준비가 되어 있지 않다는 문제 인식이 20세기 초 대대적 정부 개혁의 계기가 되었다. 이런 비관론은 정치적 우파와 좌파를 포함한 다양한 곳으로부터 터져 나왔는데, 우파나 좌파 모두 공공 부문 역할에 공감하면서도 극도로 비판

---

3) Comptroller and Auditor General. *Progress in Tackling Pensioner Poverty: Encouraging Take-up of Entitlements* (HC 1178, Session 2005-2006).

4) Easterbrook, G. (2003) *The Progress Paradox*, Random House.

5) Easterbrook, G. (2003) *The Progress Paradox*, Random House.

6) 역주: 19세기 말 영국과 당시 남아프리카 지역에 정착했던 네덜란드계 보어족(Boer) 사이에 일어난 전쟁.

적이었다. 1970년대 초반과 1980년대의 보수 정부는 행정 비효율 문제를 인식했고, 이를 면밀히 조사하고 개선하기 위해 데릭 레이너 경(Sir Derek Rayner)[7] 같은 경제계 인사들을 영입하기도 했다. 보수 진영은 또한 영국 정부가 유럽연합 지침(European Union Directives)을 해석하고 적용하는 방식에도 불만을 쏟아냈는데, 그들은 유럽연합 지침들이—예컨대 민간 활동을 규제하는 방향으로, 환경 기준을 높이는 방향으로—필요 이상 과도하게 해석되고 있으며, 다른 나라들에 비해서도 과도하게 해석되고 있다고 주장했다. 전통적으로 사회주의자들은 관료제의 편중성을 폭로하려 애썼으며 관료제가 특정 계층을 대변하거나 편든다는 주장을 펴왔다. 1970년대 노동당 집권 시기의 장관들, 예컨대 토니 벤은 느려 빠진 변화 속도와 리스크가 따르는 일이나 혁신적인 일은 시도하지 않는 관료들의 복지부동에 분노를 표출했다.[8]

공공 부문은 좋게 표현하면 능력이 부족하고 좀 더 신랄하게 표현하면 아예 능력이 없다는 인상을 주는—의도적이든 아니든 간에—각종 평가, 검토, 감사, 조사가 쏟아져나왔다. 아마도 그러한 것들로부터 힘을 받으면서, 관료제의 역량에 대한 우려[9]는 시간이 흐르면서 더욱 커졌다. 관료제에 제기되었던 비판 가운데 하나를 예로 들어보자.

---

7) 역주: 영국의 소매유통 기업인 Marks&Spencer의 급속한 성장을 이끌었으며, 보수당의 에드워드 헤스, 마가렛 대처 수상 등이 주도한 정부 개혁에 참여했다.

8) Benn, T. (1989) *Against the Tide: Diaries 1973-1976*, Arrow.

9) 이런 우려는 여러 형태로 나타났다. 어떤 경우에는 교사, 의사, 군인과 같은 공공 부문의 전문가들은 계속해서 대중의 존경을 받는 반면 정치인들의 신뢰 가치는 우려의 대상이었다. '관료'는 존중받는 전문 직업인들과 신뢰를 잃은 정치인들 사이 어디쯤 위치하는데, 관료들에 대한 인식에 관한 구체적인 연구는 최근 눈에 띄게 줄어들었다. 관료는 사회문제의 실제나 국민이나 기업이 처한 비즈니스 여건에 관해 자기 일처럼 책임지려 하거나 애착을 기울이지 않는 집단으로 종종 묘사된다.

우리는 우선 행정조직의 역량에 관한 문제를 제기했고, 그다음으로는 정부 역할에 대한 수요와 공급 사이의 불균형 문제가 점차 위기가 심화되는 구조적 방향으로 나아가고 있음을 지적했다. 더 나아가 책임 있는 자리에 있는 사람들의 역량과 진정성, 그리고 현대 의회 민주주의, 관료제, 국민국가라는 장치들의 작동에서 우리가 지금껏 겪어보지 못한 새로운 난관에 처할지 모른다는 우려를 제기했다.[10]

이러한 실망과 비관론은, 공공 부문이 좋은 성과를 내놓을 수 있는 여러 이점이 있음에도 충분히 활용하지 못하여 발생한 것이기에 더욱 심각하게 다가온다. 공공 부문이 살리지 못하고 있는 이점들을 몇 가지 들어보자.

• **공직에 있는 우수한 인력들** – 영국의 경우 공직은 언제나 우수한 젊은이들에게 매력적인 직장으로 여겨져왔다. 최근 조사에 따르면, 이공계와 인문계 대졸 이상 젊은이들이 가장 선호하는 직장은 외무부, 내각사무처, 국방부 등이었고 의료보험 관리직도 인기가 높았다.[11]

• **공직자가 가질 수 있는 보람과 자부심** – 리처드 세넷은 공직자들이 그들의 처우나 피라미드식 관료제에 불만을 가지면서도 공직에 헌신하고 있는 흥미로운 현상을 지적한다.[12] 세넷은 여건이 좋지 않은 공립학교나 병원에서 근무하는 많은 공직자들을 인터뷰했는데, 이들은 다른 직장으로 옮겨갈 수도 있었지만 그러지 않았다. 그들은 예컨대 민간 기업에서 일하는 것보다는 "보람 있는" 뭔가를 하고 있으며 "세상을 변화시키고 있다"고 느끼기 때문이었다.[13]

10) Gray, P. 'Policy Disasters in Europe: an introduction' in Gray, P. (ed.) (1998) *Public Policy Disasters in Western Europe*, Routledge.

11) *The Guardian*, 20 May 2006.

12) Sennett, R.(2006) *The Culture of the New Capitalism*, Yale University Press, 35-36.

• **공공 프로그램을 위해 쓸 수 있는 막대한 재원** – 작은 정부를 지향하고 정부지출을 줄이고 효율성을 높이자는 주장이 다양하게 쏟아지고 힘을 얻고 있다 치더라도, 공공 부문 지출 규모는 영국 GDP의 40% 수준에 달한다. 그야말로 대규모의 재원이 의료 및 사회보장 프로그램 개선과 국방력 강화를 위해 투입되고 있다. 또한 "유행병"이라고까지 불리는 정부구조 개혁 내지는 재설계 작업에도 대규모 재원이 투입되고 있다.14) 전 세계의 대형 전문 컨설팅업체들이 이러한 정부개혁 작업에 동원되었다.

• **45년 넘게 계속된 정부 프로그램 평가 작업 노하우와 평가 작업을 통해 축적된 지식** – 최근 수십 년간 영국 정부는 평가 작업을 계속 늘려왔고, 중앙행정기관, 의료보험 관련 기관들, 지방행정기관 등을 포함하는 평가 커뮤니티의 참여를 높이고 지원해왔다. 정부 프로그램이 어떻게 운영되고 있는지 이해하려는 시도가 부족했던 것은 아니라고 보인다.15)

2.2 공공 프로그램 실패의 원인

서구 사회가 전반적으로 큰 성취를 거두었음에도 공공 부문은 그렇지 못한 이유, 공공 부문이 많은 이점을 가지고 있음에도 이를 살리지 못한 상대적인 실패의 원인은 과연 무엇일까? 여기서는 세 가지 측면에서 간략히 살펴보려 한다. 첫째는 **공공 부문 행정이 민간부문의 경영보다 본질적으로 더 어렵다**는 것인데, 그 몇 가지 논거를 들어보자.

---

13) Sennett, R. (2006) *Ibid*.

14) Pollitt, C. and Bouckaert, G. (2000) *Public Management Reform*, Oxford University Press.

15) Gray, A. and Jenkins, B. 'Policy and program evaluation in the United Kingdom: a reflective state?' in Furubo, J. (ed.) (2002) *International Atlas of Evaluation*, Transaction.

- 공공 부문에는 민간 기업의 당기순이익과 같은 명확한 목표치가 없다는 점
- 다양한 압력단체와 이해관계자들 가운데서 균형을 이루어야 한다는 점
- 선출직과 의회에 대한 공직자들의 책임성이 중시되며, 이로 인하여 공직사회에서는 치밀한 근거 기록과 상명하복이 중시된다는 점
- 공적인 영역이란 '공동의 목표가 집결된 곳이며, 다수가 동의하고 원하는 집단적 가치를 추구하는 곳'으로 인식되고 있다는 점16)
- 공공 부문 행정은 다음의 세 관점, 즉 돈과 시간을 낭비하지 않고 가장 경제적인 방법으로 산출물을 만들어낸다는 목표가 분명한 조직을 만드는 것이 조직관리의 핵심가치라는 관점(sigma-type), 정직과 공정성이 조직관리의 핵심가치라는 관점(theta-type), 그리고 변화와 긴급 상황에 효과적으로 대응할 수 있는 유연성이 조직관리의 핵심가치라는 관점(lambda-type)이 조합 또는 절충된 것으로 인식된다는 점17)

둘째는, **정부가 관여하는 일이 과거에 비해 너무나 많다**는 것이다. 정부의 규모, 국민 일상생활에 대한 간섭 정도, 환경 변화 정도, 네트워크와 정책의 복잡성, 다양한 상호 의존성 등이 커짐에 따라 공공사업이 계획대로 되지 않거나 결국 실패하게 될 가능성도 커지고 있다. 최악의 경우에는 그런 실패들이 정치적 논란에 휩싸이고 "정책적 난국"(policy fiasco)으로 불리는 심각한 문제가 될 수도 있다.18) 간단히 말해, 정부활동이 많아지면 실

---

16) Stewart, J. and Ranson, S. (1998) 'Management in the public domain' *Public Money and Management* (Spring/Summer), 15.

17) Hood, C. (1991) 'A Public management for all seasons?' *Public Administration* 69 (Spring).

18) 't Hart, P. and Bovens, M. (1996) *Understanding Policy Fiascoes*, Transaction

패도 많아지는 법이다.

셋째, 특히 정보통신 기술이 접목된 분야가 그렇지만, 그 정도는 당연히 가능할 것이라고 보는 기대치가 전반적으로 높아짐에 따라 **과거에는 이해되었을 법한 정도의 실패도 이제는 용인되지 않는다**는 것이다. 마크 보벤스가 지적하듯, "우리는 정부가 하는 일의 의도치 않은 결과들, 예컨대 공공 서비스 전달체계가 관료제화되는 것, 사회문제를 해결한 것이 아니라 미봉책에 그치는 것, 복지국가를 꾸려가는 비용이 급증하는 것 등에 대해 예전보다 예민해졌다."[19] 고객의 요구에 맞춰 서비스를 다듬는 것이 민간 부문의 두드러진 특징인 것과 비교할 때, 공공 부문의 발전(예컨대 전산화, 네트워크화된 관리체계 도입 등)을 성공이라고 하기가 더욱 어려워지고 있다. 시민들은 '아마존(Amazon.com)이나 테스코(Tesco)는 되는데, 왜 우리 시는 안 될까?'라는 불만을 당연히 갖게 되는 것이다.

2.3 관료제의 근본적 결함

그러나 앞에서 살펴본 세 가지 측면이 공공 부문 실패의 원인을 완전히 설명하지는 못한다. 특히 첫 번째 측면의 경우만 보더라도, 공공 부문 행정이 민간 부문 경영에 비해 어렵다는 문제는 다양한 개선전략을 통해 보완해나갈 수 있는 것이고, 또 그동안 그렇게 해왔다. 예컨대 이해관계자들 간의 절충과 합의를 이끌어내기 위한 장치로 열린 회계 시스템(open book

---

Publishers, 145-146. 역주: 주석의 책의 저자들은 failure와 fiasco를 구분하고 있는데, failure가 성과 측면의 실패라면, fiasco는 여기서 더 나아가 사회적으로 큰 폐해를 불러오고 정치적 문제로까지 비화되는 것이라고 정의한다.

19) 't Hart, P. and Bovens, M. (1996) *Understanding Policy Fiascoes*, Transaction Publishers, 146.

accounting),[20] 조정기구(consultative machinery) 등이 시도되었다. 요컨대 공공 부문 실패의 원인을 공공 부문 행정이 민간 부문 경영보다 어렵다는 데 모두 돌릴 수는 없다는 것이다. 그러나 이런 장치들은 단기적으로는 효과가 있을 수도 있지만, 영구적인 개선을 보장하지는 못한다.

앞서 살펴본 공공 부문 실패 원인에 대한 세 가지 시각만으로 해답을 찾을 수 없는 까닭은, 그것들이 관료제의 근본적인 특성을 놓치고 있기 때문이다.[21] 관료제는 단적으로 말해 외부가 아니라 내부를 더 지향한다. 관료제는 결과보다는 절차를, 팀보다는 계급을, 새로운 방안보다는 기존의 규정을 중시하며, 사회적인 관심사에 적극적으로 개입하기보다는 거리를 두려 한다(**박스 2.3** 참조). 마크 무어는 "공공 부문 매니저들에게는 기업가, 리더, 경영인과는 다른 행정가로서의 독특한 사고방식이 있다"고 하면서,[22] 관료들의 이러한 사고방식은 다음과 같은 점들 때문에 생겨난다고 설명한다.

- 공직자는 맡은 일을 충실히 수행해야 한다는 요구
- 맡은 일을 가능한 효율적이고 효과적으로 완수해야 한다는 의무
- 관료들은 담당 분야에 관한 실질적인 전문지식, 즉 어떻게 기대하는 결과를 얻고 품질과 효과를 높일 수 있는지에 관한 전문지식을 갖추고 있다는 가정

---

20) 역주: 회계 부서가 회계처리를 독점하고 결산서와 같은 한정된 회계정보만을 공개하는 관행과 달리, 직원은 물론 조직 외부의 이해관계자들에게까지 회계처리 과정을 공개하고 회계처리에 참여할 수 있도록 하는 것.

21) 이 책에서는 관료제를 '레드 테이프'(red tape, 형식주의)로 보는 통상적인 견해보다 훨씬 넓은 각도에서 해석하고 있다. 필자는 보다 넓은 사회학적인 맥락에서 관료제를 바라보면서, 잘못된 행정이 사람들의 행동방식(human behavior)에 어떤 영향을 미치고 어떤 왜곡된 결과(adverse consequences)를 가져오는지 살펴본다.

22) Moore, M. (1995) *Creating Public Value*, Harvard University Press.

- 행정 역량에 대한 기대
- 공적인 자원이 누수, 낭비, 오용되지 않았다는 것을 입증할 수 있어야 한다는 기대

마크 무어는 관료들의 사고방식을 이렇게 표현한다.

관료들의 주된 시선은 어떻게 하면 조직을 안정되게 관리할 수 있을지, 다시 말해 아래로(downward) 향해 있다. 가치 있는 결과를 성취해내려는 바깥쪽으로의(outward) 시선, 정책 목표 등을 재협의하려는 위쪽으로의(upward) 시선은 아닌 것이다. 관료들은 자신들의 역할이 변화를 시작하거나 지원하는 것보다는 정치적인 변화무쌍함 속에서 장기적이고 조직적인 관점을 견지하는 데 있다고 본다. 그들이 중시하는 관리상의 목표는 조직의 전통적인 역할을 빈틈없이 수행해내

자는 것으로, 역할에 변화를 가져오거나 자신들의 가치를 높일 수 있는 혁신을 추구하는 것이 아니다.[23)]

크리스 콘포스와 리처드 페이턴은 그 결과를 다음과 같이 간명하게 요약하였다.

20년 넘게 공공서비스는 역동성이 부족하다는 평가를 받아왔다. 규정에 얽매인 모습, 고객의 변화나 국민들의 기대나 라이프 스타일에 반응하지 않는 모습, 낡은 관행을 고집하고 새로운 기술 도입을 꺼리는 모습, 관료 자신들의 이해관계와 논리에만 집착하는 모습, 때로는 비용이 많이 들고 대부분 타당하지도 않은 파편적인 서비스 제공에 그치는 모습을 너무도 자주 보여준 것이다.[24)]

2.4 문학 작품에서 얻을 수 있는 통찰

관료제가 갖는 문제점은 행정이나 경제 전문가들보다 관료제가 자유를 보장하지 못했다고 본 소설가들과 철학자들이 더 잘 짚어냈다. 자유를 보장하는 대신, 관료제는 교묘한 공적 통제를 만연시켜 유럽과 북미 그리고 산업화된 다른 대부분의 국가 국민들이 일상생활과 재산에 대한 국가의 통제를 받아들이도록 호도했다. 그럼으로써 18세기의 미국 독립전쟁과 프랑스 혁명에서 주창되었고 뒤이어 일어난 군주제와 귀족제의 전복 과정에 내재했던 자유와 자율을 향한 모든 희망을 웃음거리로 만들었다.

---

23) Moore, M. (1995) *Creating Public Value,* Harvard University Press. 'Editorial' *Public Money and Management* Vol. 24 Blackwell Publishing, 197-199.

24) Cornforth, C. and Paton, R. (2004) 'What's difference about public and non-profit "turnaround"?' *Public Money and Management* 24(4) 209-216.

칼 마르크스(Karl Marx)는 현대 국가가 소외와 허위의식을 조장하며, 국민들로 하여금 자본주의 사회의 왜곡된 삶을 체념하고 받아들이도록 한다며 비판했다. 다른 작가들이나 철학자들도 관료제의 정곡을 찌르면서 신랄한 비판을 퍼부었다. 이러한 비판의 목소리는 더 많은 독자들을 대상으로 하는 데다 행정이나 경영 전문가의 기술적인 언어가 아니라 소설가나 사회적, 정치적 사건의 평론가, 철학자들의 상징적인 언어로 표현되기에 더욱 강렬하곤 했다.

프란츠 카프카(Franz Kafka)는 사후에 발간된 소설인 『소송』(1925)과 『성(城)』(1926)에서 평범한 사람이 관료제의 촉수에 걸려 헤어나지 못하는 모습, 예컨대 죄목도 알 수 없고 설명을 들어볼 방도조차 없는 채 기소를 당한 이야기를 그려냈다. 주인공은 적어도 명목상으로는 국민에 봉사하는 공복이라는 사람들이 개체성이나 개인의 선택권을 모두 묵살해버리는, 도저히 이해할 수 없는 말도 안 되는 논리를 구현하는 듯한 거대하고 사악한 관료기구로 인해 계속해서 궁지에 내몰린다. 카프카는 노동자 상해보험 일을 하는 일종의 공무원으로 평생 일했다.

조지 오웰(George Orwell) 역시 『동물농장』(1945)과 『1984』(1949)에서 관료제가 인간의 자유를 부정하고 조작에 능수능란한 정권을 만들고 유지해가는 과정을 절묘하게 보여준다. 예컨대 『1984』에서 기존 단어를 뉴스피크(Newspeak)25)로 대체함으로써 정권에 좋지 않은 생각은 아예 할 수 없도록 만들어버린다거나, 『동물농장』에서 "모든 동물은 평등하다. 그러나 몇몇은 다른 동물보다 더 평등하다"며 전체주의 관료국가를 희화화했다.

---

25) 역주: 조지 오웰의 『1984』에 나오는 조어로 관리들이 대중의 사고를 조작하기 위해 쓰는 표현법. 예컨대 전쟁 담당 기구를 '평화부', 정보를 통제하고 조작하는 기구를 '진실부'라고 일컫는 것을 말한다.

최근 들어서는 대중문화 작가들이 관료들 간의 권력관계를 깊이 있게 그려냈다. 인기도 많았고 아마도 세월이 흘러도 계속 웃음을 선사할 TV 코미디 프로그램 〈맞습니다, 장관님〉(Yes Minister)과 〈맞습니다, 수상님〉 (Yes, Prime Minister)[26]에서는 고위 관리들의 특성과 술책을 그려냈는데, 영국인뿐만 아니라 전 세계 누구나 웃고 즐길 만한 내용이다. 그러나 유머 뒤에는 우스꽝스러운 절차나 관료제의 장벽으로 인한 일종의 허무감이 깔려 있다. 어느 등장인물은 공무원을 그만두면서 말한다. "장관님, 솔직히 말씀드릴게요. 제가 그동안 얼마나 많은 보고서를 만들었고 제 시간을 쏟아부었는지 아시죠? 그런데 그게 번지수도 안 맞고요, 사람들한테 별의미도 없고요, 또 신경 쓰는 사람도 없는 일이더라고요. 그래서 이젠 안 그래도 되는 직장을 알아보려고요." 사실 공직은 매우 우수한 인재들로 채워지는데도, 관료제의 고유한 속성이 지속되는 탓에 인기 TV 프로그램에서 관료제의 빼놓을 수 없는 모습, 예컨대 내부 권력관계에 신경이 쏠리고, 규정만 앞세우며, 조직을 내부자 시각으로만 바라보고, 내용보다는 형식을 중요시하는 모습 등을 끄집어낼 수 있었던 것이다.

2.5 관료제로 인한 폭넓은 문제들

관료제는 여러 문제점을 낳는데, 대표적으로 다음 6개를 사례와 함께 제시하고자 한다.

- 공급자 위주이며, 사용자에 대한 고려가 부족하다.
- 국민도 관료처럼 생각하고 행동할 것을 요구한다.

---

26) 역주: 영국 BBC의 시트콤. 〈맞습니다, 장관님〉은 1980~1984년 방영되었고, 후속작 〈맞습니다, 수상님〉은 1986~1988년 방영되었다.

- 막대한 양의 정보를 모으면서도, 그로부터 배우는 것이 많지 않다.

- 일을 더 복잡하게 만들면서 또 다른 문제를 불러온다.

- 스스로 한 일을 확인하고 평가하고 문제점을 논하는 데 취약하다.

- 혁신을 하고 재원을 보다 효과적으로 사용하려는 동기가 없거나 부족하다.

관료제는 흔히 공급자 위주(favors the producer)라고들 한다. 미셸 푸코(Michel Foucault)는 현대 국가의 보호자처럼 보이고 그 구성원들은 국민에 봉사하는 공복으로 존중을 받았던 여러 기구들이 어떻게 국민을 "병자", "정신병자", 또는 "범죄자"로 규정짓고 취급하는 권력의 수하가 되어버리는지 보여주었다. 그러한 구분은 객관적 연구와 이성적 판단의 결과라고, 약자나 비정상적인 사람들을 위한 것이라고 포장은 되지만, 실상은 특정 전문가 그룹의 권력, 영향력, 수입, 권한, 위신 등을 유지하기 위한 것이며, 또한 그들이 속한 정부기구 등의 조직을 위한 것이라는 것이다. 전문 직업인을 이런 시각으로 보는 것은 너무 심하다고 할 수도 있지만, 그간의 경험에 비추어 보면 그런 가능성을 완전히 배제할 수는 없다. 감사인 역시 스스로를 되돌아봐야만 한다. 제2차 세계대전 이후 영국 국민보건서비스(National Health Service, NHS)의 역사는 정부와 전문가 그룹—NHS에 속한 준공무원 신분의 의료인들—간의 대립이 큰 줄기를 이룬다고 할 수 있다.[27] "1960년대 이후 역대 정부에게 의료 전문가 커뮤니티는 의료보장 체계 개혁을 가로막는 장벽이었다. 여기에 더하여, 자기평가가 부실하고 환자를 고객으로 보는 시각도 부족하다고 여겨졌다."[28]

---

27) 역주: 영국에서 NHS에 속한 의료인은 준공무원 신분이며 의료가 핵심 공공서비스 가운데 하나이기에 저자는 의료 분야를 관료제의 주요 사례로 들었다.

관료제는 공급자 위주가 되기 쉽기도 하지만, 섬겨야 할 대상인 국민을 거의 고려하지 않는다는 것도 문제다. 사실 관료들이 국민들도 자기들처럼 생각하고 행동할 것을 요구하는 경우가 적지 않다. 사회학자 리처드 세넷은 이렇게 지적한다.

> 복지국가도 관료적 피라미드 형태가 되었다. 사회민주주의 원리상 노령연금이나 공교육 같은 복지혜택은 보편적인 권리로 생각되었다. 그러나 그 실제 모습을 보면 북유럽과 영국의 복지 시스템조차 고객들에게 관료처럼 생각해야만 한다는 것을 각인시켰다. 관료제하의 규정은 관료가 우선이었고 가장 중요했다. 노인, 학생, 실직자, 환자들은 그들만의 사정이 있는 개체로서가 아니라, 막스 베버식 공무원들처럼 행동할 것을—예컨대 시스템 내에서 자신의 위치를 이해하고, 개인적인 욕구를 절제할 줄도 알 것을—요구받았다. 시스템의 운용 자체와 안정성에 초점이 맞춰졌고, 복지서비스의 효과적인 전달은 그다음 문제였다.[29)]

국민들이 관료들처럼 행동할 것을 요구받는다는 것은 정부기관과 관계되는 일을 할 때, 예컨대 민원을 제기한다거나 허가를 받으려 할 때 따라야 하는 절차들을 보면 확실히 드러난다(**박스 2.4** 참조). 국민들은 아래에 예시된 내용 정도는 알고 또 이해할 줄 알아야 한다.

- 어느 기관에서 담당하는지
- 정부조직에 다양한 직급이 있고, 그 직급마다 맡은 일이 다르다는 점

---

28) Gray, A. and Jenkins, B. 'Checking out? Accountability and evaluation in the British regularity state' in Bemelmans-Videc, M-L., Lonsdale, J. and Perrin, B. (eds) (2007) *Making Accountability Work: Dilemmas for Evaluation and for Audit*, Transaction Publishers.

29) Sennett, R.(2006) *The Culture of the New Capitalism,* Yale University Press.

박스 2.4: 시민의 관료화를 요구하는 사례

제출 양식 작성: 2002년도에 정부가 사용하는 양식을 감사한 결과 많은 문제점이 나타났다. 중앙정부의 양식은 평균 40~60개의 정보를 요구하고 있었다. 양식이 가장 긴 복지나 교육 분야의 경우 필요 정보의 수는 100개 항목 이상이었다. 최근까지만 해도 상당수 기관들이 매우 형식적인 법률문서 형태로 양식을 디자인한 것으로 보이는데, 이러한 접근은 시민들이 양식에 포함된 모든 정보를 숙독하고 복잡한 정보에도 잘 대응할 수 있으리라는 가정을 전제로 한다. 어떤 질문들은 그 자체로는 이해 불가능하여 장문의 사전 설명이나 매우 길고 복잡한 세부 주석을 수반하기도 했다.

안내서 이해하기: 다른 감사 결과를 보면, 정부가 사용하는 안내 소책자의 내용을 이용자가 이해하기가 불가능한 것으로 나타났다. 국제적으로 사용되는 가독성 테스트를 적용한 결과 복지지원 관련 안내서 모두 그 대상 집단의 낮은 문맹률을 고려할 때 접근할 수 없는 정도로 나타났다. 13개 안내서 중 8개는 적어도 16세 이상의 읽기 능력을 보유하거나, 중고등 교육을 5년 이상 이수한 수준에 달한 사람만이 이해할 수 있었다. 이 정도의 수준이라면 영어가 모국어가 아닌 사람들의 대부분은 이해하기 어려운 정보에 해당한다. 그리고 해당 부처가 주로 사용하는 전문용어들, 예를 들어 'disability', 'incapacity', 'entitlement' 등과 같은 용어는 가독성을 떨어뜨린다.

불만 제기하는 방법 알기: 시민들은 중앙정부를 대상으로 서비스 불만, 오류, 불공정한 처리 등의 사유로 매년 100만 건 이상의 민원을 제기한다. 건강, 사회복지, 과세 등이 가장 불만이 높은 분야다. 감사 결과 대부분의 시민들은 잘못된 처리에 대해 시정을 요구하려면 어떻게 대응해야 할지 대체로 명확한 아이디어를 가지고 있는 것 같지만, 문제는 먼저 누구에게 요청해야 하는지를 찾는 것이다. 정부기관들은 그들에게 제기되는 민원이나 탄원 등에 관한 충분한 정보를 갖고 있지 않다. 정부기관의 약 절반 정도가 작년 한 해 동안 접수한 민원의 수가 얼마인지 사실상 답하지 못하고 있다. 재심의 관련 정보의 경우도 개선이 필요하다. 절대 다수의 국민들이 정부기관의 민원 및 재심의 요청 절차가 지나치게 복잡하고, 진행이 느리며, 비용이 많이 들 뿐 아니라 오랜 시간이 소요된다고 생각한다.

출처: Comptroller and Auditor General, *Difficult Forms: How Government Agencies Interact with Citizens* (HC 1145, Session 2002-2003).

• 공문서나 규정에는 일반인의 언어가 아닌 정부기구의 언어가 사용된다는 점

• 어느 기관을 찾아가야 하고 어떤 식으로 도움을 청해야 할지 등에 관하여 파악한 후에도 도움을 받아야만 할 때가 있다는 점

• 담당 기관이 필요로 하는 자료가 있으면 민원인이 찾아서 제출해야 한다는 점

• 일이 제대로 처리되지 않는 경우, 이의를 제기하려면 별도의 다른 절차를 밟아야 한다는 점

정부기관은 사용자가 복잡한 정보에도 충분히 대응할 수 있으며 제출양식에 포함된 모든 정보를 정독할 것이라는 식의 가정을 해왔다. 이는 최근 영국 감사원 감사 결과 일반적인 복지수급 관련 설명서를 이해하는 데 요구되는 독서연령(reading age)이 전국 평균 수준에 비해 5년이나 높다는 지적을 통해서도 확인할 수 있다.[30]

그나마 고무적인 사실은 일부 양식의 길이가 짧아졌다는 점, 몇몇 안내서는 잘 작성되어 '쉬운 영어' 작성기준을 충족하고자 노력한 흔적을 볼 수 있다는 점, 정부가 대외문서를 작성하는 과정에서 시민 의견 수렴이 빈번해졌다는 점, 그리고 신청인을 돕기 위한 콜센터가 운영 중이라는 점 등이다. 그러나 아직도 많은 서비스를 이용할 때 신청인들은 그들의 입장을 전혀 고려하지 않고 설계된 것처럼 보이는 길고 복잡한 절차와 씨름해야 하며, 같은 조직 내에서조차 정보를 전달할 줄 모르는 기관의 손에 모든 것을

---

30) Comptroller and Auditor General, *Department for Work and Pensions: Using Leaflets to Communicate with the Public about Services and Entitlements* (HC 797, Session 2005-2006).

맡길 수밖에 없다. 예를 들어 여러 지원수단을 처리하는 집행센터 간에 이러한 문제가 발생한다.

정부가 효과적으로 대응하지 못하는 것처럼 보이는 또 다른 이유는, 관료제가 교훈을 학습하고 널리 전파하는 일에 서툴기 때문이다. 안정성과 기록보전이 바로 전통적인 관료제의 특징이라는 점에서 이는 아이러니한 일이다. 또한 "정책 실패나 정책 참사의 가장 중요한 측면은 그것이 사실은 너무나 평범하다는 것"[31]이라는 점에서 걱정스럽기까지 하다. 이 점은 IT 관련 실패 사례의 원인을 보면 명확히 드러난다. 의회 공공회계위원회는 정부 내 신규 IT 시스템 도입과 관련된 반복된 대규모 실패 사례에 주목하여, 1990년대 초반부터 조사한 25개 사례를 분석한 보고서를 2000년에 내놓았다.[32] 보고서를 보면 많은 문제가 되풀이되고 있음을 알 수 있으며, 그중 다수는 복잡한 기술적 이슈보다는 기본적인 관리 문제에 해당하는 것이었다(**박스 2.5 참조**).

폴릿은 IT 감사 결과를 다음과 같이 평가했다.

> 최고관리자의 관심, 사용자 수요 확인, 계약 협의에 필요한 전문성, 사용자를 위한 적절한 훈련 시행 등 누가 보더라도 뻔한 원칙들을 재차 주지시켜야 한다는 것은 심각한 상황이다. 그럼에도 이러한 기본 원칙의 실패 사례는 앞으로도 계속 반복될 것이다.[33]

---

31) Bovens, M., 't Hart, P. and Peters, B. G. (eds) (2001) *Success and Failure in Public Governance: a comparative analysis,* Edward Elgar.

32) Committee of Public Accounts *Improving the Delivery of Government IT Projects* (1st Report, 1999-2000)

33) Pollitt, C. (2003) *The Essential Public Managers,* Open University Press, p.81.

- IT 관련 핵심 의사결정은 기술적인 것이 아니라 일반 업무적인 것이다.
- 최고관리자의 관심이 필수적이다.
- 최종 사용자가 누구이며 그들의 니즈가 무엇인지를 파악하는 것이 프로젝트 성공의 핵심이다.
- 방대한 규모와 복잡함은 실패의 지름길이다. 프로젝트를 관리 가능한 부분으로 쪼개는 방안을 검토하라.
- 기술과 지식을 갖춘 관리자의 관리와 통제가 반드시 필요하다.
- 프로젝트 관리자는 프로젝트 관리뿐 아니라 리스크 관리에서도 창조적이고 기술을 보유하고 있어야 한다.
- IT 계약을 규명, 협의, 관리하는 데 높은 수준의 전문성은 필수적이다.
- 시스템 사용자와 운영자 모두 적절한 훈련은 필수적이다.
- 비상시 대책은 반드시 있어야 하며, 이를 통해 적정한 수준의 서비스 제공이 연속적으로 이루어지게 해야 한다.
- 프로젝트 도입 후에 실시하는 검토 평가는 프로젝트 성공을 모니터링하고 그로부터 교훈을 얻는 데 반드시 필요하다.

출처: Committee of Public Accounts, *Improving the Delivery of Government IT Projects* (1st Report, 1999-2000).

이는 비단 IT만의 문제가 아니다. 의회 공공회계위원회는 보다 넓은 분야에 적용한 후속 보고서를 2005년에 발간했는데, 위원회가 조사했던 사례에서 도출한 교훈들이 정부 전반에 걸쳐 전혀 학습되지 않았으며, 심지어 연관성이 큰 분야를 포함하여 더 광범위하게 이전과 같은 방식이 답습되고 있다고 밝혔다.[34] 위원회는 사업 집행과 관련하여 다음과 같은 측면을 고려하였다.

---

34) Committee of Public Accounts, *Achieving Value for Money in Delivering Public Services* (17st Report, 2005-2006).

- 사업 집행에 앞서 면밀한 계획 수립의 실패
- 프로젝트 관리의 품질
- 복잡성과 관료제
- 생산성
- 상업적 우수함
- 부정(fraud)
- 정책 및 프로그램의 집행

공공회계위원회는 사례별로 유사한 실수가 발생하거나 적절한 계획수립이 이루어지지 않은 경우를 지적했다. 예컨대 교육기술부(Department of Education and Skills)는 시범 사업을 통한 피드백의 중요성을 간과한 채, 어떤 계획도 실행 가능성이 검증되지 않았음에도 '개인학습계정'(Individual Learning Accounts) 사업을 그대로 추진했다(**박스 2.6** 참조). 그 결과 새로운 모델이 도입되었으나 성급한 추진으로 부정 위험에 노출되었고 결국 6,700만 파운드의 세금이 새어나갔다. 이런 문제는 전혀 새로운 것이 아니다. 새겨야 할 교훈을 학습하지 못해 되풀이되고 있을 뿐이다.

정부 관료제가 방대한 양의 데이터를 축적하고서도 여전히 가장 기본적인 질문에 답하지 못한다는 점에서, 과거의 문제점들로부터 충분히 교훈을 얻지 못한 것은 더욱더 실망스럽다. 2004년『더 타임스』(The Times)는 연금제도 평가를 위해 임명된 민간 전문가가 정부의 부실한 연금통계를 비판한 내용을 소개했다.35) 이런 비판은 당시 국세청(Inland Revenue)이 1999년 이후 매년 연금 조세감면 규모를 30억 파운드나 과다 집계한 것을 인정한 데서 비롯되었다. 이로 인해 연금제도 평가는 연금 관련 공적 정

---

35) *The Times on-line*, 1 October 2004.

박스 2.6: 개인학습계정 사업(Individual Learning Accounts)

개인학습계정 사업은 학습 참여를 확대하고 기술이나 자격 수준이 낮은 사람들이 직면하는 재정적 장애 요인을 극복할 수 있도록 지원하는 사업이다. 문제는 이 사업이 졸속으로 추진되고 계획되었다는 것이다. 교육기술부는 적정한 사업 모델이나 과정에 대한 품질 확보 방안도 확정하지 못했고, 보안 조치에도 허점이 있었다. 사업 참가자들이 이러한 시스템을 남용할 수 있다는 우려와 다수 과정의 품질 수준에 대한 의문 등으로 인해 이 사업은 2001년에 중단되었다. 교육기술부가 부정 및 남용 위험을 발견하고 신속히 대응한 것이다. 특히, 몇몇 비양심적인 등록사업자가 자신에게 부여된 시스템 접근 권한을 남용하여 개인별 계정의 세부정보를 담은 DB에서 미사용 계정들을 추출하고 계정 보유자 몰래 부정청구를 시도한 것이 큰 문제였다. 당시 교육기술부는 얼마나 많은 계정이 개설되는지도 파악하지 못한 상태로 계약을 빨리 체결해야 한다는 압박에 처해 있었다. 그래서 사업 참여자들은 리스크를 공유하는 파트너십 관계가 아니라 거의 대부분의 리스크를 교육기술부가 부담하는 방식으로 계약을 체결할 수 있었다. 교육기술부는 사업자들을 사업위원회에서 배제했는데, 이들의 참여가 정책에 대한 열린 논의를 제약하는 것으로 인식될 수 있다고 보았기 때문이다. 그 결과 사업자들은 파트너가 아니라 부처의 결정을 집행하는 단순한 용역 당사자 역할을 하게 된 것이다. 또한 교육기술부는 품질검증 시스템을 도입하지 않기로 결정했는데, 신규 사업자가 기존의 비효율적인 사업자를 대체하는 방향으로 시장의 힘이 작용하리라 기대했기 때문이다. 그 결과 교육 수강생들 스스로 적합한 과정을 선택할 책임을 떠안게 되었는데, 개인학습계정 사업 대상자 대다수는 주어진 선택을 비교, 대비하여 본인에게 가장 적합한 과정을 결정할 수 있는 능력이 가장 부족한 사람들이었다.

출처: Comptroller and Auditor General, *Individual Learning Accounts* (HC 1235, Session 2001-2002).

보 부족을 이유로 연기되었고, 정부의 사망률 예측치 오류로 인해 평가가 더욱더 힘들어졌던 것이다. 영국 통계청(Office of National Statistics, ONS)은 최근 영국 국민의 2002년도 연금저축 추정액을 120억 파운드나 축소 조정했는데, 민간 연금에 따른 조세감면 규모를 국세청이 과다 집계한 배경에는 바로 이러한 통계 오류가 자리 잡고 있었다. 이러한 독립적 평가 결과가 보여주듯이, 정부와 연금업계는 방대한 연금 관련 데이터를 수집하고 있으나 기여자 유형에 따른 연금 기여금 배분같이 연금제도에 매우 중요한 통계가 전혀 포함되지 않았다.36)

근시안적이고 내부 지향적인 시각의 또 다른 증거로, 관료제가 필요성 여부와 무관하게 관련 규정을 지나치게 복잡하게 만들어 스스로 문제를 초래하는 경우를 들 수 있다. 문학 작품에서 제시된 통찰로 돌아가보면, 조지프 헬러(Joseph Heller)는 1961년 발표한 『캐치22(Catch 22)』에서 관료제가 더 많은 규정과 규제를 만들어냄에 따라 어떻게 복잡성이 증가하며, 서로 모순된 규정으로 인해 어떻게 조정이 더욱 어려워지는지를 잘 묘사했다. 멀건 교수는 그 결과를 이렇게 설명했다.

> 많은 국가에서, 사회복지 또는 정부의 재정 시스템이 어떻게 작동하는지를 정확하게 이해하는 사람은 한두 명에 불과하다. 왜냐하면 수차례에 걸친 제도 개혁의 결과 복잡함이 개선되지 않고 더해졌기 때문이다(혹자는 시스템을 제대로 이해하게 된다면 곧 미쳐버릴지도 모른다고 이야기한다).37)

박스 2.7에서 보듯이 관료제하에서는 복잡성을 피하기 어려울 것이라는 주장도 있다. 대부분의 경향이 이러한 방향으로 몰아가고 있다.
- 특정 문제에 직면했을 때 장기적이고 폭넓은 관점에서 고려하기보다

---

36) Office of National Statistics (2002) *Review of ONS Pension Contributions Statistics: Report of the Review Panel.*

37) Mulgan, G. (2006) *Good and Bad Power*, Allen Lane, p. 229.

박스 2.7: 의사들에게 정보를 제공하는 복잡한 시스템

미국의 공공 의료보장제도(Medicare)는 수혜자가 약 4천만 명으로 미국 내 가장 큰 의료보험이며, 연방 프로그램 가운데 규모 면에서 두 번째로 크다. 이 제도는 약 1백만 명에 달하는 의료서비스 제공자가 수혜자에게 보장된 의료서비스를 전달한다는 약속이다. 의료서비스 제공자들에게 어떤 상황에서 무엇을 지불해줄 것인지에 대해 상세한 규정이 있다. 이 업무를 담당하는 보건부 산하 의료보장 및 지원센터(CMS)는 50개에 달하는 용역 사업체의 지원을 받는다. CMS는 필요한 정보를 의사를 비롯한 의료서비스 제공자에게 정확하게 전달해서 그들이 적정한 비용을 신청할 수 있게 해야 할 책임이 있다. 미국 감사원(GAO)의 감사 결과 CMS 측이 의사들에게 제공하는 정보가 종종 사용하기 어렵고 시의성이 없거나 부정확, 불완전한 것으로 나타났다. 공지사항(bulletin)은 구성이 조잡하고 빽빽한 법률용어로 작성되어 있고, 의료서비스 제공자를 지원하기 위한 무료통화 서비스 및 웹사이트도 적절히 운영되지 않았다. 고객 서비스 상담원들이 질의에 정확하고 완전하게 답하는 경우도 드물었는데 응답 테스트 결과 적정한 답변 비율은 15%에 불과했다.

출처: Government Accountability Office(2002). *A Medicare: Communications with Physicians Can Be Approved*(GAO-02-249).

는 신속하게 문제를 해결하고자 하는 단기적인 정치적 욕구

- 특정 상황에 맞춘 구체적인 규정으로 비용을 낮추고자 하는 시도
- 자격 요건에 대한 상세한 자료를 수집해 부정을 막아보겠다는 욕구
- 기존 정책을 활용하기보다는 자신이 새로운 정책을 만들어내고자 하는 개인적인 욕구

이와 같은 복잡성을 개선하고자 하는 일관된 흐름을 발견하기는 쉽지 않다. 이러한 경향은 전후(戰後) 사회보장 시스템의 발전 과정에서도 확인할 수 있다(**박스 2.8** 참조). 즉 제도 전반에 걸친 혁신, 부분적인 변화, 수혜

박스 2.8: 복지혜택 관련 규정의 복잡성 증대

복지혜택 관련 규정은 매우 폭넓은 상황에서 수혜자의 니즈에 대응할 수 있어야 하므로 어쩔 수 없이 복잡한 측면이 있다. 그래서 정부도 관련 규정을 통해 정책 목표를 추구할 뿐 아니라 동일하거나 상이한 상황의 수혜자들 간의 형평성과 공정성을 추구하고 있다. 뿐만 아니라 규정을 세밀하게 만들어 인센티브를 제공하기도 하고(근로 장려), 보상을 주기도 하며(저축에 대해), 특정한 니즈에 대응하기도 한다. 세부적인 규정을 통해 수혜 대상이 누구인지를 명확히 함과 동시에 정부는 비용효과적인 방법으로 목적을 달성하려는 것이다.

그러나 복지혜택 시스템은 사실상 수년간에 걸친 관련 입법 개정의 산물이다. 20세기 초부터 경제, 사회 환경과 정치적 지향의 변화에 따라 조정이 이루어졌고 새로운 니즈에 대응하기 위해 확장되어왔다. 역대 정부는 단순화를 주창해왔지만 여러 이유로 실현되지 못했다. 과감한 개혁은 비용을 수반하고 많은 시간이 소요되며 논란의 여지가 높아 실현되기 어렵다. 따라서 변화는 부분적으로 일어나고 그때마다 관련 복지혜택의 조정, 담당자 지침 변경, 수혜자를 위한 문서 개정 등을 유발한다. 복지혜택과 세금감면, 자녀양육 등이 합쳐지면 상황은 더욱 복잡해진다. 복지혜택 자체가 복잡해질수록 이를 전달하기 위한 방법에도 복잡함이 뒤따른다.

물론 복잡성과 규정 그 자체가 해당 조직이 관료제적임을 나타내는 특징이라 할 수는 없으며, 정도의 차이는 있지만 그런 속성을 거의 모든 조직 형태에서 발견할 수 있다. 공공 부문의 차이점이라면, 의도적이든 아니든 간에 이런 복잡성이 공공서비스의 품질에 제약 없이 영향을 미쳐왔다는 것이다.

출처: Comptroller and Auditor General, *Dealing with the Complexity of the Benefits System* (HC 592, Session 2005-2006).

와 시스템 간의 연계 추진, 전달수단과 관련된 복잡화 등이 복합적으로 진행되어왔다. 그 결과, 어린이 빈곤 문제 대응 그룹(Child Poverty Action Group)의 경우 수혜자용 안내서는 지난 10년간 4배나 길어졌다. 최근 단순화 필요성에 대한 인식이 증가하고 있지만, 단순화는 본질적으로 현재 문화에 역행하는 것이라서 얼마나 효과적으로 이루어질 수 있을지는 두고 볼 필요가 있다.

복잡성 문제를 해결하려는 노력이 이루어진 부분에서도 개선은 제한적이었고, 여전히 관료주의적 절차에 부속되어 있다고 할 수 있다. 복잡성 문제의 심각성은 정부가 각종 업무에 부과하는 규제의 영향 측면에서도 인식되어왔다. 새롭게 제안된 규제가 민간에 미치는 영향을 평가하는 규제영향평가(Regulatory Impact Assessment, RIAs) 제도의 발전은 분명 환영할 만하다. 그러나 그 제도는 올바른 방향으로 활용되지 않으며, 목적조차 이해받지 못하기도 하고, 많은 경우 평가 결과가 규제안에 대한 엄밀한 문제 제기를 못하고 있다. 가장 취약한 부분은 규제의 이행 가능성에 대한 고려인데, 정부부처는 너무나 쉽게 새로운 규제들이 잘 준수될 것으로 가정해버린다. 비용과 편익에 대한 평가 역시 매우 취약한 영역으로, 많은 경우 규제영향평가는 정책결정 과정의 본질적 요소가 아니라 요식행위 정도로 인식되고 있다.[38] 정부 규제에 따른 행정 부담을 경감하려는 노력에 대해 네덜란드 감사원이 2006년 감사한 결과를 보면 아이러니하게도 규제비용 감축 노력이 생각보다 성공적이지 못했음을 보여준다. 그 원인은 규제가 명목적으로만 존재할 뿐 사실상 지켜지지 않아 비용이 발생하지 않았거나 그리 크지 않았고, 기존 운영방식에 익숙하다는 이유를 들어 폐기된 규제를 계속 준수하는 기업들도 상당수 존재했기 때문이다.[39]

복잡성 문제는 단순히 기술적 측면에 국한되지 않는다. 복지혜택 관련 복잡성이 혜택의 미수령 정도에 영향을 준다는 우려는 앞서 지적했다. 그

---

38) Comptroller and Auditor General, *Evaluation of Regulatory Impact Assessments 2005-06* (HC 1305, Session 2005-2006).

39) Algemene Rekenkamer (2006) *Reducing the Administrative Burden for Businesses* (http://www.rekenkamer.nl).

외에도 관련 기관들이 규정과 책임을 설명하기 쉽지 않고, 담당 직원들은 정확한 업무 처리가 어려우며, 오류와 부정에 취약한 환경이 초래되는 등의 문제가 복잡성으로 인해 초래될 수 있다. 멀건 교수는 복잡성이 시민들의 소외(alienation) 및 수동성(passivity)을 초래한다고 우려하였고,[40] 영국 하원의 토니 라이트 공공행정위원회 위원장은 현대 사회의 거버넌스 체계가 너무나 복잡해지면서 기존의 공공책무성 제도를 통해 좇아갈 수 없을 정도가 되었다고 주장했다. 라이트 위원장은 시민들이 수많은 종류의 공공서비스를 어떤 기관이 책임지고 제공하는지 더 이상 이해하지 못하게 되었다고 하면서, 이런 상황으로 인해 일반 국민은 정책과 관련된 거의 대부분의 문제를 정부에 일임하게 되는 반면, 장관들은 핵심 서비스의 전달 책임을 위탁하지 못하게 되는 악순환이 벌어지고 있다고 지적한다.[41] 그는 공공서비스 전반에 걸쳐 일관되게 모니터링이 진행되고 있는지에 대해서도 의문을 제기하였다.

관료제의 또 다른 문제는 자체 성과를 공개적으로 측정하고 논의할 수 없다는 것이다. 이 역시 자기모순이 아닐 수 없는데 왜냐하면 정부 부문의 성과를 평가, 측정하기 위해 지금처럼 많은 시도가 있었던 적이 없기 때문이다. 스티브 마틴은 지난 10년 동안 평가 인력 규모가 두 배로 증가하였고,[42] 영국 내 공공서비스에 대한 외부 감찰 비용 또한 1997~98년 2억 5천만 파운드에서 2002~03년 5억 5천만 파운드로 급격히 증가했다고 추정했다.[43] 공공 부문 성과 측정 문제에는 여러 측면이 있다.

---

40) Mulgan, G. (2006) *Good and Bad Power* Penguin.

41) Tony Wright, 'Speech to CIPFA Conference', June 2006.

42) Hood, C. et al. (1999) *Regulation inside Government: Waste-watchers, quality police and sleaze-busters*, Oxford University Press.

43) Martin, S. (2005) 'Evaluation, inspection and the improvement agenda: contrasting

우선, 무엇을 어떻게 측정할 것인가(공공 부문에서 생산성이란 정확히 무엇을 의미하는가, 어떻게 하면 그 생산성을 가장 잘 측정할 수 있는가, 공공서비스의 개선은 어떻게 포착할 것인가)[44]에 관한 근본적인 문제가 여전히 남아 있다. 현재까지의 증거로 보건대 폭넓은 분야에서 유의미한 답을 제시하기에는 아직 많이 부족하다고 할 수 있으며, 최근 진행되는 '공공가치'(public value)에 관한 논의를 보더라도 관료제적 정부가 어떤 가치를 더하고 있는지 정확히 측정하는 일이 얼마나 복잡성을 띠는지 우리는 잘 알 수 있다.

정부가 수집한 방대한 분량의 데이터에도 많은 부분에 문제가 존재한다. 최근 수년간 영국 감사원(NAO)이 수행한 부처별 성과정보 관련 시스템 검증을 위한 감사 결과를 보면, 대부분의 성과정보 시스템이 공개 자료의 신뢰성에 영향을 줄 수 있는 모든 리스크에 대한 적절한 관리체계를 확립하지 못한 것으로 나타났다. 다시 말해 정부의 성과 보고를 위한 정보가 조작되거나 부정확할 수 있다는 것이다. 성과를 과장하거나 문제를 감추고자 하는 유혹도 여전히 존재한다. 영국 정부 전체의 연간 성과 보고[45]는 지나치게 균형감을 상실하여 발간 자체가 중단되었다.

끝으로, 관료제는 혁신이나 절감을 유발할 만한 동기를 계속해서 매우 제한적으로 제공한다.[46] 슘페터의 표현을 빌리자면 "관료제적 사업 추진 방식과 도덕적 분위기는 적극적인 자세에 부정적인 영향을 행사한다." 강력한 위계 구조, 취약한 성과보상 시스템, 새로운 업무방식을 수용하기

fortunes in an era of evidence-based policy-making' *Evaluation,* 11(4) 496-504.

44) Boyne, G. 'What is public service improvement?' (2003)

45) *The Government's Annual Report* 1997-98 (Cm 3969) and 1998-99 (Cm 4401)

46) Schumpeter, J. (1949) *Economic Theory and Entrepreneurial History Change and the Entrepreneur.*

를 꺼리는 태도는 모두 혁신적인 문화로의 발전을 더디게 하는 요소이다. 관리들은 여전히 안정적인 직무를 유지하고 잠재적 사고 및 위험성을 내포하는 사업 추진을 회피할 때 인정을 받으며, 새로운 제안이나 아이디어를 상부에 내는 것을 적극적으로 장려받지 않는다. 외부 인사를 중앙정부에 투입하는 것은 새로운 아이디어와 자극, 더 큰 기대를 형성하여 정부 내의 변화를 촉진하는 데 도움이 될 수 있다. 그러나 현재 중앙정부에서 진행되는 혁신 업무는 지극히 계층적인 접근방식을 취하고 있어 하위직의 참여를 제한하고, 들이는 시간에 비해 매우 작은 혁신만을 시장에 내놓고 있다.47)

이러한 혁신 실패의 또 다른 양상은 관료제가 상업적 성공에 둔감해진다는 것이다. 정부는 상업적 고려의 부족으로 인해 종종 공적 자원을 낭비할 수 있다. 많은 감사보고서에서 절감 가능성을 지적했는데, 특히 2000년 감사보고서는 1994년 내각부의 효율성 점검 결과 제시된 약 6,500만 파운드에 달하는 절감액에 대한 권고안이 전혀 이행되지 않았을 뿐 아니라 실제 절감이 얼마나 이루어졌는지 그 누구도 파악하지 못하고 있음을 지적했다.48) 다른 조사 결과를 보면, 1억 5천만 파운드에 달하는 미징수 범칙금이 위반자에 대한 연락 불능이나 징수 가능성 없음 등으로 인해 상각 처리되었다.

---

47) Comptroller and Auditor General, *Achieving Innovation in Central Government* (HC 1447, Session 2005-2006).

48) Efficiency Unit (1994) The Government's use of external consultants, Cabinet Office.

2.6 관료제의 결함을 심화시키는 전통적인 감사

내각부의 전문적 정책 수립에 관한 1999년 보고서는 공직 문화가 새로운 사고 또는 변화를 잘 수용하지 않는다는 인식이 폭넓게 퍼져 있음을 지적하였다.[49] 전통적으로 공공 부문 감사는 위험 기피, 규칙 준수, 혁신이나 변화에 대한 강조 결여 등으로 인해 관료제에 내재한 문제를 악화시켜왔다. 감사는 결과가 달성되었는지보다 주어진 규정을 준수했는지에 초점을 두어왔다. 공직자들은 감사가 개별 위반 사례와 그와 관련된 구체적인 교훈에만 초점을 두고 보다 폭넓은 교훈은 덜 중시하는 '적발 중심'(point hunting) 성향을 보인다고 비판했다. 위험 분석이나 부처 시스템에 대한 평가를 통해 문제가 제기되는 경우는 거의 없다.[50] 로버트 벤 교수와 같은 감사 비판론자들에 따르면 감사인은 사소한 잘못에 초점을 두어 규정 준수에 실패한 작은 사례들을 들추어낸다는 것이다.[51]

그 결과 감사가 공공서비스 개선에 어떤 기여를 할 수 있을지에 대한 우려가 오랫동안 제기되어왔다. 어떤 이는 감사 자원의 부족으로 사소한 사항에 집중한 나머지 감사의 결과가 가치를 더하거나 중요한 시사점을 제공할 수 없게 되었다고 평가한다. 1960년대에 노먼턴 교수가 지적했던, 오로지 예산이 목적대로 사용되었는지에 초점을 두는 '합규성의 치명적 제약'(cramping limitations of regularity)'[52]의 문제가 10여 년이 지난 후

---

49) Cabinet Office (2000) *Professional Policy Making for the Twenty First Century.*

50) Lonsdale, J. (2000) *Advancing Beyond Regularity: developments in value for money methods at the National Audit Office*, unpublished PhD thesis.

51) Behn, R. (2001) *Rethinking Democratic Accountability,* Brookings.

52) Normanton, E. (1966) *The Audit and Accountability of Governments*, Manchester University Press.

에도 지속되었다.

감사 활동에 주어진 대부분의 시간이 반복적인 장부 기록 확인에 사용되고 있다. 따라서 건설적인 비판과 심도 있는 조사, 수년에 걸친 업무 소홀과 부처의 반대를 극복하는 데 필요한 사실관계 확인 등에 사용할 수 있는 여력은 거의 없다시피 하다.[53]

또다시 10년이 지난 후 피터 헤네시가 내린 진단 역시 그다지 달가운 소리는 아니었다.

서류를 이 잡듯 뒤지는 이전 재무부 산하 감사부의 전통이 무자비할 정도로 꼼꼼한 회계사팀에 의해 유지되고 있다. 이들은 공공 부문 브리지 게임 대회에서 연전 연승하며, 의회 공공회계위원회 소속 위원들의 손에 유용한 실탄을 쥐여준다.[54]

클라이브 폰팅은 감사 프로세스가 마치 "정부부처가 처음부터 끝까지 일관되게 수비에만 열중하여 자신을 정당화하고 어떤 비판도 수용하지 않는 경연"과 같다고 탄식하면서, "부처의 목적은 가능한 한 비난받지 않고 과정을 종료하는 것"이라고 비판했다.[55] 또 다른 이들은 이러한 감사 과정에 주목하여 다음과 같이 설명하였다.

감사기구의 실무자들이 정부부처 실무자들을 상대로 집행상의 오류에 대해 문

---

53) Chapman, L. (1979) *Your Disobedient Servant: The Continuing Story of Whitehall's Over-spending*, Penguin.

54) Hennessy, P. (1989) *Whitehall*, Fontana Press.

55) Ponting, C. (1986) *Tragedy and Farce*, Sphere Books.

제를 제기하고, 각 부처의 회계책임자 역할인 사무차관(Permanent Secretary)은 문제가 되는 이슈가 공공회계위원회까지 가서 논의될 때에야 비로소 소속 부처를 대변해 관여하는 시스템이다.[56]

이러한 현실에도 불구하고―또는 이러한 현실로 인해―감사에 대한 시각은 1990년대를 거치면서 관료제의 아주 나쁜 특성들을 오히려 공고히 하는 쪽으로 굳어져 그대로 유지되고 있다. 장관을 역임한 한 인사는 이를 다음과 같이 표현했다.

현 감사제도는 각 부처로 하여금 위험을 감수할 수 없게 한다는 견해가―물론 이 견해가 얼마나 현실을 반영하는지에 대해서는 여러 의견이 있겠지만―존재한다. 부처가 뭔가 새로운 것을 시도하려 하면 감사원(NAO)이 매번 문제를 제기하고, 따라서 정부 관리들은 복지부동하게 된다는 것이다. 강화된 감사가 단지 매우 전통적인 업무수행 방식을 고착시키고 정부 내 혁신과 근대화를 차단해버리는 결과로 이어지지 않을까 하는 우려가 깊다.[57]

다음 장에서는 이상의 관료제적 접근방식, 비록 외관상으로는 다양한 개선 조치가 이루어졌더라도 여전히 관료제에 뿌리를 둔 시스템의 문제들을 공공감사가 어떻게 인지하고 극복하여 현대 정부의 재정가치를 높이는 데 기여할 수 있는지 논의하고자 한다.

---

56) Hood, C. et al. (1999) *Regulation Inside Government: Waste-Watchers, Quality Police and Sleaze-Busters,* Oxford University Press.

57) Hansard, Government Resources and Accounts Bill Standing Committee, 18 January 2000.

2.7 요약

공공사업은 지체되고, 계획보다 많은 비용이 소요되며, 의도한 대로 작동되지 않는 경우가 많다. 이런 사례는 고비용의 국방 프로젝트, 병원 감염의 확산, 사회복지사업 비리 등에 널려 있다. 근본적인 문제는 관료제, 즉 평생 신분이 보장된 공무원으로 채워진, 계급적인 규정 중심의 조직이다. 관료제는 20세기 조직의 '위대한 희망'(great white hope)[58]으로 출범했다. 산업의 분업체계에 버금가는 공직체계로서, 객관적인 평가를 통해 선발되고 승진하는 관리들이 더 높은 생산성과 정직함을 창출할 것이라는 기대를 받았다. 그러나 20세기가 진행되면서, 관료제는 내부 지향적이며 내부 문제에 골몰하여 형식주의(red tape)에 빠져 시민들은 안중에 없는 조직임이 명확해졌다. 이런 문제는 서구 자본주의나 동구 공산주의에서 공통적으로 나타났으며, 베를린 장벽 붕괴 이후에도 치유되지 않고 여전히 남아 있다. 전통적으로, 공공감사는 결과가 달성되었는지보다 법규가 준수되고 있는지 여부를 확인하는 데 집중함으로써 관료제를 더 공고히 하였다.

---

58) 역주: 흑인들이 독식하는 권투계에 가끔씩 등장하는 백인 유망주를 일컫는 말.

3장 결과 분석의 실패

공공 부문의 전통적인 회계 및 감사 방식만으로는 앞 장에서 살펴본 관료제의 문제점들을 극복하기 어렵다. 공공 부문의 전통적인 회계 및 감사는 다음과 같은 두 가지 요소로 이루어진다.

• 일정 기간(통상 1년)에 대한 회계보고서가 작성되면, 감사인은 지출이 적법하게 이루어졌는지, 회계보고서가 회계행위를 진실되고 적정하게 보여주고 있는지를 감사

• 어떤 지출이 합법적으로 이루어졌지만 행정 규칙, 윤리 규범이나 여타 기준—비록 명시되어 있지 않더라도 감사인이 판단할 때 통상적으로 인정되어 지켜지는 기준—에 어긋날 때, 지출의 적합성에 관하여 의견을 제시

이 두 요소는 모두 의미가 있기는 하나, 서로 다른 맥락에서 기능한다. 우선 첫 번째 요소에 관해 살펴보면, 공공기관은 당연히 공기업과 마찬가지로 재무관리, 회계보고, 그리고 이에 대한 감사 시스템을 필요로 한다.

재무관리 시스템하에서는 다음과 같은 것들이 가능하다.

- 회계연도의 개시 및 종료 시점에 현금, 자산, 기타 재원을 얼마나 보유하고 있는지 파악
- 대안별 정확한 비용 산출
- 프로젝트와 프로그램의 예산 수립
- 외부감사를 받기 위한 연간 회계보고서 작성

재무관리 시스템은 최근의 내부 지배구조(corporate governance) 개념의 발전과 더불어 다시금 중요시되고 있다. 내부 지배구조 개념에는 아래 내용이 포함된다.

- 모든 활동에 대한 내부통제 작동 여부 분석
- 리스크를 평가하고 관리하는 시스템
- 내부감사
- 비상임 이사로 구성되는 감사위원회

공공 부문 감사인은 이런 재무관리, 회계보고, 그에 관한 통제 등 제반 문제에 관심을 기울이고 적정 여부에 관해 관계기관에 보고할 책임을 갖는다. 감사인이 보고할 관계기관으로는 영국의 경우 의회, 중앙행정기관, 지방정부를 예로 들 수 있고, 일반 국민도 언론을 통해 간접적으로 보고를 받는다고 볼 수 있다.[1] **박스 3.1**은 전통적인 감사 기능을 요약한 것이다.

공공감사의 전통적인 기능을 보여주는 흥미로운 사례 가운데 하나가 본인이 영국 감사원장(Comptroller and Auditor General, C&AG) 재직 시

---

1) Pickett, S.K.H. and Pickett, J.M. (2005) *Auditing for Managers: the ultimate risk management tool*, John Wiley & Sons, Ltd.

내무부의 2005-06 회계보고서에 대하여 감사의견을 거절한 경우이다(**박스 3.2 참조**). 의견 거절이란 해당 기관이 감사의견을 받을 수 있는 회계보고서를 만들 수 없었음을 뜻하기에 심각한 상황이라 할 수 있다. 감사보고서 사용자들은 감사의견이 거절된 기관에 대해 재무관리에 심각한 결함이 있는 것으로 인식하기 마련이다. 범죄와 치안을 담당하는 기관이며 연방정부 주요 부처인 내무부로서는, 감사의견 거절은 기관의 신뢰도에 손상을 줄 수 있는 심각한 상황이었다. 언론에서는 이 감사 결과를 크게 다루었고, 정부부처 회계처리의 투명성을 높이는 계기 중 하나가 되었다. 언론의 관심은 내무부가 상황을 심각하게 받아들이고 신속한 개선책을 마련하게 하는 압박 요인이 되었다.

엔론(ENRON) 사태와 같은 대규모 회계부정을 계기로 공공과 민간 조직 공히 지배구조를 개선하려는 움직임이 활발해지면서, 감사 대상 기관의 내부통제와 재무관리를 검증하기 위해 감사인이 수행해야 할 역할 범위도 확대되고 있다. 예를 들자면, 기업회계 및 지배구조를 관장하는 독립기구인 영국 재무보고위원회(UK Financial Reporting Council)의 지배

박스 3.2: 내무부 회계보고서에 대한 감사의견 거절

내무부는 위험물 규제·소방·긴급사태 대비 등의 안전관리, 형사법 집행·범죄자 관리 등의 형사 업무, 출입국 관리, 그리고 잉글랜드와 웨일스의 경찰 기능 등을 책임지는 정부부처이다. 내무부에 대한 외부감사기구로서 영국 감사원은 감사실무위원회(Auditing Practices Board)의 감사기준에 따라 내무부의 회계보고서에 중대한 오류가 없다는 합리적인 확신을 얻을 수 있는 증거를 확보해야 한다. 이를 위하여 감사팀은 회계보고서에 포함된 사항의 토대가 되는 기초자료를 테스트하는 한편, 회계처리에서 주요 추정과 판단이 적정했는지를 검증한다. 또한 회계처리 방법이 적절한지, 일관되게 적용되었는지, 충분히 설명되었는지도 검토한다. 2000년 제정된 정부자원회계법(Government Resources and Accounts Act)에 따라 감사원은 모든 정부부처의 자원계정을 감사하고 검증할 책임을 진다. 감사원은 자원계정에 대한 감사의견을 법정기한 내에 의회에 보고해야 하는데, 만일 특정 정부부처가 감사의견을 받을 수 없어 법에 규정된 일정에 맞출 수 없는 경우 이를 의회에 보고해야 한다.

감사 결과 내무부의 2004-05 회계보고서에 대한 감사의견을 내놓기 어려운 상황이었고, 결국 감사의견 거절 의견을 내게 되었다. 그 이유는 다음과 같다.

• 새로 도입한 전산회계 시스템의 문제로 인해 내무부는 종래보다 당겨진 법정 제출기한에 맞춰 계정들이 서로 부합하는 설득력 있는 결산서를 내놓기 어려운 상황이었다. 또 주된 회계 시스템의 내부통제에서도 중대한 결함이 발견되었다.

• 현금 출납기록과 은행잔고가 맞지 않는 등 회계기록과 은행계좌 간 불부합이 있었다. 회계기록과 은행계좌가 일치하는지 여부를 검토하는 것은 기관 내부 회계기록상의 출납액과 잔액을 외부 기록과 비교해볼 수 있는 기회이기에, 회계통제에서 가장 기본이 되는 사항이다. 회계부정을 예방하고 발견하는 데에도 아주 중요한 수단이다.

• 회계처리 과정을 역추적하기가 어렵거나 주요 데이터에 대한 접근 통제에 취약점이 있는 등 재무 시스템 관리에 결함이 있었다.

위와 같은 문제점이 의미하는 바는, 영국 감사원이 내무부의 회계 시스템에 대해 충분한 확신을 가지려면 더 많은 시간을 가지고 심도 있게 검토해야 한다는 것이었다. 그러나 법정기한인 2006년 1월 31일까지 회계보고서를 의회에 제출해야 하는 상황에서 추가적인 검토는 현실적으로 어려웠다.

언론은 정부 주요 부처의 회계보고서에 대한 감사의견이 거절되었다는 것과 이와 관련된 영국 감사원의 의회 보고를 대대적으로 다루었고, 의회에서도 정부에 대한 비판의 소리가 높았다.

출처: Comptroller and Auditor General, *Report on Home Office Resource Accounts 2004-2005* (HC Session 2005-2006).

구조 통합준칙(Combined Code on Corporate Governance)은 내부통제에 관한 기준을 제시한다. 영국에 소재하고 런던 증권거래소에 등록된 모든 회사는 이러한 내부통제 기준을 어떻게 적용하고 있는지 회계보고서에 실어야 한다. 민간 부문과 마찬가지로 영국 재무부는 정부기구가 따라야 할 구체적인 기준을 발표하고 있다.[2] 영국 감사원은 매년 회계보고서 검증 시 이러한 기준에 부합하는지를 검토하며, 정부부처 내부통제 시스템에 대한 평가를 재무감사의 중요한 부분으로 간주하고 있다.

전통적인 공공 부문 감사의 두 번째 요소는 얽힌 문제를 분석하여 윤리규범이나 여타 기준에 따라 판단하고 의견을 제시하는 등 첫 번째 요소에서 한 걸음 더 나아간 역할이다. 몇 가지 예를 들어보자. 다양한 이슈가 있고, 어떤 것들은 오래전으로 거슬러 올라간다. 1882년, 관련 법령에 따라 회계처리된 금액의 수치가 정확한지 확인하는 것이 누구의 관할인지를 두고 영국 감사원장과 토지재판소(Land Judge's Office) 사이에 논란이 있었다. 철학적 견해 차이에서 비롯된 흥미로운 논쟁 또는 관료들의 영역 다툼이었다고도 할 수 있는데, 결국은 감사원의 손을 들어주는 것으로 끝이 났다.[3] 또 다른 예는 육군의 막대한 말[馬] 수요를 충족하기 위해 전 세계

---

2) HM Treasury, *Corporate Governance in Central Government Departments: Code of Good Practice*, July 2005.

3) Committee of Public Accounts 4th Report 1882 (HC 277 1882) Clan III Vote 15.

를 뒤져야 했던 보어전쟁 때 일어난 사건이다. 당시에 감사관들은 스페인 지역에서 노새를 조달하는 대리인이 영국 정부와 노새 판매자 양쪽에서 이중 수수료를 받고 있다는 사실을 밝혀내는 데 주도적인 역할을 했다.4) 또 이 전쟁에서 소령으로 전사한 장교의 아내에게 국무부(Secretary of State)가 유족연금을 지급하다가 전사 후 12개월이나 지난 시점에 중령 전사자에 해당하는 연금으로 인상해준 사례가 있었다. 관대한 조처로 볼 수도 있었지만, 감사원의 지적은 대중적인 관심을 불러일으켰고 유족연금은 전사 당시의 계급을 기준으로 하는 것으로 결론이 났다.5)

좀 더 근래의 예로는, 허더스필드 대학에서 퇴임하는 부총장의 급여를 50% 인상하고 과거 시점까지 소급 적용한 것을 들 수 있다. 부총장의 퇴직연금이 인상되었을 뿐만 아니라, 대학에서 건강보험료를 전액 부담해주고 부총장으로 사용하던 차를 할인된 가격으로 구입하게 해주는 등 경제적 편익을 제공한 사건이었다. 이 가운데 어느 것도 불법은 아니었지만 내부 고발자의 진정이 관심을 불러일으켰고, 감사원의 감사 결과가 공개되면서 결국 허더스필드 대학은 해당 조치들을 바로잡았다.6)

이 같은 공공감사의 중요한 측면은 전 세계적으로 확인되는데, 1999년 뉴질랜드 감사원에서 노동부가 민간 항공기를 용선계약하고 직원들을 훈련과정에 입소시킨 데 대해 감사를 실시한 것을 예로 들 수 있다. 뉴질랜드 감사원의 감사 결과는 다음과 같다.

와이라케이 리조트 호텔에서 훈련과정을 개최한 것은, 훈련 관련 목표를 달성하

---

4) Committee of Public Accounts Fourth Report 1902(HC 273 1902) Vote 6.

5) Committee of Public Accounts Fourth Report 1902(HC 273 1902) Vote 14.

6) Comptroller and Auditor General, *Severance Payments to Senior Staff in the Publicly Funded Education Sector* (HC 2002, Session 1994-1995).

는 데 문제가 없다는 전제하에서 접근성이 뛰어난 다른 장소에서 개최했을 경우
와 비교할 때 비용이 과도했다. 물론 노동부 직원들이 자기들 좋은 것만 찾으려
다 이와 같은 계약을 체결했다고 비난하기는 어렵다. 오히려 일련의 커뮤니케이
션상 오류 및 업무 추진 과정상 실수의 결과로 보는 것이 타당할 것이다. 이러한
커뮤니케이션의 잘못과 업무 추진 과정의 실수는 개별적으로는 심각한 문제를
초래하지 않지만, 복합되자 심각한 문제로 발전하여 결국 노동부의 재무적 측면
뿐 아니라 기관의 대외 신뢰도 측면에도 큰 손실을 초래하였다.[7]

이러한 두 측면의 사례들은 관료제가 안고 있는 부작용을 완화하는 데
전통적인 공공감사가 수행해온 긍정적 역할을 잘 보여준다. 19세기 중반,
'노스코트-트리벨리언 보고서'(Northcote and Trevelyan Report)[8]는 당
시 공공 부문에 만연한 연고주의(nepotism)와 무능력, 여타 결함들을 강
하게 비판하면서 근본적인 변화를 가져왔다. 지금은 당연한 덕목으로 받
아들여지는 공직자의 성실(propriety), 청렴(probity), 객관성(objectivity)
과 같은 원칙 내지 기준이 영국에 확립된 것도 바로 이 무렵부터이다. 영국
감사원의 전신인 재무감사부(Exchequer and Audit Office)가 비슷한 무
렵에 설립된 것도 우연이 아니다. 재무감사부의 정부부처 조사 권한은, 경
찰 기능과 똑같다고 할 수는 없지만 공직자들이 국민이 낸 세금을 사용하
는 데 책임감 있게 처신해야 한다는 것을 심각하게 인식하게끔 하기에 충

---

7) Controller and Auditor General of New Zealand, *Events Surrounding the Chartering of Aircraft by the Department of Work and Income*, October 1999 (http://www.oag.govt.nz)

8) 역주: 1853년 스태퍼드 노스코트(Stafford H. Northcote)와 찰스 트리벨리언(Charles E. Trevelyan)이 주도하여 작성한 것으로, 영국 정부의 실력과 실적(merit)에 기반한 공무원 인사 원칙의 기초가 된 보고서 가운데 하나로 평가된다. 공개경쟁 시험으로 공무원을 채용할 것과 독립된 인사위원회를 설치할 것 등을 건의하는 내용이었다.

분했다. 포괄적인 개념이기는 하지만 '원칙', '투명성', 그리고 '독립된 검증'이라는 틀은 영국 공공 부문이 자리를 잡는 데 일조했다. 그러나 순탄했던 것만은 아니다. 정부가 공공서비스 전달 방식을 혁신하자, 성실과 책임 있는 행정에 기반을 둔 기존의 모델은 때로 한계에 부딪혔다. 최근의 예로 1980년대 들어 공공 부문에 기업적인 문화가 도입된 것을 들 수 있는데, 이는 신공공관리론의 영향을 일부 받은 것으로 보인다. 준기업적인 접근 방법이 지지를 얻으면서, 오랜 기간 확립된 통제와 책임 시스템, 그리고 무엇보다 공공정책을 다루는 전통적인 태도는 결과물(outcomes)이나 결과(results)보다 법규만 중시한다는 비판에 직면했다. 공공감사의 역할은 이러한 접근방법의 변화에 문제를 제기하는 것보다는, 공공기관이 새로이 도입한 기업 방식을 합리적으로 정착시키면서 공공자금을 엄정하게 관리해야 할 필요성에 대해 관심을 환기하는 것이었다(**박스 3.3 참조**).

3.1 재정가치는 어떻게 확보되는가?

엄격한 재무관리만큼 중요한 것이, 엄격한 재무관리만으로는 보장할 수 없는 '재정가치'(value for money)라는 것이다. 기업의 이윤처럼 단일하고 쉽게 측정할 수 있는 대상이 없는 상태에서, 여러 정부들은 재정가치를 나타내는 것으로 널리 받아들여지는 그 무엇을 달성하기 위한 최선의 길을 놓고 고민하고 있다.

널리 인정되는 한 가지 방법은 공공자금을 써서 달성하려는 것이 무엇인지 정의해보는 것이다. 이렇게 하면 목표로 하는 결과를 이끌어내는 데 얼마나 도움이 되는지에 따라 공공자금 지출과 수혜자를 위한 지원 절차나 과정이 정당한지를 측정하고 평가할 수 있다.

누구나 수긍하며 달성 수준을 측정할 수 있는 결과물을 정의하는 것은

박스 3.3: 기업 방식을 도입한 공공기관과 법규 준수 의무

1980년대와 1990년대 초반, 정부부처와 국민보건서비스 같은 공공기관의 업무수행 방식에 근본적인 변화가 있었다. 책임운영기관(executive agency)[9] 도입, 비부처 공공기관(non-departmental public body)[10] 추가 설치 등을 포함한 이러한 변화는 권한 위양 확대, 업무 간소화, 기업 스타일의 업무방식 도입 등을 통해 행정서비스를 개선하려 한 것이었다. 이러한 개혁은 신공공관리(new public management)라 불렸다.

변화의 시기에는 적절한 수준의 통제와 재무관리가 유지되도록 하는 것이 중요하다. 영국 감사원은 행정과 재무 시스템에서 다수의 심각한 실패 사례를 지적하고 보고하였는데, 원인의 한 꼭지는 기준과 관리 통제가 약화된 데 있었다. 몇 가지 예를 들면, 외무부에서 컴퓨터 시스템을 새로 도입했는데 제대로 작동하지 않을 뿐 아니라 부정하게 사용될 여건만 만들어놓은 꼴이었다. 웨일스개발청[11]은 원래 계획이 여의치 않을 경우에 대비한 예비계획을 개정하면서, 시행 전에 그 계획을 웨일스지역부에 제출하여 승인받도록 되어 있는 명백한 법정사항을 지키지 않았다. 또 뉴타운개발공사에서는 3,700만 파운드 상당의 계약을 제한 경쟁을 통해 몇몇 업체와 체결하였다.

영국 감사원의 감사 결과에 영향을 받아, 하원 공공회계위원회는 기업 방식을 도입한 공공기관이 공공기관으로서 지켜야 할 기본 규범에 배치되는 잘못을 범하는 리스크를 줄이기 위해 체크리스트를 담은 보고서를 발간했다. 그 주요 내용은 건전한 재무적 통제, 법규 준수, 적정한 자금 관리, 재정가치 달성 등의 중요성에 관한 것이었다.

이러한 예는 윤리규범을 지켜내는 데 외부감사가 중요한 역할을 하고 있음을 잘 보여준다. '신공공관리'의 영향을 받은 정부 개혁으로 인해 공적 행정서비스에 민간 참여가 현저히 늘어났다. 기업 방식의 도입으로 얻는 효익도 컸지만 다른 한편으로 이는 공공기관이 지켜야 하는 규범에 관한 경험이 부족한 사람들이 의사결정을 하는 리스크가 증가한다는 의미였고, 또는 신속한 변화 달성을 위한 의사결정이 그러한 규범의 존재로 인해 좌절된다는 의미이기도 했다. 그러나 민간 부문에서 온 사람들이 잘 이해하지 못하는 이러한 규범들이야말로 공공 부문이 반드시 지켜야 할 청렴(integrity)의 원천이다. 공공회계위원회 보고서는 공공 부문 관리에 기업 방식의 접근법을 확대하기 위해 공공 부문의 정직성과 효율성을 희생하는 대가를 지불해서는 안 된다는 대원칙을 세우는 데 크게 일조했다.

출처: Committee of Public Accounts, *The Proper Conduct of Public Business* (Eighth Report 1993-1994, HC 154).

결코 쉬운 일이 아니다. 주객이 전도되어 측정 그 자체가 목적이 되어버릴 위험성도 있다. 공공정책이 목표로 하는 결과물은 '빈곤 상태의 아동 감소', '건강한 라이프 스타일의 확산', '주택 수요 공급의 적정 균형과 가격 안정'과 같이 도덕적 당위성을 담고 있는 경우가 많으며 스펙트럼도 다양하다. 이처럼 좋은 목표는 때로는 원대하기까지 해서, 강점도 있지만 약점도 있기 마련이다. 한편으로는 공공정책이 어떤 결과물을 목표로 하느냐에 따라 전략의 방향이 명확해지고 그 방향에 맞추어 자원과 의견이 정리된다. 그러나 목표를 어떻게 달성할 것인가 하는 방법론이 잘 서지 않으면, 결과물은 더 이상 방향타 역할을 하지 못한다. 공공조직은 적은 비용으로 높은 품질의 행정서비스를 달성했음을 나타낼 수 있는 의미 있는 결과물을 설정하려고 애쓴다. 이 장에서는 바로 이런 문제에 관해 외부감사가 할 수 있는 역할, 그리고 특히 목표로 했던 결과물이 얼마나 달성되었는지가 핵심을 이루는 재정가치의 평가를 핵심 주제로 다룬다.

3.2 전통적인 산출물 개념은 재정가치를 표현할 수 없다

앞서도 지적했지만, 전통적인 감사 기능만으로는 충분치 않다. 회계계

---

9) 역주: 인사·예산 등에서 대폭적인 자율성을 갖는 집행적 성격의 행정기관을 말한다. 정책 기능으로부터 분리된 집행 및 서비스 기능을 위주로 한다. 책임운영기관은 행정기관이며 소속 직원 신분도 공무원이라는 점에서 민영화, 민간 위탁, 공기업 등과 차이가 난다.

10) 역주: 정부 업무를 수행하지만 정부 부처에는 속하지 않은 준정부기관으로 기능 측면에서 집행, 자문, 심사, 감독 등 스펙트럼이 다양하다. 박정수, 「해외 주요국 공공기관 평가 및 관리방안」, 국회예산정책처 연구용역보고서, 2020.11 참조.

11) 역주: 웨일스에 관한 업무를 담당하던 영국 정부부처로 종래 영국 정부 내 여러 부처에서 담당하던 웨일스 지역의 주택, 도시계획 관련 업무 등을 웨일스지역부로 일원화하였던 것인데, 1999년 웨일스 관련 권한 대부분이 웨일스 의회로 이양되면서 해체되었다.

정을 감사함으로써 자금이 적법하게 집행되었는지 검증하고, 감사를 통해 절차와 행동규범이 준수되었는지 확인할 수는 있다. 그러나 이러한 정보들이 의미 있기는 하지만, 그것만으로는 재정가치가 실현되었는지 알기 어렵다. 그렇다면 재정가치가 실현되었는지는 어떻게 알 수 있을까?

이 난제에 대해 지난 반세기 동안 가장 심대한 영향력이 있었던 해답은 경제학자들이 창시한 공공선택론(theory of public choice)과 이를 비용편익 및 비용효과 분석에 적용하는 과정에서 나왔다.

3.3 공공선택론

공공선택론의 핵심 방법론은 다음과 같다.

• 모든 개인은 자신의 물질적 또는 정신적 복지를 추구하며 이에 관해 최선의 판단을 한다.

• '개인적' 복지 추구 행위와 구분되는 '사회적' 행위는 다른 사람의 복지를 희생하지 않는 한에서 개인의 복지를 최대한 향상시키는 정책을 만들어내는 것을 목표로 하며, 또 그래야만 한다. 바꿔 말하면, 정책 요소의 재배열과 재정비 같은 것으로는 전체적인 복지 수준을 끌어올릴 수 없다.

• 이러한 구조에서 자원의 불가피한 한계는 곧 사회적 행위가 전체적인 복지 수준을 더는 높일 수 없음을 뜻한다. 이는 일부 개인들에게는 원하는 것보다 더 불행해질 수 있음을 의미하는데, 그들은 실현되지 못한 자신의 기대치를 알기 때문이다. 그리고 사회가 채택하거나 목표로 하는 복지, 즉 복지 기능의 총량을 어떻게 개별적으로 배분할 것인지는 집권 정부가 구체화하고 조정해야 할 몫이다.

• 그렇다고 정부가 모든 것에 대응하여 정책을 준비하고 있어야 한다거나, 압제적이지 않고 선해야만 한다는 것은 아니다. 많은 것이 공공 부문이

아닌 민간 부문이나 개인의 몫으로 남겨질 것이고, 사실 그럴 수밖에 없다. 공공선택 이론가들이 선호하는 것도 민간 부문과 개인의 몫으로 가능하면 많이 남겨두자는 것이다.

여기서 논점은, 다른 사람들과 마찬가지로 정치인들과 공직자들도 최대한의 개인적 복지를 추구한다고 간주할 수 있다는 것이다. 많은 정치인들과 공직자들에게 이러한 복지는 사심 없이 '공익'을 위해 일하여 보람과 성취감을 얻는 것을 포함하는 의미일 수 있다. 그러나 또 다른 많은 정치인들과 공직자들에게는 돈, 권력, 영향력을 추구할 유인이 있음을 뜻하기도 하는데, 이는 잠재적으로 공익에 치명상을 입힐 수 있다. 예컨대 승진이나 개인적인 영향력 확대를 위해 공공지출을 확대하는 것, 일반이 아닌 특정 개인이나 단체를 위한 목적으로 정책을 추진하는 것, 공직 퇴직 후에 그 기업에 취직하려거나 다른 혜택을 받으려는 의도로 특정 기업에 특혜를 준다거나, 부당이득 행위나 횡령 같은 부정부패를 저질러 자기 잇속을 챙기는 것 등을 들 수 있다. 관료제 형태의 조직은, 여러 법규와 전통적인 견제장치에도 불구하고 개인적 영향력 추구 행위가 번성할 수 있는 기름진 토양이 된다. 다들 아는 것처럼 물론 민간 부문에도—사실 사람들이 살아가는 모든 모습 속에—이기적인 행위와 부정부패가 존재하며, 따라서 민간 부문에도 법률적인 견제장치가 필요하다. 그러나 경쟁이라는 '보이지 않는 손'을 통해 개인의 이기적인 행위가 결국은 공공의 만족을 달성하는 결과로 수렴된다고들 한다. 버나드 맨더빌(Bernard Mandeville)이 『꿀벌의 우화』12)에서 이야기했듯이 "세상의 부분 부분을 보면 모두 악으로 가득 차

---

12) 역주: 의사이자 사상가였던 맨더빌(1670~1733)의 대표작으로 1723년 출간되었다. 금욕과 절제에 바탕을 둔 기독교 철학이 지배적이던 시대에 돈 욕심과 개인의 악덕이 사회

있지만, 전체를 보면 천국이다." 간단히 말해, 돈을 버는 데 가장 좋은 방법은 사람들이 사고자 하는 상품과 서비스를 제공하는 것이라는 주장이다. 그런데 대부분의 경우 관료들에게는 이런 이윤 동기가 없다.[13]

이러한 분석은 다음과 같은 일련의 대담한 가정을 바탕으로 한다. 즉, 개인은 어떤 요인들이 어떻게 자신의 복지 수준에 영향을 주고 역할을 하는지 자신의 복지함수(welfare function)를 명확히 알 수 있으며, 시간의 흐름 속에서 자신이 느끼는 개개의 물질적인 또는 정신적인 만족을 서로 비교하여 순위를 매길 수 있고, 이러한 비교와 순위 매김은 개인들 간에도 가능하며, 정부와 같은 사회제도(social institutions)는 일방적인 방법을 쓰지 않고도 개인이 바라는 바를 해석하고 조율할 수 있고, 변화하는 취향과 선호도를 이 분석 틀 내에 수용할 수 있다는 것이다. 비록 선명하게 잡히지는 않지만 이러한 이론적 프레임워크를 좇다보면, 어떤 정책이 사회복지함수(social welfare function)를 가장 잘 작동시키고 최상의 결과를 가져오는지 정부가 과연 어떻게 알 수 있는가 하는 질문이 대두된다.

이에 대한 한 가지 답은 개인 또는 조직(이해관계자)이 선호하는 것이 반영될 수 있는 구조를 행정의 여러 측면에서 구축하는 것이다. 성공 정도에 차이는 있겠으나, 이를 시도한 다양한 스펙트럼의 사례들이 있다. 잘 알려진 사례로 1980년대 영국에서 전통적으로 공공 부문의 몫으로 여겨져 왔던 기능을 시장에 맡기려는 적극적인 움직임이 있었던 것을 들 수 있다.

를 이끌어간다고 주장하여 충격을 주었다. 그의 주장은 애덤 스미스를 비롯한 여러 경제 사상가들에게 영향을 끼쳤다.

13) 정치인들과 관료들이 공익보다는 개인적인 이익을 중시하는 경향이 있다는 주장은 윌리엄 니스카넨(William A. Niskanen)의 『관료들, 공복인가 상전인가?』(*Bureaucracy: Servant or master?*, Institute of Economics Affairs London, 1973)를 참조할 것. 아울러 데니스 뮬러(Dennis C. Muller)의 『공공선택론 3』(*Public Choice III*, Cambridge University Press, 2003) 제16장을 참조할 것.

처음에는 운영상 지원 기능(operational support functions)이 민간 이양의 초점이었다(**박스 3.4** 참조). 그러나 1990년대 무렵에는 국영산업의 민영화에서 더 나아가 가스나 전력 같은 전통적인 독점 기간산업의 구조를 재설계하여 경쟁체제를 도입하는 것으로까지 확대되었다(**박스 3.5** 참조). 최근에도 공공서비스에서 개인의 선택권이 새로운 분야로 확대되었는데, 특히 의료보험 진료 병원을 선택할 수 있게 된 것이나(**박스 3.6** 참조), 공립학교 운영에 학부모들이 발언권을 가지게 된 것 등을 들 수 있겠다. 이러한 흐름은 공공서비스 이용자를 최우선시하고 그들에게 "선택권과 발언권(choice and voice)"을 주겠다고 강조한 토니 블레어(Tony Blair) 영국 총리의 2006년 6월의 연설 '21세기를 위한 공공서비스'에 잘 나타나 있다. 개인의 '선택권' 확대는 언제, 어디서, 누가, 어떻게 공공서비스를 제공할 것인지에 관해 이용자에게 더 많은 결정권을 준다는 의미이며, '발언권'은 공공서비스 이용자가 자기 의견을 제시하고 행정에 반영되게 할 기회를 갖게 된다는 의미이다.14) 그러나 뛰어난 정책 입안자들의 창의성에도 불

박스 3.5: 고객 선택권 확대 – 국영 가스산업에 경쟁체제 도입

1996년 4월 영국 국민들은 더 이상 가정용 가스를 독점 국영기업에 의존하지 않아도 되게 되었다. 정부의 가스산업 재편에 따라 민간 공급업체들의 시장 진입이 가능해진 것이다. 그 결과, 1998년 8월 현재까지 가스 공급업체를 변경한 고객의 경우 가스 요금이 실질가치로 연평균 78파운드 감소했고, 기존의 브리티시 가스(British Gas)를 유지한 고객의 경우도 연평균 48파운드가 감소했다. 가정용 가스 고객의 30%가 공급업체 변경이 쉬웠다고 답한 반면, 27%는 어렵다고 하였다. 노년층과 장애인을 위한 특별서비스가 있지만 많이 이용되지는 않았으며, 대체로 저소득층이라고 볼 수 있는 선불제도 이용자에게 요금 인하 혜택이 가장 적었다. 이는 경쟁체제 도입만으로 고객 보호가 충분치 않을 수 있음을 보여주는데, 국민의 편익을 보호하기 위해서는 합리적 선택을 돕는 보완 장치로서 특정 형태의 규제가 필요할 수도 있다는 의미이다.

출처: Comptroller and Auditor General, *Office of Gas Supply: Giving Customers a Choice – the Introduction of Competition in the Domestic Gas Market* (HC 403, Session 1998-1999).

박스 3.6: 건강보험 환자의 병원 선택권 확대

영국 보건부는 환자들과 그들을 1차 진료한 동네 일반의(General Practitioner, GP)가 원하는 상급 병원과 상담기관을 손쉽게 선택할 수 있도록 하는 환자 편의의 진료예약 정책을 실시하고 있다. 이 정책의 목표는 환자들에게 4~5곳의 병원을 선택할 수 있는 기회를 제공하는 것이다. 이는 매년 GP들로부터 상급병원 진료를 권고받는 940만 명의 환자들에게 적용된다. 주된 정책 목표는 환자들에 대한 서비스를 높이는 것이지만, 이러한 선택 폭 확대로 7,100만 파운드 상당의 비용 절감 효과도 수반되는 것으로 추정된다. 그런데 영국 감사원의 감사 결과 GP들이 이 정책에 대해 제대로 알지 못하고 있었고, 이 점이 이 정책의 효과에 걸림돌이 될 수 있는 것으로 나타났다. 또한 선택권 확대 정책을 알고 있다는 GP의 60%가 이를 뒷받침하는 IT 시스템('Choose and Book Service')에 대해서는 부정적으로 평가하였다. 앞으로도 개선할 부분이 많은 것이다.

출처: Comptroller and Auditor General, *Patient Choice at the Point of GP Referral* (HC 186, Session 2004-2005).

구하고 개인 또는 조직 등 이해관계자의 복지함수나 선호를 명확하게 특
정할 수 없는 공공서비스가 여전히 많다. 그런 경우, 공공서비스 전달을
최적화하는 합리적 선택을 위해서는 잠재적인 편익과 관련 비용을 추정
해보는 몇 가지 방법이 필요하다.

3.4 비용편익 분석과 비용효과 분석

이러한 문제에 대해 1960년대와 1970년대에 등장한 답이 정책 목표를
설정하고 정책 대안을 개발·선택하는 일련의 과정인 정책 형성(policy
formulation)에 일정 형태의 비용편익 분석[15]을 도입하는 것이었다. 이러
한 접근방법은 각 정책 대안의 향후 비용과 편익을 비교 가능한 형태로—
거의 대부분의 경우 금액으로—나타낼 수 있게 해준다. 비용과 편익은 현
재가치로 환산되고, 정부는 제한된 가용 재원 내에서 순현재가치가 가장
큰 정책을 채택하게 된다. 그다음 단계로 정책을 실행하는 최상의 방법을
정하기 위하여 비용효과 분석[16]이 적용된다.

---

14) 토니 블레어 총리의 2006년 6월 연설은 http://www.number10.gov.uk 참조. 영국 정
부의 2006년 6월 공공서비스 개혁 추진은 http://www.strategy.gov.uk/publications 참조.

15) 비용편익 분석(cost benefit analysis)은 후생경제학(welfare economics)과 1930년
대 공공사업에 대한 경제적 분석 작업에서 시작되었는데, 후에 공공선택론의 주요 방법론
으로 자리 잡았다.

16) 비용효과 분석(cost effectiveness analysis)은 정책의 최종 결과물이 주어진 것이라
고 가정하고 이를 최소의 비용으로 달성하는 수단을 모색한다(정책 실행 방법별로 부수되
는 편익도 고려한다).

역주: 비용효과 분석은 통상 비용편익 분석에 비해 결과 혹은 효과의 계량화가 어려운 경
우에 적절하다고 이해된다. 저자는 정책 대안들 가운데 선택이 끝난 후, 이미 선택된 정책의
구체적인 목표 달성 방법을 검토하는 수단으로 비용효과 분석을 보고 있다. 저자의 이러한
관점은 '목표는 이미 주어졌기에' 그 효과를 계량화할 필요는 없고, 다만 어떻게 이를 최소
비용으로 달성할 것이냐가 문제인 상황에서는 비용효과 분석이 적절하다는 것으로 보인다.

박스 3.7: 정책 형성 순환과정-ROAMEF

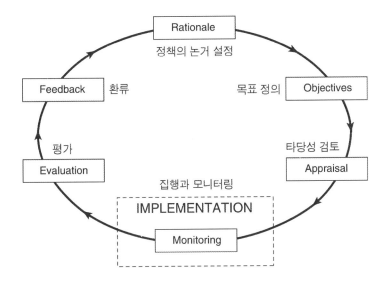

출처: HM Treasury, *Green Book: Appraisal and Evaluation in Central Government* (http://www.greenbook.treasury.gov.uk).

영국 재무부의 '그린 북'(Green Book)은 중앙정부의 정책 타당성 검토 및 평가에 관한 지침을 제공한다. 이상적인 상황을 가정한다면 정책 형성은 다음과 같은 일련의 순환과정을 거쳐야 한다(**박스 3.7 참조**).

1) 정치적 맥락에서 우선적인 사항도 반영하면서, 정책의 논거를 명확히 한다.

2) 얻고자 하는 산출물, 궁극적으로는 최종 결과물인 주요 목표를 정의한다.

3) 목표 달성을 위한 여러 정책 대안을 설정하고 대안별 비용과 편익을 비교한다. 특히 각 대안의 편익이 정책을 추진하게 된 논거에 부합하는지 검토한다.

4) 아마도 가장 중요한 단계라 할 수 있는데, 집행 방안을 설계하고 테스트하며 모니터링한다.

5) 전반적인 성공 여부를 평가한다.

6) 개선이 필요한 내용 등을 실무에 반영한다.

이 일련의 과정에서, 재정능력(affordability), 거시경제적 함의, 환경에 미칠 수 있는 영향, 사회 통합 측면에서의 의미, 규제로 인해 기업과 국민에게 생겨날 수 있는 부담 등 통상 상호 연관되어 있는 여러 이슈들을 고려할 필요가 있다. 물론, 그렇게 쉬운 작업은 아니다. 정책이 무(無)에서 창조되는 경우는 흔치 않으며, 기존의 다른 사례들을 참조하고 발전시키는 경우가 많다. 예컨대, 영국의 빈곤층 영유아 보육지원 프로그램인 '슈어 스타트(Sure Start)'는 미국의 유사 정책에서 주요 부분을 벤치마킹한 것이다.17) 그러나 비용을 추정하고, 정부가 새로이 개입하면서 그렇지 않을 경우에 비해 증가하는 편익인 부가성(additionality)이 얼마나 되는지 신뢰할 만한 추정치를 내놓는 일은 무척 복잡할 수 있다. 미래의 재정가치를 정확하게 계량화한다는 것은 어려운 일이지만, 비용편익 분석에 대한 구조화된 접근법은 재정가치를 확보하는 데 걸림돌이 될 리스크를 인식하고 관리하는 데 도움이 된다.

대안별 타당성 검토(option appraisal)는 정책 형성에 아주 중요한 부분이다. 먼저 폭넓게 대안을 개발하고 검토해야 한다. 이는 적합한 해결책으로 나아가는 파라미터 값을 설정하는 데 도움이 된다. 그리고 나서 다음에 요약된 기법을 높은 수준의 추정치나 요약 자료에 적용함으로써 타당성 검토과정을 관리 가능한 수준으로 압축해주는 최종 후보 목록(shortlist)을 만들 수 있다. 최종 후보 목록에는 '정부 개입을 최소화하는'(do minimum) 대안을 반드시 포함시켜 정부가 적극적으로 개입하는 대안들에 대한 비교 기준으로 사용해야 한다.

각 대안은 기준 사례(base case)를 설정하고 이를 기준으로 검토한다.

---

17) Comptroller and Auditor General, *Sure Start Children's Centres* (HC 104, Session 2006-2007).

기준 사례는 비용과 편익의 정확한 값은 아니지만, 현재 고려할 수 있는 정보를 토대로 한 최선의 추정치이다(**박스 3.8 참조**). 이 추정치는 다른 시나리오를 고려함에 따라 조정될 것이며, 핵심 변수를 바꿔봄으로써 변화에 대한 대안의 민감도를 모형화할 수 있다. 타당성 검토 과정을 좀 더 살펴보면 다음과 같다.

- 각 대안의 편익을 정의하고 가치 측정하기
- 필요 시, 가치 측정된 비용과 편익을 다음을 고려하여 조정하기
  - 분배효과(대안이 사회의 다른 부문에 미치는 효과)
  - 상대적인 가격 변동
- 비용과 편익의 발생 시점을 감안하여 할인하고 현재가치로 환산하기
- 필요 시, 대안별 과세 측면에서의 차이를 반영하여 조정하기
- 리스크(부정적 요소)와 낙관적 요소를 함께 고려하면서 기준 사례를 설정하고, 핵심 변수를 바꿔주거나 상이한 미래 시나리오를 적용할 때 기준 사례가 어떻게 영향을 받는지 검토하기
- 적절할 경우, 점수화 및 가중치 부여 기법을 사용하여 아직 가치 측정되지 않은 영향(비용과 편익 모두)을 고려하기

대안별 타당성 검토에 이어, 의사결정 기준과 판단을 통하여 최적의 대안을 하나 또는 그 이상 선정하며, 이러한 대안은 실행안(solution)으로 다듬어지게 된다. 실행안을 만드는 단계에서 외부 전문가 등을 활용한 컨설팅은 매우 중요한 역할을 하는데, 이전에 이미 컨설팅을 했다고 하더라도 마찬가지이다. 조달방법도 고려하여야 하며, 여기에는 민간부문의 역할도 포함된다. 계획안의 성공적인 집행에 영향을 미칠 수 있는 주요 쟁점들은 많은 자금이 사용되기 전인 타당성 검토 단계에서 고려해야 한다. 이는 타당성 검토 단계에서 예상한 효과가 실제로 나타나는 결과에 가깝도록 하

박스 3.8: 비용편익 분석

비용편익 분석(CBA)은 대안별 타당성 검토에 있어 확립된 방법론이다. 영국 정부가 이를 처음으로 도입한 것은 1960년 런던과 버밍엄 간의 M1 고속도로 건설 계획을 수립하면서였다. 1980년대 이후 교통, 의료, 건설 프로그램 투자는 물론이고 그 외 다양한 분야의 정부활동을 검토하기 위하여 정부 내에서 비용편익 분석의 사용이 지속적으로 확대되었다. 특히, 비용편익 분석의 상당 부분은 규제의 영향을 분석하는 데 할애되었다. 영국이 1992년 공공시설에 대한 민간투자제도(Private Finance Initiative, PFI)[18]를 도입한 것도 정부부처들이 PFI와 민관협력사업(Public Private Partnership)의 타당성을 검토하고 평가하는 데 비용편익 분석 기법을 도입하는 중요한 요인이 되었다.

대부분의 비용편익 분석에서는 편익보다는 비용을 추정하는 것이 상대적으로 용이하다. 비용을 추정할 때 정책 입안자는 계획 중인 방안, 프로그램, 또는 결정으로 인하여 소모되는 것이나 경제 전반에서 소요되는 자원을 금액으로 추정해내고자 한다. 다시 말해, 재화와 서비스는 그것들이 다른 용도로 사용되었을 때의 최대 가치로(예컨대 그 기회비용으로) 산정되어야 한다. 이를테면 기회비용은 특정 프로젝트에 묶인 장비나 토지가 다른 용도에 활용되면 받을 수 있는 대가로 측정될 수 있다.

편익을 전통적인 경제 개념으로 측정할 수도 있다. 예컨대, 대규모 관개사업으로 인한 농산물 수확량의 순수익이 그렇다. 그러나 환경, 건강, 안전에 미치는 영향과 같이 편익이 복합적이며 공공재 성격을 띠는 경우에는 추정이 어려워진다. 이런 것들은 시장에서 거래되는 상품이 아니기 때문이다. 그럼에도, 엄격한 비용편익 분석에서는 이것들도 금액으로 수치화해야 한다. 이러한 경우 편익을 금액으로 나타내는 일반적인 방법은, 유사한 재화의 가격이나 시장에서의 수요·공급량에 어떤 영향을 미치는지를 관찰함으로써 간접적으로 추정하거나, 편익을 받게 될 사람들의 선호에 관하여 설문조사 등을 하는 것이다.

출처: HM Treasury, *Green Book: Appraisal and Evaluation in Central Government* (http://www.greenbook.treasury.gov.uk); UK NAO, Measuring Cost and Benefits – A guide on cost-benefit and cost-effectiveness analysis (http://www.nao.org.uk).

기 위해서이다. 비용효과 분석이 적용된[19] 좋은 사례 중 하나가 보건부의 C형 수막염 백신 프로그램이다. 최상의 대응책이 무엇인지에 관하여, 그리고 계량화가 어렵기로 잘 알려진 삶의 질에 미치는 영향에 관하여 결론을 내려야 했던 사례다(**박스 3.9** 참조).

따라서 재정가치를 확보하기 위해서는 무엇보다 정책설계가 중요하지만 정책의 수행 방식, 즉 앞에서 언급한 '비용효과' 측면에 대해서도 고려해야 한다. 특히 1980년대 이후, 여러 정부들이 비용 대비 효과가 크고(또는 효과 대비 비용이 적고) 국민의 필요와 기대를 충족시킬 수 있는 최선의 정책 실행방법을 찾고자 노력해왔다. 그 결과 다양한 형태의 답이 제시되었는데, 공통분모를 추려보면 다음과 같다.

• 정책 형성과 집행이 분리되었다. 책임운영기관과 같은 준독립기구가 별개의 주체로서 정책 집행을 맡는 경우가 확대되고 있으며, 이는 정책 수립에 필요한 기술과 정책의 성공적 집행에 요구되는 기술이 동일하지 않다는 것을 전제한다.

• 공공서비스 전달에 시장과 외주(outsourcing), 시장 메커니즘 도입 등 경쟁 원리의 도입이 확대되었다.

• 성과(performance), 산출물(outputs), 고객 수요(customer needs)에 훨씬 더 중점을 두었다.

뉴질랜드의 예를 들면 국가부문법(State Sector Act 1988)과 공공재정법(Public Finance Act 1989) 제정으로 공공관리 관계자들 간의 새로운

---

18) 역주: PFI 사업자가 자금 조달부터 시설의 시공·운영·관리까지를 주도하거나 직간접적으로 참여하는 제도이다. 공공과 민간의 담당 역할에 따라 BOT(Build-Operate-Transfer), BTO(Build-Transfer-Operate) 등 다양한 방식이 존재한다.

19) 역주: 저자는 이미 목표가 주어졌다고 할 수 있는 실행안(solution) 개발 단계에서는 '비용효과 분석' 기법이 쓰인다고 보고 있다.

박스 3.9: 영국 보건부의 C형 수막염 백신 프로그램

C형 수막염은 뇌를 둘러싼 얇은 막에 염증을 일으키는 매우 심각한 병이다. 확진 판정을 받은 환자 수가 1990년대 중반 이후 증가하기 시작했고(그림 1), 1998년 C형 수막염으로 150명이 사망했는데 주로 어린이와 청소년이었다. 생존자의 경우도 대략 4명 중 1명이 사지 절단, 뇌 손상, 청력 상실과 같은 합병증을 겪었다.

C형 수막염의 심각성과 증가에 대응하여 보건부는 1999년 7월 안전하고 효과적인 신형 백신 개발 계획과 함께, 최단 기간 내에 C형 수막염과 그로 인한 사망자를 줄이는 것을 목표로 하

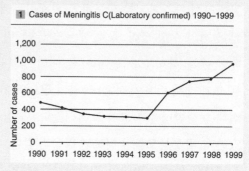

1 Cases of Meningitis C(Laboratory confirmed) 1990–1999

는 백신 접종 프로그램을 발표하였다. 이 프로그램은 계획보다 1년 앞당겨 시행되었다.

보건부는 1999년 11월부터 2000년 12월까지 약 1,800만 건의 백신 접종을 실시했는데 약 29,000개 학교, 약 100개 의료 관련 기관, 약 30,000개의 1차 진료기관(GP)이 참여하였다. 이는 1950년대 소아마비 백신 접종 이후 최대 규모라 할 수 있다. C형 수막염 백신 프로그램에는 백신 구입 비용, 접종을 실시하는 GP와 간호사에게 들어가는 비용, 프로그램 캠페인 비용 등으로 약 3억 파운드가 소요되었으며, 보건부가 이해관계인들의 복잡한 이해관계를 조정하는 데에도 상당한 비용이 들었다.

각종 질병에 대응하기 위한 자원은 한정되어 있기에, 보건부는 재정가치를 확보하기 위하여 의료재정 지출의 우선순위를 설정해야 했다. 보건부는 백신 프로그램으로 인한 비용과 예방 접종에 따른 아래와 같은 건강 개선 측면을 비교 검토하였다.

• 예방 접종 덕분에 사망하지 않게 된 사람들의 연장된 수명

• 예방 접종 덕분에 사지 절단, 청력 상실 등과 같은 장애를 피할 수 있게 된 사람들의 향상된 삶의 질

• 수막염 장애를 겪는 사람들의 감소로 인한 병원 입원, 장기치료 비용 등의 감소

보건부는 수막염 장애로부터 자유로워지는 잠재적 희생자 1인당 연 1,400파운드가 절감될 것으로 보았다. 보건부는 백신 프로그램의 비용효과를 동일한 기준에서 평가한 바 있는 다른 형태의 보건정책들과 비교하였고, C형 수막염 백신 프로그램이 재정가치를

충분히 달성할 수 있다는 결론을 얻었다.

출처: Comptroller and Auditor General, *Modern Policy Making: Ensuring Policies Deliver Value for Money* (HC 289, Session 2001-2002).

관계 틀이 만들어졌고, 특히 성과에 대한 강조를 통해 공공서비스에 대한 인식 및 일하는 방식 등도 급속하게 변화하였다. 장관들은 명시적으로 핵심 정책 결과 달성에 책임을 지게 되었으며, 지정된 비용으로 일련의 산출물을 제공할 책임이 있는 각 부처의 사무총장(chief executive)들과 공식 구매계약을 체결하였다. 계획된 산출 목표 대비 달성 정도는 매년 부처의 재무제표와 함께 보고되며 감사원의 감사를 받는다(**박스 3.10** 참조). 이러한 성과 중심 관리는 다른 많은 국가에서도 시도 중이다. 미국의 경우 1993년 정부 성과 및 결과에 관한 법률(Government Performance and Results Act, GPRA)이 제정되어, 연방기관들은 해당 기관의 미션과 중장기 목표, 이를 달성하기 위한 전략 등을 담은 전략계획을 수립해야 한다.

미국의 GPRA는 성과목표를 달성 정도를 비교할 수 있는, 구체적이고 측정 가능한 성과의 목표 수준(산출물 또는 결과)이라고 규정하고 있다. 성과목표를 정량적으로 표시할 수 없을 경우에는 관리예산처(Office of Management and Budget, OMB)의 승인을 받아 다른 형태로 목표를 제시할 수 있도록 하였다. 예를 들자면 적정 효과를 낼 수 있는 최소한의 프로그램이나 기준을 대안 목표로 사용할 수 있는데, 둘 다 객관적인 성과 평가가 가능할 정도로 구체적이어야 한다.[20]

---

20) Government Accountability Office, *GPRA Performance Reports*, GGD-96-66R (February 1996).

박스 3.10: 재정성과 확보를 위한 구조적 접근방법 – 뉴질랜드 교육부의 사례

- 1980년대 말부터 90년대 초까지 진행된 뉴질랜드 공공 부문 혁신은 공공기관이 국민이 기대하는 정책 결과를 달성하기 위해 보다 구조적인 틀을 채택할 것을 요구했다.
- 의회는 구체적인 결과를 획득하기 위해 소요되는 재정 규모를 심의, 의결한다. 2004-05 회계연도에 교육부는 아동 대상 교육 제공을 위한 서비스 구입부터 교육 관련 규정의 집행에 이르기까지 10개 산출물 유형을 보유했다.
- 각 산출물 유형별로 서비스 성과계획서를 작성하고, 달성해야 하는 성과 목표 수준을 품질, 물량, 적시성 등 3개 측면으로 구분하여 소요 비용과 함께 명시한다.
- 주요 성과 달성 여부를 나타내는 성과보고서를 매년 발간한다. 예를 들어 2004-05 회계연도에 교육부는 마오리족과 태평양 섬에서 이주한 민족 집단인 퍼시피카 학생들의 교육 성취도 개선을 통한 교육 결과 불평등 감축 관련 성과를 세부적으로 제시하였다.
- 뉴질랜드 감사원을 대신해서 언스트앤영 회계법인이 외부감사로서 교육 서비스 성과 달성도를 검증하여, 2004-05년도 재무제표가 성과 목표 대비 실제 달성도를 신뢰할 수 있는 수준으로 반영하고 있음을 확인하였다.

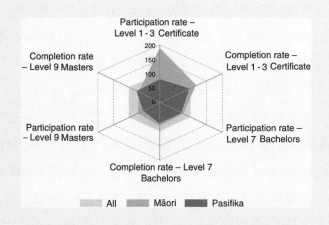

- 검토 의견: 이 사례는 정책 목표와 수준을 설정하고 추진 결과를 보고하는 매우 체계적인 방법이라 할 수 있다. 그러나 관련 산출물들을 유의미하게 간결한 단일 개념으로 함축하는 것은 매우 어려운 작업이다. 또한 최종 결과의 달성 정도를 보고한다지만 실제로는 중간 결과를 나타내는 지표—이 사례에서는 취학률—라 할 수 있으며, 감사

원의 공식 감사의견 대상에 포함되지 않는다.

출처: New Zealand Ministry of Education, Annual Report 2005.
http://www.minedu.govnt.nz.
*역주: 앞의 그림은 마오리족과 퍼시피카 학생들의 고교과정(Level 1-3) 취학률 (participation rate)과 이수율(completion rate)이 전체 평균(100)보다 높음을 보여준다.

1998년 이후 영국 정부는 부처가 달성하고자 하는 측정 가능한 수준의 결과를 자원 배분과 더불어 정부의 성과목표로 제시하는 공공서비스협약 (Public Service Agreements)을 도입, 사용하고 있다. 이러한 목표치는 공공서비스 전달에 관여하는 하부 기관들에까지 보다 세분화된 성과지표 형태의 목표 수준으로 일관되게 연결되어 있다.

외부감사인은 프로그램의 목표치가 달성되고 있는지를 어떻게 평가할 수 있을까? 목표치는 비용편익이나 비용효과 분석으로 도출되지만, 때로 그와 같은 분석적 기법이 아니라 이데올로기나 여론의 압력에 의해서 정책적으로 결정되기도 한다. 이 경우 아주 제한된 분석에 의거하거나, 분석 자체가 이루어지지 않은 채 사업이 착수되기도 한다.

지난 20~30년간의 경험으로 볼 때 이 질문에 대한 답은 '성과감사'에서 찾을 수 있다.

3.5 성과감사(Value for Money Auditing)[21]

---

21) 역주: '재정가치 감사', '재정가치를 높이는 감사' 정도로 직역할 수 있겠으나, 학계와 실무 현장에서 통용되고 있는 '성과감사'로 번역하였다. 다만, 문맥상 영국 감사원(NAO)의 경험에 방점이 있는 경우에는 'VFM 감사'로 표기하기도 하였다.

박스 3.11: 경제성, 효율성, 효과성(Economy, Efficiency, Effectiveness)의 의미

	의 미	사 례
경제성	적정한 품질 수준에 대한 고려와 함께 특정 업무에 투입된 자원 비용을 최소화하는 것	• 병원에서 특정 품질의 재료를 가장 낮은 가격에 구입하였는가? • IT 기능에 대한 시장성 테스트 결과 동일한 품질을 유지하면서 서비스 가격의 인하를 가져왔는가?
효율성	재화, 서비스 또는 다른 결과물로 측정한 산출물과 이를 생산하는 데 소요된 자원 간의 관계. 효율적 활동은 적정 품질 수준에 대해 고려하면서 주어진 투입하에 산출물을 극대화하거나 주어진 산출물에 투입 자원을 최소화하는 것	• 추가 비용 소요 및 서비스 품질 악화 없이 대기시간이 감소하였는가? • 안전 및 운영 기준을 충족하면서 차량 수리 서비스 대수는 늘리고 수리센터 운영 비용은 최소화했는가?
효과성	목적이 달성된 정도, 그리고 달성된 활동이 의도한 영향과 실제 영향 사이의 관계	• 부처 추진 사업의 결과 시민들이 받는 서비스 품질이 명확하게 개선되었는가? • 운영관리 개선이 조직 내 병가 비율의 감소에 기여하였는가? • 부처 정책 변화는 환경에 어떤 영향을 미치게 되었는가?

출처: UK National Audit Office, *Value for Money Handbook – a guide for building quality into VFM examinations* (http://www.nao.org.uk/).

성과감사의 의미는 무엇이고 실시 목적은 무엇인가? 폭넓게 사용되고 있는 표준적 정의에 따르면 성과감사는 경제성, 효율성, 효과성에 관한 감사이다. 1983년 제정된 영국 국가감사법(National Audit Act of 1983)에는 정부부처 또는 다른 관련 기관이 주어진 역할과 기능을 수행하면서 자원을 경제적·효율적·효과적으로 사용하였는지에 대한 조사를 감사원장(C&AG)이 수행할 수 있다고 명시하였다. 이 법에는 경제성, 효율성, 효과성에 대한 정의가 포함되어 있지 않으나, 일반적으로 **박스 3.11**과 같이 해석되고 있다. 경제학과 마찬가지로, 재정가치에 대한 신뢰할 만한 판단을 내리기 위해서는 관련된 비용과 편익을 정량화할 수 있다는 가정을 깔고 시작하는 것이다. 비용 대비 편익(cost-benefit)과 비용 대비 효과(cost-effectiveness)에 가장 가까운 것은 효과성 영역인데 효과성에는 예를 들어 환경보호, 형평성 및 다른 윤리적 기준 등과 같은 가치에 대한 고려가 포함되어 있다고 볼 수 있다.

영국에서는 'Value for Money Audit', 다른 나라에서는 'Performance Audit' 등으로 통용되는 성과감사는 이 장의 앞부분에서 논의한 전통적인 공공감사 방식에 많은 부분 기반을 두고 있다. 전통적인 공공감사가 합법성에 뿌리를 두고 있다는 점을 고려할 때, 어떤 법적 문제 제기에도 대응할 수 있을 정도로 신뢰할 수 있고 포괄적인 증거에 큰 중요성을 부여한다는 측면에서 유사성이 크다. 이러한 전제는 대부분의 공공감사기구가 성과감사를 수행할 때 준용하는 감사 기준의 원칙에 잘 반영되어 있다. 예를 들어 영국 감사원은 성과감사 업무의 기본 품질과 특징을 요약한 8개의 원칙을 정해 준수하고 있다. 8개 원칙은 전문성(competence), 무결성 (integrity), 엄밀함(rigour), 객관성(objectivity), 독립성(independence), 책무성(accountability), 가치 부가(adding value), 명확한 소통(clear communication)이다. 세계감사원장회의(INTOSAI) 역시 성과감사 실시를 위한 가이드라인을 발표했는데 많은 회원국이 이를 준수하고 있다.[22)]

지난 30년에 걸친 성과감사 발전 과정에서 두 가지 명확한 특징을 발견할 수 있다. 하나는 결과의 달성 여부에 훨씬 더 강하게 초점을 두면서 재정가치에 대한 평가에 활용되는 진단 및 분석 기법의 종류가 다양해지고 정교함도 훨씬 더 높아졌다는 점이다. 다른 하나는 그 결과 다학제적 기술 역량에 의존해야 할 필요성이 훨씬 더 커졌다는 것이다.

---

22) *Implementation Guidelines for Performance Auditing: Standards and Guidelines for Performance Auditing*, based on INTOSAI's Auditing Standards and practical experience (http://www.intosai.org)

3.6 결과에 대한 초점 강화

재정가치를 분석하는 방법 가운데 하나는 투입, 산출, 결과 3자의 관계를 살펴보는 것이다(**박스 3.12**). 산출과 결과 사이의 구분은 일반적으로 단선적 관계로 인식되고 있으나, 정확하지 않다. 예를 들어 '좋은 대학에서의 학위 취득'은 '산출물'로 분류될 수 있으나, 교육적 성취를 나타내는 합리적인 지표로 간주될 수도 있어 '결과물'로도 분류될 수 있다. 분명한 것은 시민들이 공공서비스와 정부가 제공하거나 영향을 미쳐주길 기대하는 결과물의 수가 이전보다 훨씬 많아졌다는 것이다. 언론 보도의 영향 등으로 공공서비스의 품질에 대한 관심도 이전보다 높아졌다.

국민들은 또한 현재와 미래 세대를 위한 환경에 대한 영향과 지속 가능성, 글로벌화와 그것이 경제적 성과와 국가 안보에 미치는 영향, 그리고 다양성과 나이, 성별, 장애, 성적 정체성, 주거지 등으로 인한 차별의 정도에

박스 3.12: 투입(inputs), 산출(outputs), 결과(outcomes)의 관계

투입: 경제적 관리 및 조달	→	투입-산출: 효율적 진행	→	산출-결과: 효과 실현, 니즈 충족

분야	투입	투입-산출	산출	결과
교육	공공서비스 종사자 (교사, 강사)	교육과정, 교육자료, 인프라	대학과정 교육 프로그램	시험 결과 및 향상된 교육 성취자
경제사업	중소기업 지원, 기술개발 투자, 연구개발 지원	규제, 훈련, 투자자금에 대한 접근	새로운 기업, 생산성 향상, 기술 수준 향상	경제적 성과 향상, 지역 간 불균형 축소
건강보험	전문 의료진, 인프라, IT/의료장비	백신 프로그램, 예방 프로그램, 진단	환자 진료, 질병 예방, 국민 건강 수준	삶의 질과 복지, 국가경쟁력, 사회적 포용

출처: 영국 감사원(NAO)

보다 많은 관심을 기울인다. 정부는 이 모든 분야에서 규제자로서, 서비스의 직접 제공자로서, 또는 다른 주체들이 공적 자금을 통해 서비스를 제공할 수 있는 기반을 마련하는 촉진자로서의 역할을 점차 강화하고 있다.

다른 여러 감사원의 감사전략을 보더라도 공공감사가 점점 더 결과에 초점을 두고 있음을 알 수 있다. 네덜란드 감사원의 2004~2009 감사전략23)은 정부의 정책 형성과 집행 간의 갭이 확대되고 있음에 주목하였다. 네덜란드 감사원은 공공서비스(사회보장, 교육, 노동, 소득), 안전(주거와 근로 조건의 안전, 식품 안전, 테러 대응), 지속 가능 개발(지속 가능한 에너지, 자연자원의 지속 가능한 사용, 생물다양성) 등 3개 분야의 정부활동에 집중하고 있는데, 갭의 확대는 중요한 측면이다. 브라질 감사원의 경우 3E에 형평성(equality)을 추가하여 정부 프로그램 집행의 형평성 문제를 감사하여 보고한다. 캐나다 감사원은 환경문제에 대한 감사 및 의회 보고에서 가장 선구자라 할 수 있다.24) 이상의 예는 감사 임무가 어떻게 새로운 분야로 확대되고 있는지를 보여주는 수많은 사례의 일부에 불과하다.

영국에서 정부활동의 결과에 관한 감사원 보고서의 비중은 지난 8년간 계속 늘어나고 있으며(**박스 3.13**), 매우 다양한 이슈가 다루어지고 있다. 예를 들어 공공서비스 품질에 관한 한 보고서는 영국의 철도역과 설비에 대한 승객 만족도가 매우 낮은 수준이며 지난 몇 년에 걸친 개선 정도가 아주 제한적이었음을 밝혀냈다.25) 뇌졸중에 대한 신속 대응에 관한 보고서

---

23) Algemene Rekenkamer, *Performance and Operation of Public Administration Strategy 2004-2009* (http://www.rekenkamer.nl).

24) 역주: 캐나다 감사원은 감사원장법(Auditor General Act)에 따라 1995년부터 정부의 환경 및 지속가능개발 관련 전략과 추진에 대한 감사 및 의회보고 책임을 부여받았으며 그에 따라 감사원장 직속으로 환경 및 지속가능개발 커미셔너 직책(7년 임기)을 두고 있다.

25) Comptroller and Auditor General, *Maintaining and Improving Britain's Railway Stations* (HC 132, Session 2005-2006).

박스 3.13: 영국 감사원 보고서 중 결과의 달성에 초점을 둔 보고서의 비중

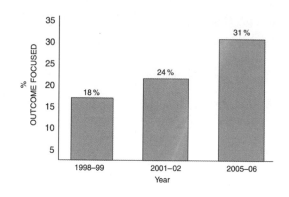

* 감사보고서의 중점이 거의 전적으로 결과 달성에 놓인 경우이다. 다른 보고서는
결과 이슈를 다루기는 하지만 부분적이다. (출처: 영국 감사원)

는 환자의 뇌 스캐닝 실시, 뇌졸중 진료팀의 처치, 재활 서비스 제공 등이
적기에 이루어질 때 훨씬 나은 결과가 있었음을 강조하였다.26) 동등한 대
우 및 포용 역시 서비스 품질을 결정짓는 중요한 측면으로서, 이를 위한 성
공적인 정부정책에 대한 평가가 다양성 사회에서의 공공서비스 전달에 관
한 감사를 통해 이루어졌다.27) 결과와 관련된 이슈를 다루는 것은 많은 감
사기구들의 공통적인 추세이다. 캐나다 감사원의 인디언 원주민 커뮤니티
를 위한 교육지원 문제에 대한 감사보고서(**박스 3.14**), 호주 감사원의 9.11
사태 이후 항공 안전에 대한 감사보고서(**박스 3.15**) 등이 좋은 예이다.

---

26) Comptroller and Auditor General, *Reducing Brain Damage: Faster Access to Better Stroke Care* (HC 452, Session 2005-2006).

27) Comptroller and Auditor General, *Delivering Public Services to a Diverse Society* (HC 19, Session 2004-2005).

박스 3.14: 캐나다 원주민 및 북방 문제 지원부의 교육 프로그램과 고등교육 이상 학생 지원 사업에 대한 감사 사례

캐나다 내 원주민 커뮤니티는 대부분 500명 미만의 작은 규모이다. 따라서 그들의 학교에서 다양한 교육서비스를 제공하는 데는 어려움이 있다. 등록된 원주민 인구의 약 40%는 19세 미만으로, 이는 캐나다 평균인 25%보다 훨씬 높다. 원주민 학생들에 대한 지원책에 관한 2004년 캐나다 감사원 감사 결과의 주요 결론은 다음과 같다.

"보호구역에서 생활하는 원주민과 일반 캐나다인 간에 상당한 교육 격차가 존재한다. 격차 해소에 걸리는 기간이 이전보다 늘어 27~28년이 소요될 것으로 예측된다. 고등교육 이상의 교육을 이수한 원주민 수는 점차 늘고 있다. 교육당국의 현 재원 배분은 원주민 커뮤니티의 많은 학생들에게 공평한 교육 기회를 부여할 수 없는 수준이며, 당국은 배분된 자금이 계획된 목적대로 사용되었는지조차 파악하지 못하고 있다."

출처: Office of Auditor General of Canada, *November 2004 Report*
(http://www.oag-bvg.gc.ca).

박스 3.15: 호주 내 항공 안전에 관한 감사 사례

호주 감사원은 1998년 항공 안전에 대해 감사를 실시한 바 있으나, 2001년 9.11 테러 이후 호주의 항공 안전 시스템 강화를 위해 교통 및 지역개발부(DTRD)의 조치에 대한 평가를 추가로 실시하였다. 호주 감사원은 DTRD의 9.11 테러 대응이 대체로 적정한 것으로 평가하면서 다음과 같이 결론을 내렸다.

"DTRD는 항공 안전 관련 규제를 책임지는 기관으로서 항공 안전에 관계된 다양한 조직 및 전문가들이 보다 효과적으로 참여할 수 있도록 선제적인 리더십을 좀 더 발휘할 필요가 있다. 특히 안전 문제는 모든 기관이 맡은 역할을 다할 때 확보될 수 있기 때문이다. 9.11 테러 이후 DTRD가 직면한 도전 과제는 강화된 안전 문화를 산업 전반에 걸쳐 효과적으로 정착시키는 것이다. DTRD는 구체적인 성과 목표를 설정, 모니터링, 평가하고 광범위한 관리전략을 동원하는 등 목표 달성을 지원함으로써 강력한 리더십을 증명해 보일 수 있다. 이러한 맥락에서 1998년 감사의 권고 사항 이행은 제한적이었으며, DTRD는 대신 항공 안전 규제를 개편하는 데 초점을 두어왔다."

출처: National Audit Office of Australia, *Aviation Security in Australia 2002-2003*
(http://www.anao.gov.au)

3.7 보다 정교한 진단과 분석 기법

정부 프로그램의 산출물과 결과물 등 결과에 더 초점을 두는 성과감사는 감사인들에게 광범위한 기법의 활용을 요구한다. 여기에는 정부가 사업 설계 시 사용한 비용편익 및 비용효과성 분석방법을 평가 목적으로 재활용하는 것도 포함된다. 이러한 기법이 사용되지 않은 경우, 채택된 정책 대안의 이행을 평가하기 위해 감사인이 그 기법을 직접 적용할 수 있다.

다음 두 가지 사례를 통해 이를 잘 설명할 수 있다. 1950년대 국방 프로젝트에 대한 리뷰는 주로 파일 검토와 인터뷰에 의존하였다. 감사인은 의사결정이나 조치로 이어지는 사건이나 상황을 연계하여 설명을 시도하였다. 성과가 낮은 경우, 감사의 목적은 특정 개입이 그런 결과를 초래한 책임이 있음을 보이는 것이었다. 국방 분야에서 핵심 감사 노하우는 계약 관리에 대한 이해였으며, 이것은 주로 다년간의 감사 경험을 통해 습득이 가능했다. 전문가의 전문성, 비교분석, 정성적 데이터 등을 기반으로 하는 경우는 매우 드물었다. 오늘날 국방 프로젝트에 대한 통상적 평가는 상당히 다르다. 계약과 프로젝트 관리 관련 평가는 여전히 중요한 영역이지만, 이에 더해 감사인은 특정 장비가 목적에 적합한지 여부에 대해 그 장비를 사용할 이들에게 정기적으로 견해를 구하고자 한다. 전문적 기술 관련 자문을 구하거나 관련 데이터도 함께 분석하여 성과와 편익에 대한 결론의 보강을 시도한다. 1955년 당시의 스위프트 전투기 조달에 대한 분석과 2006년 실시한 보먼 전투 인프라 플랫폼에 대한 분석을 비교해보면 과거와 현재 접근방법의 차이를 분명히 알 수 있다(**박스 3.16**).

저소득층이 고정소득으로 지불할 수 없는 중요하거나 긴급한 지출에 대응할 수 있도록 대출 또는 보조금을 제공하는 사회기금에 대한 2건의 복지 분야 감사 결과를 비교해보면(**박스 3.17**), 성과감사가 비용편익, 비용효과

박스 3.16: 증거에 기반한 성과감사가 확대·발전해온 과정을 보여주는 사례

스위프트 전투기 조달 실태 감사(1955)

영국 국방부는 1950년 492기의 스위프트 전투기(Swift aircraft) 조달 계약을 체결했다. 1차로 전달된 39기의 항공기 성능이 기준에 미치지 못하여 1955년 조달 규모는 170기로 감축되었다. 영국 재무부 소속 감사부(NAO의 전신)는 왜 국방부가 규격 미달 항공기 납품에 대한 위약금을 제조사에게 요구하지 않았는지에 대한 감사를 실시하고 다음과 같은 결론을 내렸다.

- 계약 위반에 대한 클레임을 걸기에는 계약 규정이 너무 모호하고 불명확
- 시제품과 함께 다수의 완제품까지 수령하여 클레임 여지가 더욱 낮아짐
- 감사에 사용된 기법은 (1) 계약조건 검토 (2) 의사결정 및 법률 자문 관련 내부 문서 검토 (3) 업무 담당자 인터뷰 등으로 제한적

보먼 전투 인프라 플랫폼 개발 실태 감사(2006)

보먼(Bowman) 프로젝트는 총 24억 파운드 규모로, 보먼 디지털 라디오와 첨단 전투 인프라 플랫폼(CIP)을 도입하여 전장에서의 통신 명령 및 통제 수단을 고도화하는 프로그램이다. 감사의 초점은 프로젝트의 이행 가능성과 목적 달성 가능성을 평가하는 것이었으며, 다음과 같은 기법을 활용하였다.

(1) 프로젝트 관리 분야의 최적 사례 설정: 보먼 프로젝트 평가를 위한 기준으로 활용

(2) 현장 점검: 보먼 CIP 장비의 시범 적용을 위한 테스트를 참관하고 육군이 작성한 테스트 결과를 분석

(3) 데이터 분석: 보먼 CIP 프로그램과 관련된 문서 수백 개를 수집하여 D/B로 구축하고, 이를 활용하여 프로그램 참가자들에게 확인할 구체적인 평가 질문 도출

(4) 구조화된 인터뷰: 보먼 사용자와 계약 업체, 이해관계자를 대상으로 실시

(5) 시청각적 증거: 육상차량을 보먼으로 전환할 때의 문제점을 이해하는 것과 컴퓨터를 기반으로 시스템에 관한 훈련을 실시할 수 있는 설비 등에 초점을 둠

(6) 해외 사례: 캐나다 및 미국의 전장 디지털화 프로그램 경험 활용

(7) 전문가 자문: 국방부의 장비 개발 타당성에 대한 심층 분석을 위해 관련 분야 전문업체인 Systems Consultants Services Ltd의 자문 실시

(8) 다각도 분석: 수집한 모든 증거를 서로 연계하여 다각도로 볼 때 어떤 지적 및 결

성 분석, 경제학, 공공선택 이론, 사회인류학 등에 이론적 기반을 두고 어떻게 발전해왔는지를 볼 수 있다. 이러한 발전은 필연적으로 전통적 감사보다 훨씬 폭넓은 자료 수집 및 분석 기법을 요구한다.

3.8 요약

이 장의 논의를 통해 어떤 결과를 도출할 수 있을까? 전통적인 시스템 이론에 의하면 관료주의는 조직적, 개인적 상호 관계가 복잡하게 얽힌 상태로 존재한다. 따라서 전통적인 공공감사는 관료주의 재정활동의 투명성을 확보하고, 대중의 복지를 희생하면서 개인과 조직 자체의 이익을 추구하는 구조적 문제점을 줄이고자 한다. 그리하여 청렴(probity), 신의성실(propriety), 청지기 정신(good stewardship) 등과 같은 가치를 강조하며, 이러한 공직문화는 공적 자금의 적정한 집행에 대한 관심으로부터 비롯된다. 그러나 이것만으로는 부족하다.

공적 자금은 합법적으로 사용될지라도 그 결과가 매우 실망스러울 수 있다. 항상 그렇지는 않지만, 정부는 때로 비용편익이나 비용효과성 기법 등을 사용하여 보다 나은 결과를 달성하고자 시도한다. 감사인 역시 이러한 기법을 활용하여 재정가치에 대한 평가를 시도하며, 이념적 경향 또는

박스 3.17: 사회기금 성과감사에서 감사 초점이 어떻게 변해왔는지 보여주는 사례

영국 국민의 20%가 저소득층에 해당하며 그중 25%는 아무런 저축 없이 생활한다. 정부는 1988년 사회기금을 설치하고 저소득층이 고정소득으로 지불할 수 없는 긴급하거나 중요한 지출에 대응할 수 있도록 대출 또는 보조금을 제공하고 있다. 즉 사회 내 가장 취약한 계층을 대상으로 일종의 안전망을 제공함으로써, 생활에 필요한 가전제품을 장만하거나 복지급여를 도둑맞는 등의 비상시에 식품을 구입할 수 있도록 지원하는 것이다. 감사원은 1991년과 2005년 두 차례에 걸쳐 사회기금에 대한 감사를 실시했다.

1991년 감사 결과: 1991년 감사는 사회기금의 경제적 목적과 자금 배분 절차의 효율성에 초점을 두었다. 보고서는 총지출 규모를 성공적으로 제한한 것을 모범 사례로 언급했다. 그리고 대상을 선정할 때 우선순위가 높은 취약계층을 타깃으로 운영해야 함에도 이에 대한 이해가 부족할 뿐 아니라 복지부가 관련 연구를 뒤늦게 시작한 단계임을 지적했다.

2005년 감사 결과: 2005년 감사의 초점은 사회기금이 과연 지원이 필요한 취약계층의 니즈에 대응하고 있는가 하는 것이었다. 특정 계층을 타깃으로 하는 데 더 많은 관심을 기울였으며, 취약계층이 선택할 수 있는 다른 대안에 비해 사회기금을 통한 대출이 가장 유리한 조건임을 보여주려는 시도가 더 많았다. 보고서는 또한 대출 결과의 지역적 분포에 대해 분석했다. 1991년과 비교하여 중요한 방법론적 차이는, 다른 연구 결과들을 활용함으로써 사회기금 활용 결과에 관한 증거 기반을 확대할 수 있었다는 점이다.

출처: Comptroller and Auditor General, *The Social Fund* (HC 190, Session 1990-1991); *Helping Those in Financial Hardship: The Running of the Social Fund* (HC 179 Session 2004-2005).

긴급한 수요 등에 기반한 정책 집행에 대해서도 정책 추진과정에서의 경제성, 효율성, 효과성을 분석하여 평가하고 있다.

이러한 성과감사(VFM audit) 접근을 통해 상당한 결과를 거두고 있는 것도 사실이다. 그러나 다음 장에서 보듯 이것이 최종적인 해답은 아니다.

4장 효과적인 감사는 어떻게 가능한가?
— 코치와 멘토로서의 감사인

　국민이 합당하다고 여기는 비용으로 국민의 니즈를 충족할 수 있는 새로운 공공서비스 제공 방식을 모색하고 조직을 개선하는 데 감사가 할 수 있는 일은 별로 없다고들 한다. 보통 감사인이라고 하면 돈 쓰인 걸 필요 이상으로 시시콜콜하게 따지고, 타고나길 보수적이어서 새롭고 혁신적인 방식보다는 비용을 줄이고 리스크를 피하는 데만 치우쳐 있다는 인식을 갖고 있다. 그러나 앞서 살펴보았듯이 실제로 꼭 그렇지만은 않다. 감사인은 공공 부문의 성과와 공직자들의 특정 행위가 적정한 것인지를 판단함으로써 공직자들의 행태에도 큰 영향을 미칠 수 있다. 그렇다면 감사인이 갖는 이러한 영향력을 어떻게 활용해야 공공 부문의 투명성과 책임성을 확보하면서 보다 큰 가치까지 이끌어낼 수 있을까? 이번 장에서는 바로 이 문제를 다루고자 한다.

　그간 공공감사가 이룬 성취, 특히 공공 부문의 성과에 관한 분석과 보고에서 이루어낸 많은 긍정적인 결과에도 불구하고 공공감사는 여전히 여러 도전 과제에 직면해 있다. '경제성', '효율성', '효과성'의 개념만 하더라도 감사 때마다 매번 달라진다. 예컨대 농업 부문과 국방 부문 감사에서 이 개념들은 다를 수밖에 없다. 또 감사인과 피감사인 중 과연 누가 '경제성', '효율성', '효과성'의 개념을 정의할 것인가의 문제도 있다. 현재로서는 피감사인이라고 보는 데 큰 반론은 없는 것 같다. 왜냐하면 정책이 목표로 하는 성과를 정하고 그 달성에 관한 책임을 지는 것은 감사인이 아니라 피감사인이기 때문이다. 그러나 실상을 보면 정책이 목표로 하는 성과가 설정되어 있지 않은 경우가 많고, 설정되었더라도 구체적이지 않다 보니 결과를 놓고서 이것이 목표로 했던 성과라며 갖다 붙이곤 한다. **박스 4.1**은 영국 정부가 비난을 받았던 몇몇 정책 사례를 보여준다. 이런 문제는 늘 있어왔고, 몇몇 정책의 경우 본질적으로 측정 가능한 성과를 정교하게 설정하기가 어렵기도 하다. 예컨대 '정의 구현'의 경우 일반적인 개념은 잡을 수 있지만, 이를 공공정책에 적용하는 것은 쉽지 않고 정책별로 그때그때 새로운 접근이 필요하다. 그래서 다양한 종류의 결과가 나오게 된다. 또한 식별 가능한 성과물에 대한 평가를 할 수 있기까지 상당한 기간이 필요하기 때문에 시간이라는 요소도 등장한다. 영유아 보육지원 프로그램인 영국의

박스 4.1: 불명확한 정책 목표에서 비롯되는 평가의 어려움

영국의 주요 중앙부처들은 재무부와 3년 단위의 공공서비스협약(Public Service Agreements, PSA)을 맺는다. 부처별 협약은 그 부처의 지향점(high-level aim), 전략 목표(priority objectives), 성과 목표치(key performance targets)로 구성된다. 이러한 목표 체계는 주요 정책의 목표를 달성하기 위하여 재원을 관리하는 데 도움이 된다. 그러나 목표가 불명확하거나 초점이 없는 경우, 성과를 평가하고 궁극적으로 공적 자금이 가치 있게 쓰였는지 평가하는 것이 어려워진다.

분야	PSA 성과 목표치	한 계
주택	영국 전역에서 시골과 도시 주변, 그린벨트 내의 소중한 전원지대를 보호하고 시골과 도시의 지속 가능성을 유지하는 동시에, 가용 능력에 맞춰 주택 공급을 다양화하고, 공급 물량과 수요 사이에 더 나은 균형을 달성한다.	• 다양한 목표들 사이에 여러 상관관계가 존재하여, 무엇을 달성할지가 불명확함. • 목표가 직접 측정 가능한 것이 아님.
지속 가능 개발	중앙정부와 지방정부를 아울러 영국 내 그리고 국제적으로 지속 가능 개발을 촉진한다. 지속 가능 개발은 아래의 방식으로 각각 측정한다. – 지속 가능 개발 관련 정부의 대표 지표에서 긍정적인 트렌드 달성. – '지속 가능 개발에 관한 세계 정상 회의'의 지속 가능 소비 및 생산, 화학물질, 생물다양성, 대양, 어류, 농업 분야에서 영국의 공약 이행 정도. – 기후 변화에 대응하기 위해 국제적으로 합의된 공약의 이행 정도.	• 목표 관련 데이터 시스템이 60여 개의 개별 지표로 구성되어 있어 과연 목표 수준이 달성되었는지 여부를 판단하기가 매우 어려움. • 총괄 부서인 환경식품농촌부가 실제 성과에 미칠 수 있는 영향력이 매우 제한적이기 때문에 공공책무성 관계가 취약함.
지속 가능 공동체	인종 간 불평등을 줄이고 사회결속을 구축한다.	• 목표에서 제시하고 있는 '인종 간 불평등' 및 '사회결속' 개념이 불명확함.
외교 정책	2008년까지 아프리카, 아시아, 발칸반도, 중동 등 영국이 실질적으로 기여할 수 있는 지역에서 분쟁의 장기적, 구조적 원인에 대응하고, 지역 및 국가 간 긴장 및 폭력 사태를 관리하며, 분쟁 이후 재건사업 지원 등을 통해 분쟁 예방을 위한 영국 및 국제적 지원 방안의 효과를 개선한다.	• 명확히 정의되지 않고 측정 곤란한 복합적 성과 개념들이 목표 수준에 포함됨. • 관련 부처가 목표 수준의 성과를 달성하는 데 미칠 수 있는 영향력이 제한됨. • 3년이라는 정해진 기간에 장기적이고 구조적인 근본 원인에 대응하여 성과를 거두었는지 측정하여 정책의 효과성을 판단할 수 있는지 의문스러움.
국제 개발	민주주의, 굿거버넌스, 인권 등에 기초한 프로그램을 효과적으로 추진하여 지속 가능 개발을 촉진한다.	• 목표 수준이 포괄적이고 모호함. • 민주주의, 굿거버넌스, 인권 등 매개 지표 달성에 해당 부처 프로그램이 얼마나 기여했는지 측정하기 어려움. 그 이유는 아래와 같은 복합적인 시책의 결과로 개선이 이루어지기 때문임. – 보다 많은 국가들이 환경 문제에서 정보 접근, 시민 참여, 사법 절차 접근 등을 강화하는 조치를 취하고 있음. – 자연자원 관리가 개선됨. – 사형제도를 폐지하는 국가 수 증가.

출처: www.hm-treasury.gov.uk/spending_review/spend_sr04/psa/spend_sr04_psaindex.cfm.

슈어 스타트(Sure Start)나 미국의 헤드 스타트(Head Start)가 그 좋은 예이다. 대상자들이 성인이 된 이후까지를 지켜보지 않고서는 교육과 사회 결속 측면의 성과를 정확하게 판단하기 어렵다. 그렇다고 해서 감사인이 모든 분석 작업을 포기해야 한다는 뜻은 아니다.

앞 장에서 우리는 성과감사가 그 뿌리를 재무감사에 확고히 두고 있음을 보았다. 그런 이유로 성과감사는 재화와 서비스의 가격, 국민 만족도에 대한 표본 조사, 변수 간 연관성에 관한 회귀 분석 등 양적 분석(quantitative analysis) 위주의 편향성을 보인다. 이런 방법론은 모두 의미가 있지만, 공공정책의 성과는 양적인 측면과 질적인 측면을 모두 살펴봐야 한다. 예컨대 교육 프로그램이 효과가 있었는지를 어떻게 알 수 있을까? 일단 학생들의 시험 성적이 기준이 될 수 있지만, 시험 성적이 교육의 전부가 될 수는 없다. 슈마허는 양적 성과지표에만 매달리고 계량화할 수 없는 것까지 측정하려고 하다 보면 결국 판단을 그르칠 수 있음을 지적한다(**박스 4.2** 참조).

질적인 측면을 금전적 가치로 나타냄으로써 가치에 대한 평가가 마치 객관적인 분석의 영역인 것처럼 교묘하게 치장되는 이러한 일련의 작업을 무턱대고 신뢰해서는 안 된다. 그러한 작업의 결과는 '객관적'(objective)으로 보일 수 있지만 실제로 그 기반은 '주관적'(subjective) 기준이기 때문이다. 가치를 매기는 일은 궁극적으로는 모두 '주관적'이라 할 수 있는데, 이때 '주관적'이라는 것 자체보다 더 큰 위험은 계량화된 숫자가 실제의 가치를 가릴 수 있다는 사실이다. 감사 결과는 거의 대부분 합리적으로 보이고 피감사인도 이를 수용하지만, 실질적인 변화로 귀결되지 못하는 경우가 많다. 감사기구는 해마다 똑같은 감사 결과를 내놓고 피감기관도 매번 이를 수용하지만, 결국은 감사보고서의 최종 이용자라 할 수 있는 선출직 정치인, 관심을 갖는 국민, 재화와 서비스 공급자, 언론, 학계 그리고 무엇보다 감사보고서가 제시하는 권고안의 대상이 되는 공직자들에게 제 역할을 못하는 셈이 된다.

영국 감사원이 지난 15년간 수행했던 IT 기반 혁신 프로젝트들의 성과에 대한 일련의 감사는 이런 현상을 잘 보여주는 예라 할 수 있다(**박스 4.3 참조**). 감사를 통해 이러한 프로젝트들이 기대에 못 미치게 된 원인을 분석하고 공공 부문과 민간 부문, 나아가 외국의 사례까지 참조하여 모범 사례를 제시하면서 성과를 높이고 리스크를 관리하기 위한 개선 방안을 권고하였다. 그럼에도 영국 공공 부문에서는 공공서비스에 역효과를 초래하는 대형 실패 사례가 되풀이되고 있다. 예컨대 2005년과 2006년, 특정 작물에 대한 보조금은 폐지하되 농가에 대한 보조금은 허용하는 유럽연합

박스 4.3: 감사 결과 권고 사항이 수용되었지만 실제 이행되지 않은 사례

지난 15년간 영국 감사원은 다음 네 개의 사례를 비롯하여 IT 기반 혁신 프로젝트의 성과에 관하여 수차례 감사를 실시하고 많은 개선방안을 권고하였다. 그럼에도 IT 프로젝트들은 여전히 여러 문제점을 안고 있다.

☐ **국방부 IT 지원체계 감사**(HC 644, 1990-91)

• 감사 배경: 1980년대 후반 영국 국방부는 관리자와 지휘관의 역할별 의사결정과 지휘 통제를 지원하기 위해 IT 부문에 대규모 예산을 투입하기 시작함.

• 감사 결과 문제점: 전체 9개 시스템 개발 및 운영이 5개월에서 2년까지 지연되면서 당초 기대했던 편익 달성도 지체되고 있었음. 개발 후의 운영 상태를 검토한 4개 시스템 가운데, 당초 기대했던 재무적 편익과 운영상의 편익을 달성한 시스템은 1개에 불과함.

• 감사 결과 주요 권고 사항

– 프로젝트 착수 전에 사용자 요구사항을 명확히 정의하는 것이 중요함.

– 대규모의 복잡한 프로젝트는 관리 가능한 단위로 분할하여 추진해야 함.

– 개발 후 운용 상태 검토(post implementation review)는 당초 기대했던 편익을 달성했는지 확인하고 향후 개선을 도모하는 데 필수적임.

☐ **내무부 이민·국적국 신청 업무 처리 프로그램 감사**(HC 277, 1998-99)

• 감사 배경: 내무부 이민·국적국은 이민자 입국 통제 및 영국 내 거주 외국인의 시민권 신청, 망명 신청, 체류 기간 연장 등을 접수 받아 처리하는 업무를 담당하며, 1996년 4월에 IT 기반의 업무 변화 조치 계약을 체결하였음.

• 감사 결과 문제점: 신청 업무 처리 프로그램이 완전 가동되기까지 상당한 지연이 초래됨. 미완료 건수가 망명 신청 7.6만 건, 국적 관련 신청 10만 건에 달함.

• 감사 결과 주요 권고 사항

– 부처는 큰 변화를 요하는 프로그램의 경우 한 번에 모든 것을 해결하려 할 때 어떤 리스크가 있는지 검토해야 함.

– 부처는 계약 구조에 대해 면밀하게 검토해야 함. 하도급 계약도 일일이 검토하여 사업 목적이 달성될 수 있도록 필요한 인센티브와 페널티 조항을 포함하고 있는지 확인해야 함.

□ 법원 IT 시스템 개발 프로젝트 감사(HC 327, 2002-03)

• 감사 배경: LIBRA로 알려진 이 프로젝트는 IT 인프라 구축 및 이메일, 워드 프로세싱, 스프레드시트, 다이어리 등 표준적 사무실 소프트웨어를 포함하는 사무자동화를 지원하기 위한 것임. 1998년 7월 최초 계약 체결 당시 총 예산이 1억 4,600만 파운드였고 2000년 5월 3억 1,900만 파운드로 증가하였음.

• 감사 결과 문제점: 법무부는 42개 각급 법원에 IT 서비스를 제공하기 위한 계약 공고를 하였으나 입찰 업체는 1개에 그쳤고, 계약 이후 업체가 요구사항을 이행하지 못하는데도 확실한 조치를 취하지 못함. 법무부는 IT 도입과 함께 업무 프로세스를 재설계하기보다는 기존 프로세스를 지원하는 방식을 채택했음. 이러한 접근방식으로 인해 프로젝트의 어려움이 가중되었는데, 법무부는 각급 법원에 공통으로 적용될 새로운 시스템의 요건을 단일하게 설정하지 못하였음.

• 감사 결과 주요 권고 사항

−IT 시스템의 변경은 새로운 업무 절차를 지원할 수 있도록 계획되어야 함. 둘 중 하나를 빠뜨릴 경우 재정가치 획득이 불가능함.

−서로 다른 조직들 간에 표준화된 IT 시스템을 설치할 경우 관련 부서들 간의 긴밀한 협력이 있어야 효과를 거둘 수 있음.

−단독 응찰인 경우 재정가치가 훼손되지 않도록 각별한 주의를 기울여야 함. 예를 들어 응찰가격이 적합한지 여부를 평가하기 위한 필수 비용 모델('should cost' model)을 개발해서 검토하는 등의 리스크 방지 조치가 필요함.

−부처는 계약이 계획대로 진행되지 않을 경우 대안을 확보할 수 있도록 모든 주요 계약에 대해서 위기대응계획을 마련해야 함.

□ 환경식품농촌부·농촌기금관리청: 단일직불금 집행 실태 감사(HC 1631, 2005-06)

• 감사 배경: 2006년 3월 현재 단일직불금 추진에 1억 2,230만 파운드가 소요되었음. 농촌기금관리청은 이 기간까지 농업인에게 지급할 총액 15억 1,500만 파운드 중 96%를 지급한다는 목표 달성에 실패하여 지급 업무가 지연되었음.

• 감사 결과 문제점: 농촌기금관리청은 2004년 12월까지 주요 IT 인프라 개발을 완료할 것으로 예상했으나 여전히 진행 중인 시스템 변경사항이 23개에 달함. 이들은 대부분 EU 규정 개정에 따른 변경사항임. 모든 구성요소가 전체 시스템과 완전히 합치하는지 그리고 실제 업무 절차를 지원하는지 확인하는 과정 없이 주요 구성요

소 개발을 진행하였음. 시스템이 일정대로 완성될 수 있다는 확신도 없는 상황에서 지급사업을 위한 위기대응계획도 발동하지 않음.

• 감사 결과 주요 권고 사항

－핵심 서비스에 영향을 미치는 복잡한 IT 프로젝트를 추진할 때는 신뢰할 수 있는 위기대응계획을 마련하고 테스트를 실시할 것.

－업무와 IT 개발 간의 긴밀한 연계가 반드시 필요함. 복잡한 IT 기반 변화 프로젝트를 관리할 수 있는 조직 및 거버넌스 체계는 모든 측면에 대한 검토를 거쳐 주의 깊게 도출해야 함.

출처: 영국 감사원(NAO)

(EU)의 단일직불금(Single Payment Scheme) 관련 업무를 맡고 있는 영국 농촌기금관리청(Rural Payments Agency)에서 문제가 된 사항들은 업무의 복잡성을 과소평가하거나, 위기대응체계가 미흡하거나, IT 시스템이 실제 업무 절차와 괴리되어 있는 등 사실 이미 오래전부터 해당 업무의 구조적 리스크 요인으로 규명되어 경고를 받은 것들이었다.

물론 IT 기반의 혁신이 왜 공공 및 민간 부문에서 공통적으로 문제에 직면하는지를 설명하는 많은 요인이 있다.[1] 복잡성, 안정화 단계에 이르지 못한 채 계속해서 개발 중인 기술 수준, 혁신의 규모 등이다. 이러한 각각의 요인이 초래한 위험이 무엇이고 어떻게 대응해야 하는지에 대해서는 프로그램 및 프로젝트 관리 원칙에 이미 잘 정리되어 있다. 그럼에도 다른 이유들로 인해 똑같은 잘못이 반복되고 있다. 핵심 해법은 혁신 담당자로 하여금 자신감을 갖고 리스크를 관리할 수 있게 하고, 현명한 IT 사용자가

---

1) 2003년 발간된 미국 스탠디시 그룹(Standish Group)의 보고서에 의하면 민간 및 공공 부문에서 추진된 13,522개의 IT 프로젝트 가운데 3분의 1만 성공적이었다.

되게 하며, 일선 실무자뿐 아니라 목표 고객 등 변화 프로그램의 영향을 받는 모든 이해관계자들로부터 지원을 확보할 수 있도록 하는 것이다.

4.1 어떻게 개선을 확보할 수 있을까?

그렇다면 공적 자금 사용의 투명성을 촉진할 뿐 아니라 재정가치의 지속 가능한 개선을 확보하는 데 감사보고서가 실질적인 영향을 미칠 수 있는 방안은 무엇일까? 경험에 의하면 다음 세 가지 방향을 들 수 있다. 첫째, 각각의 평가 대상에 맞는 최적의 방법론적 접근법이 사용될 수 있도록 주제별로 적합한 방법론을 도출, 활용할 필요가 있다. 둘째, 공공서비스 수혜자와 공급자 등 참여자가 각자 위치에서 부여하는 의미에 초점을 두어야 한다. 셋째, 감사인은 비판자나 고발자보다는 코치 또는 멘토의 역할을 해야 한다. 여기에는 선택의 여지가 없다. 이 세 가지 방향은 서로 보완적으로 작용하므로, 셋이 합쳐질 때 감사인이 유의미한 권고안을 제시할 수 있는 가능성이 높아진다. 이러한 접근방법들을 논하면서 여기서는 효과성 감사(effectiveness audit)와 평가(evaluation)라는 용어를 구분하지 않고 사용했는데, 둘 다 본질적으로 대화적 평가(dialogic evaluation)에 해당하기 때문이다.[2] 러플린 등(2003)은 재정시책 평가에 대한 연구에서 평가와 성과감사의 접근방법 간의 유사성을 강조한 바 있다.[3]

---

2) '대화적 평가'의 핵심은 개념의 구축과 공유에 초점을 두는 것이다. "포스트모던 세계에서는 인간의 경험에 관한 복수의 타당한 시각이 가능하며, 판단을 내리는 데도 복수의 기준이 가능할 수 있다." 따라서 감사인 및 평가자는 현대 사회의 도덕적·정치적 복잡성, 불확실성, 다원성 등에 대응해야 한다.(출처: *Evaluation: Special Issue: Dialogue in Evaluation* 7(2), April 2001)

3) Laughlin R., Broadbent J., Gill J. (2003) 'Evaluating the private finance initiative in the National Health Service in the UK', *Journal of Accounting, Audit and Accountability* 16(3).

4.2 주제에 적합한 방법론 사용

첫 번째 개선 방향은 각각의 감사 대상 주제에 들어맞는 방법론을 사용해야 한다는 것이다. 예를 들어 조종사 훈련 프로그램에 관한 감사는 조종사가 전문 업무에서 겪는 신체적·심리적 어려움이 무엇인지 검토하는 것에서 출발할 수 있다. 마찬가지로 지역 사회의 법과 질서 증진 계획에 대한 감사는 해당 지역의 사회학(sociology)과 지역 주민의 생각과 경험을 세심하게 고려해야 한다. 이러한 접근이 전제로 하는 핵심 원칙은 성과감사 권고안의 이행을 책임지는 측에서 권고안이 제시하는 내용을 신뢰하고 타당한 것으로 수용할 때 그것을 이행할 가능성이 높다는 것이다. 이렇게 만들기 위해서는 관련 공직자가 매일 상호작용하는 환경과 업무 틀에 대한 포괄적인 지식이 필요하다. 또한 그들이 지닌 핵심 신념을 반영하는 방식으로 권고안을 형성하려면 그들만의 문화와 가치에 대한 이해도 필요하다. 감사인의 관점이 매우 합리적이고 논리적일지라도 단지 그것을 강요하는 것으로는 충분치 않다. 텔메이즈(Harriet Talmage)는 감사인이 공공사업을 평가할 때 사용하는 접근방법을 네 가지로 구분하고, 각 방식마다 다른 지적 통찰을 기반으로 다른 감사 접근방법이 요구되며 다른 결과를 가져온다고 설명하였다(**박스 4.4**).

- 실험적 접근(experimentalist approach)
- 절충적 접근(eclectic approach)
- 서술적 접근(descriptive approach)
- 비용편익 분석(cost-benefit analysis)

박스 4.4: 프로그램 평가의 네 가지 접근방법

구분	실험적 접근	절충적 접근	서술적 접근	비용편익 분석
철학적 기반	실증주의적	실용주의적으로 수정된 실증주의	현상학적	논리적/분석적
학문 기반	심리학	심리학, 사회학, 정치학	사회학, 인류학	경제학, 회계학
기법의 초점	인과관계 규명	절차와 맥락 데이터로 인과관계 규명 작업 보강	참여자의 관점에서 프로그램을 종합적으로 기술	비용과 편익으로 프로그램의 가치를 평가
기법	실험/준실험 설계	준실험 설계, 사례 연구, 설명	에스노그라피, 사례 연구, 참여자 관찰, 다각도 기법	비용 편익 분석
변수	투입-산출로 사전에 정함	사전 결정과 사후 설정	평가과정에서 사후적으로 설정	사전에 정함
비교그룹에 대한 통제	통제	가능한 경우	반드시 필요하지는 않음	통제
평가수행에서 참가자의 역할	없음	상호작용 없음	현장 기록에 따라 다를 수 있음	없음
평가자 역할	프로그램과 독립적	협력적	상호작용적	프로그램과 독립적
정치적 압력 (내부/외부)	설계 단계에서 통제하거나 무시	허용	서술	무시
적용 가능 대상	조종사 훈련사업	농지 개량 보조금 지급, 진료서비스 접근 신속화 사업	지역사회 발전 프로그램에 대한 참여 확대사업	도로/교량/터널 건설사업

출처: Talmage, H. 1982, "Evaluation of Program," cited in D. Stufflebeam and W. Webster. *An Analysis of Alternative Approaches to Evaluation*, 1983.

첫째는 실험적 접근방법이다. 이 접근방법에서 감사인은 독립적으로 활동하며 원인과 결과 간의 관계를 확립하고자 한다. 예를 들면 학교 무단결석을 줄이기 위해 취해진 일련의 조치들이 과연 효과가 있는지를 과학적인 접근을 통해 살펴보는 것 등이다. 일반적으로 감사인이 원인과 결과 간의 가설을 테스트하여 그 타당성을 평가할 수 있는 '통제된 상황'을 설정하는 것은 용이하지 않다.

그러나 발견한 사실의 외적 타당성을 현실 세계에서 확립하기 위해서는 많은 노력이 필요한데 이는 주로 관련 외생 변수들—예를 들어 무단결석 사례에서는 학부모의 인식, 사회경제적 요인들, 교과과정, 학교 건물의 질적 상태 등—을 열거한 후 그 각각이 결과에 미친 상대적 중요성에 대해 가치를 부여한다. 이는 관찰을 통해서 이루어지며, 건축 설계 품질 지표와 같이 타 분야에서 이미 확립된 측정기법을 활용할 수도 있다. 실험적 접근의 예로 국방부가 실시한 전투기 조종사 양성 훈련 프로그램에 대한 감사를 들 수 있다(**박스 4.5**).

유능한 파일럿을 양성하기 위해서는 많은 요인들이 필요하다. 위 감사에서 감사인은 다양한 변수들을 규명하고 분류한 후 파일럿 역량 수준에 미치는 영향과의 관계를 탐색해야 했다. 단순히 훈련의 품질 문제가 아니었던 것이다. '통제조건'을 확립하는 것은 불가능했지만 정성적·정량적 데이터를 사용하여 감사인은 그 관계의 강도에 대한 검증을 실시하였다.

둘째로 절충적 접근은 실험적 설계를 변형하는 평가방식으로, 이는 **박스 4.4**에서 설명한 것과 같이 보다 많은 맥락적 데이터와 증거를 활용하여 인과관계 분석의 확장을 시도하는 방법이다. 실험적 접근과 비교할 때 절충적 형태의 감사는 폭넓은 출처로부터 다양한 관점을 잘 드러낼 수 있다. 그 대표적인 사례가 2005년 NAO가 수행한 뇌졸중 발생 시 어떻게 보다

박스 4.5: 조종사 양성 훈련 – 준실험적 평가

1994~95년과 1998~99년 사이에 영국군은 매년 약 250명의 새로운 조종사가 필요했으나, 훈련과정 이수 기준으로 보면 필요한 것보다 연간 약 45명(18%) 적게 작전에 투입되었다. NAO 연구는 조종사 훈련에 영향을 미치는 주요 과정과 요인에 초점을 맞추어 원인 규명을 시도하였다.

출처: Comptroller and Auditor General, *Training New Pilots* (HC 880, 1999-2000).

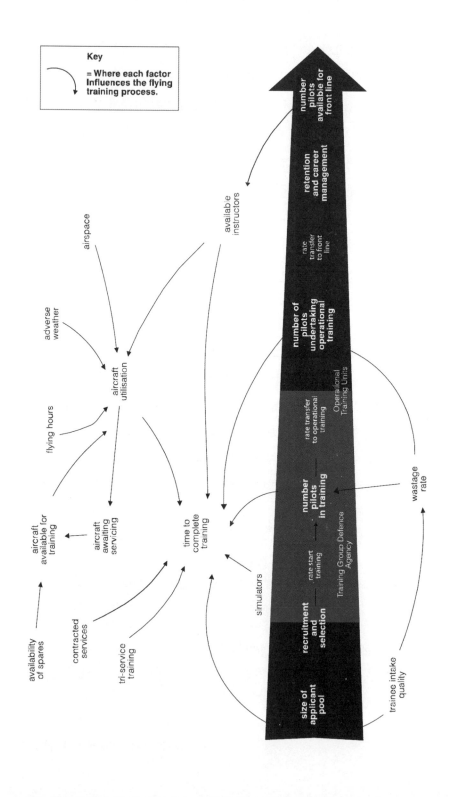

Key

= Where each factor
Influences the flying
training process.

number pilots available for front line

retention and career management

rate transfer to front line

number of pilots undertaking operational training

available instructors

airspace

adverse weather

rate transfer to operational training

Operational Training Units

aircraft utilisation

flying hours

number pilots in training

aircraft awaiting servicing

aircraft available for training

rate start training

time to complete training

Training Group Defence Agency

availability of spares

contracted services

simulators

wastage rate

tri-service training

recruitment and selection

size of applicant pool

trainee intake quality

신속한 처치를 할 수 있을 것인가에 대한 감사이다(**박스 4.6**). 이 감사는 다양한 전문적 견해를 조사하였는데, 예를 들어 런던 킹스 칼리지와 런던 정경대학(LSE) 연구팀으로 하여금 뇌졸중이 경제에 미치는 비용을 추산하기 위하여 '질병의 경제적 부담'에 대한 연구를 수행하게 했고, 웹 포럼과 포커스그룹 방식을 통해 환자와 가족의 의견을 수렴하였으며, 병원 측과 영국왕립의사협회의 견해를 구하기 위해 웹 서베이를 실시하였다.

폭넓게 증거를 수집하는 것의 장점은 이에 기반한 감사 결과와 권고 사항이 보다 큰 권위를 부여받고 감사 결과가 보다 넓은 이해관계자 층에게 수용될 수 있다는 것이다. 위 감사의 보다 장기적인 효과라고 한다면 의약 분야 종사자를 포함하여 많은 사람들이 갖고 있는 뇌졸중이 본질적으로 노인성 질환이라고 하는 인식에 변화를 줄 수 있었다는 점이다. 이러한 인식을 바꾸기 위해서는(실제 전체 뇌졸중 환자의 4분의 1이 65세 미만이다) 엄밀한 계량적 증거뿐 아니라 보다 폭넓은 이해관계자 층에 초점을 둘 필요가 있었던 것이다. 위 감사의 효과는 요양서비스 담당 차관이 기자회견에서 밝혔던 감사 권고안에 대한 지지 발언을 통해 잘 나타난다.

NHS는 가장 큰 사망 원인으로 손꼽히는 암과 관상동맥질환 극복을 위해 상당한 성과를 보여왔습니다. NAO도 인정한 것처럼 그동안 뇌졸중과 관련해 큰 진전을 보였지만 아직 넘어야 할 과제가 남아 있습니다. 매주 약 2천 명의 시민이 뇌졸중으로 쓰러지고 있는데 NAO의 권고를 이행할 경우 매주 10명의 생명을 추가로 구할 수 있을 것입니다. 우리는 최적 사례를 전파하는 조치를 바로 시행할 것이며, 뇌졸중 전문수련의 수를 늘리는 프로그램을 통해 앞으로 이 분야 최고 수준 전문의들을 양성할 것입니다.

박스 4.4 중 세 번째 접근방식은 '서술형'으로 부를 수 있다. 이 방식에서

박스 4.6: 신속 대처를 통한 뇌손상 감소에 관한 준절충적(quasi eclectic) 리뷰

본 감사는 매년 뇌졸중 관련 의료비만 28억 파운드가 지출되는 현실에서 뇌졸중 예방 및 치료 개선 방안을 모색하기 위한 것으로 다음과 같은 방법론을 활용했다.

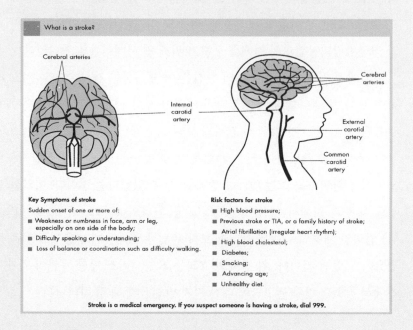

- 일반 시민을 대상으로 한 인식 조사
- 일반의(GP) 진료 관련 데이터 분석
- 영국왕립의사협회가 발간한 2004 National Sentinel Stroke Audit(NSSA) 결과 검토
- 위 Sentinel Audit 데이터를 업데이트하기 위한 병원 대상 서베이
- 뇌졸중으로 인한 부담 및 다양한 예방조치 등의 경제적 혜택 모델화 연구
- 사례 연구
- 환자 및 가족 대상 웹 포럼 및 포커스그룹(의견 수렴)

출처: Department of Health, *Reducing Brain Damage: Faster access to better strokecare* (HC 452, Session 2005-2006)

감사인은 주로 서비스 수혜자 또는 전달자의 시각에서 성과를 들여다보게 된다. 이러한 접근은 인간의 행태 및 동기와 관련된 이슈에 초점을 두는 인류학적 접근에 기반을 둔다. 여기에 해당하는 감사 사례로 지역 주민의 참여 촉진 시책에 대한 영국 감사원 감사를 들 수 있다.

공공서비스 지원을 가장 필요로 하는 사람들의 경우, 그들이 필요로 하는 것이나 처한 상황에 대해 직접적인 경험이 전혀 없거나 제한된 이해를 가진 관료들에 의해 지원 서비스가 설계되었다고 평가할 때 소외될 수 있다. 이는 매우 심각한 결과를 초래할 수 있다. 즉, 사회적 박탈감을 경감하고 장기 실업 문제를 해소하기 위한 사업이 효과 없이 세금만 낭비하는 결과를 가져올 수 있는 것이다. 이러한 인식하에 영국 정부는 공공서비스를 설계할 때 예상 수혜자 그룹을 개입시키는 데 높은 우선순위를 둔다. 예를 들어 내무부는 시민들이 직면하는 문제들의 근본 원인을 해소하는 데 직접 참여하도록 장려하고 있다. 경찰 개혁은 시민에 초점을 맞춘 경찰활동을 목표로 하며, 문화방송체육부는 시민을 대상으로 삼는 것이 아니라 시민과 함께 하는 방식으로 문화 사업이 수행될 때 사회적 통합을 가속화할 수 있는 잠재력이 생긴다고 보고 있다. 시민 참여를 촉진하기 위한 각종 정부 시책의 성과를 평가할 때 NAO는 인터뷰, 그룹토의, 참여 등 질적 데이터를 크게 활용하였다.4) 경제 재생을 위한 '시민을 위한 뉴딜사업'에 관한 감사에서 NAO는 지역 단위 프로그램에 내재된 관리상의 갈등 문제를 조사하기 위해 양극화 관리(polarity management)라는 기법을 활용하여 갈등이 어떻게 해소되는지를 평가하였다.5) 주요 갈등 요소로 규명된 것들을

---

4) Comptroller and Auditor General, *English Regions – Getting Citizens Involved: Community Participation in Neighbourhood Renewal* (HC 1070, Session 2003-2004).

5) Comptroller and Auditor General, *English Regions: An early progress report on the New Deal for Communities Programme* (HC 309, Session 2003-2004).

보면 전체 커뮤니티의 개입 vs 적시성 있는 의사결정, 혁신 vs 시도되거나 테스트를 거친 방법, 전략적 행동 vs 신속한 투자 실행 및 결과 제시 등이 있다. 결론은 명확했다. 재정성과 여부에 대한 전체적인 결과와 판단은 양적 및 질적 데이터 모두에 의존하지만, 개선 권고안이 장기간 지속 가능한 결과를 내는 것은 사람들의 행태를 충분히 고려했는지 그리고 내재적인 갈등 문제를 어떻게 관리했는지에 달려 있다.

네 번째 접근방법은 성과감사와 가장 밀접한 관련이 있는 비용편익 및 비용효과성 분석으로 이미 2장에서 상세하게 논의한 바 있다. 이 접근을 통해 주로 제시할 수 있는 권고안은 쉽게 예상할 수 있듯이 비용통제나 보다 큰 편익의 실현에 관한 것이다. 예를 들어 NAO가 수행한 정부의 저소득층을 겨냥한 내 집 마련 지원시책 2개에 대한 비용편익 및 효과성 리뷰 결과를 보면, 주택담보대출과 공동소유권 관련 비용과 편익에 대한 가정을 달리할 경우 1억 1,200만 파운드 이상의 자금이 사용 가능해지며 이를 통해 추가로 4,130 가구에게 혜택이 주어질 수 있다.[6] 이것은 타깃 그룹을 잘 선정하고 공공 지주(地主)가 공적 자금 사용으로부터 얻는 수익을 변경함으로써 가능하였다. 또 다른 예로 미국 감사원(GAO)이 실시한 극궤도 환경위성 관련 기술적 문제에서 발생하는 비용과 편익의 손실에 대한 감사를 들 수 있다 (**박스 4.7 참조**). 비용편익 접근방법은 관료들처럼 비용을 수량화하고 편익을 측정하는 기술적인 분석에 익숙한 집단에게는 타당성이 훨씬 더 클 수 있다. 그러나 보다 중요한 점은 일반 시민들, 특히 의회 의원들에게도 기술적 정보를 쉽게 이해하고 설득력 있게 제시할 수 있느냐 하는 것이다.

물론 지금까지 설명한 방법론은 일부에 불과하고 다양한 개념적 모델을

---

6) Comptroller and Auditor General, *A Foot on the Ladder: Low Cost Home Ownership Assistance* (HC 1048, Session 2005-2006).

박스 4.7: 극궤도 환경위성 개발사업 – 기술적 문제, 비용 상승, 일정 지연 등으로 매우 어려운 상충적 의사결정 초래

극궤도 환경위성은 기상예보관, 기후 관측 연구자, 군 당국 등이 날씨, 기후, 해양, 환경 변화를 모니터링하고 매핑하는 데 사용하는 데이터와 영상을 제공한다. 미국에서 현재 추진 중인 극궤도 환경위성 개발 프로그램은 2개의 위성 시스템, 육상의 지원 스테이션, 4개의 중앙데이터처리센터 등 복잡한 인프라로 구성된다.

가까운 장래에 국가극궤도환경위성시스템(NPOESS)을 통해 현재 운영 중인 2개 시스템을 결합하여 단일한 최신 환경위성시스템으로 전환할 계획이다. 새 위성 시스템은 기상예보 및 글로벌 기후 모니터링에 필요한 데이터의 연속성을 2020년까지 유지하는 데 반드시 필요하다.

미국 감사원은 NPOESS 사업의 추진 일정, 비용, 트렌드, 리스크 등을 검토하고 이 사업의 개선을 위한 계획 및 시사점을 도출해줄 것을 의회로부터 요청받았다. 감사를 통해 2005년 8월 고려되었던 첫 번째 위성에서 핵심 센서를 제외하는 방안, 처음 2개 위성의 발사 시기를 늦추는 방안, 그리고 리스크 감소용 예비위성을 발사하지 않는 방안 등 주요 대안에 대한 전통적인 비용편익 분석 결과에 대한 검토가 이루어졌다. 이 모든 대안은 사업 추진 비용, 일정, 위성데이터를 활용하여 주요 기상 관련 결과물과 예측 자료를 개발하는 시스템 사용자 등에 영향을 주는데, 정확한 영향의 전체 규모는 불명확한 것으로 나타났다.

출처: 미국 감사원(GAO).

통해 공공서비스의 타당성에 대한 평가가 가능하다(**박스 4.8** 참조). 예를 들어 영국 정부가 새로이 추진하는 14~19세 청소년 대상 직업훈련 사업은 파트너십의 원활한 작동 여부에 크게 의존한다. 따라서 사업평가 모델은 그러한 파트너십이 성공하기 위해 준수해야 할 원칙에 초점을 두는 것이 바람직하다. 보다 혁신적인 권고안을 제시할 수 있는 접근방법으로는 관련이 없지만 유사한 특성을 갖는 대상들 간의 '비유'(메타포)를 통해 사업을 평가하는 방식이 있다. 이는 조직 네트워크, 네트워크에 포함된 다양한

박스 4.8: 정부 프로그램 평가를 위한 대안적 방법론

유형별 분석 (Analysis by Categories): 전략, 스태프, 기술, 공통 가치, 구조, 스타일, 전체 시스템 등의 상호의존적 측면에서 사업을 평가하는 방식. 전통적인 네트워크 분석에 뿌리를 두고 있으며 본질적으로 투입 기반적 접근임.

출처: McKinseys 7-S Framework; Peters and Waterman, *In Search of Excellence*, Harper and Row, 1982

비유에 의한 분석 (Analysis by Metaphors): 조직을 기계장치, 유기체, 두뇌, 문화, 정치체제, 심리적 감옥(psychic prison), 변화와 흐름(flux and transformation), 메커니즘, 지배수단 등에 비유하는 방식. 주로 인간의 상호작용 측면에 초점을 두고 이것이 조직의 성공이나 실패에 어떤 영향을 미치는지를 분석함.

출처: Gareth Morgan, *Images of Organisation*, Sage, 2006

활동별 분석 (Analysis by Activities): 이슈 연구, 이슈 걸러내기, 이슈 정의, 예측, 목표 및 우선순위, 대안 도출, 대안 분석, 모니터링 및 통제, 평가, 정책 승계 및 형성 등에 기초를 두는 분석. 본질적으로 합리적이고 관리와 통제 중심적임.

출처: Hogwood and Gunn, *Policy Analysis for Real World*, Oxford University Press, 1984

원칙 분석 (Analysis by Principles): 원칙에 기초한 분석의 전형적인 평가 판단기준을 살펴보면, 정부는

- 모든 일을 하려 하기보다는 방향타 역할에 주력해야 한다.
- 시민에게 서비스를 전달하는 데 그치지 않고 의사결정에 참여토록 해야 한다.
- 시장 경쟁을 촉진하여야 한다.
- 규정이 아니라 임무에 의해 움직일 수 있도록 한다.
- 투입이 아니라 결과를 목표로 자금을 사용해야 한다.
- 관료가 아니라 고객의 수요를 충족해야 한다.
- 지출에만 초점을 두지 않고 수입에 초점을 두어야 한다.
- 발생한 문제의 해결보다는 예방에 투자해야 한다.
- 권한을 분산시켜야 한다.
- 단순히 새 공공사업 도입보다는 시장기능 작동을 통해 문제 해결을 도모해야 한다.

출처: Osborne and Gabler, *Reinventing Government*, 1992

가치 분석(Analysis by Values): 가치 분석의 평가 및 분석 초점은 공공관리가 핵심가치(효율적이고 목적 지향, 정직과 공정, 엄밀함과 지속성)와 어느 정도 일치하는지에 맞춰짐. 성공의 기준은 절약, 정직, 지속 등의 관점에서 판단되어야 함.

출처: Christopher Hood, "A Public Management for All Seasons," *Journal of Public Administration*, Vol. 69 Spring, 1991

기관들의 문화, 그리고 주관 부처가 제공하는 사업 틀(framework) 등을 통해 최적의 방식을 고려하는 것이다. 이때 비유는 인간의 신경망과 고도의 감각네트워크(지체와 신경)를 통해 정보를 전달받는 중앙의 두뇌(부처)와의 관계라 할 수 있다. 생물학자의 생각 틀을 이슈에 적용함으로써 완전히 새로운 시각을 제공할 수 있다. 그러나 이러한 다양한 접근방법에 공통된 원칙은 결국 접근방법의 선택이 조사 대상을 둘러싼 상황이나 맥락, 본질적 특성 등에 영향을 받는다는 것이다. 조사 대상에 가장 적합한 방법론적 접근방법이나 개념 모델을 선정할수록, 이해관계자들이 수용하고 이행하고자 하는 보다 의미 있는 권고안이 도출될 가능성이 높아진다.

4.3 참여자들이 각자의 위치에서 부여하는 의미

두 번째 개선 방향은 공공 프로그램의 각 참여자들이 그들에게 주어지거나 하고자 하는 활동에 부여하는 여러 의미나 이를 표현하는 데 사용하는 아이디어 등을 통해 감사인이 그 사업을 분석하는 것이다. 따라서 모든 사람이 특정 조직에 대해 동일한 견해를 갖고 있다고 생각하는 것은 잘못이다. 개인의 이해는 다음과 같은 요인에 의존한다.

- 개인이 가지고 있는 조직에 대한 경험(예를 들어 장관 또는 정문 안내인)
- 개인의 가치관(예를 들어 군인으로서 화학무기를 사용 가능하다고 생각하는지 아니면 도덕적으로 용납할 수 없다고 보는지)
- 개인이 의도하는 것(예를 들어 어떤 희생을 치르더라도 승진을 원하는지 아니면 일과 가정의 균형을 원하는지)

이 같은 상대론적 견해에 따르면 하나의 조직을 규칙, 절차, 예산, 사업, 감사 등으로 특정화할 수 없으며 오히려 수많은 경험, 가치, 갈등과 기타 심리적 현상으로 간주해야 한다. 이러한 견해를 따를 경우 조직을 어떻게 보다 효율적으로 만들 수 있는가 하는 질문에 답하기가 쉽지 않다. 왜냐하면 어떤 정책도 사람에 따라 다르게 받아들이기 때문이다. 또한 위임 및 분권 체계에 따라 책임이 전해질 때에는 서로 다른 견해를 가진 사람들이 각자의 생각에 적절한 방향으로 정책을 추진할 리스크도 있다. 조직 내에서 받아들여지는 다양한 의미들을 조사함으로써 정책이 실패한 원인을 이해할 수 있다. 이를 통해 감사인은 피감기관에 속한 다양한 구성원들에게 의미 있는 권고안을 제시하는 데 도움을 줄 수 있다. **박스 4.9, 4.10, 4.11**에 제시된 3개 사례는 아래와 같은 사실을 보여준다.

- 단어의 의미는 사회적 맥락에 따라 달라진다.
- '책무성'(accountability) 개념도 비록 행정활동에 핵심적인 용어이지만 관리자에 따라 다른 의미가 될 수 있다.
- 일상적인 업무조차도(예를 들어 이메일 처리와 같은) 어떤 조직에서는 당장은 명확하지 않더라도 중요한 의미를 가질 수 있음을 문화인류학적 접근을 통해 알 수 있다.

박스 4.9: 단어, 개념, 행위의 의미는 사용된 맥락에서 이해되어야 한다

데이비드 마시(David Marsh)와 게리 스토커(Gerry Stoker)는 '담론 분석'(discourse analysis)을 규정하면서 다음과 같이 주장한다.

"단어, 연설, 행위, 기관 등이 갖는 사회적 의미는 그것이 사용되는 전체적인 맥락에서 이해될 수 있다. 예를 들어 종이에다 마킹을 한 후 박스에 넣는 행위는 소위 자유민주주의라고 하는 규칙, 절차, 제도하에서만 의미를 지닌다. 즉 투표가 갖는 의미는 그것이 일부를 이루는 다른 업무와 대상과의 관계를 통해서만 이해될 수 있다."

출처: Marsh, D. and Stoker, G. (1995) *Theory and Methods in Political Science*. Palgrave Macmillan, p. 119.

사람들이 개념과 필요한 조치 등에 부여하는 의미를 이해하는 것의 중요성은 대규모 혁신 프로그램에서 특히 결정적이다. 이는 거숀 프로그램으로 잘 알려진 2004년 도입된 영국 정부의 3개년 효율성 혁신정책을 통해 잘 설명된다.[7] 215억 파운드 상당의 효율성 개선, 공무원 8만 명 감축 및 공공서비스 전달 업무로의 1만 3,500명 재배치(런던 남동부 지역 밖으로 2만 명 재배치 포함), 공공 부문 효율성 문화 확립 등이 이 혁신정책의 목표였다. 효율성 개념을 정립하고, 공공서비스의 품질을 희생하는 효율성 개선은 있을 수 없음을 강조하는 데 많은 노력이 소요되었다. 그러나 이러한 노력에도 불구하고 효율성 개선을 위한 이해를 공유하고 그에 매진하게 하는 일은 상당한 도전임이 드러났다. 상당수의 공공 부문 종사자들은 효율성과 그 함의를 단지 비용 감축으로 이해하여, 서비스 전달에 미치

---

7) 피터 거숀(Peter Gershon) 경은 2003년 영국 정부의 요청에 따라 효율성을 개선할 수 있는 잠재적 분야를 규명하고 이러한 노력을 정례화할 수 있는 조직 문화를 확립하기 위한 방안 등을 2004년 보고한 바 있다.

는 역효과를 피할 수 없다고 받아들였다. 이에 따라 혁신이 공공 부문의 핵심가치와 정면 대립하는 것이라고 오해하였다. 보다 현실적인 측면에서는 효율성 개선 가치를 어떻게 측정할 것인가의 문제에 부딪혔는데, 개선에 필요한 투자를 차감한 순증가 개념으로 측정하기도 하고 투자를 고려하지 않은 총증가 개념을 사용하여 효율성 증가치를 과대하게 측정하기도 했다. 효율성 증대가 미치는 영향을 산출할 때는 관련 서비스에 의존하는 사람들이 어떻게 반응할 것인가에 서로 다른 의미를 부여하기도 했다. 예를 들어 노동연금부는 연금급여를 은행계좌에 온라인으로 입금하는 방식으로 전환함으로써 효율성 증가치가 3억 파운드에 이를 것으로 보고하였다. 그러나 모든 고객이 온라인 입금으로의 변화를 선택하지는 않았기 때문에 노동연금부는 대체 지급수단으로 수표 발행 및 우체국 카드계좌를 다시 도입해야 했다. 이처럼 의미를 어떻게 받아들일 것인가 하는 문제를 관리가 필요한 리스크로 간주하지 않으면 역작용이 발생할 수 있다. 예를 들어 보건부는 환자들의 평균 입원 일수를 적용하여 효율성 증가액을 11억 파운드로 산출하였으나, 서비스 질이 떨어졌다는 증거를 재입원 통계를 통해 확인할 수 있었다.[8]

따라서 공공서비스 전달자와 혜택을 받는 고객이 부여하는 의미는 서로 다른 관점에서 고려될 필요가 있다.

• 도덕적 관점: 각자의 핵심적 생각과 어느 정도 일치하는지를 고려

• 기술적 관점: 적용 절차에 대해 어느 정도 합의가 존재하는지, 통상적 공동 가치와 전문적 표준과는 어느 정도 부합하는지를 고려

• 외부효과 및 그것이 의미 전달에 미치는 영향: 예를 들어 언론 또는 과

---

8) Comptroller and Auditor General, *The Efficiency Programme: A Second Review of Progress* (HC 156, 2006-2007).

거 경험이 갖는 영향

- 실현 가능성 또는 신뢰도 테스트: 실현 가능하다고 생각되는 한계를 초월하는 변화의 경우 사람들은 극단적 회의에 가까운 의미를 부여하므로 설명에 대한 지지를 받는 데 실패할 수 있음

문화와 종교에 따라서도 의미가 달라지는데, 이는 다문화 사회에서 점점 더 중요한 문제가 되고 있다. 단어나 개념이 갖는 의미가 얼마나 잘 이해되고 고려되는가 하는 것은 정책의 성공에 영향을 미치며, 성공을 어떻게 평가할 것인가에 있어서도 중요하다. 결국 성과감사 감사인의 권고가 수용되고 이행되는지의 여부는 권고안이 갖는 통상적 의미와의 시너지 효과의 크기에 따라 결정된다.

4.4 '공공책무성' 개념의 이해

박스 4.10에는 개념의 의미가 얼마나 모호한지를 알 수 있는 두 번째 사례로 헌법 및 공공행정의 근간이 되는 책무성 개념에 대한 재닛 뉴먼(Janet Newman)의 분석을 소개하였다.

공공책무성 의미 전달과 관련된 어려움은 국가 전체, 광역, 지방 그리고 담당 기관 등을 포괄하는 영국 정부의 소아 비만 해소 및 방지 정책에서도 잘 드러난다. 소아 비만은 아동 건강을 해치는 복잡한 보건 문제로서, 현 추세가 지속될 경우 2010년까지 영국 경제에 연 36억 파운드에 달하는 손실을 미칠 것으로 추산되었다. 소아 비만 문제에 적극 대응할 필요가 있다는 데 점차 컨센서스가 이루어졌으며, 이에 따라 영국 정부는 2004년 '11세 이하 어린이 비만 증가를 2010년까지 중단시킨다는 목표를 정하고 이를 전 국민 대상 비만 대책의 일부로 추진'하고 있다. 이 목표는 아동 복지

박스 4.10: '공공책무성'(accountability) 개념에 대한 이해

재닛 뉴먼에 의하면 공공서비스 관리자는 권한을 가진 여러 기관들에 서로 다른 방식으로 공공책무성을 갖는다. 이때 공공책무성 관련 규정이 상충되기도 하는데, 때로는 공공책무성 개념 자체도 상충된다.

"공공 부문 관리자가 공공책무성을 지니는 기관이 다층적이라는 점뿐만 아니라, 다층적인 역학관계 속에서 합법성이 규정된다는 점을 알아야 한다. 노동당 정부의 정책자료들을 훑어보더라도 복수의 공공책무성 의무를 고객, 소비자, 커뮤니티, 환자, 범죄피해자, 이해관계자, 비즈니스 커뮤니티 등에 설정하고 있음을 볼 수 있다. 또한 관련 학술논문들은 수직적·수평적 책무성, 성과·재무·공공책무성, 집합적·조직 내부적·계층적·적극적 책무성 등 다양한 공공책무성 관련 유형들을 만들어내고 있다. 관련자들이 그들의 전문적 아이덴티티를 확립하고 그들의 행위를 합법화하는 데 공공책무성 논리의 새로운 형태를 이론적으로 그리고 실제로 만들어내고 있음을 추적하는 것이 매우 중요하다는 사실을 강조하고자 한다. 결국 관리자가 여러 방식의 공공책무성을 수행해야 하는데, 어느 정도는 적극적인 창의성을 발휘하여 네트워크를 통해 딜레마를 헤쳐 나갈 수 있겠지만 관리자들은 각각의 맥락에서 다중적 아이덴티티 역할을 수행할 수밖에 없다. 정책공약을 이행하는 정부기관이 되었다가 관료제적 기제를 통해 주무 장관에게 공공책무성을 갖는 선량한 공직자가 되기도 한다. 또한 협력 기관의 일원으로서 장애가 되는 관료제적 폐단을 극복하려 하기도 하며, 조직의 장으로서 직원 및 조직 차원의 이해관계자들에게 공공책무성을 지게 된다. 때로는 혁신의 주체로서 사용자, 커뮤니티, 보다 넓게는 일반 국민들에게 공공책무성을 갖는다."

출처: Newman, J. (2004) 'Constructing accountability: network government and management agency', *Public Policy and Administration* 19(4)(Winter) p.29.

와 직접적 관련이 있는 복지부, 교육기술부, 문화미디어체육부 등 정부 3개 부처가 공유하고 있다.[9] 다수의 부처 및 이해관계자의 참여는 학교에

---

9) Department of Health, *National Standards, Local Action, Health and Social Care Standards and Planning Framework 2005-07-2007-08.*

서의 건강한 식단 및 체육활동, 출산 전 영양, 언론 캠페인, 과다 체중 및 비만 어린이에 대한 치료 등 종합적인 예방 및 해소 대책이 개발될 수 있다는 점 등에서 강점을 갖는다. 그러나 2006년 영국 감사원 보고서는 긴밀한 협업을 필요로 하는 복잡한 기관 간 또는 서비스 전달 네트워크가 갖는 문제점들을 지적하였다(**박스 4.11 참고**). 특히 광역 단위에서 역할 및 책임이 불명확하고 3개 부처 간 성과관리 규정이 현저하게 달랐다. 예를 들어 광역정부 1개소당 3개의 전략적 보건 담당 기구와 6~10개의 1차진료 트러

박스 4.11: 소아 비만 대응을 위한 전달 체계

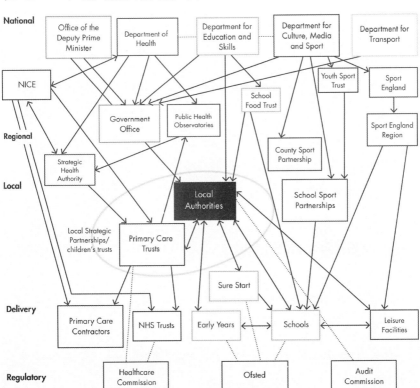

출처: Comptroller and Auditor General, *Tackling Child Obesity – First Steps* (HC 801, Session 2005-2006)

스트, 4개 카운티 의회, 25개 구의회, 그리고 4개 체육협의체가 존재하는데 각각 서로 다른 책임과 조직편제 및 공공책무성 라인을 갖고 있다. 이처럼 복잡한 조직 네트워크 형태는 재닛 뉴먼이 제기한 문제를 여실히 보여준다. 모든 기관이 날로 증가하는 소아 비만 문제에 대한 책임을 인정하지만, 실제 대응에서 소아 비만에 부여하는 의미나 중요성은 서로 차이가 난다. 최적의 결과를 이끌어낼 수 있도록 모든 기관이 함께 대응하게 하는 것은 쉽지 않은 과제이다. 왜냐하면 복잡한 기관 간 네트워크의 경우 공식 및 비공식 공공책무성 장치와 관련하여 다른 관계들이 형성되는 것을 피할 수 없기 때문이다. 이러한 네트워크를 통해 공적 자금이 어떻게 흘러가느냐 하는 것이 특히 중요하다. 잠재적 효과와 자금 규모가 비례하지 않는 경우를 흔히 볼 수 있는데, 예를 들어 대중의 인식을 높이기 위한 광고비 지출은 상대적으로 적은 자금으로 행동 변화를 유도하는 큰 혜택을 가져올 수 있다. 즉, 전달 경로 내에서 상대적으로 작은 역할로 인식되는 기관이 실제로는 상당한 중요성을 가질 수 있음에도 다른 기관들에 미치는 영향은 제한적일 수 있다. 복수 기관의 협업체제는 모든 기관이 일정 부분 행정비용을 지출하기 때문에 효율성 측면에서도 시사하는 바가 있다.

4.5 사회인류학적 접근의 타당성

사회인류학은 유럽과 북미 출신 학자들이 자신들이 익히 알고 있는 사회와 경제 발전이나 사회 관습 면에서 동떨어진, 그래서 거의 아는 바가 없는 사회들의 관습이 지니는 의미와 중요성을 이해하고자 하는 시도를 통해 발전해왔다.

사회인류학적 접근을 기업이나 공공조직의 관리에 적용하는 것 역시 유사한 토대에서 출발한다. 즉, 조직 구성원의 행동양식을 분석하고 그들이 일상적인 업무에 부여하는 의미와 중요성을 이해하고자 한다. 이는 피감사인의 행태 변화를 위한 감사인의 권고안이 조직 내의 서로 다른 집단이 갖는 가치와 태도에 대한 깊은 이해에 바탕을 두게끔 해준다. 질리언 테트(Gillian Tett)는 회계사들의 일상적 업무의 '의미'를 다루었는데(**박스 4.12** 참조), 사회인류학적 접근의 생생한 사례라 할 수 있다.

사회인류학자를 비롯한 많은 학자들은 결과에 가장 큰 영향을 주는 요소로 흔히 인간 행동(human behavior)[10]을 꼽는다. 잠재적 수혜자가 새로운 정책하에서 어떻게 행동하느냐는 대개 감정적인 또는 행태적인 측면에서 어떻게 반응하느냐에 달려 있다. 예를 들어 연금 크레딧 자격을 보유한 사람들의 30 내지 40%가 이를 활용하지 않는 이유 중 하나는 그것을 국가 지원에 의존한다는 사회적 낙인(social stigma)으로 여기기 때문이다.[11]

앤서니 홉우드(Anthony Hopwood)는 조직 관리에서 많은 회계 업무가 수직적 관계에 대한 관리에 특정되어 있다고 지적했다.[12] 예산 및 계획 수립, 그리고 성과 평가는 당연히 수직적 측면에서 접근하게 되며, 문제가 발생하면 수직적 관계 중 가장 행동에 영향을 주는 것으로 간주되는 명령과 통제를 강화하는 시도가 흔히 이루어진다. 그러나 수직적 관계는 명령과 통제만으로 작동할 수 없다. 수직적 관계는 정보의 흐름을 정해진 보고 구조에 한정함으로써 성공에 필수적인 모든 정보가 자유롭게 흘러가지 못하게 차단하는 경우가 너무나 많다. 수직적 관계가 성공하기 위해서는 동료,

---

10) 역주: 여기서 '인간 행동'은 내적, 외적 자극에 대하여 인간이 보이는 반응의 총칭이다.

11) Comptroller and Auditor General. *Progress in tackling pension poverty: Encouraging take-up of entitlements* (HC 1178, Session 2005-2006)

12) Hopwood, A.G. (1996) 'Looking across rather than up and down: on the need to explore the lateral processing of information', *Accounting, Organisations and Society* 21(6) 589-590.

박스 4.12: 사회인류학(social anthropology)의 중요성

사회인류학자 사이먼 로버츠(Simon Roberts)는 "당신은 이메일에 대해 어떤 느낌을 갖고 있습니까?"라는 질문을 던진다. 사회인류학자라면 으레 혼인 의식을 관찰하거나 전래 노래의 의미를 해석하고 선물 증정 또는 종족의 우주론을 분석할 법한데 이 질문은 예상 밖이다. 하지만 사이먼 로버츠는 센트럴 런던의 고층건물 거리에 위치한 PwC에서 근무하는 선임회계사인 피터 퀘스트의 일상 업무에서의 의미를 찾고자 한다. 32년을 근무한 퀘스트 씨에게 답변은 쉽지 않다. "난 이메일을 트리피드(triffids)라고 부르죠." 그의 대답은 존 윈덤(John Wyndham)의 1950년대 소설에 나오는 살인 나무에 이메일을 비유한 것이다. "하루 종일 죽이고 또 죽여도 잠시 후에 돌아보면 그 트리피드가 또다시 모니터를 점령하고 있으니까요! 그건 당신의 하루를 죄다 잡아먹어 버려요. 제가 처음 일을 시작했을 때는 고객과 동료들과 이야기하는 데 많은 시간을 할애할 수 있었지만 지금은 점점 더 힘들어져요."

로버츠는 침착하게 이어간다. "그러나 여기 사람들은 이메일을 '진짜' 업무로 분류하지 않는 것 같아요. 그들은 자기 자리에 앉아서 이메일을 보내면서 이렇게 말하죠. '자 이제 진짜 일을 합시다'라고요. 하지만 이메일은 분명 상당한 업무 시간을 차지하고 있어요. 혹시 이것이 문제가 되진 않을까요?"

퀘스트 씨는 놀란 표정이다. 그는 이전에 이메일에 대해서 어떻게 받아들여야 할지 생각해본 적이 없었다. 안정적인 직장 분위기 속에 오랜 기간 근무해온 사람이라면 누구라도 매일 반복하는 업무에 대해 깊이 생각해보지 않을 것이다. 이것이 바로 PwC가 사회인류학자를 초청해서 업무 관련 문화를 들여다보기로 한 이유이기도 하다. 매우 이례적이지만 한편으로 박수를 보낼 정도로 창의적인 방법이라 하겠다. "회계법인 종사자들은 다 똑같아요." 퀘스트 씨는 말한다. "그래서 외부의 시각이 매우 유용할 수 있죠."

이러한 시도는 PwC에만 국한되어 있지 않다. 사회과학 가운데 인간의 문화에 초점을 두는 사회인류학 연구자들은 전통적으로 외딴 오지에 관심을 기울여왔다. 예를 들어 폴리네시아 제도 원주민들의 성적인 관습을 조사하고, 아마존 밀림 지대 부족의 사라져가는 문화를 연구하며, 수단의 누에르족과 함께 생활하기도 한다. 그러나 최근에는 더 이상 연구 대상이 될 만한 원시 문화를 찾을 수 없다는 이유도 있겠지만 아예 회계법인이나 테크놀로지 업체 등으로 방향을 전환한 경우도 있다.

하지만 이러한 방향 전환은 공공 및 민간 부문의 근무 환경이 글로벌 환경하에서 점점 더 복잡해지고 있음을 반영하기도 한다. 미국의 경우 대표적인 테크놀로지 업체인 인텔, 마이크로소프트, 애플, 제록스 등이 인류학자를 고용하고 있다. 영국의 경우에도 이같이 '사람을 관찰하는 전문가'(people watchers)를 일류 기업뿐 아니라 국방부, 이민국, 국민보건서비스(NHS), 외무부 등 정부기관과 대외 원조 기관 등에서도 볼 수 있다.

출처: Tett, G. (2005) Office Culture. *Financial Times Magazine* (May 21), p. 22.

공급업체, 고객, 시민 등과의 수평적 관계가 필요하다.

이 문제는 오늘날 '권한 하부 이양'(empowerment of subordinates), '분권화'(decentralization), '권한 위임'(delegation), '분산적(local) 의사결정', 그리고 '혁신의 자유' 등의 논의를 통해 적어도 원칙적으로는 인식되고 있다. 그러나 이러한 개념에 적합한 행동을 이해하고 촉진하는 프레임워크를 제공하기 위해 감사인들은 사회인류학자를 비롯한 이들과의 협업 활동에서 인간 행동에 대한 이해를 시도한 전문가들의 연구 결과가 지닌 함의에도 관심을 가질 필요가 있다.

예를 들어 정부 평가 기준[13]을 토대로 학교의 학업 성과가 왜 낮은지에 관한 감사보고서[14]를 작성하면서 영국 감사원은 교육심리 전문가를 고용

---

13) 학업 성과가 낮은 학교를 규정하는 데 3개 기준을 사용하였다. (1) 'special measures': 일정 교육 수준을 달성하는 데 실패하였고 개선 역량도 부족함. (2) 'serious weaknesses': 전반적으로 효과성이 떨어지고 일정 교육 수준을 달성하지 못하였지만 개선 역량을 보유함. (3) 'under achieving': 비슷한 여건의 학교와 비교할 때 학업 성과가 현저히 낮음.

14) Comptroller and Auditor General, *Improving Poorly Performing Schools in England* (HC 679, Session 2005-2006)

하여 감사 증거 수집 및 분석에 대한 자문을 의뢰하였다. 성공적인 학교의 특성은 다양하다. 교실 크기, 교원 수, 기술적 역량, 재원, 건물, 설비, 커리큘럼과 같이 측정이 용이한 특성이 있는가 하면 리더십, 분위기, 행동 관리 등 동등하게 중요함에도 불구하고 평가하기 어려운 특성들이 있다. 저성과 학교로 지정된 학교가 얼마나 신속하게 개선될 수 있느냐는 소속 교직원들이 그들의 역량에 대해 제기되는 의문에 어떻게 대응하느냐에 달려 있다. 자신의 가치나 자존감 등을 정확히 측정할 수는 없지만, 그 영향력을 이해하는 것은 교육 수준을 향상시키기 위한 조치가 타당한지 여부를 판단하는 데 중요하다. 교육심리학자의 조언은 교육 종사자의 수용 가능성이 높은, 보다 의미 있는 권고안 개발을 가능하게 해주었다.

왜 성과가 낮은지를 설명하고 이를 개선하기 위해 필요한 방법을 찾아내는 데 인간 행동이 갖는 중요성은 과소평가될 수 없다. 물론 이것은 우리가 익히 알고 있는 사실이기도 하다. 리테일 분야에서도 이미 오래전부터 고객 베이스, 고객의 선호와 동기 등이 제품 및 서비스의 성공과 장수에 핵심임을 잘 알고 있었던 것처럼 말이다.

4.6 코치, 멘토로서의 감사

앞서 제시한 접근방식을 염두에 두었을 때 다음 세 번째 방향[15]은 보다 직접적으로 성공에 초점을 맞춘다. 즉 피감기관의 조직과 소속원으로부터 독립적인 위치에서 날카로운 비판을 할 수 있지만 피감기관의 성공과 그

---

15) 역주: 첫째로 주제에 적합한 방법론을 사용하고(4.2), 둘째로 공공서비스 수혜자와 공급자 등 참여자가 각자 위치에서 부여하는 의미에 초점을 두는 것(4.3-4.5)에 이어, 세 번째 방향을 가리킨다.

것을 달성할 방법에 전념하는 멘토 또는 코치가 감사인의 주요 역할이라고 보는 것이다. 긍정심리학에 관해서는 마틴 셀리그먼(Martin Seligman)을 비롯해 많은 연구자들의 연구 결과가 축적되어 있는데,[16] 이에 따르면 약점보다 강점에 초점을 두는 것이 성공으로 이어질 수 있다. 실패는 무엇을 피해야 하는지를 알려줄 뿐 무엇을 해야 성공할 수 있는지는 알려주지 못한다. 따라서 영국 프리미어리그에 관심이 있는 사람이라면 오늘 당장 첼시, 맨체스터 유나이티드, 아스널에 관심을 기울이지 2부 리그 끝 순위에 있는 팀에 관심을 기울이지 않을 것이다. 미국의 예를 든다면 미식축구는 뉴욕 제츠, 야구는 뉴욕 양키스로부터 코치를 받는 것 이상이 없을 것이다. 운동선수를 보더라도 올림픽 예선에서 실격하거나 탈락한 선수보다는 금메달리스트에 관심을 기울이는 것이 당연하다.

필자는 영국 감사원장으로서 이러한 철학을 심고자 했으며 감사원에서 현재 발간하는 감사보고서에도 이러한 성공에 초점을 두는 경향이 잘 나타난다. 예를 들어 2004-05 회계연도에 발간된 60개 성과감사 보고서 중 성공 사례로부터 추출한 일종의 모범 사례를 수록한 경우가 거의 절반에 이른다. 성공적인 기관을 제시하는 것은 리스크 관리와 같은 특정 프로세스를 적용한 사례이든 혹은 특정 결과물을 창출한, 예를 들어 지방의 어느 기관이 뛰어난 공공서비스를 제공한 사례이든 간에 감사인이 어떤 방법론적 접근을 채택할 것인가에 중요한 시사점을 제시한다. 성과가 최적 수준에 미치지 못하는 부분을 대상으로 인과분석 기법 등을 통해 심층 분석을 하는 방법은 기존 성과 수준을 진단하기 위한 유효한 방법이 될 수 있다.

---

16) Seligman, M.E.P., and Csikszentmilhalyi, M. (2000) 'Positive psychology: an introduction', *American Psychologist* 55, 5-14; Seligman M.E.P., Steen, T.A., Park, N., and Peterson C. (2005) 'Positive psychology progress: an empirical validation of interventions', *American Psychologist* 60, 410-421.

박스 4.13: 전통적 감사기법을 통한 성공 요인 규명

사용 기법	활용
벤치마킹, 비교분석	고 성과자 또는 산출 대비 투입 최적 사례를 발굴하고 그 성공 요인을 분석
'우수' 규정	전문가 의견을 토대로 우수 수준을 규정하고 이를 토대로 분석 및 우수 사례 규명
상담	사용자, 매니저 등을 대상으로 질적인 포커스그룹 연구 수행
전문가 자문	분야별 널리 인정받는 전문가 자문을 통해 제시된 모범 사례에 대한 권위 및 강점을 보강
메타 분석	기존 연구 결과에 대한 분석, 평가를 통해 모범 사례에 대해 합의된 의견을 종합하고 제안
사용자 경험	서비스 수혜자를 대상으로 자신들의 직접 경험을 토대로 성공 조건이 무엇이며 해당 사례가 이 조건에 부합하는지에 대한 의견 수집

출처: 영국 감사원(NAO)

그러나 감사인은 통상적이거나 수용 가능한 기준을 초월하는 성과 사례에 초점을 맞춰 그 이유를 파악할 필요가 있다. 이러한 맥락에서 왜 성과가 부족한지가 아니라 무엇이 잘되었는지를 밝히는 것을 강조하기 위한 평가적 조사기법은 매우 중요하다. 뿐만 아니라 **박스 4.13**에 제시된 전통적인 성과감사 기법 역시 사용 가능하다.

물론 어떤 접근방법에도 리스크가 존재하며, 감사를 통해 규명된 우수 사례가 지속 가능한 성공을 보이기 위해서는 보다 많은 연구와 검증이 필요하다. 만일 성공이 재생산되지 않거나 지속되지 않을 경우에는 자문을 제공하는 측의 명성은 사라질 수 있다. 이는 테니스 코치나 축구 감독뿐 아니라 감사인의 경우에도 동일하다. 리스크 관리를 위해서는 성공을 규명하고 검증하는 데 사용하는 접근방법에 엄밀함이 요구된다. 성공적인 운영사례의 촉진과 관련하여 감사인은 **박스 4.14**에서 볼 수 있듯이 다양한 권고 방식을 사용하는데, 그 차이가 무엇인지 피감기관에 명확하게 설명

구분	권고 방식
적정 업무 방법 권고	구체성 있는 적정 업무 방법 세트를 권고(신중을 기하려고 애매한 권고를 한다거나, 맥락에 전혀 맞지 않는 단정적 결론을 내리는 것에 비해 유익함).
적정 업무 방법 특정	해당 기관이나 부처의 업무 환경에 특화된 권고. 예컨대 NHS의 부동산 관리, 국방 분야의 조달 업무에 관한 권고.
적정 업무 방법 일반화	단일 또는 소수의 사례로부터 도출되었으나 타 기관에도 타당성을 갖는 경우. 예를 들어 리스크 관리, 자산 관리, 커뮤니티 참여 등에 관한 원칙.
모범 사례	특정 분야의 탁월한 사례로, 이를 제시할 때는 관련된 주요 의사결정, 결정이 이루어진 배경, 효과 등을 기술함. 예를 들어 성공적인 공공건설 프로젝트로서 건축물의 에너지 효율을 높이면서 운영비용을 절감하고, 자연 친화적이면서 미적 수준도 우수하며, 업무 효율을 높일 수 있는 근무 환경 개선 등에 기여한 사례.
골드 스탠다드	일련의 우수 사례들로부터 도출된 성공 원칙으로서, 따를 필요가 있는 원칙. 예를 들어 도시재생 사업의 경우 말뫼, 바르셀로나, 보스턴 등 전문가들이 인정하는 성공적인 사례들로부터 적용 시 유사한 성공적인 결과를 재창출할 수 있는 공통되는 원칙을 도출.
핵심 성공 요인 통합 모델	위의 골드 스탠다드와 유사하나 차이점은 성공에 필요한 기여 요인을 보다 세밀하게 분석하여 대규모 표본 사례로부터 도출한다는 점임. 이때 표본 선정 기준은 미리 확립하며, 규명된 원칙은 다른 데이터에 적용하여 검증하는 절차를 거치게 됨. 예를 들어 IT를 활용하여 업무 혁신을 성공적으로 이행하는 데 필요한 핵심 요소를 규명.

출처: 영국 감사원(NAO)

할 필요가 있다.

재정성과의 향상을 비롯한 바람직한 변화를 촉진할 목적으로 감사원이 성공에 초점을 두는 접근을 사용하는 사례는 점차 확대되어왔다. **박스 4.15~4.17**에는 영국, 미국, 뉴질랜드 감사원의 사례가 제시되어 있다.

그리고 성공 및 우수 사례가 나오게 된 요인이 무엇인지를 감사인 혼자 판단하게끔 해서는 안 된다. 참여적 평가(participatory evaluation)로부터 배울 점이 많은데 그 이유는 사업으로부터 영향을 받는 사람들, 사업 수행 과정에 직접 참여한 사람들, 그리고 사업의 수혜자들이야말로 잘된 점과 잘못된 점이 무엇인지 각자 나름대로의 시각을 갖고 있기 때문이다.[17]

박스 4.15: 우수 사례 전파를 위한 성공 사례의 활용(영국)

주요 공공서비스를 개선하는 데는 IT를 활용한 업무 혁신을 성공적으로 이행하는 것이 필수적이다. 그러나 박스 2.5에서 보듯 IT 프로젝트라고 하면 대표적인 실패 사례를 떠올리게 된다. 이로 인해 공공 부문 관리자들의 IT 프로젝트에 대한 확신은 점점 위축되어 이제는 성공보다 실패를 당연시할 정도다. 부정적인 생각이 지배하는 것은 곧 자기충족적 예언의 리스크가 되어 재정성과 측면에서 전혀 바람직하지 않다. 적용 가능한 교훈을 밝혀내 성공 가능성을 높이는 데는 왜 IT 프로젝트가 활용되지 못하는지를 진단하는 것만으로는 필요한 변화를 가져올 수 없다. 왜냐하면 교훈 또는 우수 운영사례는 실패와 연관되고, 부정적인 암시로 인해 실현 가능성은 떨어진다는 것을 경험이 말해주기 때문이다. 이러한 이유를 근거로 영국 감사원은 민간과 공공 부문을 포함하여 영국 및 해외에서 시행된 24개 IT 프로젝트 성공 사례를 분석하였다. 여기에는 시민들이 하나의 번호만으로 170개 언어로 모든 정부 정보와 일상 서비스에 접근할 수 있게 한 뉴욕시 Dial 311 프로그램, 연금급여를 수혜자 은행계좌로 직접 지급하는 영국 노동연금부 개혁안, 런던 교통공사의 오이스터 전자 티켓 지급카드 등의 프로젝트가 포함되어 있다. 영국 감사원은 성공 사례를 기초로 성공적인 IT 프로그램 및 프로젝트에 기여할 수 있는 3가지 핵심 원칙을 규명하였다.

- 고위직 간부의 참여: 이사회 리더십이 명확한 역할을 갖고 참여하여 고위 의사결정자들에게 진행 상황과 위험 요인을 지속적으로 보고. 단 완료 시점을 비현실적으로 서둘러 공표하여 불필요한 부담을 주는 것은 피해야 함.
- '지혜로운 의뢰인'의 행동: 자기 부처가 혁신하고자 하는 대상 업무의 절차에 대한 이해, 적절한 관리기술 확보, 직원 훈련 실시, 업체와 효과적이고 동등한 관계 형성.
- 잠재적 혜택의 실현: 사용자들을 대상으로 혜택 홍보, 혁신에 대한 폭넓은 지지 확보, 프로젝트가 기대 효과를 달성했는지 여부에 대한 평가 실시.

출처: Comptroller and Auditor General, *Delivering Successful IT – enabled Business Change* (HC 33, Session 2006-2007).

---

17) 이러한 평가 방식의 출발점은 감사 대상 사업과 관련이 있거나 그 사업에 영향을 받는 집단의 인식을 포착, 이해하는 것이다.

박스 4.16: 우수 사례 전파를 위한 성공 사례의 활용(미국)

미국 감사원은 웹사이트에 우수 사례 전파를 위한 섹션을 별도로 배치한다. 대표적인 사례가 미국 남부 걸프만 지역을 강타했던 허리케인 카트리나 대응에 대한 감사인데, 재난 복구 활동에서 정부계약 업무를 어떻게 개선할 것인지에 초점을 두었다.

허리케인 카트리나와 리타로 인한 참담한 경험은 재난에 대한 정부의 대응 능력에 의문을 제기하게 만들었다. 정부는 무엇이 잘되었고 잘못되었는지를 정확하게 이해해야만 이러한 교훈을 토대로 재난 대응 및 복구 사업을 강화할 수 있다. 연방정부가 자연재해에 효과적으로 대비, 대응하기 위해서는 공공 및 민간 분야와의 광범위한 협력이 필요한데 최근 특정 분야를 중심으로 용역업체에 대한 의존도가 점차 증가하고 있다. 이에 따라 미국 감사원은 연방기관들이 재난 관련 조달계약을 개선하는 데 필요한 시사점을 제공할 수 있는 우수 운영사례들을 규명하였다.

• 필요한 재화 및 서비스를 미리 파악하고 공급업체와의 관계를 확립함으로써 용역업체의 역량 및 가격 정보 확보

• 니즈에 효과적으로 대응할 수 있는 수준으로 필요 시 역량을 높일 수 있도록 확장 가능한 운영계획을 수립

• 재난 관련 책임을 공식적으로 부여하고, 정부 및 민간 용역업체 간의 합동 교육훈련 실시 등을 포함한 긴밀한 소통 유지

• 현장 차원의 조달 업무를 담당할 수 있는 충분한 인력을 배치하고 임무 수행에 필요한 재량권 부여

출처: Government Accountability Office, *HURRICANE KATRINA: Improving Federal Contracting Practices in Disaster Recovery Operations* (GAO-06-714T, 2006).

따라서 감사인은 성공 및 우수 사례의 구성요소로 인지된 것들의 타당성을 확보하기 위해 폭넓게 의견을 수렴해야 한다.

박스 4.17: 우수 사례 전파를 위한 성공 사례의 활용(뉴질랜드)

뉴질랜드 감사원은 감사보고서를 통해 우수 사례를 폭넓게 부각시키고 있다. 대표적인 사례로 공공기관이 민간 또는 공공 부문의 제3의 기관에 지급한 공적 자금의 효과적 집행과 관련된 2006년 감사보고서를 들 수 있다. 감사원은 우수 사례와 문제 사례에 관한 감사 결과를 토대로 우수 사례 원칙을 다음과 같이 제시하였다.

- 관련 법규 준수(lawfulness)
- 공공책무성(accountability)
- 투명성(openness, transparency)
- 재정성과 확보(value for money)
- 공정성(fairness)
- 청렴성(integrity)

보고서는 각 원칙에 대한 자세한 설명을 첨부했는데, 재정성과 관련 원칙의 경우 서로 다른 시장 상황을 반영하여 어떻게 구체적으로 운영해야 하는지에 대해 설명하고 있다. 관련 시장 상황이 최적이 아닌 경우, 예를 들어 공급자가 아예 없다거나 있다고 하더라도 공급 능력이 요구되는 수준에 미치지 못하는 상황에 대해서도 검토가 필요하다. 공공기관은 먼저 이러한 상황을 파악하고 이로 인해 발생할 수 있는 리스크를 줄일 수 있는 조치를 취해야 하며, 어떤 조치를 취했고 왜 취하게 되었는지를 문서로 남겨야 한다. 그러나 최저 비용을 맹목적으로 추구하여 불합리하게 서비스가 중단되는 리스크에 빠지지 않도록 주의해야 한다. 예를 들어 공급 가능한 업체가 하나밖에 없거나 제3의 기관의 공적 자금 의존도가 상당한 상황에서 교섭 지위를 남용하지 않도록 주의해야 한다. 공공기관은 자신의 자금 지원 관련 결정이 특정 서비스를 공급할 수 있는 제3의 기관 수 및 서비스 전달 능력에 어떤 잠재적 영향을 미칠 것인지를 고려해야 한다. 또한 공공기관은 공정하고 합리적인 요율을 적용함으로써 계약조건에 부합하는 서비스 전달이 가능하도록 해야 할 뿐 아니라 장기적인 서비스 전달 가능성을 훼손하지 말아야 한다. 또한 입찰 참가자의 비용 산정이 현실적이고 효과적인 서비스 전달을 보장할 수 있는지 검토하여 계약 입찰자의 무분별한 저가 공세를 배제할 수 있어야 한다.

출처: Office of the Auditor-General, Principles to Underpin Management by Public Entities of Funding to Non-government Organisations (June 2006).

4.7 결론

성과감사의 가장 큰 장점은 설득 가능한 분석과 합리적인 개선안 제시를 통해 재정가치의 지속 가능한 개선을 촉진할 수 있는 능력이다. 경제성, 효율성, 효과성에 기초하여 사업을 분석한다는 것은 상당한 장점이지만 이에 따른 어려움도 있다. 새로운 감사 주제에 맞추어 관련된 맥락, 정책, 환경을 반영할 수 있도록 새롭게 경제성, 효율성, 효과성을 정의해야만 한다. 감사보고서는 합리적이고 피감기관도 동의하지만, 행동을 변화시키는 데는 실패한다. 어떻게 개선할 것인가의 출발점은 먼저 감사인이 가능한 여러 접근방법 가운데 선택을 할 수 있다는 사실을 인식하고, 협의의 경제성, 효율성, 효과성 개념에 스스로를 제한하지 않는 것이다. 둘째로 감사인은 공공사업을 추진할 때 같은 조직의 직원들도 자신들이 사용하는 용어, 개념, 활동 등에 서로 다른 의미를 부여할 수 있다는 점에 세심한 주의를 기울여야 한다. 셋째로 감사인은 자신의 역할을 단순히 비판하거나 지적하는 사람이 아니라 코치, 멘토로 간주해야 한다.

공공감사, 아니 민간 부문의 감사를 포함해서 보더라도 감사는 실패에 관심을 두는 잘못된 길을 걸어왔다. 공공감사는 성공의 조건을 살펴보고 설명함으로써 공공기관들이 국민의 니즈를 충족하는 데 성공하게끔 도와주어야 한다. 완전한 성공이 무엇인지 그려볼 수는 있겠지만 매번 완전한 성공을 이룰 수는 없는 법이다. 사회 변화는 항상 새로운 도전을 가져온다는 사실을 인식할 필요가 있다. 따라서 개선이라는 것은 항상 현 상황에 의존하며, 감사는 시간이 흐름에 따라 반복될 수밖에 없다. 그럼에도 여기에서 제시한 접근방법이 의미하는 논의와 대화를 통해 공공감사는 실제로 재정가치에 기여하는 활동이 될 수 있다. 다음 장에서는 공공사업을 추진할 때 관료제로 인한 결함을 극복하는 데 이러한 성과감사 접근방법이 어떻게 활용되는지를 살펴보고자 한다.

4.8 요약

경제성, 효율성, 효과성을 분석하는 성과감사는 다음과 같은 강점과 약점을 갖고 있다.

• 경제성, 효율성, 효과성은 감사 주제에 따라 새로이 정의되어야 한다. 예를 들어 농업 관련 사업은 국방 사업과 매우 다르다.

• 합리적으로 보이는 감사보고서도 비록 피감기관에 수용은 되지만 행태 변화로까지 연결되지 못하는 경우가 종종 있다. 동일한 보고서가 매년 만들어진다.

성과감사의 개선을 위해 먼저 다음과 같은 인식 변화가 필요하다.

• 감사인은 가능한 여러 접근방법 가운데 선택할 수 있으며, 협의의 경제성, 효율성, 효과성 개념에 스스로를 제한할 필요가 없다.

• 감사인은 같은 조직에 속한 직원들일지라도 공공사업을 추진할 때 사용하는 용어, 개념, 활동 등에 서로 다른 의미를 부여할 수 있다는 데 세심한 주의를 기울여야 한다.

• 감사인은 사람들은 실패보다는 성공 사례로부터 훨씬 많은 것을 배운다는 사실을 인식하고, 자신을 단순히 비판하거나 지적하는 역할이 아니라 코치, 멘토로 인식해야 한다.

5장 민영화 – 관료제의 대안이 될 수 있는가?

20세기 후반부터 관료제에 대한 불만 수위는 점차 높아졌다. 2차 세계대전 이후 많은 국가들이 국가 통제의 강화에 힘을 쏟았다. 공산주의 국가가 도래하고 시장경제 국가에서 여러 산업과 활동이 국유화됨에 따라 국가 통제에 대한 기대가 높았지만, 결국 그러한 기대는 충족되지 못했다. 국가에 대한 의존도를 높인 정부들은 국민 생활수준과 개인의 자유 측면에서 어쩌면 필연적으로 그 혜택이 약속에 미치지 못했다.[1]

21세기가 시작할 무렵 국가 역할에 대한 인식에 광범위하고 지속적인 영향을 미칠 수 있는 두 가지 사건이 일어났다. 1989년 베를린 장벽이 무너지고 동부 유럽에서 시장경제로의 개혁, 구소련 체제의 해체에 따른 공

---

1) 물론 예외도 있었다. 몇몇 국가에서는 상당수 국민들이 전후 복지국가가 유지되기를 원했다. 복지국가를 구성하는 중요한 요소를 민영화하거나 비용이나 사회보장 프로그램을 축소하려는 정치인들의 시도는 영국을 비롯한 유럽과 일부 미국 지역에서 완강한 반대에 부딪혔다.

산주의의 몰락이 진행되는 한편 서구에서는 공공서비스를 제공하는 새로운 방식으로 관심이 전환되었다. 영국에서는 혹독한 '불만의 겨울'(winter of discontent)을 보내고 1979년 대처 수상이 취임하였다. 당시에 장례 업무의 중단을 비롯해 많은 공공서비스가 중단되는 사태가 일어나 큰 논란이 되었는데, 이는 전쟁을 승리로 이끈 국가가 번영의 평화 시대를 보장할 것이라는 믿음에서 비롯된 2차 대전 이후 공공서비스 전달 방식의 종말을 알리는 듯했다. 서구에서 국유화된 산업과 공공서비스가 여러 어려움에 직면하고 동구에서는 공산주의가 몰락하면서, 21세기를 20년 앞두고 공은 국가 통제 쪽에서 민간 기업 쪽으로 점차 기울었다.

민간 기업은 점점 더 공공서비스의 온갖 병폐에 대한 해답을 제시해줄 수 있는 수단으로 여겨졌다. 민간 기업은 사람들이 구매하고 싶어 하는 재화와 서비스를 제공해야만 번창할 수 있지만, 공공서비스는 관료제적 규율과 규제에 얽매여 있을 뿐 아니라 사용자의 만족 여부보다는 부패 관료들과의 뒷거래와 새로운 집권 세력과의 결탁 능력에 따라 성공이 측정되므로 사업이 성공적으로 작동하게끔 이끄는 인센티브가 미흡하다는 것이 지배적인 견해였다. 사회경제적 변화에 대한 모든 단순한 처방들과 마찬가지로, 이러한 생각 역시 지나친 단순화였다. 맡은 책임을 다하기 위해 최선을 다하는 공무원도 많았고, 관료제의 폐단 및 경제적 손실이 일상화된 시장독점적 기업의 사례 역시 흔했다.

그러나 당시에는 공공서비스를 제공하기 위해 민영화를 추진하고 민간의 자금과 인센티브를 활용해야 한다는 분위기가 조성되고 있었다. 이를테면 프리드리히 하이에크의 자유주의 사상, 구체적으로는 그가 『노예의 길』에서 설파했듯이 관료들이 경제를 운영할 수 있을 정도의 충분한 정보를 갖는 것은 불가능하며 경제계획 수립에 필요한 권력은 전체주의로 이어질 수밖에 없다는 주장에 관심을 기울이게 되었다.[2] 영국에서는 1980년 당시 11개의 주요 국영산업 가운데 우편을 제외한 모든 산업이 2006년까지 민영화되었다(**박스 5.1**).

따라서 감사인은 공공서비스 제공에 대하여 이처럼 변화된 접근방법이 어떻게 추진되었는지를 평가해야 할 임무를 맡게 되었다. 이번 장에서는 다양한 공공서비스 제공 방식을 유형화하고, 민영화에 대한 감사를 다루고자 한다. 다음 장에서는 민간투자사업(private finance initiative, PFI)과 민관협력사업(public private partnerships, PPP)에 대해 다루기로 한다.

박스 5.1: 영국 내 주요 국영산업

1980년	2006년
공 항	~~공 항~~
버 스	~~버 스~~
석 탄	~~석 탄~~
전 기	~~전 기~~
가 스	~~가 스~~
항 공	~~항 공~~
우 편	우 편
철 도	~~철 도~~
조 선	~~조 선~~
통 신	~~통 신~~
수 도	~~수 도~~

출처: 영국 감사원(NAO)

5.1 민간과 공공 부문의 접근방법 비교

공공서비스 제공에 민간 부문을 보다 근본적으로 개입시키는 정책을 추진하는 데는 다수의 접근방법이 가능하며, 이를 전통적인 정부운영 방식과 비교해볼 수 있다.

'민영화'(privatization)란 공공서비스 및 이를 지원하기 위한 자산을 매각하는 것이며 관련 조직을 유한회사 형태로 전환하여 주식을 매각하는 방식, 현재 상태에서 다른 기업에 매각하는 방식, 현재 서비스를 제공하고 있는 구성원에게 매각하는 방식 등이 가능하다. 산출물의 시장화는 가능하지만, 독점적 요소가 존재할 때에는 에너지와 수도 서비스 사례와 같이

---

2) Von Hayek, F. (1994) *The Road to Serfdom*, University of Chicago Press.

규제를 받는 민간 부문 해법이 적합하다.

민간투자사업(PFI)은 도로 건설 및 관리처럼 공공기관이 시설을 제공하고 관리하는 것이 아니라, 민간 부문이 건설하고 관리하면서 서비스를 제공하고 공적 부문에 판매하는 개념이다. 예를 들어 공공 부문이 도로의 공공 사용에 대해 임차료를 지불하거나, 도로 사용자들이 통행료를 내는 것이다. 이 방식은 최근 민간 자본으로 건설된 NHS 병원 사례처럼 전체 서비스의 일부만을 제공하거나, 민간 교도소 운영사례처럼 시설과 운영까지 민간 부문이 맡는 것도 가능하다.

민관협력사업(PPP)은 PFI와 비교할 때 공공기관이 초기 자본의 일부를 기여하고 운영관리 결정에 보다 적극적으로 개입하는 형태이다. 정부가 소유권의 상당 부분을 보유하고 관리자 임명 권한까지 갖는 방식이다.[3]

공공기관은 언제나 업무의 일부를 구매 계약하거나 아웃소싱하는 방식을 취해왔다. 수세기 전부터 용병, 세금징수 대행 업무 등 공적 업무를 민간에 위탁한 사례를 찾아볼 수 있다. 근대 국가에 접어들면서 영국과 미국은 해군 함선 건설을 민간에 외주하였고 문구류, 프린팅, 사무실 가구, 케이터링 등 재화 및 서비스 공급을 민간 기업에 맡겨왔다. 그러나 최근에는 영국을 중심으로 IT 서비스(NHS), 세금징수 부서, 공공건물의 시설 관리, 법률 및 내부감사 서비스 등의 영역으로 민간 위탁이 확대되고 있다.

시장을 통해 공공서비스를 제공하는 것이 곤란한 경우와 같이 공공 부문

---

3) 역주: 저자는 PFI와 PPP를 재원 조달, 특히 공적 자금의 포함 여부에 따라 서로 배타적으로 구분되는 용어인 것처럼 설명하고 있으나, 이는 이번 장의 주제인 민영화의 관점(박스 5.2의 그림 참조)에서 본 개념 구분이라 할 수 있다. 공공서비스 전달에서 민간의 참여라는 더 넓은 관점에서 볼 경우(박스 6.3 참조), PPP는 PFI를 포괄하는 개념으로 주로 사용되고 있다. '민간투자', '민관협력' 등은 각국의 관련 법령, 제도, 정책 등에서 사용하는 명칭에 따라 용어가 달라질 수 있으며, 본서에서 PFI는 영국 정부가 1992년 도입한 민간투자 제도나 사업을 가리킨다.

에서 계속 수행할 명분이 충분하다면 재량권을 갖는 소속 기관이나 공공 기관을 통한 방안을 고려할 수 있다. 영국의 보건안전청(Health and Safety Executive)과 경쟁위원회(Competition Commission) 등이 그 예이다. 이 기관들은 행정부에 속하면서 부처 장관이 의장, 위원회 위원, 디렉터, 사무총장 등을 임명하고 재원은 의회 심의를 거치거나 일부는 사용료 등으로 구성된다. 그러나 주어진 재량권 범주 내에서 업무나 집행의 결정권이 주어진다.

전통적인 관료제적 공공서비스 전달 방식은 장관의 지휘하에 정부에 직간접으로 고용된 공무원들이 정부부처를 통해 자체적으로 수행하는 것으로 대부분의 국가에 있는 재무부, 국방부, 육해공군 등이 대표적인 예이다.

박스 5.2는 이상의 접근방법 간의 관계를 간략히 도식화하였다.

박스 5.2: 공공서비스 전달에서 민간 부문의 참여 방식

출처: 영국 감사원(NAO)

박스 5.3: 감사 시 고려해야 할 공공/민간에 의한 공공서비스 공급 방식의 장단점

서비스 공급 방식	잠재적 혜택	잠재적 약점
민영화	• 경쟁에 따른 혜택 • 세수 증대 • 산출물 및 절차 이노베이션	• 독과점 형성 • 규제에 따른 문제 • 정부의 사회적 책임 • 정부 자산의 헐값 매각, 민간 부문의 초과 이윤 • 사용자 니즈에 대응하지 않는 독과점
PFI/PPP	• 시간 및 비용 준수 • 가격 확실성 • 리스크 이전 • 자산 관리 • 생애주기 비용 고려 • 재원 조달 • 혁신적 해법	• 재원 조달 비용 상승 및 민간 부문의 초과 이윤 • 리파이낸싱을 통한 민간 부문의 이득 • 부적절한 리스크 이전 관련 비용 • 장기 계약에의 구속 • 경제 침체 시 지급 부담 가중 • 부적절한 회계처리 • 위험기피적 금융기관, 자문비 등 간접비용 과중
통상적 공공조달	• 국가 신용에 기반한 재원 조달 • 서비스 변경에 대한 탄력적 대응 • 이윤 추구보다 공공성 우선	• 비용을 과소평가하고 사업 추진 • 자산 관리 부실 • 투입 중심, 결과 소홀

출처: 영국 감사원(NAO)

5.2 민영화 과정에서 비롯되는 공통적 이슈

영국을 비롯한 많은 국가들의 일반적인 경험은 민영화에 대한 감사 방향과 관련하여 다음과 같은 시사점을 준다.

그간의 감사 결과를 토대로 공공 부문과 민간 부문 간의 공평성에 관련된 다음 세 가지 핵심 특징을 통해 민영화가 성공적으로 추진되었는지 살펴볼 수 있다.

• **소유권(title)**: 민영화 대상 자산이 누구 소유인지 명확히 알고 추진해야 한다. 너무나 당연한 이야기이나 불분명한 경우가 흔하다. 영국 정부는 농업연구소를 유니레버사에 매각한 후에야 비영리단체인 관계로 매각 대금은 재무부가 아니라 연구소 이사회에 보내야 한다는 사실을 알게 되었

다.4) 동부 유럽 및 구소련에서도 소유권에 대한 혼선으로 말미암아 그냥 앉아서 소유권을 차지하는 경우가 심심찮게 발생하였다.

• **가치 평가**(valuation): 민영화 대상에 대한 가치 평가가 중요하다. 물론 가치 평가는 명확한 답이 있는 과학은 아니다. 과거 비용에 감가상각을 제하는 방식으로 산정하거나 폐기 가치, 대체 가치, 할인율을 적용한 현재 가치 등 여러 접근방법이 가능하다. 중요한 점은 매각 대금의 적정 여부를 판단할 수 있는 벤치마킹 대상을 확보하는 것이다. 구 공산권 국가에서는 작동 가능한 시장의 부재로 인해 가치 평가가 거의 불가능한 사례가 있었으며 입찰 참가자들이 매장된 석유나 가스 등을 헐값에 인수하기도 했다.

• **인수 경쟁**(competition): 성공적인 민영화는 민영화 대상의 인수를 위한 경쟁 수준을 최대화하고 이를 가능한 매각 직전 시점까지 유지할 수 있어야 한다. 정부는 때로 이런 과정을 축소하고 매각 대금 크기보다는 매각 실적 자체만을 원하는 경우가 있다. 우선협상자를 서둘러 선정함으로써 매각 절차를 신속히 추진할 수는 있지만, 우선협상자에게 우월적 지위를 내주면서 저가 매각의 길로 들어설 위험이 있다.

민영화 방식을 결정할 때는 이런 모든 점에 유의해야 한다. 민영화는 다음 세 가지 방식이 대표적이다.

• **주식 상장**(flotations): 공적 기구를 유한회사로 전환하고 주식을 거래소에서 매각하는 방식이다. 가치 평가가 주식 인수 가격으로 단일화된다는 점에서 원칙적으로 평가 업무가 단순화되며 인수 경쟁 역시 보장된다는 특징이 있다. 주식 상장 방식은 활발한 주식시장을 전제로 가능하며, 주

---

4) *New Scientist* (1989), 'Treasury must wait 21 years for key to door of plant research institute' Issue 1691, 18 November.

식을 일시에 시장을 통해 매각할 것인지 아니면 분할해서 매각할 것인지는 사전에 시장 상황 등을 고려해서 결정해야 한다.

- **업무 매각 또는 경매(trade sales or auctions)**: 공적 기구의 자산을 경매에 부쳐 최고 입찰자에게 매각할 수 있다. 경매 방식이 작동하기 위해서는 가치 평가가 총체적으로 이루어져야 하며 완전하고 열린 경쟁이 가능해야 한다. 이를 통해 매각자와 매수자 모두에게 이익이 되는 적절한 가격이 결정될 수 있다. 정부는 '민영화 성공'이라는 실적 달성에 급급하여 제한적 경쟁 또는 경쟁 배제 방식으로 자산을 떠넘기려 해서는 안 된다. 유착 세력에 은밀하게 자산을 넘기는 사례 역시 흔히 볼 수 있다.

- **경영진 인수(management buyouts)**: 공적 기구를 해당 경영진과 직원들에게 매각하는 방식으로, 해당 업무에 정통한 측이 계속 업무를 맡는다는 것이 장점이다. 경영진은 인수 자금을 대출 등으로 조달하게 되는데, 문제는 이들 경영진이 누구보다 필요한 정보를 많이 갖고 있으면서 자신들에게 유리한 가격으로 매입하려는 인센티브를 갖는다는 것이다. 따라서 매각 주체인 정부 또는 다른 인수 참가자들이 정확한 정보를 가질 수 있도록 관련 정보를 수집할 수 있느냐가 큰 관건인데, 영국에서는 버스업체 민영화 추진 시 큰 어려움을 겪은 바 있다.

민영화 추진은 모든 국가에서 매우 어려운 업무이지만, 특히 구 공산권 국가에서 다음과 같은 이유로 어려움이 가중되었다.

- 토지 및 재산의 소유권이 종종 불명확하다.
- 시장 가격의 부재로 인해 가치 평가 역시 힘들다.
- 자금 동원력이 있는 국내 매수자의 수가 매우 제한적이다. 이로 인해 국민들에게 바우처를 배분하는 방식으로 매각이 이루어지는데, 국민들은 현금 확보를 위해 바우처를 처분하려 하고 따라서 바우처를 매입한 소수

의 사람들이 민영화된 기업에 대한 독점적 소유권을 확보할 수 있게 된다.

• 민영화된 기업의 경영진은 시장경제하에서 기업을 효과적으로 운영하는 데 필요한 기술이 부족하거나, 기업의 설비 자체가 너무 오래되거나 부적합한 상태이다.

• 공산체제하에서는 시장 확보가 전혀 문제되지 않았으나 체제 붕괴 이후 국내 시장은 사실상 사라져버렸으며, 그렇다고 해외 시장에서 경쟁할 수 있는 품질도 갖추지 못했다. 이 문제는 특히 구 소련권의 발트해 국가들의 경우에 볼 수 있다.

요약하자면, 영국과 같은 국가에서는 민영화가 시장경제하에서 이루어진 반면 공산권 국가들에서는 민영화가 시장경제를 새로이 형성하는 주요 수단 가운데 하나였기 때문에 이처럼 중요한 변화는 그들만의 문제를 초래하였다. 바게르(Báger)는 헝가리의 민영화 경험에서 나타난 규모와 형태의 차별적 특징을 다음과 같이 정리하였다.[5]

• 시장경제를 창출해야 할 정도의 규모가 되어야 한다는 점

• 산업별로 규제의 과잉 및 부족이 함께 나타날 가능성

• 사회 경제에 미칠 수 있는 광범위하고 심대한 영향

• 국가 부문과 시장 부문 간의 균형 유지와 관련된 불확실성

• 해외 자본 유입을 통해 신속하고 광범위하게 민영화를 추진할 경우 국가개발 전략에 미칠 영향

• 민영화 성과를 내야 한다는 측면과 시장의 신규 산업에서 독과점을 막아야 한다는 측면 간의 현실적인 충돌

---

5) Báger, G. (2004) *Conclusions of the Study of Privatization in Hungary,* Hungarian State Audit Office. Research and Development Institute, Budapest.

박스 5.4: 헝가리 내 100대 기업의 소유권 집중도(1997)

소유주의 수	기업 수	비중 (N=86, %)	1대 주주 지분 50% 이상 기업 수	비중 (N=86, %)
3명 이하	50	58.1	50	58.1
1	49	57.0	49	57.0
2	1	1.2	1	1.2
3	0	0.0	0	0.0
4명 이상	36	41.9	16	18.6
계	86	100.0	66	76.7

출처: 보스카(1999)

보스카(E. Voszka)는 러시아 경제특권세력(올리가르히)[6]의 출현으로 대표되는 권력의 과도한 집중화 현상을 지적하였다(**박스 5.4** 참조).[7]

러시아 감사원은 러시아의 민영화 진전 실태에 대해 보다 포괄적인 시각에서 검토한 결과 다음과 같은 부정적인 결론을 내렸다.[8]

- 폭넓은 계층으로 구성된 실질적 소유주를 형성하지 못함
- 경제 재편 결과가 산업 효율의 증가로 연결되지 못함
- 민영화 과정에서 유치한 투자가 경제개발을 지속하기에 충분치 못함
- 많은 부문에서 국제 경쟁력을 확보, 유지하지 못함

---

6) 역주: 올리가르히(oligarchs)는 구소련의 체제 붕괴 이후 등장한 신흥 재벌과 관료들을 가리킨다. 고대 그리스의 과두정치를 뜻하는 '올리가르키아'에서 비롯된 용어이다.

7) Voszka, E. (1999) 'Privatization in Hungary: Results and Open Issues', *Economic Reform Today*, Issue No 2.

8) State Research Institute of Systems Analysis, Audit Chamber of the Russian Federation (2005) *State Property Privatization in the Russian Federation 1993-2003*, Moscow.

과거에 통제 위주였던 경제에서도 과연 민영화가 바람직한 변신을 이루어낼 수 있을 것인지, 그럼에도 시장경제에 대한 믿음을 버리지 않는다면 성공적인 변신이 일어나기까지 어느 정도의 기간을 기다려야 할 것인지 지켜봐야 할 것이다.

5.3 민영화의 성과 확보

박스 5.5에는 성공적인 민영화의 구성 요건을 개략적으로 제시하였다. 이 요건들은 영국의 감사 결과를 토대로 도출한 것으로, 민영화 대상 결정

박스 5.5: 국가 자산의 민영화를 성공적으로 추진하는 데 필요한 4대 요소

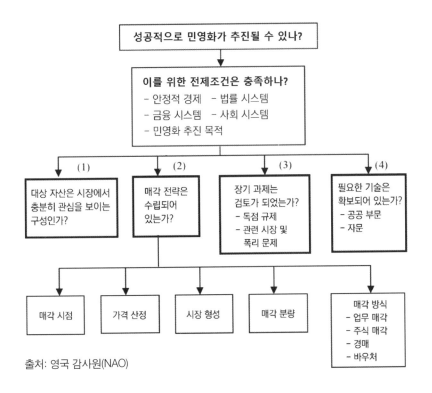

출처: 영국 감사원(NAO)

을 위한 검토는 별도로 이루어진다고 가정하였다. 앞의 **박스 5.3**에 제시한 민영화 방식이 갖는 잠재적인 장단점에 대한 고려는 여전히 유효하지만, 민영화 대상을 결정하는 문제는 결국 책임을 가진 부처가 결정해야 한다.

보다 세부적인 후속 이슈들은 4개 핵심 질문을 통해 답할 수 있는 하나의 총체적 질문을 구성한다. 이러한 4개 핵심 질문 접근방법은 6장에서 어떻게 민간 부문과 보다 나은 계약을 체결하고 전체 계약 과정에 걸쳐 해당 계약을 잘 운영할 수 있는지 논의하면서 다시 언급하고자 한다.

위 접근방법은 '예' 또는 '아니오'로 대답할 수 있는 일련의 질문들로 구성되어 있는데, 실제로는 명확하게 답을 내리기 어려운, 중간 어디쯤 위치하는 상황에 직면하게 된다. 그럼에도 양자택일 방식을 취하는 이유는 '어느 정도인지'를 질문함으로써 아무 답변이나 가능하게끔 하지 않고 관련 문제를 보다 명확하게 하기 위해서이다.

5.4 민영화의 성공적 추진을 위한 전제 조건 충족의 중요성

민영화의 전제 조건은 민주적이고 자유로운 시장 메커니즘의 효과적인 작동과 관련이 있다. 구 공산권 국가에서 이런 종류의 전제 조건은 시장경제로의 전환 초기부터 존재하지는 않았다. 그러나 과거 계획경제하의 호의적 통계 집계를 고려한다 하더라도 심각한 수준의 국내총생산 감소, 실업 증가, 교역 중단 등에 직면하자 이러한 조건들을 성공적인 민영화에 필수적인 것으로 인식하게 되었고 건전한 거시경제 환경 조성도 그중에 포함시켰다.[9] 자본이 부족한 구 공산권 신흥 경제는 자본 확충을 해외 자본

---

9) International Monetary Fund (2000) *Transition Economies: An IMF Perspectives on Progress and Prospect*, Issues Brief, 2000/08.

에 의존할 수밖에 없었는데, 그러기 위해서는 이윤의 국외 반출 능력뿐 아니라 공공부채, 인플레이션, 환율 등과 관련해 경제적 안정성에 대한 확신이 필요했다. 이런 변화가 일어나면서 달러화 표시 부채 시스템의 확립이나 환율을 보다 안정적인 통화와 연동하는 등의 시도가 어느 정도 성공적으로 이루어지게 되었다.

보다 폭넓게는 관료제의 청렴성, 반부패 정책을 비롯한 법질서 확립 문제가 제기되었는데, 베커(1968)는 이 문제에 대한 이론적 분석을 최초로 시도하였다.10) 이후 실증적으로도 높은 범죄율은 해외 투자 및 고용 창출을 억제할 위험성이 매우 높은 것으로 분석되었다.11)

유럽부흥개발은행(EBRD)을 비롯한 금융기관들은 동구권의 구조 개혁, 경쟁, 민영화, 기업가정신 촉진 등에서 중요한 역할을 맡게 되었다. 코파이낸싱을 통해 동구권 국가들이 그러한 여건을 조성할 수 있도록 지원함으로써 기업의 거버넌스 강화를 촉진하였고, 환경 변화에 대한 대응 능력도 개선하였다.12) EBRD 자체 평가 결과에 따르면 모든 프로젝트가 성공적이지는 못했는데, 그 원인으로 신흥 경제가 안고 있는 리스크와 주식 보유 변동과 관련된 이슈들, 그리고 자금 지원을 받은 기관의 운영에 미치는 영향 등을 지적하였다.13)

세계은행(World Bank)은 성공적인 민영화를 이루기 위한 경제적 전제조건 확립을 시도하는 국가들에 대한 현실적인 교훈을 다음과 같이 도출

---

10) Becker, Gary (1968) 'Crime and punishment: an economic approach', *Journal of Political Economy*, 76, 169-217.

11) Krkoska L. and Robeck K. (2006) *The Impact of Crime on the Enterprise Sector: Transition versus non-transition countries*, European Bank for Reconstruction and Development, July.

12) EBRD (2005) *Annual Report 2005: Annual Review and Financial Report*, EBRD.

13) EBRD (2005) 앞의 책, Section 7.

하였다.14)

- 자산 매각이 자연 독점 또는 과점으로 이어지는 경우 시장 규제 필요성에 대해 초기에 관심을 기울일 필요가 있다.
- 공공책무성을 강화하고 부패를 억제하기 위한 투명성 확보가 핵심이다.
- 공공 부문의 경영 혁신을 위해서는 포괄적인 중장기 역량 개발 및 혁신 전략에 기초한 체계적인 접근이 필요하다.
- 대출 집중과 관계사를 통한 대출에 대해 한도를 설정하고 이를 외부 대출에 적용하는 등 적절한 금융 규제 수단이 초기부터 마련되어야 한다.
- 거버넌스 강화, 예산 준칙 강화, 부문별 매각, 은행업 인허가 제한 등을 통해 국가의 소유권 행사에 따르는 책임을 강화해야 한다.
- 은행 감독관, 변호사 및 판사, 회계사, 감사인 등 전문직 종사자의 업무 역량 강화를 위한 교육 훈련에 높은 우선순위를 두어야 한다. 이와 함께 은행 감독 업무의 개선, 국제 회계기준의 채택 및 이행 등이 전제되어야 한다.
- 관련 법률의 제정만이 아니라 이를 준수하는 데에도 동일한 관심과 노력이 필요하다.

OECD는 절대적인 해답은 없음을 강조하면서 성공적인 민영화 추진의 공통적 특징을 다음과 같이 제시하였다.15)

관료제적 소극 행정을 극복하고 기관 간 갈등을 해소하면서 민영화를 끌고 나가
기 위해서는 가장 높은 수준의 책임 있는 정치적 확약(political commitment)이

---

14) World Bank (2004) *Economies in Transition: an Operations Evaluation Department evaluation of Word Bank Assistance*, Washington.

15) 역주: OECD (2003) *Privatising State-Owned Enterprises: An Overview of Policies and Practices in OECD countries*, Paris.

필요하다. 관련 정책의 초점을 명확히 하고 필요한 취사선택에 대응하기 위해서는 민영화 추진의 목표를 명확하게 규정하고 우선순위를 정해야 한다. 민영화 과정의 청렴성을 높이고 잠재적 투자자의 신뢰 및 일반 국민의 정치적 지지를 확보하기 위해서는 관련 절차가 투명해야 한다. 이해관계자들의 우려에 대응하고 지지를 확보하기 위해 민영화의 정책 목표와 이를 달성하기 위한 정책 수단에 대해 설명하는 효과적인 커뮤니케이션 캠페인이 필요하다. 민영화 추진 과정에서 수많은 과제들을 달성하는 데 필요한 정책적 역량과 자원에 대한 수요를 충족할 수 있도록 적절한 인적 및 물적 자원이 배분되어야 한다.

앞에서도 언급했지만, 위의 조치들과 더불어 재산권 보장을 위한 법률 제도와 채무 불이행 및 파산 등에 구상권을 효과적으로 집행할 수 있는 민사소송 시스템을 확립하는 것도 못지않게 중요하다. 나아가 민영화 및 시장경제로의 전환은 사회적 문제를 야기할 수 있다. 공공 부문에 안주했던 산업이 세계 각 지역으로부터의 수입재와 경쟁하기에는 역부족일 수 있으며, 효율성 향상 노력은 실업 증가까지는 아니더라도 일자리 감소를 초래한다.16) 따라서 재취업을 지원할 수 있는 프로그램이 경제혁신 정책 가운데 중요한 역할을 하게 된다.

또한 효율성 증대나 사회 전반에 걸친 국민주 보유 장려와 같이, 민영화를 통해 달성하고자 하는 목적을 명확히 할 필요가 있다. 명확한 목적이 없이는 민영화의 혜택을 최대화하고 리스크를 최소화할 수 없다. 감사인의 입장에서도 민영화 추진 목적은 분석 틀을 제공한다는 점에서 유용하다. 민영화 추진 실태에 대한 영국 감사원의 감사보고서는 이러한 방법론을

---

16) Haltiwanger, J. and Singh, M. (1999) 'Cross-country evidence on public sector retrenchment', *The World Bank Economic Review* 13(1) pp. 23-66.

채택하고 있다. 실제 감사 경험을 통해 민영화의 잠재적 혜택을 실현하기 위한 교훈을 얻을 수 있는데, **박스 5.5**에서 제시한 바 있는 세부 이슈와 함께 여기서는 다음 4개 사항을 논의하고자 한다.

- 자산 재구성
- 자산 매각
- 장기적 과제에 대한 대응
- 적절한 역량 보유

5.4.1 민영화 성공을 극대화하기 위한 자산 재구성

국유자산의 매각 계획에서 중요한 이슈는 손실을 내고 있는 기관에 대한 처리라 할 수 있다. 장기적으로 이윤을 낼 전망이 없는 사업을 시장에서 받아들일 가능성은 없다. 그러나 먼저 국유자산이 내는 손실 문제가 시장에서 해결할 수 있는 비효율의 문제인지 아니면 서비스 전달에 내재하는 것인지를 파악해야 한다. 이 질문은 해당 서비스의 제공이 지속될 필요가 있다고 사회적인 합의가 있는 경우 특히 타당성을 지닌다.

사실 이것은 이론적으로 너무나 당연했지만, 실제 적용 과정에서는 여러 관료제적 병폐에 직면하게 된다. 1996년 9월 25일 영국 무역산업부는 AEA Technology사의 주식 8천만 주 전량을 주식시장을 통해 2억 2,800만 파운드에 매각하였다. AEA는 원자력 분야의 연구개발 업무를 수행하는 영국 원자력공사(UKAEA) 산하의 상업적 활동을 담당하고 있었다.

AEA를 매각하기 전에 UKAEA와 분리하여 구조조정하는 데 1억 2,100만 파운드의 비용이 소요되었다. 매각 업무를 담당한 무역산업부는 이 비용이 매각 비용에 해당하지 않는다고 판단하였다. AEA의 잠재적 시장가치를 확보하기 위해서는 상당한 구조조정이 필요하겠지만, 설혹 공기업으로 잔류한다 해도 원자력 관련 수탁 업무의 경쟁을 촉진하고 수탁 비용을 절감하기 위한 차원에서 불가피한 투자라고 간주한 것이다. 그러나 공공 부문에 남게 되었을 경우 구조조정을 언제 어떤 형태로 할 것인지, 비용은 얼마나 투입할 것인지에 대해서는 여전히 논란의 여지가 있다.

이러한 배경에서 당시 감사원장이었던 필자는 1억 2,100만 파운드의 구조조정 비용 가운데 적어도 일부는 매각 관련 비용으로 간주하는 것이 합리적이라고 결론을 내렸다. 비록 감사보고서에서 비용 수치를 최대화하지는 않았지만 무역산업부는 1억 2,100만 파운드의 구조조정 비용이 총 매각 대금에 비해 상당한 수준임을 인정하지 않을 수 없었는데, 그러면서도 할인율도 적용하지 않고 부채를 70억 파운드로 부풀려 제시하면서 부채 규모 대비 "미미한" 수준이라고 강변하였다.[17] 하원 공공회계위원회(PAC)는 감사원의 손을 들어주면서 "정부부처가 매각 관련 비용을 제외함으로써 순 매각대금을 부풀리고자 하는 시도를 묵과할 수 없다"는 점을 분명히 하였다.[18]

이보다 흔히 사용되는 방법으로 부채 탕감이 있다. 레일트랙 그룹 (Railtrack Group)은 트랙, 신호, 역사 등 철도 인프라를 건설하는 회사로 민영화 이전에 정부에 15억 파운드의 부채를 지고 있었다. 정부는 채무 조정을 통해 이전 채권 15억 파운드를 취소하고 신규로 5억 8,600만 파운드의 채권을 설정함으로써 8억 6,900만 파운드의 부채를 탕감해주었다. 교통부는 또한 대규모 철도 투자 사업인 템스링크(Thameslink) 참여에 필요한 대출 여력을 마련해주기 위해 신규 부채를 허용 가능한 규모보다 2억

---

17) HM Treasury (1998) *Treasury Minute on the Sixtieth Report from the Committee of Public Accounts*, CM 4069.

18) Public Accounts Committee (1998) *The Sale of AEA Technology*, Sixtieth Report, Session 1997-98, Conclusion xv.

2,500파운드나 더 삭감해주었다.

이러한 부채 탕감은 투자자가 요구하는 배당금 비율을 낮춤으로써 주식 매각 대금 상승분으로 상쇄되리라 예상되었다. 그러나 부채 경감 조치는 템스링크 사업비의 일부만 차지하기 때문에 이러한 조치가 반드시 필요한 것인지 의문이 제기되었다. 감사 기간 중 확인한 6개 주요 기관투자자들의 의견은 템스링크 사업이 가치 산정에 큰 비중을 차지하지 않았다는 것이 었다. 결국 이러한 결정으로 말미암아 국유자산 매각 대금 감소를 통해 1억 1,500만 파운드에 달하는 국고 손실이 초래된 것으로 볼 수 있었다.[19]

결론적으로 민영화라는 정책 목적을 달성한다는 것은 납세자 입장에서 볼 때 최고의 재정가치를 확보하고자 하는 원칙과 상충될 가능성이 상당하다. 정부가 민영화를 추진하면서 매각 대금 극대화를 추구하지 않은 채 시장경쟁의 장기적 창출, 주주층의 저변 확대, 이해관계자 참여(stakeholder democracy) 등을 목적으로 설정하더라도 이를 꼭 잘못된 것이라고 할 수는 없다. 그러나 한 가지 분명한 점은 숨겨진 비용이 있을 수 있다는 것이다.

5.4.2 바람직한 매각 전략

바람직한 민영화 전략의 핵심 구성요소로 다음 5가지를 들 수 있다.

(1) 민영화 전략 수립을 통한 납세자 보호

민영화를 통한 매각 대금을 극대화하기 위해서는 매각 시점이 중요하다.

---

19) Comptroller and Auditor General, *The Flotation of Railtrack* (HC 25, Session 1998-1999).

다시 레일트랙사의 민영화 예를 살펴보자. 당시 시장 내에 새로운 철도산업의 경쟁 및 규제 구조에 대한 이해가 채 성숙하지 않았던 관계로 매각 시점을 놓고 볼 때 매각 대상 가치에 부정적인 영향을 주었을 것으로 필자는 결론지었다. 시장을 통한 적정한 가치 평가가 형성될 수 있는 상황이 아니었다. 레일트랙사의 매각을 몇 달만이라도 연기했다면 기관투자자와 애널리스트들이 민영화된 철도산업의 맥락에서 레일트랙의 비즈니스에 대한 가치 평가를 좀 더 잘 할 수 있었을 것이다. 투자자들도 관련 규제체제와 레일트랙의 주요 고객인 철도운영사와 공급자인 철도 인프라 건설 및 유지 업체들에 대해 이해할 수 있는 시간을 더 많이 가질 수 있었을 것이다.[20]

교통부가 추진했던 기관차 임대업무 관련 3사(Angel Train Contracts Limited, Eversholt Leasing Limited, Porterbrook Leasing Company Limited)를 3개 구매자에 매각한 사례를 검토해보면 매각은 1996년 1~2월에 완료되었으며 총 18억 파운드 이상의 매각 대금을 획득하였다. 필자는 민영화된 모든 자산들이 1997년 2월까지 매각 대금보다 훨씬 높은 가격에 재매각되었음을 알게 되었다.[21]

• Angel은 1997년 12월 교통부의 매각 대금 6억 9,600만 파운드의 158%에 해당하는 11억 파운드 상당에 로열 스코틀랜드 은행에 매각되었다.

• Porterbrook은 1996년 8월 교통부의 매각 대금 5억 2,800만 파운드의 156%에 해당하는 8억 2,600만 파운드에 Stagecoach Holdings에 매각되었다.

• Eversholt는 1997년 2월 교통부의 매각 대금 5억 1,800만 파운드의

---

20) Comptroller and Auditor General, *The Flotation of Railtrack* (HC 25, Session 1998-1999).

21) Comptroller and Auditor General, *Privatisation of the Rolling Stock Leasing Companies* (HC 576, Session 1997-1998).

140%에 해당하는 7억 2,600만 파운드에 HSBC 지주회사에 속한 Forward Trust Group에 매각되었다.

왜 이런 일이 발생했을까? 기본적으로 매각 시기가 너무 빨랐다고 할 수 있다. 당시 정부는 가능한 한 신속하게 해당 회사들의 매각을 완료하는 것을 최우선 목표로 추진하였다. 정부는 레일트랙과 철도운영사의 민영화에 앞서 이 대형 업체들을 매각하는 것이 상당한 매각 대금 수입을 확보하는 등 철도 민영화의 차질 없는 추진에 긍정적 유인으로 작용할 것으로 보았다. 그러나 실제로 정부가 설정한 조기 매각 결정은 해당 사업체의 재무 전망에 불확실성으로 작용함으로써 매각 금액에 부정적으로 작용하였다. 기관차 임대 회사의 잠재 고객인 철도운영사는 민영화 대상 산업으로서 실적이 거의 없었고, 입찰 참가자들은 정치적인 반대 움직임 등으로 인해 철도 민영화 계획의 완료 가능성에 대한 확신을 갖지 못했다.

(2) 적정한 매각 가격의 책정

자산 가격의 책정은 간단한 일이 아니며, 민간 부문의 참고할 만한 사례가 없는 경우 특히 더 어렵다. 또 다른 철도 부문 국유자산인 영국 철도공작창(British Rail Maintenance Depots)의 매각 사례에 대한 감사보고서에서 당시 감사원장이었던 필자는 교통부가 어떤 가치 평가 작업도 수행하지 않았다고 보고했다. 이에 대한 정부의 답변은 재무 정보를 참고할 수 있는 비교 가능한 기업이 시장에 존재하지 않으므로 벤치마크 산정은 실제 매각 과정에 도움이 되지 않거나 소요 비용 대비 큰 혜택을 기대할 수 없었다는 것이었다. 그러나 실제 민간 부문은 이와는 다른 견해였으며, 해당 활동의 현금 흐름 추정치에 대한 분석을 기초로 가치 평가를 실시했다. 정부 측의 가치 평가 생략은 특이한 경우였으며, 브리티시 레일(British Rail)의

자문역들은 민영화 추진 초기에 이미 유사한 분석을 실시한 바 있었다.[22]

(3) 활발한 시장의 조성

경쟁 입찰을 통해 매각 대상 국유자산에 대한 활발한 시장을 조성하는 것은 유리한 가격을 확보하는 데 필수적이라 할 수 있다. 이를 위해서는 최대한 관심을 끌 수 있도록 보유 자산을 재구성하는 것이 필요한데 물론 현실적인 문제들이 따른다. 앞서 소개한 철도공작창의 매각에서 입찰 참가자들 간에 실질적인 경쟁이 없었다는 사실이 감사를 통해 드러났다.[23] 그 이유는 브리티시 레일이 공작창을 여러 업체에 분산 매각하기를 희망했고, 관련 공작창을 묶어 매각하기를 꺼렸으며, 어떤 공작창도 폐쇄하기를 원하지 않았기 때문이다.

또한 일부 잠재적 입찰 참가자들은 광범위한 철도 민영화 사업의 성공에 회의적이었으며, 이는 민영화 자산에 대한 관심 저하로 직결되었다. 결국 두 입찰자는 그들이 사실상 우선 협상 대상자임을 노출하지 않으려는 정부 측의 노력에도 불구하고 협상을 통해 입찰 가격을 크게 낮출 수 있었다.

이러한 사례는 여기서 그치지 않는다. 영국 국방부가 데번포트와 로사이드의 조선소를 매각할 때에도 활발한 경쟁을 조성하는 데 실패했다.[24]

---

22) Comptroller and Auditor General, *British Rail Maintenance Limited: the Sale of Maintenance Depots* (HC 583, Session 1995-1996); Public Accounts Committee (1997) *British Rail Maintenance Limited: The Sale of Maintenance Depots*, HC 168, Twenty-second Report, Session 1996-1997.

23) Comptroller and Auditor General, *British Rail Maintenance Limited: the Sale of Maintenance Depots* (HC 583, Session 1995-1996).

24) Comptroller and Auditor General, *Sales of the Royal Dockyards* (HC 748, Session 1997-1998).

국방부는 가상의 경우, 즉 정부가 설비를 보유한 채 용역 계약을 통해 조선소 운영을 계속하는 방식을 가정하여 이를 매각 계약과 비교하였는데 국방부가 입찰자로부터 받은 최종 제안 금액은 정부 자체 평가액 대비 데번 포트는 56%, 로사이드는 40% 낮은 수준이었다. 로사이드의 경우 새 소유주는 정리해고 관련 채무를 반영하여 650만 파운드를 감액하는 혜택과 매입 대금 600만 파운드를 분납하는 조건을 획득하였다. 여기에 더하여 국방부는 매입자가 제출했던 대가 금액보다 3,300만 파운드나 높여서 대차대조표에 기재하는 데 동의하였다. 이는 향후 해군 전함 수리 비용 산정 시 감가상각 비용과 이윤 요인을 증대하는 결과를 초래하였다.

또 다른 핵심 요소로 정보의 적절한 제공 필요성을 들 수 있다. 21세기에 접어들 무렵 정부는 밀레니엄 박람회 개최 계획을 세웠는데, 팩스턴 경이 설계한 수정궁에서 개최되었던 1851년의 대영 박람회, 그리고 이 박람회 개최 100주년을 맞아 세계대전 이후의 긴축과 어려움에서 벗어나 국가적 위상과 사기 진작을 위해 개최했던 1951년 영국 축제(Festival of Britain) 등과 견줄 정도의 규모와 위상을 갖추고자 하였다. 그 결과 탄생한 밀레니엄 돔은 세계 최대 규모의 단일 지붕 구조물로서 엔지니어링 기술의 승리라 할 수 있으며, 2000년 1월 1일 자정에 정확하게 맞춰 개장하였다.

불행하게도 돔은 재정적으로 실패였다. 방문객 수는 예상에 미치지 못했으며 그 결과 경영진은 교체되었고 더 많은 보조금이 흘러 들어갔다. 그러나 2000년 8월 외부 회계감사는 프로젝트가 파산 상태라고 판단했다. 감사원 감사 결과 밝혀진 재정 실패의 원인에 대해서는 **박스 5.6**을 참고하기 바란다.[25] 핵심은 돔이 남동부 잉글랜드 지역의 경제 재생 및 개발을 목

---

25) Comptroller and Auditor General, *The Millennium Dome* (HC 936, Session 1999-2000).

박스 5.6: 밀레니엄 돔 (The Millennium Dome)

밀레니엄 돔은 독특한 프로젝트이 다. 이것은 1851년 대영 박람회와 1951년 영국 축제와 견줄 만한 규 모와 위상으로 추진된 밀레니엄 박람회의 상징물이었다. 2000년 새해 전날부터 1년간에 걸쳐 밀레 니엄의 도래를 축하하는 각종 행 사의 핵심이었다.

밀레니엄 돔(출처: 위키미디어)

프로젝트의 재원은 국가복권주식 회사, 방문객, 후원 기업 등에서 조달할 계획이었다. 돔을 밀레니엄의 상징물로 남기 기 위한 전략으로 2000년 이후에도 돔을 수익성 있는 기구로 운영할 수 있는 투자 자를 선정하기 위한 경쟁 입찰을 개시하였다.

돔의 향후 활용 방안을 찾기 위한 첫 번째 경쟁 입찰은 1999년 3월에 시작되었는데 수용 가능한 조건에 합의하지 못해 실패하고 말았다. 실패의 주요 원인은 지나치게 복잡한 경쟁 입찰 과정, 그리고 입찰 참가자들이 제안한 혁신적인 활용 방안의 이행 가능 여부에 대한 정부의 확신 부족 등을 들 수 있다.

2001년 3월 시작된 두 번째 입찰은 제한적 경쟁 입찰 방식으로 전환하였는데 이는 당시 공개 경쟁에 대한 시장의 관심 저하, 사업 리스크 및 비용에 대한 폭넓은 불신, 그리고 돔 자체에 대한 구체적 관심 부재 등에 따른 것이었다. 최종 계약 규모는 입 찰 공고에서 제안한 부지보다 100에이커 이상 초과한 규모로 결정되었다.

2004년 메리디언 델타 주식회사, 아슈츠 엔터테인트먼트와 북부 그리니치 반도 전 체를 20년간 재개발(돔의 재활용 포함)하는 것으로 최종 계약이 체결되었는데 그 내 용은 매우 복잡하다. 예를 들어 2018년까지 대규모 실내 아레나 및 레저 복합시설 로 돔을 계속 활용해야 하고, 부속 토지에 대규모 오피스빌딩 및 1만 가구 상당의 주 거 시설을 개발해야 한다.

출처: Comptroller and Auditor General, *The Millennium Dome* (HC 936, Session 1999-2000); *Regeneration of the Millennium Dome and Associated Land* (HC 178, Session 2004-2005.

적으로 이전에 제안되었던 주요 성장 지역 중 한 곳에 위치한다는 점이다. 복원, 조경, 도로망 등에 대한 공공 투자는 이 지역에 대한 보다 활발한 재개발 사업 가능성을 활짝 열어주었다. 초기의 몇 번에 걸친 시행착오 끝에 2002년 5월 개발업체와의 계약이 성사되었다. 문제는 정확한 재개발 대상 부지 규모와 관련하여 잠재적 투자자들 간에 혼란이 있었다는 점이다.26) 컨소시엄별로 공개된 분할된 개별적 형태의 정보는 매각 목표를 달성하는 데 아무런 도움을 주지 못하였다.

(4) 적정한 매각 물량의 선정

민영화 추진 초기에는 과연 어떤 리스크와 수익이 가능할지에 대해 명확하게 알지 못했다. 시장경제로 전환하는 것의 정치적, 경제적 명분은 실천 단계로 진전됨에 따라 바뀐 정권하에서도 그 방향을 되돌리기엔 역부족이었다.

이는 1977년에 있었던 브리티시 석유(British Petroleum)의 기업 공개 사례에서 잘 볼 수 있다. 당시는 영국 민영화의 초기 단계였지만 무역산업부는 납세자의 세금으로 폭리를 취하게 될 가능성을 경계하였다. 공모 가격이 저평가되고 기업 공개 과정에서 합리적 프리미엄 수준을 넘어 주식 가치가 장기적으로 크게 상승하는 경우를 배제하고자 한 것이다.27) 그 결과 51%의 주식만 시장에서 매각되었다.

이후 1990년 12월 잉글랜드와 웨일스의 12개 지역발전회사 주식 전량

---

26) Comptroller and Auditor General, *Regeneration of the Millennium Dome and Associated Land* (HC 178, Session 2004-2005).

27) Comptroller and Auditor General, *Sale of Shareholding in British Telecommunications PLC* (HC 495, Session 1984-1985).

이 시장에서 매도된 것은 적잖이 놀라운 변화였다. 정부의 전량 매도 배경 가운데 하나는 제1야당의 정책 백서로, 51% 이상의 주식을 정부의 영향력 아래 두기 위해 거래 주식을 재매입해야 한다는 것이었다. 정부는 이와 같은 상황하에서 부분 매각은 오히려 투자자의 확신을 떨어뜨릴 것이라고 보았다.28)

1991년 당시 잉글랜드와 웨일스 발전량의 상당 부분을 차지하고 있던 내셔널파워(National Power)와 파워젠(PowerGen)의 매각은 또 다른 방향 전환을 하였다. 특히 정부는 지역발전회사의 성공적인 매각 경험을 통해 적정한 공모가격 선정을 통해 투자자의 관심을 유발할 수 있다는 확신을 갖게 되었다. 공모를 통해 약 60%의 주식이 매각되었으며 나머지는 단계적으로 매각이 이루어졌다.29)

그러나 1992년에 이루어진 수도사업본부의 매각은 단계적으로 진행되지 않았다. 이에 대해 하원 공공회계위원회는 "1987-88 회계연도 보고서에서 위원회는 단계적 매각 방식이 큰 혜택을 준다고 밝힌 바 있다. 무역산업부가 최종 결정을 내릴 때 위원회 보고서를 참고하였음에도 단계적 매각 방식을 채택하지 않은 것은 유감이다"라고 분명히 했다.30)

다시 1996년에 이루어졌던 레일트랙의 주식 상장 사례를 보면 단계적 매각 방식이 아니라 모든 주식에 대한 동시 매각이 진행되었는데, 그 이유는 단계적 매각은 최초 공모 가격이 낮을 가능성이 높아서 적은 공모 물량

---

28) Comptroller and Auditor General, *The Sale of the Twelve Regional Electricity Companies* (HC 10, Session 1992-1993).

29) Comptroller and Auditor General, *The Sale of National Power and PowerGen* (HC 46, Session 1992-1993).

30) Public Accounts Committee (1992) *Sale of the Water Authorities in England and Wales*, HC 140, Seventh Report, Session 1992-1993.

뿐만 아니라 낮은 공모 가격으로 인해 초기 매도 금액이 감소할 위험이 크다는 것이었다. 그러나 감사 시 여러 가정을 놓고 시산을 해본 결과 정부가 단계적 매각 방식을 효과적으로 수행할 경우 전체 매각 대금은 20%를 보유하는 경우 6억 파운드, 40%를 보유하면 15억 파운드가 각각 증가하는 것으로 나타났다.[31]

(5) 적정한 매각 방법의 선정

앞에서 설명한 것처럼 국유자산을 매각하는 데는 여러 방법이 가능하며 무엇이 최적의 방법인지 쉽게 답하기는 어렵다. 영국의 경우 앞에서 예시한 모든 방법들이 적용된 바 있으며 여기에는 주식 보유에 대한 인센티브, 분할 납부(payments by installment) 등을 가미한 비즈니스 매각(trade sales)과 국민주 매각 방식도 포함된다. 또한 '중개인 인수(bought deal)' 방식도 시도되었는데, 이는 중개인에게 정해진 가격에 주식을 매도하면 중개인이 스스로 가격 리스크를 안고 최종 투자자에게 넘기는 방법이다. 재무부는 국유자산 매각 정보를 공개하지 않은 상태에서 중개인을 대상으로 경쟁 입찰을 실시하는 절차를 마련하여, 주식시장이 거래 주식 물량 증가를 예상하여 주가가 하락하는 리스크를 피할 수 있도록 하였다.

영국에서 사용된 또 다른 매각 방법으로 경매 방식이 있다. 영국 감사원은 금 보유량의 일부를 성공적으로 매각한 사례를 감사한 적이 있다. 영국 정부는 1999년 5월 외환 보유 비중을 늘리는 등 포트폴리오 조정을 위해 415톤에 달하는 금 보유량을 일정 기간에 걸쳐 매도하는 계획을 발표하였

---

31) Comptroller and Auditor General, *The Flotation of Railtrack* (HC 25, Session 1998-1999).

다.[32] 큰 물량 규모에도 불구하고 매도 가격은 경쟁적이었고 당시 금 시장 가격을 크게 벗어나지 않았다.

5.4.3 중장기 과제에 대한 대응

중장기 측면에서 다음 두 가지 이슈에 대한 추가 논의가 필요하다. 먼저, 민영화된 기업이 정치적으로 문제가 될 수 있는 소유주의 통제하에 놓이게 되는 사태를 방지하기 위해 소위 '황금주'(golden share) 또는 상당 수준의 지분을 정부가 보유할 필요가 있는지에 관한 것이다. 러시아 정부는 석유 및 가스 산업을 민영화하면서 해외 자본에 의한 지배를 금지하는 조치를 취했다. 물론 지분 보유를 제한하는 조치는 해당 기업의 주식에 대한 시장의 관심을 감소시킬 수 있겠지만 이는 정치적인 문제에 해당하며 감사의 영역 밖의 문제라고 할 수 있다. 두 번째 이슈는 민영화된 산업에 대한 규제를 어떻게 할 것인가에 관한 것이다. 민영화 결과 해당 기관이 자유 경쟁적 시장에서 경쟁하게 된다면 어떤 특별한 규제도 필요하지 않을 것이다. 그러나 대부분의 민영화 사례에서 볼 수 있듯이 민영화 기업이 독과점적 지위에 있게 되면 소비자와 주주 간 공정한 힘의 균형을 마련할 수 있도록 규제기구를 설치하게 된다.

규제 필요성은 가스, 전력 등과 같은 대규모 인프라 산업의 속성에 기인한다. 하지만 이런 경우에도 전력 산업의 근본적인 자연적 독점을 가능하게 하는 국가 전력망과 같은 기본 송전 설비를 분리함으로써 전력 생산업자들 간의 유효한 경쟁을 제공하는 기반을 마련할 수 있다. 규모의 경제는

---

32) Comptroller and Auditor General, *The Sale of Part of the UK Gold Reserves* (HC 86, Session 2000-2001).

시장 집중도를 높이는 방향으로 작용하겠지만, 신규 진입을 억제하는 요인이 되어서는 안 된다. 예를 들어 1983년 제정된 에너지법은 비록 지붕에 가정용 풍력발전기 하나만 있는 소규모일지라도 모든 전력 생산자가 자신들이 생산한 전기를 당시 민영화 이전이었던 중앙전력발전위원회와 지역전력위원회로 하여금 '가변 비용 원칙'을 적용하여 한계비용에 기반한 경제적으로 적정한 가격에 구매하게끔 할 수 있는 권리를 확립하였다.

적어도 영국에서 민영화 과정은 후속 조치로서 규제기구의 설치가 이어졌으며, 주요 규제 수단으로서 'RPI – X'(소매가격지수 마이너스 효율성 증대분)라는 가격 설정 공식이 공통적으로 채택되었다. 즉 물가 상승에 따른 가격 상승률에서 효율성 증대분만큼을 차감하는 것이다. 이때 문제는 정보의 비대칭성인데, 실제 비용 구조에 대해서는 해당 산업 자체가 다른 누구보다도 잘 알고 있다. 이에 더하여 규제당국이 피규제자에 대해 긴밀하게 알면 알수록 대상에 포획될 위험 역시 상존한다.

5.4.4 필요한 역량의 보유

이상의 사례에서 분명히 볼 수 있듯이 민영화의 성공적 추진을 위해서는 전문가 자문이 매우 중요할 수 있다. 전문가 자문은 매각 자산의 가격, 매각 방법, 그리고 처분 방식 등을 바르게 결정하는 데 필수적이다. 그러나 전문가 자문은 절대 틀리지 않는다는 생각은 금물이며, 한 가지 분명한 것은 고가 자문료는 매각 비용의 상승을 초래한다는 사실이다. 앞에서 설명했던 조선소의 매각 사례에서는 실제 매각 비용이 예상보다 40%나 초과했는데, 그 결과 매각 비용 1,570만 파운드는 정부가 실제 수령한 매각 대금의 4분의 1 수준이었다.[33] 정부 및 의회의 발간 업무를 담당하는 발간처(Stationery Office) 매각의 경우에는 매각 비용 310만 파운드에 자문 비

용을 합한 비중이 총 매각 수입금 1,200만 파운드의 44%에 달했다.[34]

경제에서 상당한 중요성을 갖는 대규모 국유자산 매각의 경우 자문 비용의 비중은 줄어든다. 일종의 규모의 경제가 작용한다고 볼 수 있는데, 발간처 매각과 비교할 때 매각 수입 19억 파운드에 달하는 레일트랙 매각에는 자문비 1,100만 파운드를 포함한 3,900만 파운드의 비용이 소요되어 매각 수입의 2%에 그쳤다.[35]

- 매각에 소요되는 비용은 사전에 한도를 정해서 모니터링함으로써 통제가 가능하다. 정부부처의 매각팀은 매각 업무 추진 경험이 있는 직원을 참여시켜 전문성을 활용할 필요가 있다. 자문 업무는 경쟁을 통해 용역 발주를 하도록 한다.

- 자문역의 이해 상충 여부를 사전에 확인해서 차단해야 한다. 대형 자문회사들은 자문을 통해 내부에 축적한 지식을 다른 부서에서 활용하는 등 잠재적으로 이득을 챙길 수 있다. 자문 대가가 매각 물량에 비례하도록 설정한 경우, 예를 들어 공모 주식의 전량 매각을 전제로 하게 되면 공모 가격을 낮추는 방향으로 자문이 이루어질 수 있다. 이러한 위험을 방지하기 위해서는 단기적 재무 성과 이상으로 명성을 중시하는 자문회사를 구하는 방안이 있는데 물론 현실적으로 쉽지 않다.

- 끝으로 전문가 자문의 활용은 재정 성과를 확보하기 위한 여러 방안 가운데 하나일 뿐임을 명심할 필요가 있다. 물론 이는 자문료가 전체 비용

33) Comptroller and Auditor General, *Sales of the Royal Dockyards* (HC 748, Session 1997-1998);

34) Comptroller and Auditor General, *The Sales of the Stationery Office* (HC 522, Session 1997-1998).

35) Comptroller and Auditor General, *Department of the Environment, Transportation and Regions: The Flotation of Railtrack* (HC 25, Session 1998-1999).

의 일부만을 차지한다는 의미가 아니라, 가장 우수한 자문이라 하더라도
해당 민영화 목표를 달성하는 데 유용성이 떨어진다면 소용이 없다는 의
미이다.

민영화 추진으로 어떤 결과를 얻게 되었는가?

• 국가가 의무적으로 제공하던 방식에서 민간 부문으로 전환함에 따라
소비자들에게 더 큰 혜택이 주어지게 되었는가?

• 실질 가격은 하락하였는가?

• 품질은 개선되었는가?

이상의 질문에 대한 답은 명확하지 않다. 데이비드 파커(David Parker)
의 연구는 다음과 같이 결과를 정리하였다.[36]

• 1984~1989년 동안 평균 통신비가 44% 하락하는 등 영국의 공공 유

틸리티 가격은 대부분 하락했다. 이러한 하락이 민영화 및 그에 따른 혁신 없이도 가능했을 것인지는 여전히 논란의 여지가 있다.

• 서비스 품질은 민영화가 이루어진 대부분의 산업에서 개선되었는데 여기에는 규제당국의 역할이 크게 작용했다.

• 관련된 자본수익률은 상승하는 경향을 보였다. 예를 들어 수도의 경우 자본수익률은 민영화 당시 9.8%에서 1996/97년까지 11.1%로 상승했다.

• 많은 개선은 기술적 진보의 결과였다는 주장이 제기되었으나, 결국 소유주의 변화가 새로운 기술 채택을 촉진한 측면이 크다는 사실이 받아들여지고 있다.

5.5 결론

민영화는 과연 기대한 성과를 거두었는가? 이 질문에는 여러 답이 있을 수 있다. 그러나 다음 세 가지 견해는 감사 시 특별히 참고할 가치가 있다. 중요하다고 해서 모든 것이 모든 사람에게 의미가 있는 것은 아니다. 그 첫 번째는 1996년 영국 재무부의 관리 담당 차관보였던 마이클 잭(Michael Jack)의 견해로서, 민영화가 가져온 큰 변화로부터 초래된 이점이 잘 드러나는 초기의 경험에 대해 언급한 것이다(**박스 5.7**).

두 번째 견해는 앞에서도 소개한 데이비드 파커의 연구 결과이다. 그는 마이클 잭보다 8년이 지난 2004년에 연구 결과를 발표하였는데, 전부는 아닐지라도 대체적으로 민영화를 지지하는 견해를 보였다. 요약하자면 민영화로 인한 지배 구조의 변화 자체는 가격 및 서비스 질의 개선을 이끌어

---

36) Parker, D. (2004) 'The UK's Privatisation Experiment: The passage of time permits a sobre assessment', CESIFO Working Paper, No. 1126.

내는 데 결정적이지 않았고, 보다 결정적인 요소는 경쟁, 효과적 규제, 그리고 기술 진보라는 주장이다.

세 번째 견해는 앤서니 힐튼(Anthony Hilton)이 2006년 『이브닝 스탠더드』지에 기고한 글로서, 1970년대 후반 이후의 민영화 경험 그리고 민영화된 기업 역시 다른 기업과 마찬가지로 해외 투자자에게도 자유롭게 거래되는 상황을 고려한 것이다.37) 그는 민영화로 인한 단기적 성과를 종합 검토한 결과 장기적으로 볼 때 민영화 지지론자들이 주장하는 만큼의 큰 변화에는 미치지 못할 것으로 전망했다(**박스 5.8**).

이번 장에서는 감사인이 민영화 절차와 후속 규제에 대한 감사를 실시할 때 유용하게 활용할 수 있는 관련 이슈들을 제시하였다. 이는 실제 감사 현장에서 직면한 문제들로부터 도출한 것으로, 감사 접근방법에 대한 상세한 설명은 영국이 의장국으로 활동했던 세계감사원장회의 민영화감사 워킹그룹의 지침을 참고하기 바란다.38)

박스 5.9는 민영화가 장기적으로 지속 가능한 재정가치를 달성하는 데 최적의 대안인지 여부에 관한 성과감사 수행 시 감사인이 고려해야 할 핵심 분야 또는 질문을 제시하였다.

---

37) Hilton, A. (2006) 'Depressing truth behind rush for Thames Water', *Evening Standard*, 7 August, p. 25.

38) INTOSAI Working Group on the Audit of Privatizations, Economic Regulation and Public-Private Partnerships (1998) *Guidelines on the Best Practice for the Audit of Economic Privatisations* (ISSAI 5210); *Guidelines on the Best Practice for the Audit of Economic Regulation* (ISSAI 5230).

박스 5.8: 민영화의 성과에 대한 견해 – 앤서니 힐튼

런던 지역의 수돗물을 공급, 관리하는 템스워터에 대한 시각만큼 런던시와 정부 간의 견해차가 큰 예를 찾아보기는 힘들다. 지난 2000년 70억 파운드에 템스워터를 인수한 독일의 유틸리티 전문기업 RWE가 이를 매각하기로 결정하면서 전 세계적으로 재무 투자자들의 관심이 집중되고 있다.

엄청난 매각 규모로 인해 투자팀이 만들어졌는데 캐나다, 미국, 호주, 중동, 홍콩, 유럽 등을 중심으로 한 컨소시엄이 활동 중이다. 투자자 리스트를 살펴보면 두 가지 특징적인 현상, 즉 하나는 자본시장의 국제화이고 또 하나는 일반 자산에 대한 이자율 및 수익률이 역사상 최저 수준으로 떨어짐에 따라 투자자들이 안정적인 투자 자산 및 수익률을 제시하는 어떤 제안에 대해서도 적극 고려하는 자세를 보임을 알 수 있다.

투자자 집단에게 템스워터는 분명 좋은 고려 대상이라 할 수 있다. 이는 고객 입장에서 본 평가와는 정반대이다. 전기, 수도, 가스 등의 유틸리티 기업, 특히 템스워터는 수년간 가장 신뢰할 수 없는 업종 1위를 굳건히 지켜온 은행을 제치고 고객들이 가장 신뢰하지 않는 업종 1위 자리를 완벽히 차지한 바 있다.

그 이유는 힘들이지 않고 찾을 수 있다. 첫째로 유틸리티는 독점 상태이며, 다른 민영화된 유틸리티와 마찬가지로 사회는 공익을 보호하기 위해 규제기구에 의존할 수밖에 없다. 그러나 규제기구가 사용할 수 있는 도구는 제한적이기 때문에, 비용 절감 및 효율성 개선을 통한 수익성 증대라는 원칙을 내세우지만 결국은 유틸리티 자산으로부터 얻을 수 있는 수익 상한을 제한하는 비시장적 조치에 의존하게 된다.

불행하게도 규제기구의 이러한 선한 의도는 종종 예상치 못한 부작용을 초래한다. 투자 수익을 제한하는 조치는 회사가 설비 근대화를 하게끔 만드는 유인은 충분하게 제공하지 못하면서, 민영화 초기 단계에 상당 부분의 비효율을 제거했음에도 불구하고 상시적인 비용 감축 압박에 놓이게 하여 회사가 고객 서비스 측면에서 이루고자 하는 그 어떤 명성도 산산조각 내고 만다. 그 결과 템스워터의 고객은 점점 질이 떨어지는 서비스에 더 큰 대가를 지불하고 있다는 인식을 갖게 된다.

구체적인 예를 살펴보자. 템스워터는 가뭄이 발생했을 때 고객에게 수도 공급을 끊을 수 있는 가뭄 조치를 운영하고 있다. 반면 수도 누수 감축 목표치 달성에 실패하였고 규제 당국으로부터 1억 5천만 파운드를 들여 이 목표치를 달성하라는 명령 조치를 받았다. 또한 관련 고객 서비스 기준을 충족하지 못하여 1억 4천만 파운드의 벌금을 추가로 납부하게 되었다. 환경청은 템스워터를 영국 내 최악의 환경 오염원이라고 비난하고 있다.

이러한 오명은 투자자들에게 회피 대상으로 작용할 것임을 일반적으로 예상할 수 있다. 언제 어디서 이와 유사한 사고가 발생할지 알 수 없을 뿐 아니라, 오늘날의 기업들은 그들의 명성에 큰 가치를 부여하므로 축적한 명성을 훼손하지 않기 위해 많은 노력을 하기 때문이다.

그러나 사모펀드나 헤지펀드의 행태에서 볼 수 있듯이, 비상장 기업은 상장 기업에 비해 대체로 명성에 미칠 리스크에 관심을 덜 기울이는 것이 사실이다. 또 하나 중요한 포인트는 기업 명성에 미칠 리스크는 고객이 이에 반발하여 다른 선택을 할 수 있을 때 문제가 된다는 점이다. 유틸리티 산업은 시장 독점적 위치에 있으므로 고객이 다른 공급자를 선택하여 이들의 행태를 응징할 기회가 없다.

따라서 고객의 관점에서 볼 때 템스워터에 잠재적 구매자가 몰렸다는 사실은 매우 실망스러운 상황이다. 왜냐하면 이 투자자들은 고객 서비스를 개선하고 보다 높은 가치의 서비스를 제공하기 위한 도전에 관심을 두기보다 오로지 재무적 가능성과 안정적인 수익 흐름에 주목하기 때문이다.

바로 이 점이 많은 경우 민영화가 그 유용성의 한계를 초월하여 살아남는 이유라 하겠다. 독점적 시장은 규제기구를 필요로 하고 규제기구는 아무리 열심히 임무를 수행한다 하더라도 소비자의 선택을 대체할 수는 없다. 그 결과 피해를 입는 측은 독점 산업의 소유주가 아니라 소비자가 되는 것이다.

출처: Hilton, A. (2006) 'Depressing truth behind rush for Thames Water', *Evening Standard*, 7 August, p. 25.

5.6 요약

민영화는 관료제의 폐해로부터 벗어나기 위해 20세기 후반에 취해진 조치 가운데 가장 강력한 것이라 할 수 있다. 공산 체제의 붕괴와 함께 공공선택 이론 및 시장을 통한 해법에 대한 높은 관심에 힘입어 민영화는 세

박스 5.9: 최적의 재정가치를 확보하기 위해 감사인이 주목해야 할 초점들

감사인은 납세자를 보호하고 공공 부문의 민영화 관련 결정에 대한 공공책무성을 확보하는 중요한 역할을 수행한다. 감사인은 축적한 지식과 경험을 바탕으로 정부가 보다 장기적인 관점에서 최대의 재정가치를 달성할 수 있는 방안을 찾는 데 도움이 될 수 있는 질문들을 제시해야 한다.

- 민영화가 적절한 조치인지, 특히 시장 기반 공공서비스 제공을 통한 효율성 증대와 사회, 공정, 분배 또는 다른 정부정책 목표 간의 이해관계가 수용 가능한 수준에서 이루어지는지
- 민영화 외에 더 혜택이 큰 다른 대안은 없는지
- 국유자산의 매각이 가장 효율적인 방법으로 이루어졌는지, 특히 민영화의 목적이 명확하고 합당한 것인지, 매각 가격 측면에서 납세자에게 가장 큰 혜택을 제공할 수 있는 방식으로 디자인되었는지
- 민영화로 인한 시장 독점적 지위로부터 국민을 보호할 수 있도록 민영화된 부문이 어느 정도 시장 경쟁 또는 효과적인 규제하에 있는지
- 이전 민영화 추진 경험으로부터의 교훈을 규명하여 최적 사례는 촉진하고 향후 국유자산 처분 시 활용하고 있는지

출처: 영국 감사원(NAO)

계 각국으로 확산되었다.

그러나 허술한 민영화 추진은 다음과 같은 문제를 초래할 수 있다.

- 민영화 대상 자산의 소유권을 제대로 관리하지 못하는 문제 – 구 공산권 국가에서 실제로 발생하였음
- 가치 저평가 문제 – 과학까지는 아니더라도 평가를 잘하고 못한 것을 구분할 수는 있음
- 인수 경쟁 저하 문제 – 최고의 결과를 확보하기 위해 경쟁을 유지하는 것이 긴요함

민영화 절차 및 후속 규제 조치[39]에 대한 감사 시 이상의 문제들에 관심을 갖고 자문을 제공할 필요가 있다. 특히 주식 공모, 업무 매각 또는 경매, 경영진/직원에 의한 인수 등 민영화 방식에 주의를 기울여야 하며 과거 성과에 대한 결론과 함께 미래를 위한 개선 방안을 제시할 필요가 있다.

민영화가 과연 성공적이었는지, 낮은 가격에 보다 양질의 제품과 서비스를 제공했는지에 대한 질문에 대해 지금까지 나타난 결과를 보면 어느 정도 성과가 있었다고 할 수 있으나 민영화 자체, 즉 소유권의 변화보다는 민영화에 따른 경쟁 압력과 기술 변화가 더 중요한 것으로 나타났다. 그리고 민영화 결과 여전히 독과점적 요소가 남아 있는 경우 규제 조치를 통해 주주, 경영진, 소비자 간의 이해의 균형을 도모할 수 있으나 현실적으로 그렇지 못한 경우를 흔히 볼 수 있다.

---

39) 국유산업에 대한 감사인의 역할은 일단 국유산업의 민영화와 함께 종료된다. 그러나 영국의 경우와 같이 감사원은 민영화된 산업에 대한 규제기구에 대한 감사 역할을 갖고 있다. 이에 따라 감사원은 해당 산업의 영향을 받는 국민과 이해 당사자들이 어느 정도 보호를 받고 있는지 그 성과에 대한 감사 결과를 의회에 보고할 수 있어야 한다.

6장 민자사업 – 관료제의 또 다른 대안

5장의 서두에서는 민간 부문이 공공서비스 전달에 참여하는 다양한 모델을 제시하였다(**박스 5.2 참조**). 대표적으로 정부가 민간으로부터 공공서비스를 구입하는 민간투자사업(PFI) 방식과 공공 부문이 초기 자금의 일부를 부담하고 서비스 전달에 개입하기도 하는 민관협력사업(PPP) 방식 간의 차이에 대해 설명하였다.

먼저 PFI 방식을 보자면, **박스 6.1**에서는 PFI와 통상적인 정부 조달 방식의 공공 부문의 역할 차이를 단계별로 비교하였고, **박스 6.2**에서는 두 방식의 공공 부문 지출 흐름을 비교하였다.

이러한 논의는 PFI를 비롯한 민간 참여 방식을 이해하는 데 유용한 출발점이 된다. PPP의 경우 정통적인 PFI 방식의 명쾌함은 없지만 같은 범주로 볼 수 있다. PFI를 비롯한 민간 참여 방식은 다음과 같은 점에서 통상의 조달 방식과는 근본적으로 차이가 있다.

박스 6.1: 민간투자사업(PFI) 방식과 통상적 조달 방식 간의 공공 부문 역할/책임 비교

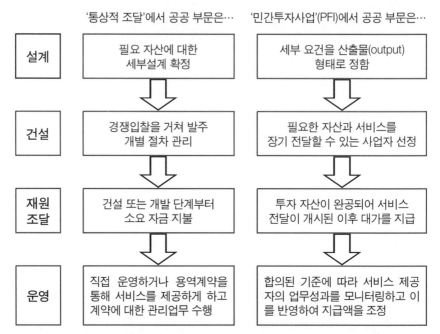

'통상적 조달'에서 공공 부문은…　　'민간투자사업'(PFI)에서 공공 부문은…

설계	필요 자산에 대한 세부설계 확정	세부 요건을 산출물(output) 형태로 정함
건설	경쟁입찰을 거쳐 발주 개별 절차 관리	필요한 자산과 서비스를 장기 전달할 수 있는 사업자 선정
재원 조달	건설 또는 개발 단계부터 소요 자금 지불	투자 자산이 완공되어 서비스 전달이 개시된 이후 대가를 지급
운영	직접 운영하거나 용역계약을 통해 서비스를 제공하게 하고 계약에 대한 관리업무 수행	합의된 기준에 따라 서비스 제공자의 업무성과를 모니터링하고 이를 반영하여 지급액을 조정

* PFI를 통한 조달방식은 관련 리스크와 책임을 공공 부문에서 민간 공급업자로 이전

출처: 영국 감사원(NAO)

박스 6.2: 민간투자사업(PFI) 방식과 통상적 조달 방식 간의 공공 지출 비교 추이

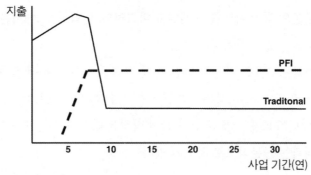

출처: 영국 감사원(NAO)

- 서비스를 제공하는 비용의 전부 또는 일부를 민간 자금으로 조달한다.
- 서비스 관리의 전부 또는 일부를 민간 부문의 전문성으로 시행한다.

공공서비스 사업에 민간이 참여하는 유형은 매우 다양하며, **박스 6.3**에는 각 유형별로 세계감사원장회의(INTOSAI) 회원국에서 적용된 대표적인 사례를 제시하였다.

박스 6.3: 공공서비스 사업의 민간 참여 유형 및 사례

1) **조인트 벤처**(joint ventures): 민간과 공공 부문이 양측 모두에 이익이 되는 사업을 추진할 목적으로 공동 투자하여 기업을 설립함.
(사례) 영국 라디오커뮤니케이션 규제기구는 민간의 CMG와 파트너십을 체결하여 IT 인프라 구축, 축적된 전파 관리 역량의 무선 분야 마케팅 등 수행.

2) **프랜차이즈**(franchises): 국가가 제공해왔던 서비스를 민간 부문이 일정한 요금을 받고 제공할 수 있도록 허용함.
(사례) 아르헨티나는 1989년 국민들에게 수도 · 전기 · 가스를 공급하는 권한을 민간에 라이선스로 부여, 공공 유틸리티 규제기구가 가격, 품질 통제.

3) **컨세션**(concessions): 프랜차이즈 계약과 유사하나 교량, 도로와 같은 관련 인프라를 건설하는 자금을 민간이 제공한다는 점에서 차이가 있음.
(사례) 헝가리의 경우 국제 컨소시엄이 빈과 부다페스트를 연결하는 유료 도로(M1 · M15)를 개발, 재원 조달, 건설.

4) **민간투자사업 프로젝트**(privately financed investment projects): 민간 기업이 자금을 확보하여 병원과 같은 공공시설을 건설 · 증설하고 운영 · 관리를 담당함. 공공시설이 완공되어 운영을 개시하면 공공 부문은 일정 기간(통상 20~35년) 동안 소정의 사용료를 지불하며 기간이 종료되면 동 시설물에 대한 소유권은 공공 부문으로 이전됨.
(사례) 민간 기업 O2는 스코틀랜드와 웨일스 경찰을 대상으로 새로운 무선통신 서비스를 제공하는 계약을 체결, 무선신호를 송수신하는 인프라를 설계, 건설하

여 19년간 운영.

5) 민영화 기업 지분 확보(retaining minority shares in privatized companies): 일반 국민을 대상으로 하는 서비스 제공을 통제할 목적으로 공공 부문이 일정 지분을 보유함.

(사례) 헝가리 국영 도자기 제조업체인 헤렌드(Herend)를 경영진 매입 방식으로 민영화하면서 지분의 25%를 국가가 보유.

6) 시장성 평가(market testing): 공공서비스 공급에 참여할 수 있는 권한을 경쟁 입찰을 통해 민간 기업에 부여, 기존 공공서비스 제공업자와 경쟁하게 함.

(사례) 영국의 경우 교도소 5개소를 대상으로 경쟁 입찰을 통해 운영기관 선정. 수감인 감호 서비스의 비용, 보안, 품질 등으로 평가. 입찰 대상 5개 교도소 중 민간이 2개, 공공 부문이 3개를 각각 운영 중이며 운영계약은 10년.

7) 민간 부문의 관리 기법 도입(use of private sector methods in public bodies): 직원의 성과 측정, 인센티브 제도, 자원 효율화 등 민간 기업의 최적 운영사례를 공공기관에 도입.

(사례) 덴마크 국영 철도회사의 버스 자회사를 분리, 민간의 운수업체와 동일한 조건에서 경쟁하도록 함으로써 대국민 서비스 개선을 유도.

출처: INTOSAI (2004). *Guidelines on Best Practices for the Audit of Risk in Public Private Partnership.*

6.1 최대한 유리한 민간 참여 계약조건의 확보

민간 참여(PPP/PFI)의 재정성과에 대한 평가는 장기 계약이 갖는 특성으로 인해—영국의 경우 대부분 30년—복잡하다. 따라서 누적 방식의 감사 접근이 필요하다. 당장은 긍정적인 성과를 거두고 있는 경우에도 프로젝트 전체 기간을 고려할 경우 최종 결론은 달라질 수 있다.

프로젝트 생애 주기 측면에서 최초의 평가는 계약 합의에 도달해 계약서에 서명이 이루어졌을 때 실시된다. 이후 프로젝트는 서비스 전달의 운영 단계에 진입하는데, 계약 자체에 대한 평가와 달리 운영 측면의 재정성과는 시간을 두고 계속 추적, 관찰하는 종단적(longitudinal) 방법이 필요하다. 이 경우 감사 비용이 문제가 될 수도 있다. 감사 결과 나쁜 계약이 좋은 운영 성과로 연결되기도 하고 반대로 좋은 계약이 나쁜 운영 성과로 이어질 수도 있다. 물론 후자는 전자에 비해 가능성이 낮을 것이다.

앞서 5장에서 살펴본 민영화의 경우와 마찬가지로 영국 감사원의 감사결과를 통해 민간 참여에 관한 큰 원칙은 **박스 6.4와 6.7**에 소개한 두 가지 '4대 질문'(4-pillars) 모델로 제시할 수 있다. **박스 6.4**는 납세자 입장에서 민간 참여가 재정성과를 확보하였는지 살펴보기 위한 주요 이슈들을 제시하고 있다. 이는 PFI 프로그램 출범 이후 1990년대 후반까지 영국 감사원의 감사보고서를 토대로 도출된 것이다.

비록 발간 당시에는 '중간' 보고서로 명명하였지만 보고서의 근간은 시간이 경과했음에도 여전히 유효함을 볼 수 있다. 이제 근본적인 감사 질문에 대해 하나씩 검토해보자.

• 최적의 프로젝트가 선정되었는가?
• 적정한 절차를 적용하였는가?
• 최선의 제안이 선정되었는가?
• 계약이 합리적인가?

이들 감사 질문을 통합하는 최종 질문은 결국 통상적인 공공서비스 전달 방식과 비교했을 때 민간참여 방식이 장기적으로 더 큰 재정성과를 가져왔느냐 하는 것이 될 것이다.

박스 6.4: 민간 참여 계약의 재정가치 달성 여부 판단을 위한 4대 질문

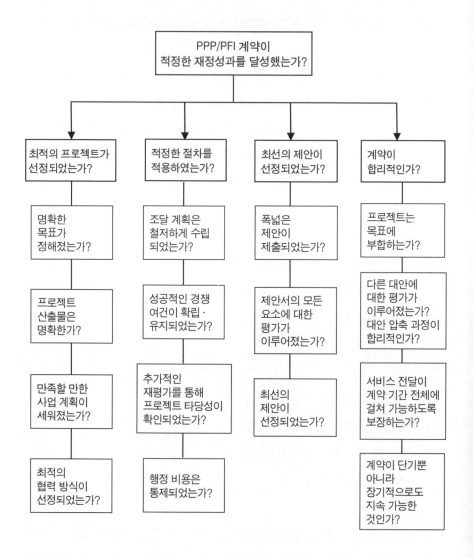

출처: Comptroller and Auditor General, *Examining the Value for Money of Deals under the Private Finance Initiative* (HC 739, Session 1998–1999).

6.2 최적의 프로젝트가 선정되었는가?

4대 감사 질문 중 첫 번째로, 어떻게 최적의 프로젝트를 민간 참여 대상 프로젝트로 선정할 것인가, 그리고 그 하위 질문으로서 어떻게 최적의 협력 방식을 선정할 것인가 하는 문제는 민간참여 방식이 바람직하다거나 혹은 최선이라는 식의 어떠한 가정도 처음부터 하지 않는 전략적 사고와 관련이 있다. 논리적 사고 절차는 어떤 입장을 견지하고 있는지에 의존한다. 가장 먼저 고려해야 할 것은 특정 공공서비스가 PPP/PFI에 적합한지 여부가 아니라 전체 공공지출 측면에서 과연 필요한 사업인지 여부이다.

박스 6.5는 이런 질문이 다른 의사결정 절차를 통해 해소될 수 있는 가능성을 보여준다. 정부부처 간의 자원 배분에 관한 의사결정은 재무부가 총괄하는데 통합지출리뷰(Comprehensive Spending Reviews, CSR)를 거쳐 부처별 3개년 지출 한도가 확정되고, 공공서비스 계약(Public Service Agreements, PSA)은 이들 자원의 사용을 통해 달성하고자 하는 핵심 개선 목표를 규정한다.

각 부처 내의 자원 배분에 관한 의사결정은 투자 사업에 대한 평가에 의존하는데, 상당수의 부처가 3장에서 설명한 바 있는 6단계의 공공사업 추진(ROAMEF) 접근방식을 사용하고 있다. ROAMEF 방식이란 사업 필요성(Rationale), 목표(objectives), 타당성 검토(cost-benefit Appraisal), 모니터링(Monitoring), 평가(Evaluation requirements), 그리고 피드백(Feedback)의 단계로 구성된다.[1] 최종 피드백 단계는 모니터링 및 평가

---

1) HM Treasury (2003), *The Green Book: appraisal and evaluation in central government.* The Stationary Office, London.

박스 6.5: 공공조달 방식 선택을 위한 Yes/No 단계적 질문

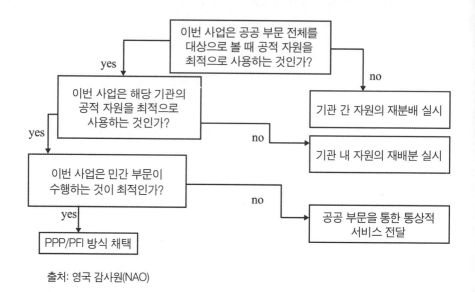

출처: 영국 감사원(NAO)

결과로부터 얻은 교훈을 정책 입안 및 개선에 적용하는 것으로서 매우 중요한 역할을 한다.

다음 단계는 큰 맥락에서 타당성이 인정된 사업의 전달 방식에 대한 검토인데, 그 목적은 여러 가능한 선택 대안을 정부 실행 대안(public sector comparator)과 서로 비교 분석하는 것이다. 정해진 기준을 충족하는 동일한 양의 산출물을 내는 데 여러 방법이 있을 때, 방법별로 전체 사업 기간—예를 들어 30년—동안 소요되는 비용의 현재가치를 추산하여 비교한다. 다른 방법으로는 비용과 편익을 제한적으로 변동할 수 있도록 하여 좀더 정교하게 비용편익을 추정하는 선에서 정부 실행 대안과의 비교 분석을 실시할 수 있다.[2] 참고로 정부 실행 대안은 그동안 영국 감사원이 방법론을 확립하는 데 결정적인 역할을 수행해온 분야이다.

일례로 국방부는 영국의 방어 작전을 지휘할 수 있는 보안이 철저하고 현대적이며 효율적인 근무 환경을 갖춘 시설을 수상 관저 인근 센트럴 런던 지역에 필요로 하였고, 검토 결과 국방부 본부 건물을 재개발하는 것으로 결정하였다. PFI 계약에 따르면 30년간의 총비용이 7억 4,610만 파운드(2000년 가격, 6% 할인율 적용)로 정부 실행 대안 총비용 7억 4,620만 파운드와 거의 차이가 없었다. 영국 감사원은 이처럼 누가 보더라도 미미한 차이를 근거로 의사결정을 내리는 것은 합당하지 않다는 권고안을 제시하였다.[3] 미미하다는 것은 금액 차이가 없다는 의미일 뿐 아니라 편향적이라는 의미도 내포한다.

감사 결과의 또 하나 중요한 논점은 근래의 프로젝트 경험과 교훈을 반영하여 전통적인 조달 방식을 개선할 수 있는데도 정부 실행 대안은 대체로 이를 고려하지 않는다는 것이다. 특히 과거 성과가 매우 낮았던 경우에도 종전 방안을 고수할 것인지에 대해서는 다른 판단이 요구되었다.[4] 재무부는 영국 감사원의 감사 결과를 수용하여 2003년 관련 시스템을 변경했는데, 경제적으로 엄밀한 평가 방법을 적용하여 사전에 사업 계획의 타당성을 평가하고 재정가치가 높은 대안을 선택할 수 있게 하였다.[5]

한 가지 짚고 넘어가야 할 문제는 초기 타당성 검증 결과 민간 참여에 대한 편향된 경향이 있었는지에 관한 것이다. 특히 의료 및 교육 분야에서 PFI

2) Gout, P.A. (2005) 'Value for money measurement in public-private partnership', *European Investment Bank Papers*, 10(2) 32-57을 참고하라.

3) Comptroller and Auditor General, *Redevelopment of DOD Main Building* (HC 748, Session 2001-2002).

4) Public Accounts Committee (2000) *The PFI Contract for the New Dartford and Gravesham Hospital*. HC 131, Twelfth Report, Session 1999-00, conclusion x, The Stationary Office, London.

5) HM Treasury (2003) *PFI: Meeting the Investment Challenge*. Section 7, London.

방식을 선택하게 만드는 주요 원인은, 통상적인 재원 조달은 신규 자본 투자를 필요로 하는데 이는 영국뿐 아니라 다른 나라도 마찬가지로 재무부의 승인을 받기가 무척 어렵기 때문이다. 반면 민자 사업의 경우 민간 기업의 대차대조표에 기록될 뿐 공공 부문의 채무로 잡히지 않으므로 재무부의 재원 조달 및 차입 여력에 제약을 주지 않는다. 관료 시스템은 이러한 기회를 적극 활용하여 대부분의 사업을 부외거래로 기록할 수 있는 민자로 추진하고 있다. 실제 정부 실행 대안 비교 분석 결과를 살펴보면 상당한 민간 참여 자산이 민간과 공공 부문 어느 대차대조표에도 나타나 있지 않다.

전략적 검토 단계에서 재정성과를 확보하는 주제로 돌아가서, 사업 목표를 명확하게 하는 것은 당연하지만 경쟁이 미흡할 경우—경쟁 확보가 어려운 일이기는 한데—문제는 더욱 심각해질 수 있다. 대표적인 사례가 1990년대 초 리브라(Libra)라는 이름으로 사업 기간 10.5년, 사업비 1억 8천만 파운드 규모로 PFI 사업 방식으로 추진한 법원의 IT 전략에 대한 국가표준 개발 사업이다. 영국 감사원 감사 결과(**박스 4.3**)를 토대로 의회는 동 사업을 최악의 PFI 계약 가운데 하나라고 평가했다.6) 경쟁에 부쳐졌지만 단독 입찰이었고 계약업체가 요구 사항을 수행하지 못했을 때 단호한 조치도 부족하였다. 계약업체의 경우 요구 사항을 이해하지 못한 채 과도한 리스크를 안고 저가에 입찰한 것으로 밝혀졌다.7)

---

6) Public Accounts Committee (2003), Summary and Conclusions, *New IT System for Magistrates' Courts: The Libra Project*. HC 434, Forty-fourth Report, Session 2002-2003, The Stationary Office, London.

7) Comptroller and Auditor General (2000) *New IT System for Magistrates' Courts: The Libra Project*. (HC 327, Session 2002-2003).

6.3 적정한 PPP/PFI 절차가 적용되었는가?

앞서 살펴본 민영화의 경우와 마찬가지로 PPP/PFI의 잠재적 참가자에게 경쟁적 시장을 조성하는 것이 재정성과를 확보하기 위한 근본적 요건이라 할 수 있다. PPP/PFI 계약에 대한 점검 결과, 어디에 새로운 절차가 필요하고 또 기존 절차는 어떻게 강화해야 하는지 등에 대한 교훈을 다음과 같이 얻을 수 있었다.

• 시장에 충분한 관심이 형성되지 않았다면, 사업 계획이 충분히 수립되지 않았을 수 있다.

• 입찰 참가자들 간의 경쟁 압박은 가능한 한 오래 유지되어야 하며 우선협상자 선정부터 계약 체결까지의 기간은 최소화할 필요가 있다. 우선협상자가 선정되기 이전까지는 입찰 참가자들과의 논의를 지속시켜야 한다. 왜냐하면 우선협상자가 선정된 이후에는 경쟁 압박이 사라지고 단일 입찰자와 현안을 놓고 둘만의 협상이 진행될 경우 재정성과를 높일 여지는 많지 않기 때문이다. 유럽연합(EU) 내 몇몇 국가는 2006년 1월 31일 기존 EU 조달규정 2004/18/EC를 토대로 복잡한 계약에 적용하기 위한 새로운 경쟁적 협상 절차를 도입했는데, 이에 따라 우선협상자가 선정된 이후의 협의는 미세 조정이나 조항의 해석 등으로 제한하였다.[8] 과연 이러한 규정이 재정성과 확보 문제에 적절한 것인지 지켜볼 필요가 있다. 예를 들어 영국 남부에 위치한 다트퍼드 & 그레이브섬 병원의 경쟁 입찰 결과 최종적으로 1개 업체만 남게 되었고 다른 입찰자들은 남아 있지 않다는

---

8) Office of Government Commerce (2006) *Regulatory Impact Assessment – Public Contract Negotiations*, 2006.

사실이 공개되지는 않았다. 대부분의 협상이 단독 입찰자와 진행되었는데, 그 결과 일부 공공 부문 발주자의 계약 내용 변경 요청에도 원인이 있긴 하지만 협상 가격이 예비 입찰가보다 33%나 상승하였다.9) 상승분은 17%로 최종 조정되기는 했지만 제한된 경쟁이 미치는 영향에 대한 교훈은 명백했다.

• 공공 부문 발주자의 계약 절차 지연은 비용 상승 압박으로 작용하게 된다. 대표적인 사례가 웨스트 미들섹스 병원의 신축을 위한 35년 만기 PFI 계약으로 순현재가치는 약 1억 2,500만 파운드로 추정되었다. 우선협상자는 처음 7개월간은 가격을 유지하는 데 합의했지만 최종 계약은 11개월이 지나서야 체결되었다. 가격 동결 약속 기간이 지나자 협상 가격은 조금씩 오르기 시작하여 10%까지 상승하였다.10) 보건부는 새로운 표준 계약 양식이 도입됨에 따라 추가적인 협의가 필요했기 때문이라고 지연 사유를 설명하였으나, 아이러니하게도 표준화의 목적은 다름 아닌 PFI 계약을 보다 효율적으로 만들기 위한 것이었다.

• 복잡한 성격의 계약일수록 잘 진행되지 않을 사태에 대비하여 어떻게 대응할 것인지에 대한 사전 검토가 필요하다. 영국 국립표준원(National Physical Laboratory, NPL)은 시간, 길이, 중량과 같은 물체 측정 분야의 선도적 연구소로서 25년 만기 약 9,600만 파운드에 이르는 PFI 계약을 통해 400여 개의 실험실을 갖춘 연구 시설의 건설을 추진하였다. 계약업체는 실험실 내 온도 및 소음 수준에 관한 엄밀한 규격을 맞추지 못하자 완공 시점을 2001년에서 2007년으로 연기하였다.11) 이 계약은 계약업체의 중

---

9) Comptroller and Auditor General (2000) *The PFI Contract for the New Dartford & Gravesham Hospital* (HC 423, Session 1998-1999).

10) Comptroller and Auditor General (2002) *The PFI Contract for the Redevelopment of West Middlesex University Hospital* (HC 49, Session 2002-2003).

대한 계약 이행 미비로 인해 계약이 중단된 첫 번째 사례였다. 계약 체결 이전에 공공 발주처는 리스크를 줄이기 위해 추가적인 장치가 필요한지 여부와 계약 당사자들 간에 문제를 방지하고 발생 시 해소하고자 하는 적절한 인센티브를 계약에 포함했는지에 대해 확인할 필요가 있다.

• 설계는 가능한 한 변경하지 말아야 하며 모든 비용은 명시되어야 한다. BBC 방송은 런던 서부에 위치한 기존 화이트시티 원(White City One) 건물 옆에 3개 동으로 구성된 화이트시티 투(White City Two) 개발 사업을 추진하였다. BBC는 계약 체결 후 300회에 달하는 설계 변경을 했으며 그 결과 계약 금액 2억 1천만 파운드의 29%에 달하는 6천만 파운드의 비용 상승을 초래했다.[12] 이에 대해 BBC는 위 6천만 파운드는 건설 프로젝트의 일부가 아닐 뿐 아니라 투자 계획 원안이 수립될 때 이미 알고 있었던 것이라고 주장했다.[13] 그러나 사업 타당성 평가 시 전체 사업비에 포함되지 않은 것이었다.

• 계약 비용에 대해서도 엄밀한 검토가 필요하다. 물론 2천만 파운드 이하 작은 규모 계약의 경우 계약 절차에서 간접 비용이나 관련 자문 비용의 타당성을 보다 큰 사업 포트폴리오에 포함시켜 함께 검토하는 등 별도로 확인하지 않는 경우도 있다.

---

11) Comptroller and Auditor General (2005) *The Termination of the PFI Contract for the National Physical Laboratory* (HC 1044, Session 2005-2006).

12) Public Accounts Committee (2006) *The BBC's White City 2* Development, HC 652, Twenty-fourth Report of Session 2005-2006, The Stationery Office, London.

13) Public Accounts Committee (2006) *The BBC's White City 2 Development*, HC 652, Twenty-fourth Report of Session 2005-2006, The Stationery Office, London.

6.4 최선의 제안이 선정되었는가?

민간 참여(PPP/PFI)에 대한 평가 결과들을 보면 전체 조달 절차를 연계된 상호 의존적인 일련의 활동으로 접근해서 단계적으로 쌓아가야 최종적으로 바람직한 결론에 다다를 수 있음을 지적한다. 예를 들어 최선의 제안(best bid)이라는 것은 입찰에 참여한 제안 중에서 가장 나은 것을 선택한다는 의미인 만큼 앞 절에서 논의했듯이 프로젝트 디자인부터 잘 하고 경쟁을 이끌어내는 것이 새삼 중요하다. 그렇게 했더라도 여전히 위험 요인을 배제하기는 쉽지 않다.

국세청과 관세청은 소관 부동산의 소유 및 관리 업무를 민간 컨소시엄에 이전하여 20년에 걸쳐 3억 파운드의 예산을 절감하기 위한 전략적 민간 부문 이전 PFI 계약을 15억 파운드에 체결하였다. 높은 경쟁으로 인해 이 계약은 다른 입찰자들보다 5억 파운드나 낮은 가격으로, PFI 방식 이외의 다른 대안과 비교해서도 3억 파운드가 낮은 수준에 체결되었다. 지나친 저가 계약은 장기적으로 지속 가능하지 않음을 고려할 때 플랜 B의 필요성을 심각하게 고려해야 할 상황이었다.

그러나 세입 담당부처의 입장에서 이 계약은 예산을 크게 절감할 수 있는 너무나 좋은 기회였다. 두 기관은 계약 체결 업체가 외국인 주주들의 소유라는 사실을 알고 있었지만, 해당 업체의 납세 구조나 계약 기간 종료 시점까지 계속 해당 자산을 해외 위탁 방식으로 보유하고자 하는지 등에 대해 명확히 파악하지 않았다. 조세 회피를 통해 합법적으로 확보할 수 있는 이익을 믿고 계약 업체가 저가 입찰을 했을 가능성도 없지 않았다.

최선의 제안을 선정하는 데 핵심 이슈는 계약자가 계약을 잘 이행할 수 있도록 인센티브를 설계하는 것이라 할 수 있다. 계약 체결이 완료될 때까지 인센티브 구조에 대한 세부사항을 내버려둔다면 여러 사례에서 볼 수

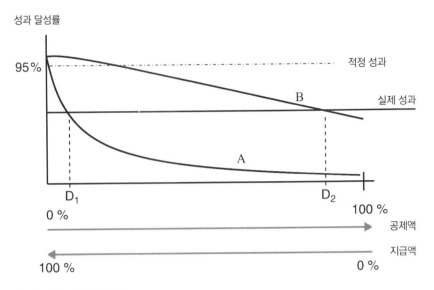

박스 6.6: PPP/PFI 운영 시스템의 성과 인센티브

출처: 영국 감사원(NAO)

있듯이 최선의 결과로 연결될 가능성이 없다. 뿐만 아니라 이 경우 민자 사업 계약하에서 잘 작동할 수 있는 성과관리 시스템 역시 기대하기 어렵다. 민자 사업 계약은 산출물에 대한 대가 지불에 기초하며, 산출물 전달에 대한 평가는 계약에 규정되어 있는 평가 기준들을 토대로 이루어져야 한다. 성과를 받아들일 수 있는 수준이라 함은 계약 대가를 전액 지급받을 자격이 있다는 의미이다. 이러한 맥락에서 너무 완벽한 수준을 요구하는 것은 값비싼 대가 지불로 이어진다. 완벽함을 약간 완화할 경우 실질적인 영향은 최소화하면서 보다 경제적인 해결책을 찾을 수 있는 경우가 종종 있다. **박스 6.6**에서 볼 수 있듯이 평가 기준 대비 95%의 성과 수준이 주로 목표로 정해지고 있다.

박스 6.6에는 성과 달성 수준별 공제액을 보여주는 2개의 커브가 있다.

A는 성과 달성률이 낮아짐에 따라 공제액의 증가가—다시 말해 지급액의 감소가—상대적으로 작다. 반면 B는 성과 달성률이 낮아짐에 따라 공제액의 증가가—다시 말해 지급액의 감소가—상대적으로 크다. 동일한 성과에 대하여 A의 공제액(D1) 보다 B의 공제액(D2)이 훨씬 더 크다는 것을 알 수 있다.

높은 성과를 장려할 수 있는 인센티브와 계약 체결에 대한 관심을 축소시킬 수 있는 공제(deduction) 간의 밸런스를 이루기 위해서는 적정한 삭감 스케줄을 설계하는 것이 필수적이다. 그동안의 경험을 통해 파악된 이슈는 다음과 같다.

• 계약에 포함되지 않은 사건이 발생할 가능성은 항상 있다. 예를 들어 PFI로 설립된 병원에 엄청난 폭설이 내렸을 때 주차장에 쌓인 눈을 치울 책임이 누구에게 있는지가 불확실한 상황이었다. 이 경우 모든 당사자가 참여하는 상식적 접근법으로 해결되어야 할 것이다.

• 실용적 접근과 보다 시간이 많이 걸리는 계약 해소 절차 간의 밸런스를 유지해야 한다.

• 실용적 접근과 관리에 필수적인 성과관리 시스템이 유의미한 정보를 제공할 수 있게끔 하는 것과도 밸런스를 찾아야 한다.

• 측정 기준에서 주관적 요소가 최소화될 경우 시스템이 더 잘 작동한다.

• 엄밀한 경영관리 시스템을 적용할 때에는 관계의 문제가 대두될 수 있으며 공공 부문과 민간 부문 간의 협력과 사업 목적에 대한 견해를 서로 공유함으로써 관계 문제 극복이 용이해진다.

조금 다른 차원이지만 제안을 선정하는 데 매우 중요한 이슈가 리스크에 대한 가격 책정 문제이다. 공공 부문은 PFI 제안의 경제학에 대해 충분히 이해하고 민간 참여를 모든 리스크를 민간 부문에 이전하는 기회로 오해하지 말아야 한다. 민간으로 모든 리스크를 이전하는 것은 매우 값비싼 선택이며 형편없는 재정가치가 될 것이다. 리스크를 가장 잘 관리할 수 있는 측이 리스크를 부담해야 하는 것이 원칙이다. 예를 들어 민간의 계약업체는 민자 교도소의 수감자 수를 통제하거나 민자 도로 이용 차량 중 사용료 면제 차량을 정할 권한이 전혀 없다. 이러한 정책적인 수요 리스크까지 떠안게 된다면 계약업체는 가격을 신중하게, 즉 높게 결정할 수밖에 없을 것이다. 이러한 종류의 리스크는 통상 공공 부문이 안는 것이 최선이다.

사업 초기에는 이전 가능 여부가 불투명했던 리스크가 경험이 쌓이게 되면서 보다 예측 가능해지고 따라서 이전 범위는 늘어나게 된다. 건물을 세우면서 고대 유물 잔해의 발견으로 인한 지연 리스크는 점차 민간 부문으로 이전되고 있는데 그 근거는 적어도 런던의 경우 이 가능성은 항상 존재해왔기 때문이다.

검토가 필요한 리스크의 범위는 아래와 같이 다양하다.

• 디자인 및 건설(design and construction): 프로젝트가 정해진 시간과 예산을 초과해서 전달된다.

• 발주 및 운영 비용(commissioning and operating costs): 프로젝트는 요구한 대로 작동하지 않고 계획보다 운영 비용이 더 많이 소요된다.

• 수요 리스크(demand risk): 산출량이 다 필요한 것은 아니다. 예를 들어 의학의 발달로 인해 입원 기간이 단축되고 필요한 병원 시설 수가 감소한다.

• 잔존 가치(residual value): 계약 기간 종료 후 자산을 보유하게 되는 측이 안게 되는 리스크가 있다.

• 기술 변화로 인한 노후화 리스크(technological and obsolescence risk): IT 분야에서 흔히 발생하며, 기술 진보로 인해 솔루션의 상대적 가치가 급속하게 하락한다.

• 규제 리스크(regulatory risk): 새로운 법규와 과세로 프로젝트는 악영향을 받는다.

• 프로젝트 파이낸싱 리스크(project financing risk): 민간 부문이 자본을 조달할 수 있는지, 가능하다면 주식 발행 또는 은행 대출 방식인지, 프로젝트 성공 시 더 낮은 이자율로 리파이낸싱이 가능한지 등이 해당된다.

• 계약 불이행(contractor default): 계약자가 계약을 이행하지 못하게 되었을 때 공공 부문은 '플랜 B'를 갖고 있는지, 또 계약 불이행에 따른 보상을 받을 수 있는지 등이 해당된다.

• 정치적 리스크(political risk): 정부 교체 또는 정책 전면 재조정으로 인해 프로젝트가 취소되는 경우가 있을 수 있다.

이상의 리스크에 대한 책임을 누가 지는 것이 좋을지 모든 당사자들로부터 의견을 제시받을 필요가 있다. 물론 최종 책임은 PPP/PFI 계약을 통한 공공서비스를 지속적으로 제공해야 하는 정부 측에 있다. 일례로 채널터널을 통해 런던과 유럽 대륙을 연결하는 채널터널 레일링크(Channel Tunnel Rail Link) 사업은 58억 파운드 프로젝트로 PFI 방식으로 추진되었다. 그러나 지나치게 낙관적인 승객 전망치로 인해 시장에서는 민간 컨소시엄에 대한 투자가 이루어지지 않았다. 컨소시엄은 리스크가 현실화될 경우에 대비하여 리스크를 지탱할 만한 재무적 능력이나 자기자본이 부족했고, 이에 따라 정부는 결국 모든 채무에 대한 보증을 제공할 수밖에 없었다. 다행히 아직까지 정부 측의 추가적인 재정 지원 사태가 발생하지는 않았다.[14]

---

14) Comptroller and Auditor General, *Progress on the Channel Tunnel Rail Link* (HC 77, Session 2005-2006).

끝으로 입찰 후 계약에 실패한 제안에서 활용할 수 있는 정보는 없는지 생각해보자. 입찰에 성공한 제안이 현 입찰 조항을 반영하고 있다면, 실패한 제안에는 현 입찰 규정의 취약점을 보여줄 수 있는 정보가 포함되어 있을 수 있다. 범죄기록국(Criminal Records Bureau)은 여권청(Passport and Records Agency)과 계약자 간의 PPP를 통해 설립되었는데, 그 목적은 범죄 기록에 대한 접근을 확대함으로써 고용주들이 정보에 기반한 채용 결정을 내릴 수 있도록 하려는 것이다. 범죄기록국 계약에 실패한 제안들은 공통적으로 (1) 일정 계획의 현실성, (2) 정보 공개 신청의 85%가 전화로 이루어진다는 가정에 대해 의문을 제기하고 있었다. 여권청은 최종 후보 업체의 제안에 대한 독립적인 타당성 검증을 실시한 반면 다른 입찰 참가자들의 제안에 포함된 경고 징후에 대해서는 적절한 관심을 기울이지 않았다.[15]

6.5 계약이 합리적인가?

박스 6.4의 네 번째 핵심 질문은 재무적으로 확정을 해야 하는 시점이 가까워지면서 계약이 합리적인지를 살펴봐야 한다는 얼핏 보면 매우 단순한 요건일 수 있다. 결론적으로 말하자면, 지금까지 진행된 모든 것들이 여전히 사업 목표에 부합하는지 확인하는 일이다. 계약 설계, 입찰, 우선 협상 대상자 단계를 거치면서 프로젝트는 수많은 소소한 변경사항이 만들어지게 되고 원래 생각했던 비전으로부터 상당히 벗어날 수 있다. 따라서 고위 관리자들은 다음과 같은 이슈에 대해 검토, 확인할 필요가 있다.

---

15) Comptroller and Auditor General, *Criminal Records Bureau Delivering Safer Recruitment?* (HC 266, Session 2003-2004).

- 계약서는 협상을 통한 최종 합의안을 반영하고 있는가?
- 합의안은 여전히 감당할 수 있는 수준인가?
- 제안 가격이 지나치게 낮은 것은 아닌가?(학교와 철도 등의 분야의 PFI 공사업체인 야비스(Jarvis)사가 거의 도산하게 된 데는 여러 요인이 작용했겠지만 저가 입찰이 분명 그 중요한 요인이었다.)
- 시설 인계 및 종료 조건이 명확하게 규정되어 있는가?
- 성과지표 설정은 사업 요건과 합치되도록 정해졌는가?
- 변화하는 요건에 대응 가능한 적절한 계약 조항이 있는가?
- 전체 계약 기간에 걸쳐 재정성과를 평가할 수 있는 메커니즘이 있는가?

마지막 두 이슈는 PPP/PFI의 계약 기간이 장기이기 때문에 제기된 것이다. 예를 들어 30년이라는 장기 PFI 계약의 경우 서비스의 변경은 필연적일 수 있고, 이때 새로운 계약자가 기존 계약자보다 더 나은 가치를 제공할 것으로 보일 수가 있다. 그러면 가격이나 다른 변경 사항을 둘러싼 분쟁을 해결하기 위한 적절한 절차가 필요해진다. PPP/PFI 계약 기간 중 일정 간격을 두고 비용을 벤치마크하기 위한 절차가 이제는 표준으로 자리 잡았다. 그러나 이 절차가 기대만큼 잘 작동할지, 그리고 어떤 교훈이 있을지 파악하기에는 아직 너무 이르다.

6.6 PPP/PFI 운영단계에서 장기적인 재정성과의 확보

2007년 현재 영국에서는 700개 이상의 PPP와 PFI 계약이 체결되었고 이 가운데 500여 개가 운영 중이다. PPP/PFI 프로젝트가 장기간에 걸친 운영 단계에서 높은 성과를 거둔다면 프로젝트 착수에서 종료까지의 전체적인 재정성과를 확보하는 데 상당한 도움이 될 것이다. 현재 운영 중인 계

박스 6.7: PPP/PFI 프로젝트 운영단계에 있어 재정성과 확보를 위한 4대 질문

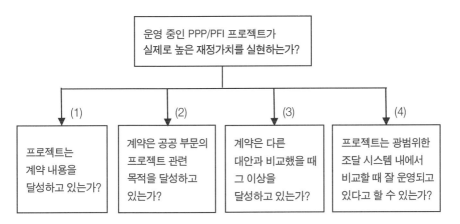

출처: 영국 감사원

약이 상당수에 이르고 또 점차 증가하고는 있지만, 전체 계약 기간에 비해 상대적으로 운영 기간은 짧기 때문에 우리가 아직 전체를 파악했다고 하기는 어렵다. 그럼에도 **박스 6.7**에서와 같이 4개 핵심 질문 접근을 통해 운영 단계에서의 재정성과 확보를 위한 기본적 원칙을 제시할 수 있다.

6.6.1 원하는 것을 제공하고 또 얻고 있는가?[16]

프로젝트가 운영 단계에서 계약 내용의 성과를 내고 있는지 살펴보고자 한다면, 곧바로 프로젝트 착수 이후의 모든 과정이 상호 연결되어 있음을 알게 된다. 즉, 계약 협상 과정에서 적절하고 실행 가능한 성과관리 시스템이 마련되지 못했다면 공공 부문은 계약에서 약속한 것이 운영 단계에서

---

16) 역주: 6.6.1은 박스 6.7의 질문 (1), (2)와 관련이 있다.

전달되었는지 여부를 파악할 방도가 없다. 따라서 **박스 6.7**에는 몇 가지 근본 원칙을 제시하였다. 이에 더해, 계약에서 규정한 대로 산출물이나 서비스가 전달되었지만 단기적으로 변경이 필요하거나 장기적으로 니즈의 변화가 있을 때에 대비하여 효과적인 변화 관리 절차가 필요하다.

현재까지의 경험에 비추어 볼 때 PPP/PFI 프로젝트를 통해 무엇을 달성했다고 할 수 있을까? PPP/PFI 시설은 이전과 비교했을 때 새롭고 우수하다. 예를 들어 건강 분야의 리프트(Local Improvement Finance Trust, LIFT) 사업은 오래된 건물과 의사들을 위한 상담실을 현대적인 건물로 대체하는 것이다. 현재까지 진행 상황을 평가해보면 이 사업은 지역의 이해관계자들로부터 호평을 받고 있다. 물론 일부 제안은 이전 건물에 비해 임대료가 상승함에 따라 지역의 반대에 직면하기도 했다. 새 건물에서는 1차 진료의 경우 간단한 수술과 스캐닝을 포함해 제공 가능한 서비스가 이전보다 훨씬 확대되었다. 특히 일반의(GP) 상담의 80%를 차지하는 만성질환 관리가 개선될 것으로 보인다.[17] 이와 유사한 조달 모델이 중고등학교를 비롯한 다른 분야에서도 이미 활용되고 있다.

민자 교도소 사례에서의 성과는 일정하지 않아 보인다. 2003년 민자 교도소 감사의 결론은 다음과 같이 요약될 수 있는데 이는 다른 분야에도 시사하는 바가 있다.

교도소 부문 감사 결과만을 놓고 보면 민간투자사업(PFI) 방식의 활용이 성공을 보장하거나 명백한 실패를 초래한다고 결론짓기 어렵다. 공공서비스를 제공하는 다른 방식과 마찬가지로 성공 사례와 실패 사례가 공존하며 이를 하나의 요

---

17) Comptroller and Auditor General, *Department of Health Innovation in the NHS: Local Improvement Finance Trusts* (HC 28, Session 2005-2006).

인만으로 설명할 수 없다. PFI는 분명 고무적인 결과도 있지만 실망스러운 결과를 초래하기도 하였다. 그러나 분명한 점은 경쟁 도입이 스탠다드 향상과 교정 시스템 전반의 효율성 개선에 유용했다는 것이다.

PPP/PFI의 성공을 위해서는 무엇보다도 계약 당사자들 간의 신뢰가 형성, 유지되어야 한다. 그렇지만 민간과 공공 부문 간의 문화적 차이로 인해 신뢰 확보가 쉽지 않은 경우가 흔히 발생한다. 많은 공무원을 비롯한 공공 부문 종사자들은 민간 부문을 돈에만 관심을 갖는 영악하고 원칙 없는 집단으로 보는 반면, 민간 부문의 많은 이들은 공무원들을 현실 세계와 동떨어진 규정만 따지는 관료주의자로 간주한다. 이 같은 태도로는 실질적인 협력이 어려워진다. PPP/PFI 초기에는 민간 부문을 다루는 최선의 방법이 촘촘한 계약을 통해 계약업체에 모든 리스크를 부담시키면서, 제대로 성과를 내지 못할 경우 페널티를 주고 필요하면 법정에 세우는 것이라고 공공 부문은 종종 생각했다. 민간 부문은 계약조건에 시비를 걸고 리스크에 대비하여 최고의 가격을 부과함으로써 공공 부문의 접근방법에서 빠져나가려고 궁리하였다. 하지만 PFI와 PPP가 성공적으로 운영되기 위해서는 불신에 기초한 접근방법을 극복하는 것이 필수적이다.

계약서에 명시된 산출물을 얻는 것이 프로젝트 성공의 전부가 아니다. 명시된 산출물이 비록 사용자와 발주자가 원하는 바와 정확히 일치한다고 해도 마찬가지이다. 새로운 공공서비스를 제공하기 위한 시설은 당연히 이전과 비교할 때 뛰어나야 한다. 보다 근본적인 질문은 다른 조달 방식을 사용했을 때 얻을 수 있는 산출물보다 민자 방식이 더 뛰어난 무엇인가를 갖고 있느냐는 것이다. 앞에서 언급했던 민자 교도소 관련 벤치마킹 감사가 좋은 예이다. **박스 6.8**에는 교도소 간수들이 수감자들을 얼마나 인격적으로 대하는지에 대해 수감자들을 대상으로 실시한 설문 결과를 정리했는

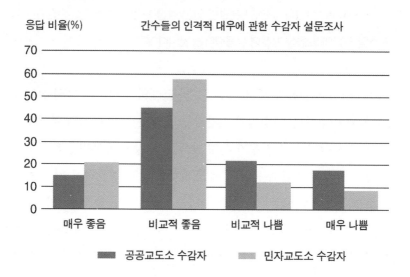

박스 6.8: 교도소 수감자들의 인격적 대우에 관한 견해 비교

응답 비율(%)　　　간수들의 인격적 대우에 관한 수감자 설문조사

공공교도소 수감자　　■ 민자교도소 수감자

설문 응답자 수: 공공교도소 1,073명, 민자교도소 761명. 분석 결과 두 집단의 응답 결과의 차이는 통계적으로 유의하게 나타남 (2 sample Wilcox rent sum test)
출처: Comptroller and Auditor General, *The Operational Performance of PFI Prisons* (HC 700, Session 2003-2004).

데, 민자 교도소와 공공 교도소를 비교했을 때 민자 교도소가 모든 카테고리에서 통계적으로 유의한 개선 효과가 있는 것으로 나타났다.

6.6.2 다른 대안과 비교했을 때 그 이상을 하고 있는가?[18]

박스 6.9에서는 잉글랜드에서 PFI 방식으로 초기에 추진된 8개 대형 병원과 통상적인 재원 조달 방식으로 추진된 비슷한 규모의 8개 병원을 각각

---

18) 역주: 6.6.2는 박스 6.7의 질문 (3)과 관련되어 있다.

박스 6.9: 민간투자사업(PFI) 병원과 전통적 재원 조달을 통한 병원 간의 성과 비교

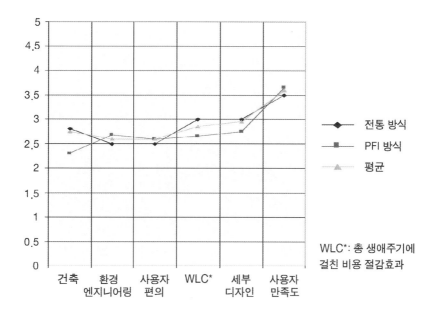

출처: NAO, *Building Research Establishment Survey of Hospitals*, 2005.

선정하여 그 성과를 비교 제시하였다.

최근에는 거의 모든 대형 병원이 PFI 방식으로 건설되고 있기에 두 방식 간의 비교가 생각처럼 단순하지는 않았다. 각 사례가 갖는 다양한 특징, 입지, 전문 분야(예를 들어 대학 부설 병원인지) 등을 표준화할 필요가 있었다. 비교는 6개 분야에 대해 실시하였는데 각 분야별로 세부 판단 기준(sub-criteria)을 마련하여 최대한 주관적 판단을 배제하고자 하였다. 예를 들어 디자인의 품질에 대한 평가 시 주관적 판단이 우려될 수 있다. 평가 점수는 0~5점 사이에 분포하며, 그림에서 볼 수 있듯이 방법론의 불확실성을 고려할 경우 두 조달 방식 간의 차이는 거의 없는 것으로 나타났다.

약간 차이는 있지만 연관된 질문이 'PPP/PFI 방식의 선택이 장기적으

로 최선의 제안이었음을 보여주는 증거가 있느냐' 하는 것이다. 민간 부문 투자 주주에게 귀속된 투자 수익을 살펴보는 것이 한 방법일 수 있는데 대부분의 계약은 관련 자료를 확보하기가 쉽지 않다. 한편, 상당수 프로젝트가 리파이낸싱으로 재무구조 변경을 거치게 되는데 이는 해당 공공기관과의 합의를 통해 이루어지기에 관련 정보 파악이 상대적으로 용이하다.

건설 관련 리스크가 해소되고 계약대로 서비스 공급이 이루어지는 등 종전보다 좋아진 상황에서의 리파이낸싱(refinancing)은 차익 발생, 추가 이익 공유의 문제 등 PFI 관련 많은 논란을 불러왔던 이슈이다. 영국 감사원 감사 결과 대부분의 초기 PFI 계약의 경우 투자자 내부수익률(IRR)을 15 내지 17%로 기대하고 계약이 이루어진 것으로 나타났다.[19] 감사원이 입수한 리파이낸싱 자료를 보면 IRR은 10% 이하에서 70% 이상까지 넓은 분포를 보였다. 절반에 가까운 프로젝트가 처음 계약 체결 시점의 기대 수익률에서 큰 변동이 없었으며, 4개 프로젝트에서—정보를 제공한 프로젝트의 5분의 1에 해당한다—리파이낸싱 수익을 포함할 경우 IRR이 50% 이상 수준으로 상승한 것으로 나타났다(**박스 6.10** 참조). **박스 6.10**에는 기존 프로젝트 중 리파이낸싱 수익을 공공 부문과 공유하는—처음에는 30%였으나 최근 체결되는 계약은 50%를 공유한다—조달청과 영국산업협회 간의 자율적 기준(voluntary code)의 적용을 받는 리파이낸싱 숫자도 제시되어 있다. 이 기준은 영국 감사원의 리파이낸싱 수익에 대한 감사 결과 이후 도입된 것이다.[20] 과연 이 같은 높은 수익률이 초기 PFI에서 투자자 및 크레딧 제공자들이 인식한 높은 리스크를 적정하게 반영한 것인

---

19) UK NAO, *A Framework for evaluating the implementation of Private Finance Initiative projects*, Vols 1 and 2.

20) HM Treasury (2002) *Refinancing of early PFI transactions – Code of Conduct.*

박스 6.10: 리파이낸싱 후 PFI 프로젝트의 내부수익률 분포

리파이낸싱 후 IRR(%)	자율적 기준에 따라 수익을 공유한 리파이낸싱 수*	기타 리파이낸싱 수	합계
70+	2	-	2
60~70	1	-	1
50~60	1	-	1
40~50	-	1	1
30~40	-	1	1
20~30	-	1	1
10~20	3	7	10
0~10	-	3	3
합계	7	13	20
무응답, 반송, 미완결 정보	8	8	16
설문 대상 PFI 프로젝트 수	15	21	36

* 수익 공유 조항이 계약에 있었으나 실제로는 조달청(Office of Government Commerce, OGC)과 영국산업협회(Confederation of British Industry, CBI) 간 체결된 '자율적 기준'에 따라 공유가 이루어진 리파이낸싱. 영국 감사원과 의회 공공회계위원회 보고서 이후 OGC와 CBI가 동 기준 도입에 합의하였고 리파이낸싱 수익의 30%를 공공 부문과 공유하고 있음.

리파이낸싱 후 투자자 IRR이 가장 높은 3개 프로젝트

프로젝트	리파이낸싱 수익	리파이낸싱 전 IRR	리파이낸싱 후 IRR	주요 최초 투자자
Debden Park School	100만 £	16%	71%	Jarvis PLC, Barclays Capital
Bromley Hospital	4,500만 £	27%	71%	Innisfree, Barclays, Taylor Woodraw Construction
Norfolk & Norwich Hospital	1억 1,600만 £	16%	60%	Innisfree, Barclays, Private Equity, 3i PLC & Serco Group

출처: Comptroller and Auditor General, *Update on PFI Debt Refinancing and the PFI Equity Market* (HC 1040, Session 2005-2006).

지 아니면 처음부터 계약 가격이 과도하게 높게 책정되었던 것인지는 여전히 밝혀야 할 과제로 남아 있다. 그러나 PPP/PFI 시장이 성숙해지면서 리파이낸싱 수익이 대규모로 발생하는 시기는 지나갔다고 할 수 있다.

여기서 얻을 수 있는 교훈은 다음과 같다.

• 처음부터 계약을 잘 체결해야 이후 민간 부문이 막대한 이익을 벌어들이는 상황을 최소화할 수 있다.

• 수익 공유가 가능한 메커니즘을 계약에 포함하는 것이 중요하다.

• 공공 부문은 특히 민간 부문의 채무 수준이 증가하거나 계약 기간이 확대되는 경우 관련 리스크에 대해 매우 세밀한 평가를 실시해야 한다.

• 공공 부문이 리파이낸싱으로부터 최선의 딜을 확보하기 위해서는 강경하면서도 현실적인 협상 자세가 필요하다.

리파이낸싱 결과 창출되는 높은 수익 문제는 의회 공공회계위원회가 이를 두고 "도저히 받아들일 수 없는 자본주의의 민낯"이라고 비판할 정도에 이르렀다.[21] 이후 그러한 방식의 리파이낸싱에 대한 유인은 줄어들었지만 프로젝트를 개발한 민간 컨소시엄이 보유 지분을 매각할 수 있는 '유통 시장'(secondary market)의 발전은 촉진되었다. 보험사와 연기금 회사와 같은 지분 구매자들은 보험료 및 연금 납입금을 재원으로 대규모 투자가 가능하고, PFI 프로젝트가 수십 년에 걸쳐 창출하는 현금 흐름이 그들의 부채 흐름과 서로 매치가 되는 등 PFI 지분을 상당히 매력적인 투자 대상으로 볼 수 있다.

런던주식시장에서 거래되는 PFI 투자펀드의 수는 아직 소수이지만 점

---

21) Committee of Public Accounts (2006) *The Refinancing of the Norfolk and Norwich PFI Hospital* (35th Report, Session 2005-2006).

차 더 많은 펀드가 조성되고 있다. 주가가 갖는 높은 가시성은 투자펀드로 하여금 PFI 프로젝트가 보다 잘 운영되고 높은 수익으로 연결될 수 있도록 유도하는 규율로 작용할 수 있다. 연기금이나 유사한 기관 투자자는 비상장 기업보다는 상장 기업을 중심으로 투자를 허용하는 내부 자산운용 규칙의 적용을 받기 때문에 상장된 PFI 투자펀드가 더 매력적인 투자 대상이 될 수 있다.

그 결과 PFI에 대한 2차적인 투자 수요는 증대했으며 이들 펀드 가치는 상승했다. 이전에는 2차 투자자들이 펀드 주식을 매입할 때 예상 현금 흐름에 적용하는 할인율이 7~8% 선이었는데 최근에는 5%까지 하락하여, 높아진 가치를 잘 보여준다.

이와 같은 PFI 자산 가치의 증가로 인해 공공 부문이 계약 체결 시 너무 높은 가격을 지불한 것이 아닌가 하는 의문이 재차 제기되었다. 이에 대한 반대 논리는 가치의 증가는 다름 아닌 세컨더리 PFI 펀드 매니저의 품질에 기인한다는 것이다. 그러나 이것이 사실이라 하더라도 점차 관련 경험이 축적됨에 따라 공공 부문은 최초의 계약 가격 산출 시 프로젝트 후속 단계에 발생 가능한 효율성 개선 효과를 고려해야만 하게 되었다.

6.6.3 민자 방식이 전체 조달 시스템 내에서 잘 작동하는가?[22]

아직 충분한 검토가 이루어지지 않은 이슈가 PPP/PFI 조달 방식이 전체 조달 시스템 내에서 얼마나 잘 작동하느냐 하는 것이다. 물론 이 문제는 PPP/PFI 뿐 아니라 다른 모든 조달 방식에도 똑같이 적용해야 할 검토 사항이기는 하다. 도로는 전체 도로망의 일부분이며, 학교와 헬스케어 시설

---

22) 역주: 6.6.3은 박스 6.7의 질문 (4)와 관련되어 있다.

역시 각각 지역 교육 및 헬스 경제의 한 부분이다. 개별 사업의 타당성은 이 점을 반영할 수도 있고 반영하지 않을 수도 있으며, 이는 운영상의 어려움으로 연결될 수 있다. 일례로 웨스트 미들섹스 PFI 대학병원은 헬스 시스템 내 다른 부분으로부터 자금 지원을 받아야만 운영비를 지급할 수 있었다.[23] 특정 분야에 대한 펀딩 규모는 한정되어 있기 때문에 PFI 계약에 대한 결정만 따로 분리해서 할 수 없는 상황이다.

6.7 미래를 향한 최적 사례

민자 사업에 관한 감사 활동은 지속될 것이며, 특히 보다 나은 재정가치를 확보하고 목표가 달성되었는지를 평가하는 업무의 경우 더욱 그러하다. 지식이 축적되면 분석적 조사(analytic microscope)의 효력도 배가된다. 아쉽게도 본서의 목적은 감사인이 사용할 수 있는 접근방법을 아주 세부적으로 소개하는 것은 아닌 만큼 관심 있는 분은 영국 감사원 보고서를 참조하기 바란다.[24]

감사 결과를 토대로 프로젝트를 전체 6단계의 생애 주기로 구분하여 6개의 횡단적 주제에 대해 검토해볼 수 있다(**박스 6.11** 참조). 그 결과를 매트릭스 형태로 표시하였는데 각 셀에는 상위 수준의 감사 질문이 제시되어 있다. 이 질문은 사후적 평가 활동을 주된 목적으로 개발되었지만 민자 사업 발전 자체에 관심 있는 이들에게도 유용하게 활용될 수 있다.

향후 도전 과제는 PPP/PFI 계약이 과연 새로운 변화 요구에 대응할 수

---

23) Public Accounts Committee (2003) *The PFI Contract for the Redevelopment of West Middlesex University Hospital,* HC 155, 19th Report, Session 2002-2003.

24) NAO (2006) *A Framework for Evaluating the Implementation of Private Finance Initiative Projects,* Vols 1 and 2.

구분	전략적 분석 단계	입찰 단계	계약 체결 단계	운영 준비 단계	초기 운영 단계	운영 안정 단계
사업 요구사항 충족	사업 계획에 산출물이 명확한가	산출물, 지불 및 측정 규정이 마련 되었는가	계약 및 프로젝트 전략은 수립 되었는가	요건에 맞는 자산이 전달 되었는가	계약 요건을 충족하는가	서비스 제공이 비즈니스 요구사항을 충족하는가
조달 방식으로 PFI의 적합성	PFI 방식의 타당성이 명확한가	입찰 제안이 현 성과수준 베이스라인 에 혁신을 더하는가	PFI 방식의 적합성을 검토했는가	베이스라인 성과 수준을 파악하고 있는가	건설 결과물 하자 발생 시 계약 중단을 검토했는가	PFI 계약이 기대성과를 내는지 평가했는가
이해 관계자의 지원	핵심 이해관계자를 명확히 규명하고 의견을 수렴 했는가	핵심 이해관계자의 지원이 있는가	이해관계자 지원이 유지되고 있는가	이해관계자에게 진전 상황이 공유 되었는가	이해관계자 만족도를 평가했는가	이해관계자 만족도를 지속적으로 평가하는가
프로젝트 관리의 질	프로젝트 관리시스템은 설계되어 있는가	프로젝트 관리 구조는 효과적인가	현 계약이 최선의 제안인가	운영 단계 계획은 수립되어 있는가	계약 관리를 위한 기술과 관계는 적정한가	계약 관리를 위한 적정기술과 관계를 유지 하고 있는가
비용, 품질, 재원 조달 간의 균형	최적 결과에 대한 기초 자료는 확보 했는가	원하는 입찰 제안은 접수 되었는가	가격과 품질 간의 밸런스는 적정한가	변화가 재정가치를 달성하고 있는가	계약 가격이 여전히 부담 가능한 수준인가	품질과 가격 부담이 최적화 되었는가
리스크 관리의 질	프로젝트 리스크는 규명했는가	적절한 리스크 관리 절차는 마련했는가	리스크 이전에 대한 적절한 합의가 이루어졌나	리스크 감소 절차가 작동하고 있는가	리스크 이전이 계약대로 진행되고 있는가	리스크 관리 절차가 운영 경험을 토대로 업데이트 되었는가

출처: NAO (2006) *A Framework for Evaluating the Implementation of Private Finance Initiative Projects* (Vol. 2).

있을 만큼 유연성을 갖출 수 있느냐 하는 것이 될 것이다. 현재까지 밝혀진 바로는 이러한 유연성을 계약에 포함시키는 것이 가능하며, 전달된 결과 물이 보다 장기적 관점에서 사용자가 기대하는 공공 부문의 요건을 만족 할 가능성을 극대화할 수 있다. 이를 달성하기 위해서는 다음과 같은 요소 가 충족되어야 한다.

- 모든 이해관계자와의 자문 절차

- 병원 병동 설계 사례와 같이 실제 상황을 반영한 모의실험 사용
- 디자인에 대한 컴퓨터 애니메이션
- 건물 내 사용자 이동에 대한 컴퓨터 모델링
- 재설정이 간편한 모듈 방식의 디자인
- 향후 확장이 가능할 수 있도록 합리적인 수준의 여유 공간 확보
- 건물 매각 또는 다른 공공 부문에서 다른 용도로 재활용하는 등 복합적 사용을 염두에 둔 디자인
- 공공 부문이 원하는 것을 얻는 데 계약의 역할은 시작에 불과하다는 인식. 해당 지역의 공공 부문과 민자 사업자 간의 전문적 관계 형성이 계약 못지않게 중요함. 영국 감사원 감사 결과 제시한 성공적인 관계 형성을 위한 요소들은 아래와 같음.[25]

- 지방자치단체(또는 공공기관)와 계약업체는 프로젝트에 접근할 때 계약상 이슈와 관계상 이슈 간의 균형을 유지해야 함. 이를 통해 공동 협력의 정신으로 어떻게 상호 협력을 통해 성공적인 프로젝트 결과를 함께 만들어낼 것인지에 대한 비전을 공유할 수 있어야 함.

- 지방자치단체는 계약업체와의 관계 및 프로젝트 재정가치에 대해 정기적으로 점검하고 관계 향상 방안을 찾아야 함.

- 양측의 직원들은 적정한 계약 관리에 필수적인 기술 역량을 보유해야 함. 직원 투입, 훈련 실시, 계약 관리 등의 이슈에 대해 선제적으로 관심을 기울일 때 성공적인 관계의 개발에 기여가 가능함.

---

25) Comptroller and Auditor General, *Managing the Relationship to Secure a Successful Partnership in PFI Projects* (HC 375, Session 2001-2002).

6.8 미래에 대비한 질문

요약하자면 감사인의 시각에서 PPP/PFI 프로그램에 대한 평가 시 최소한 다음과 같은 이슈를 검토해야 한다.

• **PPP/PFI 조달 방식에 따른 추가 차입 비용이 높은 효율성 효과로 상쇄될 수 있는가?**

원칙적으로 가능할 것으로 보인다. 즉, 민간 부문의 전문성에 더하여 이들에 대한 은행이나 다른 대여 기관의 긍정적인 압력이 작용할 경우 과거 공공 부문 사업에 비해 비용 및 품질이 우위에 있는 프로그램을 만들어낼 수 있을 것이다. 그러나 무조건 되는 것은 아니고 성과를 정하고 평가할 수 있는 사례별 분석이 필요하다.

• **핵심 공공서비스까지 계약을 통해 외부에서 조달하는 것이 적절한가?**

이는 정치적 이슈에 해당한다고 할 수 있다. 근대 국가에서 핵심적 공공서비스라 할 수 있는 병원, 교도소 서비스는 외주 방식이 가능했다. 그러나 민간 부문이 군사장비를 공급, 관리하고 있지만 군사 병력과 경찰의 일선 서비스를 제공하지는 않는다.

• **공공 부문 종사자를 PFI 프로젝트 추진을 위해 민간 부문으로 파견하는 것이 불이익에 해당하는가?**

명확한 답은 없다. 파견 공무원의 보수나 근무 여건이 더 나을 수도 있다. 영국의 경우 TUPE(Transfer of Undertakings/Protection of Employment) 제도를 통해 공무원이 파견 전 받았던 보수와 연금 수준을 보장받는다. 물론 장기적으로 공공과 민간 할 것 없이 모든 종사자들이 우선순위의 변경 및 유휴 인력 리스크에 직면할 수도 있다.

• **PFI 민간 파트너들이 사업 추진 관련 모든 세부 지식을 축적하면 사실상 민간 사업자를 대체하기가 불가능한 상황이 초래되는 것은 아닌가?**

이런 우려에도 불구하고 국세청과 관세청 사례를 보면 기존 IT 파트너인 EDS와의 서비스 계약이 종료되면서 경쟁 입찰을 진행하여 캡제미니 사로 교체한 경험이 있다.

• 민자 사업 계약 기간이 20 내지 30년으로 지나치게 긴 것은 아닌가?

운영 기간 중간에 그간의 기술 변화, 효율성 향상 그리고 정부 요구사항 변동 등의 측면에서 프로젝트 및 파이낸싱에 대한 수정, 보완 기회를 갖는 것이 필요하다. 이를 통해 파트너들 간의 리스크 재배분이 있을 수 있다.

• 리파이낸싱과 PFI 세컨더리 마켓이 과도한 이익을 창출하는 도구로 전락한 것은 아닌가?

영국 감사원 감사 결과에 따르면 초기 프로젝트에서—물론 프로젝트가 성공적인 경우에만 리파이낸싱이 가능한데—리파이낸싱을 통해 비합리적인 수준의 수익 창출이 가능할 수 있었다. 리파이낸싱 수익은 공공 부문과 공유될 필요가 있으며 PPP/PFI 계약 자체를 다른 기업에 매각할 때 발생하는 이익 역시 공유해야 하는지 검토가 필요하다.

• 입찰 비용을 정부가 지불하는 것이 적절한가?

PPP/PFI 프로젝트 추진을 위한 입찰에는 상당한 비용이 수반되고 시간도 많이 소요된다. 재정의 일반 원칙은 입찰 참가자들이 입찰 제안에 소요되는 비용을 스스로 부담해야 한다는 것이다. 그러나 영국 정부는 국세청과 관세청의 EDS 경쟁 입찰 사례와 같이 매우 복잡한 대상의 경우 민간 기업의 경쟁 참가를 촉진하고 시장을 지원할 목적으로 실제 입찰 참가 기업을 지원한 바 있다. 이에 대한 명확한 규정은 없으나 영국 정부의 고려는 합당한 성격이라 할 수 있다. 입찰에 소요되는 기간을 당기는 것 역시 매우 중요한 사안이다. 기간이 지체될수록 참가 기업 입장에서 보면 공공 부문의 최종 결정이 내려질 때까지 상당수의 직원과 자산이 대기 상태에 놓이게 되어 입찰 비용을 증가시키게 된다.

박스 6.12: PFI 방식 학교 전임 교장이 전하는 예산 낭비 현실

민간 기업에 의해 건설된 최초의 중고등학교 중 한 곳의 전임 교장은 어제 "비효율적이고, 관료적이며, 예산만 낭비하는" 기업들이 우리 교실을 망치고 있다고 정부를 강도 높게 비판했다.

북런던 엔필드에 위치한 하이랜즈 스쿨 교장직을 지난 4월 사임한 모니카 크로스(56세)는 2,400만 파운드가 투입된 학교의 운영사인 에퀴온이 싸구려 건축 자재를 사용하고 비용을 과다 청구했으며 학생들을 위한 필수적인 서비스를 제공하는 데 실패했다고 고발했다. 그녀는 토니 블레어 수상이 학생 수 1,450명의 학교 테이프를 끊은 지 불과 6년 만에 건물 일부는 벌써 보수가 절대 필요한 상황이라고 주장했는데, 이는 노동당의 간판 정책이기도 한 PFI에 대한 따가운 비판이라 하겠다.

PFI는 원래 보수당의 아이디어였으나 노동당이 1997년 집권하면서 이를 확대 추진한 것이다. PFI는 민간 기업들로 하여금 병원이나 학교와 같은 공공건물 건설 비용을 조달하게 하고 30년까지 장기 계약에 따라 정부로부터 운영 수수료를 받게 된다.

크로스 여사는 사임 후 남부 런던에 위치한 신설 아카데미 스쿨의 교장으로 취임했는데 PFI가 학교를 "마비시켜" 놓았다고 주장했다. "민간 회사가 사회적 양심을 가질 수 있다고 생각하는 것은 지나치게 순진한 판단이다. 실제로 막대한 공공 자금이 낭비되고 있다"라고 그녀는 말했다. "마치 미로와 같은 관료제적 절차로 인해 문손잡이를 교체하는 간단한 요청을 승인받는 데도 수개월이 걸렸다." "첫해에는 시설이 갖춰지지 않아 식품영양 실습실을 한 번도 사용하지 못했다. 컴퓨터도 부족했고 그나마 사양도 너무 낮았다."

그녀는 또한 "우리는 학생들을 위해 최소한의 필수 요소만 제공할 수 있었는데 왜냐면 학교 예산의 많은 부분이 PFI 제도로 흘러들어갔기 때문"이라고 했다.

예산 낭비의 구체적 증거로 크로스 여사는 직원 키친 및 미팅룸을 만드는 데 지역 건설사의 최초 견적가는 18,000 파운드였는데 에퀴온이 여기에 수수료와 이윤 등을 더하자 비용이 37,000 파운드로 증가했다는 사실을 꼽는다.

이에 대해 에퀴온의 대변인은 "에퀴온은 다수 입찰자들이 참여한 경쟁 입찰을 통해 계약을 체결한 것으로 우리는 런던 시 엔필드 구가 제시한 요건을 충족하였을 뿐 아니라 우리가 제시한 솔루션이 적정한 가격 및 높은 재정가치라는 평가를 받았기 때문에 운영사로 선정된 것"이라는 입장을 밝혔다.

끝으로 강조할 점은 PFI나 PPP가 공공서비스를 전환시키는 요술 방망이는 아니라는 것이다. PFI 기반의 서비스의 품질은 달성 가능한 최고 또는 최저 수준이 될 수 있을 정도로 변동성이 매우 크다. **박스 6.12**에는 매우 실망스러운 결과에 대한 사용자의 고발을 다룬 신문 기사를 소개하였다. 물론 이것이 얼마나 일반적일지는 아직 알 수 없다.

그러나 민자 사업에 대한 많은 영국 감사원 감사 결과에서 볼 수 있듯이 다수의 성공 사례도 있으며, 영국 감사원은 각 추진 단계별 핵심 초점에 대한 엄밀하고 깊이 있는 분석과 점검을 통해 프로젝트의 성공을 지원하고 성공 요인을 도출해왔다(**박스 6.13**). 개략적으로 평가하자면, 민관협력은 민간 부문의 한 파트너가 공공 부문 파트너에게 특정 서비스를 제공하는 가장 단순한 방식에서 시작하는 경향이 있다. 예를 들어 특정 민간업체가 헬기 조종사를 훈련시키거나 상업용 차량을 군대에 납품하는 방식이다. 이제 민간 부문이 컨소시엄을 형성하여 복잡하고 일정하지 않은 서비스를 제공하고 있고, 특히 IT 서비스 분야에서 문제가 빈번하게 발생하고 있다. 영국 감사원의 감사 결과를 통한 성공 요인 제시에도 불구하고 재무부는 PFI가 IT 서비스를 조달하기 위한 적절한 방법이 아니라고 결정을 내리는 등 상황이 복잡해지고 있다.

박스 6.13 민간 자본이 과연 공공서비스 전달을 위한 최적의 선택인지 판단하기 위한 감사 초점

민간 부문은 자본을 투입하여 공공서비스를 제공하면서 수익을 거두려고 하는 반면 공공 부문은 PFI의 장단점에 관한 경험이 부족할 수 있는 정책 영역에서 감사인은 독립적 위치에서 역량을 발휘할 수 있다.

감사인은 다음 사항들을 검토하는 데 핵심 역할을 한다.

- 민간 부문의 개입이 과연 공공서비스 전달 목적의 달성에 도움을 줄 것인지
- PFI 조달 방식이 과연 공공서비스를 전달하는 데 공공 부문의 직접 제공, 외주계약 또는 다른 형태의 파트너십 등을 통한 방식과 비교했을 때 최선의 재정가치를 확보할 수 있는지, 아니면 PFI 방식의 선택이 공공 부문의 대차대조표에 그 투자액이 부채로 잡히지 않는다는 이점 때문은 아닌지
- 입찰 참가자들 간의 치열한 경쟁과 리스크를 가장 잘 부담할 능력이 있는 측이 리스크를 지게 되는 최적의 리스크 이전 등을 통해 납세자들에게 최선의 제안을 실현하는 방향으로 PFI 계약이 집행되는지
- PFI 프로젝트의 운영 성과가 기대에 부합하는지, 그리고 운영 초기의 리파이낸싱을 통한 수익이 과도하지 않도록 제한하거나 공공 부문과 수익을 공유하도록 하고 있는지
- 프로젝트에 대한 사후 평가가 엄밀한 방법으로 진행되었는지, 또 이를 통해 최적 사례가 규명되고 필요한 조치가 취해졌는지
- PFI를 통한 조달 방식의 최적 사례가 규명되고 전파되었는지

영국 감사원의 평가 틀은 이상의 이슈에 관한 유용한 가이드를 제공해준다.

출처: 영국 감사원(NAO)

재정가치를 확보하기 위해서는 민간투자사업(PFI) 방식이 갖고 있는 민간의 상대적으로 높은 자금 조달 비용이라는 약점을 상쇄할 수 있는 다른 이점들을 제시할 수 있어야만 한다. 이 문제를 해소하는 하나의 방법은 정부가 정부에 적용되는 이자율로 자금을 조성하여 민간 파트너의 부채 상환에 대한 확실한 보증과 함께 민간 부문에 대여해주는 것이다. 이를 통

해 민간의 자금 조달 비용은 정부 채권 이자율 수준에 근접 가능해진다. 이러한 접근방법은 현재 영국에서 재무부 대출보증제도(Treasury Credit Guarantee Scheme)를 통해 시범적으로 이용되고 있다. 두 개의 병원 건설 프로젝트가 이러한 방식으로 재원 조달이 이루어졌다. 물론 정부 보증 방식이 정당화되기 위해서는 이번 장에서 논의한 성공적인 PFI 및 PPP 프로젝트가 되기 위한 요건의 충족이 전제되어야 할 것이다.

6.9 요약

민자 사업은 다음과 같이 여러 형태로 추진될 수 있다.
- 조인트 벤처
- 프랜차이즈
- 컨세션
- 민간 투자 사업 프로젝트
- 민영화 기업 지분 확보
- 시장성 평가
- 민간 부문의 관리 기법 도입

이 방식들 간의 공통점은 공공서비스를 제공하는 데 민간 부문의 자금과 기술, 경험을 투입한다는 것이다.

이러한 방식을 사용함으로써 재정가치가 확보되었는지 평가하기 위해서 감사인은 다음과 같은 사항을 검토해야 한다.
- 프로젝트의 사업 타당성(재무적 및 정성적)
- 경쟁을 촉진할 수 있는 입찰 방식
- 계약 체결 완료 및 최선의 계약 여부 – 이해관계자 지지, 가격과 품질

에 대한 종합적 고려, 적절한 리스크 이전에 대한 합의 등

- 운영 준비
- 초기 운영 – 계약 관리를 위한 적정 기술 및 관계의 확보
- 안정적 운영 – 기술, 요건, 파이낸싱 등의 변화에 맞춘 적정한 조정

끝으로 감사인은 필요에 따라 다음 사항에 대해 자문을 제공할 수 있어야 한다.

- 민간과의 파트너십에 따른 추가적 자금 조달 비용이 전통적 조달 방식에 비해 우수한 성과로 정당화될 수 있는지
- 입찰 절차 관리에 따른 시간 지연, 입찰 비용 지불의 타당성
- 공공 부문에서 민간 부문으로 파견된 직원에 대한 보호 등 관련 장치
- 분쟁 해결 방안 및 보상금 지불
- 기존 계약 종료 시 필요한 새로운 경쟁 또는 다른 관련 조치의 범위, 그리고 이러한 조치들의 이행
- 계약 취소 시점 및 관리
- 리파이낸싱 조치의 재정가치
- 최초 계약 당사자들 간 리스크 분배 및 계약 체결 후 운영 시 당사자들 간 리스크 배분
- 무엇보다 계약 당사자들 간의 신뢰 구축 및 공통된 사업 목적 공유

7장 규제 - 관료제의 촉수

5장 민영화와 6장 민간투자제도에서 보았듯이 지난 40년간 많은 경제 활동의 중심이 공공 부문에서 민간으로 이동해왔다. 과거에는 산업 활동의 막대한 부분이 국영기업에 의해 수행되었으나 이제 철강, 조선과 같은 중공업뿐 아니라 텔레콤, 수도, 우편 같은 기간산업의 주력 모델은 민간 자본, 민간 소유, 민간 기업이 되었다. 즉 공공 부문의 독점에서 규제하의 민간 부문의 독점으로 변화가 진행되고 있으며, 이와 함께 경제 주체로서 규제기구가 갖는 중요성이 점증해가는 상황이다. 동시에 거의 모든 업무 및 분야에서 정부 규제가 큰 폭으로 증가하고 있다.[1] 이번 장에서는 규제 증가의 원인과 결과, 그리고 그것이 공공감사에 어떤 영향을 미치는지 살펴보기로 한다.

---

1) 규제 확대 현상은 폭넓은 사회적 변화와 문화적 다양성의 증가 등에 의해서도 설명될 수 있다. 보건 및 안전 분야의 실패가 미치는 잠재적 영향에 관한 보다 많은 정보는 정부로 하여금 관련 리스크를 통제하기 위해 규제에 의존하게끔 한다.

7.1 관료제와 규제 증가 - 바람직한 원인과 바람직하지 않은 원인

관료제는 법률 규정과 규제 위에서 번성한다. 노먼 오거스틴은 그의 저서 『오거스틴의 법칙』에서 미국 조달 관련 규제의 증가를 잡초가 자라는 속도에 비유해서 설명하였다.[2] 규제는 잡초처럼 처음에는 무해하게 시작하나 빠르게 뿌리, 줄기, 잎들이 사방으로 퍼져 나가 일단 뿌리가 자리 잡게 되면 제거하기가 무척 힘들다. 이러한 비유는 단지 조달 분야 규제에만 적용되는 것이 아니라 정부가 조직 및 사회에 속한 구성원들의 행태를 통제, 제재, 제한하기 위해 만든 모든 종류의 규제에 동일하게 적용된다. 미국의 조달 관련 법규와 같이 모든 분야의 법규는 잡초처럼 통제 없이 증가하고 있다. **박스 7.1**은 오거스틴의 주장을 그림으로 보여준다.

그렇다면 관료제 국가에서는 왜 규제가 증가할까? 가장 큰 요인은 리스크이다. 규제는 사회가 리스크를 인지하고 대응하는 방식의 산물이라고 할 수 있다. 앞의 장들에서는 오늘날 정부 관리자들이 업무를 수행하는 방식에서 리스크 관리가 갖는 중요성에 대해 설명했으며 이후 9장에서는 이에 대한 심층적 분석을 제시할 것이다. 규제는 이러한 조직 관리의 원칙을 사회 전반에 확대한 것이다. 즉 개인 또는 소비자에 대한 리스크가 사회 내에서 발생할 때 정부의 당연한 대응 형태로 규제가 만들어지는 것이다.

특히 다음 네 가지 리스크에 대한 대응이 규제 증가를 설명하는 데 중요하다.

• **지배적 기업의 시장 남용 리스크:** 국영 기업이 민영화되면서 공공 부문의 독점이 민간 부문으로 이전되는 경향을 종종 볼 수 있다. 민간 독점은 과도한 가격을 부과할 높은 인센티브가 있음을 인식하고 각국 정부는 이

---

2) Augustine, Norman (1997) *Augustine's Laws*, 6th ed., Viking, Virginia.

조달 관련 규제의 쪽수

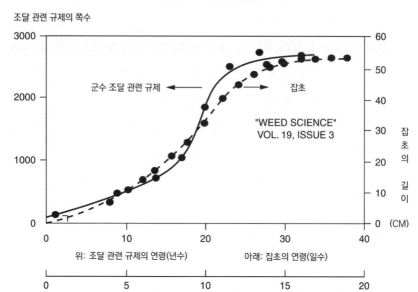

위: 조달 관련 규제의 연령(년수)   아래: 잡초의 연령(일수)

러한 독점적 지위의 남용을 제한하기 위한 독립적 규제기구 설치를 추진해왔다. 영국의 경우 지역별 독점적 지위에 있는 일련의 상수도회사의 민영화 추진은 민영화된 상수도회사의 가격과 서비스를 통제할 책임을 갖는 규제기구인 상하수도감독청(Ofwat)의 설립으로 이어졌다.3) 이와 유사한 규제기구가 우편서비스(Postal Services Commission, Postcomm), 에너지(Office of Gas and Electricity Markets, Ofgem), 텔레커뮤니테이션(Office of Communications, Ofcom) 분야에 각각 설치되었다. 이들 규제기구는 새로이 민영화된 산업의 시장 남용 리스크에 대한 정부의 대응 수

---

3) Ofwat(Office of Water Services)는 상수도사업 인가를 받은 민간 기업들이 맡은 책무를 다하고 소비자의 니즈를 충족시키도록 하는 책임을 갖는다. 이를 위해 상수도 가격과 서비스 품질 목표 수준을 책정한다.

단으로 설립되었으며,4) 최초의 설립 비전을 초월해서 조직의 수명을 연장해가고 있다. 즉, 과거 독점 산업의 경쟁 상황이 호전되었음에도 불구하고 이들 규제기구는 여전히 남아 있을 뿐 아니라 역할이 확대되었다. 이와 같이 규제기구의 중요성 증대 및 이들 기구의 수명 연장과 관련된 미스터리로 인해 규제기구 활동에 대한 감사는 세계감사원장회의(INTOSAI) 산하 민영화감사 워킹그룹의 논의 및 지침의 주요 주제가 되어왔다.5)

• **광범위한 시장실패 리스크**: 2장(2.1)에서 논의했듯이 경제학자와 정책 결정자들은 시장이 수요에 필요한 자원을 매칭한다는 의미에서 기술적으로 효율적일 수 있지만 '외부효과'(externalities)와 관련된 광범위한 문제를 무시하거나 때로는 초래할 수 있다는 사실을 잘 알고 있다. 이러한 외부효과 문제는 환경 분야에서 주로 발생하는데, 효율적인 시장은 대기 질, 수질과 같은 환경의 주요 구성요소 또는 선진 민주국가에서 공통적으로 우려를 제기하는 기후 자체의 변화를 악화시킬 수 있다. 시장 실패는 고용 시장에서도 인지되고 있는데, 효율적 시장은 인종이나 성별에 의한 차별과 같은 리스크로부터 노동자들을 보호하지 못하는 것으로 보인다. 이 같은 시장 실패에 대한 통상의 정책 대응은 시장 실패를 방지 또는 금지하기 위한 규제 및 규제기구를 만드는 것이다. 그러나 한번 도입된 규제는 도입 당시의 필요성에 비추어 볼 때 여전히 유효한지 또는 처음 도입 시 대응하고자 했던 시장 실패의 문제가 여전히 문제시되는지 등에 관한 재평가가

---

4) 새로이 민영화된 분야 중 우편 분야의 왕립 우편국(Royal Mail)은 여전히 공공기관으로 남아 있는데 최근 상업적 성격을 갖는 업무 영역이 증가하였으며 우편 규제기구는 왕립 우편국 업무에 초점을 두고 있다.

5) 역주: 관련 지침은 Guidelines on Best Practice for the Audit of Economic Regulation (ISSAI 5230)으로 현재 개정 작업이 진행 중이다.

https://www.issai.org/professional-pronouncements/

이루어지는 경우가 드물다. 따라서 체계적인 평가 없이 규제는 쌓여가게
된다.

• **반경쟁적 행위로 인한 리스크:** 경쟁 시장일지라도 때로는 경쟁 침해적
인 상황으로 회귀하려는 경향을 보일 수 있다. 이러한 경향에 대해 아담 스
미스는 국부론에서 "거래 당사자들이 회동하는 이유는 가격 담합 외에 다
른 목적은 거의 없다"라고 했으며,[6] 시장 점유율 내지는 독점적 상황에 대
한 욕구가 만연하는 것은 창조적 파괴를 추구하는 슘페터적 동기와 일부
맥락을 같이하기도 한다. 경쟁 침해적 행위에 대한 유혹은 소비자가 경쟁
적인 공급자들 중에서 선택할 수 있는 혜택을 차단시킴으로써 소비자에게
해를 끼치는 카르텔이나 다른 제한 조치 등의 형태로 종종 드러난다. 영국
의 경우 잉글랜드 축구팀의 유니폼 제조업자와 판매업체들 간의 가격 담
합 사례가 최근 적발되었는데 제조업체는 개당 40파운드 이상으로 판매
하겠다는 약속이 없으면 물량을 공급하기를 거부했다. 영국의 공정거래기
구인 공정거래청(Office of Fair Trading, OFT)은 이러한 가격 담합 계약
행위를 포착하고 이를 폐기하였으며 그 결과 유니폼 소매 가격은 약 35%
하락하였다.[7]

• **폐쇄적 시장이 갖는 리스크:** 시장은 명확하고 개방적이며 투명한 규칙
위에서 융성한다. 따라서 정부는 시장의 작동을 원활하게 하려는 목적하
에서 규제를 도입하고 개정할 수 있다. 관련 입법 조치들을 단일한 일관된
규칙으로 조화시키고자 하는 이러한 목적은 바로 유럽연합(EU) 입법의

---

6) "동일 업종에 있는 사람들은 흥겨운 자리이든 일과 무관한 자리이든 서로 잘 만나지
않는다. 그러나 일단 만나면 그들 간의 대화는 일반 대중을 우롱하기 위한 계획이나 서로
짜고 가격을 인상하는 것으로 끝이 난다." *The Wealth of Nations*, Book I, Chapter X.

7) 동 사례를 비롯한 경쟁법 준수를 이행하기 위한 OFT 업무 전반에 대해서는 영국 감사
원의 감사보고서(*Enforcing Competition in Markets*, HC 593, 2005-2006)를 참조.

기폭제로 작용해왔다. 그러나 하나의 개방적 시장을 창설하겠다는 이러한 바람직한 의도는 점점 더 구체화된 규제의 홍수를 낳게 되었다. 영국 상공회의소에 따르면 EU는 매년 3,400개의 규제와 지침을 양산하고 있다. 이들 규제와 지침은 각 회원국별 국내 법규로 연결되어야 하고 이는 다시 추가적인 규정과 복잡화로 이어진다. 영국의 경우 EU 지침 원문과 비교할 때 국내 규정의 문구가 약 2.3배나 된다. 예를 들어 에어컨 상표에 관한 EU 지침은 2,409개 단어로 구성되어 있지만 이것의 영국 버전은 7,504개 단어로 되어 있다(물론 이것을 영국적 현상으로 해석할 수도 있는데 프랑스 버전은 1,061개 단어로 훨씬 적다).8)

이에 더해 규제는 관료제하에서 직면하는 일련의 문제들을 해소할 목적으로 존재한다는 주장도 제기된다. 즉 규제는 매번 판단을 내려야 하는 필요성과 그에 따른 비용을 제거한다는 점에서 효율적이며, 보건 및 안전 관련 조건을 규정함으로써 안전 수준을 높이고, 유사한 경우에 대해 일관된 적용이 가능하여 공정성에 기여할 수 있으며, 개인과 조직의 행태 변화를 별다른 비용 없이 유도할 수 있는 수단을 제공하기도 한다. 카렌 융은 경쟁 관련 규제에 대한 분석을 통해 규제의 행태 변화 측면의 역할을 설명하였는데 규제를 "'커뮤니티에 가치 있는 방향으로 행태를 변화시키는 데 초점을 둔 국가의 지속적인 시도"로 정의하였다.9) 브레이스웨이트와 에이레즈의 선구적인 연구에 따르면 규제는 공식적 규칙인 동시에 생각과 행동의 바람직한 상태에 관한 것으로서, 정부는 필요한 행태 변화를 유도하기 위해 공식적 규칙부터 홍보, 설득, 지적 및 비판 등 다양한 스펙트럼의 도구

---

8) Amber, T., Chitterder, F., and Obodovski, M. (2004) *How much Regulation is Gold Plate?* British Chamber of Commerce, London.

9) Yeung, K. (2005) *Securing Compliance.* Hart Publishing.

를 활용할 수 있다. 따라서 정부의 역할은 언제 어떤 도구를 사용할 것인지, 언제 금지 조치를 내리고, 언제 설득을 하며, 언제 처벌을 내릴지 등을 선택하는 것이다.[10] 규제 수단이 무엇이든 간에 유도하려는 종국적인 행태의 방향성은 명확하다. 다시 말해 특정 행태 또는 이에 대한 잠재적 리스크가 분명히 존재하고 정부는 이를 개선, 억제하려 하는 것이다. 이 경우 법적 규정을 통한 공식적 규제는 변화를 가져올 수 있는 가장 신속하고 용이하며 일반 국민들에게 가시적인 수단으로 두루 인식된다. 바로 이 점이 규제가 갖는 매력이다.

이러한 매력으로 인해 이제껏 알려지지 않거나 관찰된 바 없는 생소한 위기나 문제에 대응하는 데도 규제가 종종 활용된다. 영국 북서부에 새조개 관련 산업이 자리 잡게 되었는데 노동 집약적 특성 및 상대적으로 높은 임금 등으로 인해 새조개 채취에 종사하는 노동자들은 '갱 마스터'(gang masters)로 알려진 노동자 조직에 주로 속하게 되었다. 이들 조직은 열악한 노동 조건과 저임금을 감내하는 불법 이민자를 고용하였고 2004년 2월 5일 모레콤만 지역에서 23명의 중국 노동자가 높은 조류에 휩쓸려 사망하는 사고가 발생하였다. 사고 이후 국민들의 차가운 비판에 직면한 정부는 새로이 규제를 도입하고 규제기구인 갱마스터관리청(Gangmaster Licensing Authority)을 설립하였다. 허가 없이 갱마스터로 활동할 수 없도록 하였고 많은 새로운 규제 장치를 도입하여 갱마스터의 활동을 모니터링하고 통제하게 되었다. 그러나 기존 규제하에서도 불법 이민자를 고용하는 것은 이미 불법이었을 뿐 아니라 알려진 문제여서 이에 적절히 대응할 수 있었다.[11]

---

10) Braithwaite, J. and Ayres, I. (1992) *Responsive Regulation: Transcending the Deregulation Debate,* Oxford University Press, New York.

7.2 규제의 숨겨진 해악

많은 규제의 경우 그 타당성이 인정된다. 최근 영국 재무부가 펴낸 정책 평가 보고서에도 정치 경제 분야의 장황한 논리가 제시되어 있다.

경제 규제는 역사적으로 확립된 정부의 기능이다. 기원전 350년 아리스토텔레스는 고대 아테네의 규제에 대해 다음과 같이 설명하고 있다. "이전에는 곡물 감독관이 피레우스에 5명, 도시에 5명, 총 10명 있었는데 지금은 도시에 20명, 피레우스에 15명이다. 이들의 임무는 가공되지 않은 곡물이 시장에서 합리적 가격에 판매되는지, 제빵업자는 밀 가격에 비례해서 빵 가격을 책정하는지 그리고 법률에 따라 표준 중량을 결정해서 빵 중량이 적정한지를 살펴보는 것이다." 영국의 경우 최초의 직무 평가(Inspectorate) 조직은 1804년 '도제의 육체적 정신적 건강에 관한 법'(Health and Morals of Apprentices Act)에 의해 설치되었다. 보건안전부는 1883년 처음 설립되었으며 거래, 시장, 상표 관련 규정은 그보다 훨씬 이전 잉글랜드 건국 직후로 거슬러 올라간다.[12]

감사인은 이러한 규제의 누적적 효과가 과연 재정가치를 보였는지 질문해야 한다. 규제의 혜택이라 할 수 있는 리스크로부터 사회를 보호하기 위한 명확하고 일관된 대응은 경직성을 초래할 수 있다. 겉보기에 유사한 상황이라고 해서 재량과 판단을 배제하고 규제에 따라 일률적으로 대응하는

---

11) The Better Regulation Commission, *Whose Risk is It Anyway?* October 2006, p. 12.
12) HM Treasury (2005) *The Hampton Review of Inspection and Enforcement*, para 1.5.(평가를 수행한 필립 햄프턴은 영국 잡화 도매 분야의 대표 기업인 J. 세인스버리사의 회장을 역임하였다.)

것이 과연 합리적일까? 판단에 필요한 관련 정보를 보다 쉽고 적은 비용으로 확보할 수 있을 뿐 아니라 복잡성을 띠는 포스트모던 사회에서 유연성이 결여되는 것은 적절한 해답이 아닌 것으로 보인다. 또한 규제는 규제기구와 규제 대상 조직 내에 추가 인력에 대한 수요를 지속적으로 만들어낸다. 왜냐하면 규제는 간단명료해 보이지만 실제 적용 과정에서 논란이 끊이지 않기 때문이다. 따라서 규제 해석을 위한 지침이 필요하고 특수한 케이스에 대응하기 위한 더 많은 규제로 연결된다.

이는 수용 가능한 최소한의 운영지침을 확립한다는 명목으로 실제 운영상의 재량을 최대한 억압할 수밖에 없는 절차 도입에 집착했던 군(軍)의 오래전 경험을 떠올리게 한다. 앤드루 고든은 그의 저서 『게임의 규칙』에서 이러한 접근방식이 초래할 부작용을 잘 보여주고 있다.[13] 그는 19세기 영국 해군 본부가 적 함대와의 주요 교전을 포함한 모든 작전에 중앙 집중적인 지휘 및 조정 절차를 도입한 사례를 통해, 이러한 군 지휘 접근방식으로 인해 트라팔가 해전의 영광에 빛나는 영국 해군이 1916년 유틀란트 해전에서 어떻게 실패를 겪게 되었는지 증명해보였다. 모든 경우를 기술하는 규정으로 개별 지휘관의 재량권이 심각하게 훼손된 군대 조직의 모습을 보여준 것이다. 흔히 전장의 안개로 불리는 대규모 해전의 혼란과 예측 불가능성에 직면한 영국 해군은 이러한 지휘권 결여로 인해 전력이 사실상 축소되었고 독일 해군을 완전히 끝장낼 수도 있는 완벽한 승리의 기회를 살리지 못했다. 규정은 그것이 부추기는 순응적인 생각과 함께 패배를 모면하는 데 도움이 될 수는 있어도 승리를 가져오기에는 부족하였다.

규제는 사회에 적잖은 비용을 안긴다. 규제가 초래하는 사회적 비용을 둘러싼 논란은 최근에 들어서야 정리가 되었다. 1997년 OECD는 규제 개

---

13) Gordon, A. (1996) *The Rules of the Game*. John Murray.

혁 보고서를 통해 다음과 같은 주장을 내놓았다.

오늘날 규제로 인한 비용은 정부의 다른 비용과 비교할 때 가장 통제되지 않고 규모나 내용도 가장 알려져 있지 않다. 많은 정부가 실제로 얼마큼의 국부를 규제에 쏟고 있는지 전혀 알지 못한다.

영국의 규제개선태스크포스(Better Regulation Task Force)는 규제 비용과 관련해서 다음과 같이 기술하고 있다.

규제는 필요한 보호를 제공하고 권리를 지켜주는 반면 경제에 상당한 비용으로 작용한다. 규제 비용은 정부, 규제 당국, 그리고 피규제자가 부담하게 되는데 피규제자는 기업, 공공기관, 자발적 부문, 최종적으로는 세금을 부담하는 일반 국민 등을 포함한다. 미국과 네덜란드 자료에 따르면 규제의 총비용 규모는 GNP의 10 내지 12%에 달한다. 영국의 경우에도 상황은 크게 다르지 않으며 따라서 우리는 매년 규제 비용으로 1천 억 파운드 정도를 지불하고 있는 것이다. 이는 부가가치세와 연료세를 합한 것보다 크며 2005년도 소득세 추정치에 조금 미치지 못하는 규모에 해당한다.[14]

일부 국가들은 규제 집행 비용을 측정하고 감축하기 위한 프로젝트를 추진 중인데 이에 따르면 정부부처는 근거 법령을 연계하고 규제 순응 관련 행정 부담을 규명, 계량화하게 된다.

네덜란드 정부는 기업이 부담하는 규제 비용을 경감하는 시책의 선두주자에 속하는데 지난 3년간 규제 순응을 위한 부담을 규명, 측정하기 위한

---

14) Better Regulation Task Force (2005) *Less is More.*

방법론으로 표준비용모델(Standard Cost Model, SCM)을 개발하고 이를 25% 감축한다는 목표를 설정했다. 이 모델은 다른 국가에서도 큰 관심을 나타내고 있는데, 덴마크는 비슷한 접근을 채택하고 있고 스웨덴과 노르웨이는 모델의 구성 요소를 각자의 상황에 맞게 보완하여 사용하고 있다. 영국 정부가 사용하는 행정 부담 모델 역시 네덜란드 정부가 처음 제안했던 SCM 개념에 기초하고 있다. 네덜란드 모델은 행정 부담을 '정부가 시행하는 법률과 규제로부터 발생하는 정보 의무(information obligation)를 기업이 준수하는 데 소요되는 비용'으로 규정하고 있다.

표준비용모델은 정부 내 모든 부처에 걸쳐 일관된 방법으로 비용을 추산할 수 있도록 설계되어 있다. 이를 통해 개별 법률 간 행정 부담의 비교가 가능하고, 베이스라인 측정치를 제공해주며, 기존 법률의 개정안에 따른 부담과의 비교가 가능하고, 시간의 경과에 따른 행정 부담의 추이를 측정할 수 있다. 이 모델은 정보 의무에 순응하는 데 필요한 총 17가지 형태의 조치를 구분하고 있는데 예를 들어 데이터 수령, 정보 수집, 양식 작성, 양식 복사 등이 있다. 각 조치별 소요 시간 및 소요 시간의 가치 등을 추정한 후 수행해야 하는 조치의 횟수를 곱하여 합산하면 기관별 행정 부담 추정 비용이 결정된다. 다시 정보 의무를 갖는 기업 수를 사용하여 총 행정 부담 비용을 구할 수 있다.

앞의 해군본부 사례에서 본 것과 같이 점증하는 규제로 인해 개인의 책임과 적정한 위험 감수를 기피하는, 훨씬 더 유해한 비용도 존재한다. 개별 규제의 타당성은 그것이 의도하는 리스크 대응 측면에서 긍정적일 수 있겠지만 누적 효과로 보면 해가 될 수 있다. 왜냐하면 과도한 보호적 제도는 소비자, 노동자, 시민에게 돌아갈 수 있는 어떤 리스크도 최소화하고자 하며 그 결과 개별 경제 주체들이 그들의 이해를 스스로 관리하고자 하는 인센티브를 감소시킬 수 있기 때문이다. 따라서 규제를 디자인할 때에는 리스크가 어디에 있고, 보호의 필요성과 사람들로 하여금 스스로 리스크를 관리하는 책임을 수용하고 나누어 갖는 사회를 지향하게 해야 할 필요성 간의 균형을 어떻게 이룰 것인지에 대한 적정한 고려가 있어야 한다. 이와 관련하여 영국 규제개선태스크포스는 다음과 같은 결론을 내렸다.

> 본 보고서는 사회의 적정한 리스크 관리, 그리고 많은 이들이 우려하는 규제 확대 현상 및 이를 더욱 악화시키는 오늘날 우리 사회가 직면한 리스크에 대한 부적절한 대응 문제에 초점을 두었다… 리스크에 대한 논의는, 개인적 책임까지 기피하도록 하는 비용을 부담하면서 정부로 하여금 모든 종류의 리스크를 관리하게끔 하여 과도하게 정부에 의존하게 한다는 의견이 지배적이다.[15]

7.3 감사기구의 제한된 역할

규제 폐지 자체는 감사기구의 역할은 아니다. 규제는 현 시점의 정치적 의지를 반영하여 정치적 차원에서 결정된 것이므로 정책 목표의 잘잘못을 따지는 것은 감사기구의 권한에 속하지 않는다.

그러나 감사인은 규제가 초래하는 직접적, 간접적, 경제적 또는 심리적 측면의 비용을 무시해서는 안 된다. **박스 7.2**는 규제를 보다 균형 있고, 대상이 명확하며, 유연하게 만들고자 하는 개선 노력에 감사인이 어떻게 기여할 수 있는지를 예시적으로 보여준다. 감사인이 해결하고자 하는 규제 문제의 많은 부분이 규제 자체가 지나치게 처방적이거나 의욕적이라는 데 기인한다. 집행 시스템 미비, 과도한 순응 비용, 규제 당국 또는 소관 정부 부처의 법적 권한 미비 등과 같은 규제 관련 문제들은 규제의 설계 및 집행

---

15) Better Regulation Task Force (2005) *Less is More.*

박스 7.2: 외국 국기 게양 관련 규제

2006년 6월 21일 런던 시장이 주최한 금융인 및 상공인 초청 만찬에서 머빈 킹 영란은행 총재는 규제의 단면을 적나라하게 보여주었다. 그의 얘기는 이렇다. "런던 시가 성공할 수 있었던 핵심 요인은 안정적인 규칙을 제공하여 그 틀 속에서 서로 경쟁할 수 있도록 한 것이었습니다. 시장경제가 작동하기 위해서는 간단명료한 게임의 규칙이 필수적입니다. 지나친 규제는 우리 모두의 삶을 힘들게 하죠. 올해 3월 저는 정부 모 부처로부터 다음과 같은 통지를 받았습니다.

'킹 총재 귀하, 본인은 현재 추진 중인 입법 관련해서 (중략) 공공기관의 국기 게양에 어떤 변화를 미치게 될지에 대해 당신께 통보하고자 합니다. (중략) 1992년 제정된 Town and Country Planning Regulation 중 광고 활동에 대한 통제 규정에 의하면 국기 게양은 광고 업무에 속합니다. 이에 따라 귀하는 다른 국가의 국기를 수직 깃대에 게양하는 데 소재지 지방정부의 사전 동의를 필요로 하지 않습니다. 유럽연합 국기는 현 규정에 따르면 국기로 분류되어 있지 않습니다. (중략) 부수상실에서는 동 규제의 개정을 추진하고 있습니다.'"

그러나 그때까지는 사전 승인이 필요했던 것이다. 통지문은 다음과 같이 결론을 지었다.

"참고로 승인 절차는 통상 6주 내지 8주가 소요되며 수수료는 75파운드입니다. 승인을 위해서는 승인 요청 양식과 소정의 수수료와 함께 언제 어느 곳에 어떤 크기의 국기를 게양할 것인지를 커버 레터에 상세히 설명하고 건물과 깃대 사진을 첨부하여 제출하여야 함을 알려드립니다."

의 결함에서 비롯된다.

감사인은 다른 감사 사항과 마찬가지로 먼저 규제 업무, 특히 새롭게 인지된 리스크에 대응하여 규제를 도입하는 것이 규제를 제거하는 것에 비해 일반적으로 수월한 이유에 대해 이해할 필요가 있다. 규제 폐지에 소극적인 이유는 크게 두 가지로 요약할 수 있다.

- **기득권**(vested interests): 기업/정부와 규제 사이에는 복잡하고 모호

한 관계가 존재한다. 규제 제도로부터 혜택을 입고 있는 다수가 있다. 예를 들어 영국 금융감독원(FSA)은 런던 시 소재 투자은행들에 지나치게 엄격한 기준을 적용한다는 비판을 지난 수년간 받아왔다. 그러나 최근 FSA가 훈련 관련 요건을 철폐하려는 계획을 발표하자 대부분의 은행들은 이에 불만을 표시했다. 이유인즉 훈련 요건이 직원 역량에 대한 일종의 공통된 기초를 마련해줌으로써 자격을 갖춘 직원들을 채용하기가 용이해졌다는 것이다. 때로는 매우 강하게 불만을 표시해왔던 바로 그 규제가 없어지려는 순간 금융 시장 경쟁력의 원천으로 지지를 받게 된 것이다. 따라서 감사인은 규제를 경쟁력의 원천으로 간주하는 기득권 집단에 대해 이해하고 소통하며 필요한 경우 비판적으로 검토할 필요가 있다.

• **무관용 원칙에 따른 톱니 효과**(ratchet affect of zero tolerance): 앞에서 보았듯이 많은 규제가 리스크를 제로 수준까지 줄이고자 하는 데서 비롯된다. 그 결과 비례적인, 위험 기반적 접근방식은 어떤 피해나 리스크도 허용하지 않으려는 공공의 요구와 충돌하게 된다. 1990년대 초 영국에서 발생한 이른바 '맹견'의 어린아이 공격 사고는 맹견법(Dangerous Dogs Act) 제정으로 이어졌다. 이 법률은 비록 아직 폐지되지는 않았지만 부적절하고 대상 선정도 잘못된 규제의 대명사로 인식되고 있다. 즉, 규제 도입을 요구하는 강한 목소리가 상대적으로 주목을 덜 받는 조용한 규제 폐지 주장을 압도하는 상황은 지속적인 규제 증가를 초래할 수밖에 없는 톱니 효과를 낳는다.

감사인은 최악의 규제를 걸러 내기 위해 일반적인 틀을 활용할 수 있다. 영국의 규제개선태스크포스가 개발한 좋은 규제를 구성하는 5대 원칙이 대표적 예이다.

• **투명성**(transparency): 투명성 원칙은 명료한, 복잡하지 않은 규제를

요구한다. 즉 일반 국민들이 규제하고자 하는 문제가 무엇이며 규제를 통해 문제를 어떻게 해소하고자 하는지 이해할 수 있어야 한다.

- 설명 책임성(accountability): 규제는 규제의 영향을 받는 이들에게 설명 책임을 진다. 다시 말해 규제 자체는 목적이 아니기 때문에 규제의 대상이 되는 당사자들이 규제의 틀과 추진 중인 규제 변화 등에 대해 의견을 개진할 기회가 주어져야 한다.

- 비례성(proportionality): 규제는 필요한 경우에 한해서 개입이 이루어져야 한다. 해결책은 노출된 리스크에 맞는 적절한 수준이어야 하며 순응비용 규모를 규명하고 최소화해야 한다.

- 일관성(consistency): 규제는 특정 케이스를 적절한 이유 없이 다르게 다루어서는 안 된다.

- 대상의 확정(targeting): 규제는 관련된 중요 요소만을 대상으로 해야 한다.

감사인은 규제 폐지를 어렵게 만드는 원인과 규제의 일반 원칙에 대해 이해함으로써 정책 당국이 가장 비용이 많이 들고 잘못된 논리의 규제에 초점을 두게끔 지원할 수 있다.

감사인은 또한 신규 규제 도입을 통제하고 기존 규제 총량을 줄이기 위한 정부 내 제도적 장치의 사용을 지원할 수도 있다. 2장 5절(2.5)에서 언급한 것처럼 영국의 경우 규제 도입을 억제하기 위한 주요 제도적 장치로 규제영향분석(Regulatory Impact Assessment)이 있다. 이 제도는 1998년 도입되어 기업, 공공 부문 및 자발적 기구(voluntary organizations)에 영향을 미치는 법률, 운영 규칙, 정책 홍보(information campaign) 등을 포함하는 모든 형태의 규제에 의무적으로 적용된다. 이를 통해 정책 결정자들은 정책 변화 및 정책 집행 대안이 줄 것으로 예상되는 경제적, 사회적, 환경적 영향을 분석할 수 있게 되었다. 규제영향평가는 OECD 내에서도 빠르게 확산되어 대부분 회원국이 형태의 차이는 있으나 영향평가를 시도하고 있으며 유럽연합집행위원회(European Commission)는 규제 개선을 위한 2002년 집행 계획을 통해 모든 정책에 대해 영향평가 실시를 의무화하였다.

그러나 규제영향평가가 갖는 여러 장점에도 불구하고 항상 적절하게 사용되는 것은 아니다. 영향평가가 정책 결정 과정에서 빠뜨릴 수 없는 중요 요소가 아니라 최종 제출물에 추가되어야 할 형식적인 문서로 간주되는 경우를 너무 흔히 볼 수 있다. 그리고 실제로 영향평가 결과로 인해 새로운 규제 도입을 하지 않기로 결정하는 사례를 찾기란 매우 어렵다.[16]

감사인은 새로운 규제 도입을 제한하는 경우뿐 아니라 기존 규제를 초월하는 적극적인 행정에 대해서는 이를 널리 장려할 수 있다. 영국 감사원은 2002년 런던 칼리지 대학병원이 심장병원을 인수하는 데 사용한 혁신적 방법을 모범 사례로 제시한 바 있다.[17] 런던 칼리지 대학병원은 자본 투자를 위한 통상의 관료제적 절차를 생략하고 신속하게 움직여 평가 금액보다 850만 파운드 낮은 금액인 2,750만 파운드에 심장병원을 인수하였

---

16) 영국 감사원은 2004년부터 규제영향평가의 품질에 대한 평가를 매년 실시하였는데 영향평가 결과가 새로운 규제의 필요성에 대해 체계적으로 의문을 제기하는 데 사용되었다는 증거를 발견하지 못하였다. *Evaluation of RIAs Compendium Report 2004-2005* (HC 341); *Evaluation of RIAs Compendium Report 2003-2004* (HC 358); *Evaluation of RIAs Compendium Report 2005-2006* (HC 1305).

17) 이 시설은 1991년까지 국민보건서비스(NHS) 소유로 심장 진료 시설로 사용되고 있었는데 파크웨이 지주회사가 이를 매입하여 1996~1998년 동안 시설 개선 및 의료 장비 구입 등으로 총 4,500만 파운드를 투자하였다. 이러한 대규모 투자에도 불구하고 심장병원은 수용 규모의 3분의 1만 가동되고 있었으며 이에 따라 파크웨이는 이 병원의 매각을 결정하였다. Comptroller and Auditor General, *Innovation in the National Health Service – the Acquisition of the Heart Hospital* (HC 157, 2002-2003).

는데 이는 직접 건축하는 경우에 비해서도 1,750만 파운드나 절감한 것이었다. 이 같은 규정을 초월한 혁신적인 방법의 결과, 핵심 심장 진료에서 대기 기간을 12개월에서 6개월로 단축하는 등 환자 서비스의 개선이 가능해졌다.

박스 7.3은 감사인이 기존 규제가 얼마나 잘 작동하고 있는지, 과연 새로운 규제 도입이 필요한지를 감사하는 데 고려해야 할 질문을 예시하였다.

7.4 규칙과 규제에 집착하는 사회

그러나 정부가 규제를 줄여갈 수 있도록 감사원이 감사를 통해 지원하는 노력이 때로는 외로운 싸움이 될 수 있다. 일반 국민들은 늘어나는 규제에 개탄하면서도 때로는 일종의 안전판처럼 규제에 집착하기도 한다. 릭 헤이손웨이트 영국 규제개선위원회(Better Regulation Commission) 위원장은 규제에 대한 이러한 사회의 집착을 성인이 된 후에도 어린 시절의 흔적이라는 것을 잘 알면서도 테디 베어에 대한 애착을 버리지 못하는 상황에 비유하였다.[18] 그의 주장에 따르면 사람들은 규제에 대한 집착을 인정하려 하지 않는데 이를 먼저 깨닫는 것이야말로 규제의 굴레로부터 벗어날 수 있는 출발점이라는 것이다.

더구나 일반 국민들이 규제로부터 벗어나는 데 성공했다 하더라도 우리에게 필요한 것은 규정에 의존하기보다 필요한 판단을 당당하게 내릴 수 있는 훨씬 정교하고 자신감 있는 공공행정이다. 이를 위해 정부 관리들은 새로운 규칙의 도입이 필요한지를 그로 인해 발생하는 비용에 기초하여 평가할 수 있어야 한다. 또한 정부가 대응하고자 하는 리스크가 과연 정부의 개입을 필요로 하는 것인지에 대한 고려가 먼저 있어야 한다. 의미 없고 낡은 기존의 규제는 정리하지 않은 채 새로운 문제와 해법 제시에만 열중하는 기득권 세력과 정치적 담론에 맞서, 왕성하게 자라나는 잡초와 같은 불필요한 규제의 과감한 폐지를 제안하고 뿌리째 뽑아낼 수 있는 결단이 있어야 한다.

요약하자면 공공행정은 충분히 섬세하고 독립적이어야만 한다. 이번 장에서는 관료제의 규제 촉수가 미치는 해악을 드러냄으로써 감사가 섬세하고 독립적인 공공행정에 어떻게 기여할 수 있는지를 논하였다. **박스 7.4**는 회계 기준이 과연 세부적인 지침에 기반을 두어야 하는지 아니면 일반 원

---

18) Rick Haythornthwaite (2006) 'Britain's secret shame: we must love red tape', *Financial Times*, 9 February.

박스 7.4: 왜 규정이 해답이 될 수 없는가?

본 연구의 흥미로운 점은 규정에 기반한 기준(rules-based standards)에 대한 찬반 논리를 수집하는 것이었다. 그중 어떤 논리는 양쪽 모두에 해당될 수 있었다. 연구 초기에는 규정에 기반한 기준을 거부하는 방향으로 참가자들의 의견이 모였다. 그 대안으로 원칙에 기반한 기준(principles-based standards) 제시는 다음 단계에 이루어졌다. 우리는 원칙 기반의 기준을 주창하면서 단순히 규정에 반대하는 차원('anti-rules' campaigns)을 벗어나기를 희망했다. 그러나 규정에 기반한 기준을 지지하는 일관된 논리를 찾을 수 없었다. 본 절에서는 우리가 발견한 상반된 견해 및 이에 대한 평가를 제시하고자 한다.

- **규정 찬성**(For Rules): 규정에 기반한 기준은 사용자들(작성자, 감사인, 규제 당국) 모두가 원하는 것으로 세부 지침과 질문에 대한 명확하고 정확한 답을 제시해준다.
- **규정 반대**(Against Rules): 규정에 기반한 기준은 전문적 판단의 행사를 위축시키거나 제거하고 전문성의 감퇴로 이어진다.

특히 미국의 경우 교육 및 훈련 과정을 통해 규정 중심의 환경이 조성되어 있어 참가자들은 문제를 풀어갈 때 규정에서 출발하는 것을 당연시한다. 기준 개정 시안이 나올 때면 기준위원회 위원들은 보다 상세한 설명과 정보 제공을 요구받는다. 주목할 점은 영국의 경우 회계기준 FRS 5 Reporting the Substance of Transactions 경험의 예처럼 과거 법인 관련 규정에 지나치게 의존해왔지만 전문가 판단에 기반한 회계 작성 방식이 기업 현실을 보고하는 데 성공적으로 운영될 수 있다는 것이다. 규정을 적용하는 입장에서는 명확한 답을 갖고 있다고 생각할 수 있으나 명확성(precision)이 반드시 실제 상황의 반영(fair presentations)을 의미하는 것은 아니다. 한 발짝 뒤로 물러서 전체에 대한 전문가적 판단을 하기보다 기계적으로 세부 규정을 적용하는 것에서 평안함을 얻는 것이다.

- **규정 찬성**: 규정에 기반한 기준은 권위와 강제력을 갖는다.
- **규정 반대**: 규정에 기반한 기준은 정직하지 않은 운영 사례를 방지하지 못한다.

권위와 집행력은 규제자(regulator)의 품질에서 비롯되는 것이지 규정의 문구로부터 나오지 않는다. 규제자는 피규제자에게 규제 준수를 요구할 때 판단의 문제에 직면한다. 규제자는 규제 절차의 운영이 용이하게끔 마련된 규정 뒤에 숨기보다는, 규정화된 원칙에 기반한 자신의 판단의 의미를 이해하고 의문을 제기할 수 있는 역량이 있어야 한다. 그러나 규정 기반의 기준과 원칙 기반의 기준 둘 다 정직하지 못한 운영 사례를 방지할 수 있다고 확신할 수 없다.

- **규정 찬성**: 규정에 기반한 기준은 비교 가능성을 높인다.
- **규정 반대**: 규정에 기반한 기준은 비교 가능성을 보장하지 못한다.

비교 가능성(comparability)은 예컨대 동일한 회계처리 기준이 여러 회계연도에 걸쳐 특정 산업 내 여러 기업들에게 동일하게 적용되어야 한다는 점에서 보듯이 모든 것이 같아야 함을 의미하게 되었다. 그러나 재무제표 이용자들이 유사한 거래나 사건의 경제적 실제(economic reality)의 의미를 유사한 방식을 통해 받아들일 때 재무제표들은 상호 비교될 수 있어야 한다. 작성자가 어떻게 그런 판단을 하였는지 공시하는 것이 재무제표 이용자들의 이해를 돕는 핵심 요소이다.

- **규정 찬성**: 규정에 기반한 기준의 복잡성은 대상 업무의 복잡성을 반영할 뿐이다.
- **규정 반대**: 규정에 기반한 기준이 복잡성을 초래함에 따라 변화를 따라가지 못한다.

복잡한 문제에 대응해서 규정을 추가하는 것은 사후 약방문의 대표적 사례에 해당한다. 잘 정의된 일단의 원칙은 복잡한 문제를 처리할 뿐만 아니라 경제적 실제를 반영하는 데 초점을 견지할 수 있는 틀을 제공할 수 있다.

- **규정 찬성**: 규정에 기반한 기준은 새로운 견해에 대해서도 동일한 접근을 제공한다.
- **규정 반대**: 규정에 기반한 기준은 결코 포괄적일 수 없다.

원칙에 기반한 기준 체계라고 해서 변하지 않고 정태적일 것으로 보지는 않는다. 원칙에 대한 논의를 통해 새로운 견해가 제시될 수 있으며 논의 과정에 모든 참가자(작성자, 감사인, 규제자, 이용자)가 전향적으로 참여해야 한다. 이렇듯 새로운 견해를 공유하는 메커니즘이 회계 기준에 내재되어 있지는 않다.

- **규정 찬성**: 규정에 기반한 기준은 '창조적 회계처리'를 억제한다.
- **규정 반대**: 규정에 기반한 기준은 판단의 초점을 경제적 실제가 아니라 디테일한 적용으로 돌리게 하여 '창조적 회계처리'를 조장한다.

굳이 특정 사례를 여기서 제시하지 않더라도 규정에 기반한 기준 체계하에서 최근 회계분식 사건이 적잖게 발생해왔다. 인터뷰 응답자들은 규정은 이를 우회하고 공정하고 진실한 회계처리의 필요성으로부터 관심을 딴 곳으로 돌리려는 로드맵을 만들게 한다고 답했다.

- **규정 찬성**: 규정에 기반한 기준은 내용이 구체적으로 기술되어 있는데 이는 특히 번역이 필요한 경우 긴요하다.

- **규정 반대**: 상세한 규정을 번역하는 데에는 이에 상응하는 어려움이 수반된다. 법률 규정 및 정부 지침에 의존하는 전통이 있는 국가에서 원칙 기반의 기준을 새로이 도입하는 경우 상당한 기술적 지침이 필요할 것이다. 그러나 회계 기준 자체가 교육적 역할을 갖고 있다고 보지는 않는다. 원칙 기반의 회계 기준 접근 방법을 개발한 국가의 경우 회계 관련 전문 학회 및 회계 법인들이 적극적으로 번역에 필요한 지원 및 지침을 제공할 것으로 기대된다. 뿐만 아니라 영어로 작성된 회계 기준에는 번역하기 어려운 표현이 있는데 이는 해당 언어의 용어상 문제이지 규정 기반의 기준 필요성으로 돌릴 문제가 아니다.

출처: Edinburgh Institute of Chartered Accountants of Scotland (2006) *Principles not rules: A Question of Judgement*, pp. 8-9.

칙에 기반을 두어야 하는지에 대한 회계 전문가의 평가를 통해 조금 다른 시각에서 '왜 규정이 해답이 될 수 없는지'에 대한 논리를 요약하였다.

7.5 요약

규정과 규제 위에서 관료제는 번성한다. 왜 그런가? 규제의 원래 목적은 다음과 같다.
- 효율성(efficiency): 판단의 필요성 및 비용을 제거
- 안전(safety): 건강 및 안전을 확보할 수 있는 조건을 규정
- 공정성(fairness): 유사한 사례에 대해 일관되게 대응
- 위기 또는 비리 사고에의 대응(response to a crisis or scandal): 유사 사례의 재발 방지

한마디로 말해 규제는 21세기 현존하는 문제를 해결하기 위한 19세기

의 도구이다.

규제 폐지 자체는 감사인의 역할은 아니다. 그러나 감사인은 다음 5개 원칙을 통해 규제의 적정 여부를 평가할 수 있다.

- 투명성(transparency): 투명성 원칙은 명료한, 복잡하지 않은 규제를 요구한다. 즉 일반 국민들이 규제하고자 하는 문제가 무엇이며 규제를 통해 문제를 어떻게 해소하고자 하는지 이해할 수 있어야 한다.

- 설명 책임성(accountability): 규제는 규제의 영향을 받는 이들에게 설명 책임을 진다. 다시 말해 규제 자체는 목적이 아니기 때문에 규제의 대상이 되는 당사자들은 규제의 틀과 추진 중인 규제 변화 등에 대해 의견을 개진할 기회가 주어져야 한다.

- 비례성(proportionality): 규제는 필요한 경우에 한해서 개입이 이루어져야 한다. 해결책은 노출된 리스크에 맞게 적절한 수준이어야 하며 순응비용 규모를 규명하고 최소화해야 한다.

- 일관성(consistency): 규제는 특정 케이스를 적절한 이유 없이 다르게 다루어서는 안 된다.

- 대상의 확정(targeting): 규제는 관련된 중요 요소만을 대상으로 해야 한다.

또한 감사인은 기존 규제와 도입을 추진 중인 새로운 규제에 대해 다음과 같은 질문을 제기할 수 있다.

- 문제에 초점을 두고 있는지
- 리스크에 비례하는지
- 사용자 편의적인지
- 공정하게 집행되고 있는지
- 적용 대상이 적정한지

- 위반 시 벌칙은 적정한 수준인지
- 규제 순응의 사회적 혜택이 사회적 비용을 초과하는지
- 리뷰 및 평가가 이루어지는지

이상의 검토를 토대로 했을 때 결론적으로 다음과 같은 질문으로 귀결된다.
- 새로운 규제를 도입할 필요가 있는지
- 기존 규제를 폐지해야 하는지
- 규제 외의 더 나은 방법을 통해 동일한 목적을 달성할 수는 없는지

규제의 굴레에서 성공적으로 벗어났다고 가정할 때 그다음 도전 과제는 규정에 의존하기보다 필요한 판단을 당당하게 내릴 수 있는 훨씬 섬세하고 자신감 있는 공공행정의 존재이다.

8장 시민의 니즈 충족 – 공공서비스의 질

    정치적 조직이 형성된 후부터 정부는 질서와 재산권에 대한 시민들의 니즈를 만족시키면서 황제, 군주 및 민주적으로 선출된 지도자 등 지배자의 지위, 부, 권력의 유지를 꾀해왔다. 초기에는 봉건 신하에게 외부의 침입이나 내부의 봉기로부터 왕국을 지키는 조건으로 보상을 제공하거나 최소한의 법과 질서를 제공하는 방식이었으나, 이후 극빈자 생계유지를 위한 지원을 제공하게 되었으며 부분적으로는 이들이 기존의 외관상 평화를 깨뜨리지 못하게 하려는 의도도 있었다. 19세기 이후부터는 불평등과 착취의 문제에 대응하기 위한 개입이 이루어졌다. 시민들의 니즈의 성격과 이에 대한 정부의 대응 방식은 시대에 따라서 크게 변해왔다. 복지 국가에서 소비자 중심 사회를 지나 정보화 시대의 도래는 시민들의 공공서비스에 대한 기대를 변화시키고 상승시켰다. 민간 부문은 고객 서비스에 대한 시민들의 기대를 상승시키고 공공 부문은 이로 인해 발생한 '기대 격차'에 대응하고자 애쓰는, 그래서 공공 부문은 태생적으로 민간 부문을 기약 없이 추격하는 역할에 머물러 있는 것처럼 보인다.

'신공공관리'(new public management)로 대표되는 지난 20년간의 트렌드는 공공서비스 전달에 수많은 변화를 가져왔다. 사용자의 최종 니즈를 어떻게 충족할 것인지 그 수단이나 절차에 대한 관심보다는 충족 여부에 초점을 두어왔다. 여기에 소위 '회의적인 시민-소비자'(skeptical citizen-consumers)[1]의 출현은 문제를 훨씬 가중시켰는데, 이들은 불만을 제기하는 데 주저하지 않을 뿐 아니라 법적 절차에 호소하는 비율도 늘어나고 있으며, 불만의 대상도 쓰레기 수거나 도로의 팟홀 정도가 아니라 가정의, 수술 집도의에 이르기까지 확대되고 있다. 게다가 언론은 이전 세대에 비해 훨씬 더 적극적으로 이러한 개개인의 불평불만을 보도한다.

이러한 배경하에서 수백만의 공공 부문 종사자들은 여전히 수많은 종류의 서비스를 시민들에게 제공하고 있다. 개중에는 형편없이 계획되거나 집행되는 것도 있지만 상당수는 뛰어난 편이다. 이번 장에서는 공공서비스 품질에 미치는 영향들에 대해 살펴보기로 한다. 전통적으로 내부 지향적 특성의 관료제는 외부 세계에 대해서는 규정 체계를 통해 기계적으로 처리해왔기에 시민들의 니즈에 낮은 우선순위를 두고 있다는 것은 놀라운 사실이 아니다. 더구나 관료들의 규정 체계에 대한 이해도 높지 않다.

또 다른 주요 포인트는 어느 정부도 제공하는 서비스의 범위와 성격에 있어 완전히 자유롭지 않다는 것이다. 첫째, 모든 행정부는 과거부터 축적되어온 발전 및 관행을 계승한다. 이에 따라 서비스 제공은 항상 부분적으로 창출된다. 현재 우리가 갖고 있는 것은 시간을 두고 만들어진 서비스의 총합인 것이다. 둘째, 공공 지출의 많은 부분은 이미 용도가 정해져 있다. 예를 들어 연금은 자격을 갖춘 수급자에게 지급되어야만 한다. 셋째, 정치

---

1) Newman, J. (2001) *Modernising Governance*, Sage.

가들이 세대를 거치면서 몸소 깨달은 것은 핵심 서비스에 상당한 변화를 주고자 하는 시도는—영국의 국민보건서비스(NHS) 개혁 사례와 같이—많은 어려움을 노정하게 되며, 특정 그룹 또는 서비스 전달 방식에 대한 공약은 혁신적 변화에 주요 장애 요인으로 작용한다는 사실이다. 넷째, 기대가 비현실적일 만큼 지나치게 높다. 조프 멀건은 이를 다음과 같이 설명했다.[2] "대부분의 시민들에게 이상적인 서비스라 함은 부유층이 최신 병원이나 맞춤 양복점에서 받는, 또는 일류 변호사나 재무설계사로부터 받는 서비스 수준에 근접해 있다. 즉 인간적이며, 즉각적이고 개인적이며, 단순히 수요에 대응하는 것이 아니라 수요를 예측하여 한걸음 더 나아가는 수준이 되어야 한다는 것이다." 따라서 서비스 만족 관련 기준이 없는 상황에서 정부는 항상 도움을 요청하는 사람들을 실망시킬 리스크를 안게 된다.

공공서비스를 개선하고자 하는 명백한 의지가 있음에도 이를 이행하는 데 성공적이지 못했다는 것이 정부가 항상 듣게 되는 비판이다. 영국 정부의 대표적 실패 사례는 다음과 같다.

- 시민들이 공공서비스의 고객(customer)인지, 소비자(consumer)인지, 아니면 의뢰인(client)인지 혼란을 초래하는 데 기여함으로써 어떤 경우에는 기대 수준을 만족시킬 수 없는 수준으로 상승시켰다(**박스 8.1**).
- 복잡하고 반응이 없는 시스템 및 절차를 만들어냄으로써 서비스에 대한 접근을 어렵게 했다.
- 과거의 실패로부터 교훈을 얻지 못한 채 효율적, 효과적인 방식으로 서비스를 전달하는 데 실패했다.
- 영국 사회의 점증하는 다양성을 인정하고 대응하지 못함으로써 고객의 니즈를 충분히 이해하지도 못하고 질 낮은 서비스가 제공된 후에도 고

---

2) Mulgan, G. (2006) *Good and Bad Power*, Allen Lane.

박스 8.1: 문제는 개념의 차이에 있다. 과연 시민은 공공서비스의 소비자인가, 고객인가, 의뢰인인가?

(1) **소비자(Consumers)**: 공공과 민간의 다양한 제공자들로부터 제공되는 재화와 서비스를 소비하는 모든 개인들을 일컫는다. 이처럼 포괄 범위가 넓은 개념 속에서, 개인들은 생산자/제공자와 여러 관계를 맺을 수 있다.

(2) **고객(Customers)**: 개인이 여러 공급자들 가운데 선택을 하고, 재화와 서비스를 선택하고 대가를 지불하고자 하는 관계에 있을 때이다. 대체 가능한 산출물을 제공하는 복수의 공급자가 있어야 하며, 공급자는 잠재적 고객들을 마케팅을 통해 타게팅하거나 배제함으로써 차별화할 수 있어야 한다.

(3) **의뢰인(Clients)**: 전문가-의뢰인 관계에서 의미를 갖는 개념으로 전문가 입장에서 소비자는 접근이 통제되는 서비스에 대하여 특정 니즈가 있는 반면, 의뢰인은 전문가와 함께 추구하는 공통의 욕구를 갖는다. 의뢰인과 전문가는 산출물을 공동으로 소유하거나 생산한다고 볼 수 있다.

(4) **시민(Citizens)**: 국가-개인 관계에서 의미를 갖는 개념으로, 세금을 납부하고 투표를 하고 모두에게 적용될 규칙에 관하여 의사를 표시한다. 그러한 규칙들은 전체 공익이 무엇인지 제기하면서 사회, 국가 및 지역 커뮤니티가 어떻게 발전해나가야 하는지에 대한 집단적 견해를 나타낸다. 또한 사회 정의와 평등, 자원과 바람직한 정책 간의 균형, 우선순위 결정 등에 있어 공익이 무엇인지에 관한 서로 다른 의견들을 조화시키고자 한다.

출처: 조지 존스(George Jones) 런던정경대(LSE) 교수와 필자 간의 교신

객이 제기하는 견해나 우려에 충분한 주의를 기울이는 데 실패했다.

• 시민에게 필요한 정보를 제공하고 질 높은 서비스 제공을 위해 시민들로부터 필요한 정보를 포착하는 등의 커뮤니케이션 활동이 미흡하다.

• 직원들로 하여금 고객 서비스를 향상하고 혁신적인 접근을 시도할 수 있도록 필요한 인센티브를 제공하는 데 실패했다.

• 적절한 보상 시스템이 마련되어 있지 않다.

서비스 제공자와 국회의원들은 복잡하고 폭넓은 사회 서비스 프로그램

을 집행하면서 겪는 어려움에서 헤어나지 못한 채 시민들의 시각에서 공공서비스를 바라보는 데 실패하는 경우가 흔히 발생한다. 이제부터는 감사 결과 드러난 질 높은 서비스를 방해하는 주요 장애 요인에 대해 검토한 후 개선 방안과 감사 시사점에 대해 설명하고자 한다.

8.1 질 높은 공공서비스 확보의 장애 요인

공공감사에서 고려할 필요가 있는 주요 장애 요인은 다음과 같다.
- 과도하게 복잡하고 비대응적인 서비스
- 전달 실패 및 교훈 학습 실패
- 사회 다양성 증가 및 고객 니즈 규명에 대한 대응 지연
- 커뮤니케이션 미흡
- 혁신 유인 미흡
- 불만 청취 및 보상 시스템 취약

8.1.1 과도하게 복잡하고 비대응적인 서비스

공공서비스는 기대 수명의 연장이나 직장 내 여성 비중의 증가 등과 같은 사회 및 경제의 발전에 대응하여 선거 공약을 토대로 단편적으로 증가해왔다. 대표적으로 복지제도가 그러한 변화 추세를 반영하는데, 마치 오랜 시간을 두고 바위에 형성된 퇴적층과 같은 식이다. 이는 여러 다른 형태의 복잡함으로 연결된다. 이러한 복지제도가 갖는 복잡성을 **박스 8.2**에 요약하였는데 대표적으로 내부적 복잡성, 다른 제도(세액공제)와의 연계로부터 발생하는 복잡성, 반복된 제도 변경 및 전면 개편 등에 따른 복잡성 등이 있다.[3) 이 모든 것이 서비스의 다양한 측면에서 전달을 어렵게 한다.

박스 8.2: 복지 지원 시스템 운영 과정과 복잡성 증가

운영 과정	복잡성	사 례
제도 개편: 사회 경제 환경 변화에 대응, 특정 정책 목표 추진을 위해 지원 제도를 전면 개편	• 복잡성은 증가할 수도 있고 감소할 수도 있음 • 지원 시스템 단순화를 목표로 정해 추진할 수 있음	• 구직자 수당 도입(1996) • 연금 공제 도입(2003) • 주택 보조금 단순화를 위한 지역 주거수당 시범 사업
일부 변경: 관련 규정을 상황 변화, 우선순위 등에 맞추어 조정할 필요 발생 시	• 여러 상황별로 다양한 대응이 가능하도록 함에 따라 복잡성은 증가할 수 있음	• 25세 미만에 적용할 별도 주거 지원 규정 • 법원 판결로 비롯된 문제 해결을 위한 장애인 수당 규정 신규 도입
수평적 링크 또는 인터페이스: 서로 다른 지원 제도 간 또는 담당 조직 간에 존재	• 동일 그룹을 대상으로 여러 종류의 복지 혜택이 서로 다른 방식으로 단일/다수 기관에 의해 집행되는 경우 수평적 인터페이스는 복잡성 초래	• 지원 종류별로 지급일자 상이 • 지원금 산정 기간의 차이로 인해 각 지원 종류별로 다른 시점에 변동 사항을 보고 • 주택 보조금과 세금 혜택 간에 소득과 자본을 달리 규정
수직적 인터페이스: 부처와 집행기관 사이의 여러 단계가 존재. 수직적 인터페이스는 일반 규정을 하부 조직에서 구체적 니즈에 맞춰 세부화하게 됨	• 상위 규정이 고객 서비스에 부적합하다는 인식이 있는 경우 복잡성 증가로 이어질 수 있음 • 서로 다른 하부 조직이 상위 조직의 동일한 지침을 다르게 집행할 경우 복잡성 발생	• 의사결정자를 위한 가이드가 48개 장으로 구성되는 등 관련 법규를 해석한 복지 혜택 집행 지침이 방대함 • 주택 보조금 집행 기준이 지역 상황을 고려한 결과 지역별로 큰 차이
전달 과정: 중앙 부처와 개별 고객 간의 접촉으로 양식 작성, 신고 의무, 인터뷰, 송금 등 포함	• 일선에서 서비스 제공 방식에 따라 수혜자에 부담을 주는 전달 과정의 복잡성(복수의 담당자, 세부 양식) 발생	• 많은 고객들은 지급 양식 작성이 힘들다고 여김 • 고객들은 어떤 변동 사항을 누구에게 보고해야 하는지 알지 못함

출처: 영국 감사원(NAO)

제도 내부의 복잡성을 살펴보면, 장애인 지원제도는 1945년 이후 부분적인 개편이 지속적으로 이루어져 현재는 관련 사업들이 중복되어 잠재적 사용자와 사회복지사들 간에도 혼란을 유발하는 대표적 사례이다.4) 세액

---

3) Comptroller and Auditor General, *Dealing with the Complexity of the Benefits System* (HC 592, Session 2005-2006).

4) Comptroller and Auditor General, *Gaining and Retaining a Job: the Department for Work and Pension's Support for Disabled People* (HC 455, Session 2005-2006).

공제(tax credits) 제도는 제도의 복잡성으로 인해 니즈 변화에 서비스가 적절히 대응하지 못하는 또 다른 예이다. 국세청은 매년 세액공제액을 정산하게 되는데 2004-05년도에는 2003-04년 공제액의 3분의 1에 달하는 규모가 과다하게 지급된 것으로 확인되었으며, 이는 처음 신고 시점의 신고 금액보다 가계 소득이 크게 증가한 것에 기인한 것이었다. 연도별 공제 베이스가 제대로 기능하기 위해서는 수혜자로 하여금 예상되는 소득 변화에 따른 결과를 예측하고 대비할 수 있도록 해야 하는데 실제로는 많은 가계에서 그렇지 못한 것으로 드러났다.[5]

복잡한 제도는 관련 부처들이나 같은 부처 내 관련 부서들 간에 원활하지 못한 커뮤니케이션을 초래하여 많은 사업에서 비효율을 빚어내고 있다. 예를 들어 노동연금부 고객센터는 IT 시스템의 제약으로 인해 고객 정보를 부서 간에 적절히 공유할 수 없게 되어 고객들이 동일한 개인정보를 반복해서 제공해야 하는 불편을 초래하였다.[6] 행정 시스템 간 호환성 문제는 지역 관할이 서로 일치하지 않는 등 NHS와 사회 서비스 간의 협업에 영향을 끼치는 중대한 문제가 되고 있다.[7] 정부는 사용자들이 정부 내 존재하는 차이점을 이해해줄 것으로 기대하지만 도움을 누구보다 필요로 하는 사람들은 너무 많은 수의 부처와 연결되어 있다.

시민들은 정부와 접촉하는 바로 그 순간부터 좌절감을 겪을 수 있다. 시민이 중앙 부처나 다른 공공기관과 접촉하는 대표적인 방법이 양식을 작성하는 것인데, 많은 양식이 형편없이 디자인되어 있을 뿐 아니라 이해하

---

5) Comptroller and Auditor General, *Inland Revenue Standard Report 2004-2005*.

6) Comptroller and Auditor General, *Developing Effective Services through Contact Centers* (HC 941, Session 2005-2006).

7) Comptroller and Auditor General, *Ensuring the Effective Discharge of Older Patients from NHS Acute Hospitals* (HC 392, Session 2002-2003).

기 어려운 부분들이 많고 과도한 정보 요구를 하는 경우가 많다. 간략하게 작성 요령을 설명해주기보다 많은 양식에 장문의 안내 팸플릿이 첨부되어 있다.[8] **박스 8.3**에는 다수의 양식에서 발견할 수 있는 작성하기 어려운 예를 제시하였다.

양식 작성은 공공서비스 혜택을 받기 위한 긴 프로세스의 첫 단계에 불과하다. 때때로 시민들은 업무 하나를 처리하기 위해 여러 기관을 방문해야만 하는데 이는 이동이 쉽지 않은 노인층이나 장애인에게는 큰 문제가 된다. 교통수단 이용이 가능한 경우에도 여러 정부기관이나 관청을 방문하려면 상당한 시간과 에너지가 필요하다.[9] 자격 여부에 대한 확인 절차는 당연히 필요하며 양식의 복잡성은 적정한 대상자만이 서비스를 받을 수 있도록 하기 위한 분명한 의도에서 비롯된 것이다. 그러나 이러한 필수사항으로 말미암아 적법한 자격을 갖춘 대상자가 서비스를 받지 못하게 되는 경우는 없어야 한다. 궁극적으로 서비스 제공자는 공적 자금의 적법한 사용과 규정 및 정보 요구로 사용자에 과도한 부담을 줄 가능성 간의 밸런스를 유지해야 한다. 이 점은 현대 정부가 직면하는 큰 도전 과제 가운데 하나라 할 수 있다.

8.1.2 효율적, 효과적 서비스 전달의 실패 및 교훈

공공서비스 전달의 주요 이슈 중 하나는 정부가 공공서비스 전달 경험에서 교훈을 얻지 못하고 있다는 것이다. 이러한 사실은 최근 발표된 의회 공공회계위원회 보고서에서도 부각되었는데, "청문회를 통해 조사가 이

---

8) Comptroller and Auditor General, *Difficult Forms: How Government Departments Interact with Citizens* (HC 255, Session 2003-2004).

9) Disability Alliance (2004) *Race Equality in the Benefits* System, Disability Alliance.

박스 8.3: 정부 양식 작성의 편의성 확인을 위한 체크리스트

영국 감사원은 대정부 민원업무 편의성에 관한 감사 결과 민원인이 정부 양식 기재 시 가장 빈번하게 겪게 되는 문제를 분류, 체크리스트로 개발하였다. 이를 통해 민원 서비스 제공기관은 사용 중인 양식에 대한 체계적이고 총체적인 검토를 실시하고 각 양식의 작성 난이도 수준을 측정할 수 있다. 사용자들이 어려움을 겪는 대표적 요소 유형 및 사례를 아래에 제시하였다.

• **기본 사항**: 하나의 양식이 다용도로, 여러 유형의 고객이 사용하도록 디자인되어 있음. 고객은 여러 질문을 세세히 읽어가면서 자신에게 해당되는지 가려내야 함.

• **가독성/배치**: 글자 크기가 작거나 일관되지 않고 글자체도 일관되지 않음. 양식의 어느 위치에 기재해야 하는지 불분명함.

• **표현**: 양식 및 첨부 가이드에 복잡한 표현을 사용(긴 단어, 긴 문장, 한 문장에 여러 부속구를 포함). 잘 알지 못하거나 일상생활에서 잘 사용하지 않는 개념이나 아이디어 포함. 핵심적인 개념에 약어 사용.

• **작성 순서**: 고객에게 복잡한 순서에 따라 작성할 것을 요구(중간에 건너뛰는 질문 포함).

• **신분 관련 서류**: 잘 사용되지 않는 ID의 식별번호를 요구(흔히 사용하는 신분증 외의 다른 서류를 확인해야만 작성 가능).

• **경고, 개인정보 보호**: 양식에 틀리거나 부정확하게 기재 시 법적, 금전적 벌칙 부과를 경고. 양식에 개인정보 보호를 명확히 보장하는 문구가 없음(개인정보 보호 관련 정책이나 관련 법규 준수를 명기하지 않음).

• **작성 안내 제공**: 작성 안내서 시작 부분에 간단한 작성 요령(quick start)을 제시하지 않음. 작성안내 전단이나 책자가 가독성이 떨어지고 너무 길거나 복잡함.

• **전화/인터넷을 통한 지원**: 전화나 인터넷을 통한 양식 작성 지원 서비스가 제공되지 않음. 전화를 통한 지원은 있으나 연락번호가 양식에 기재되어 있지 않고 가이드에만 제시되어 있음. 양식을 온라인으로 작성, 제출하는 것이 불가능.

• **답신 관련 정보**: 양식에 답신용 봉투 또는 주소 라벨이 첨부되지 않아 고객이 답신 주소를 스스로 기재해야 함.

출처: National Audit Office. *Improving and Reviewing Government Forms: A Practical Guide.*

루어진 기관들이 위원회 권고 사항을 이행하기는 하나, 정부부처들이 전반적으로 교훈을 받아들였다는 증거는 찾기 어렵다"고 지적하고 있다.10)

IT 프로젝트는 금액 규모도 클 뿐 아니라 수많은 공공서비스의 기초라는 점에서 특히 우려가 제기된다. 4장의 논의에서도 밝혔듯이 2006년 잉글랜드에서 단일직불금 집행 과정에 문제가 발생하였는데, 이 제도는 11만 6천 명의 영농인들에게 총 15억 파운드를 지급하는 방대한 계획으로 수혜자의 다수가 이 직불금 지급에 의존하는 상황이었다. 2006년 이 시스템은 지급 지연, 비용 상승, 수혜자인 영농인의 심각한 고충 초래 등 수많은 문제로 인해 담당 기관의 장이 교체되는 사태로 번졌다.11) 그러나 **박스 8.4**에 나타나듯이 감사원 감사 결과를 보면 문제를 초래했던 원인의 다수가 과거 IT 프로젝트에서 이미 반복적으로 지적된 사항들이었다.

8.1.3 다양성 증가와 고객 니즈 파악에 대한 대응 지연

관료제적 접근방식은 서로 다른 지역에 거주하는 시민들이 유사한 서비스를 제공받을 수 있다는 장점이 있었다. 그러나 이는 시민들이 대체로 유사한 니즈를 갖고 있거나 유사한 방식으로 대응할 수 있다는 가정을 전제로 한다. 최근에 들어서야 소수 민족, 노인, 빈곤층, 장애인 등 사회적으로 대우를 받지 못하는 집단의 특수한 니즈에 대해 비로소 인식하게 되었다.

---

10) Committee of Public Accounts, *Achieving value for money in the delivery of public services* (17th Report 2005-2006).

11) Comptroller and Auditor General, *Department of Environment, Food and Rural Affairs, and Rural Payments Agency: the delays in administrating the 2005 Single Payment Scheme in England* (HC 1631, Session 2005-2006); Tracey Payne, a member of the NAO's staff in 'Trouble at mill' *Whitehall and Westminster Review* (21 November 2006).

박스 8.4: 교훈 학습의 실패 - 농촌기금관리청

단일직불금(Single Payment Scheme) 집행에 관한 영국 감사원 보고서에 따르면 EU 단일직불금의 지급 업무를 담당하는 기관의 문제로 인해 상당수 영농인들이 고통을 겪었고, 추가 이자 및 은행 수수료 부담 등 손실을 초래했으며, 정부기관에 대한 신뢰가 떨어졌다. 직불금 업무 관련 리스크 및 복잡성을 충분히 이해하지 못한 결과 농촌기금관리청(Rural Payment Agency)이 관련 업무량을 과소평가한 것이다. 잉글랜드에서 직불금 규모는 11만 6천 명의 영농인을 대상으로 15억 1,500만 파운드에 달한다. 환경식품농촌부(Defra)와 농촌기금관리청(RPA)은 2월부터 직불금 지급을 시작하여 3월 말까지 96% 지급을 완료할 계획임을 영농인들에게 통지했다. 그러나 RPA는 실제 3월 말까지 3만 1천 명(27%)에게 2억 2,500만 파운드(15%)를 지급하는 데 그쳤으며, 이 과정에서 청장은 교체되었다.

직불금 집행 비용으로 당초 7,600만 파운드의 예산이 배정되었으나 2006년 3월까지 비용은 1억 2,200만 파운드로 늘어났고 앞으로 더욱 증가할 것으로 예상된다. Defra와 RPA는 2008-09 회계연도까지 청의 인력을 1,800명 감원하여 1억 6,400만 파운드의 효율성 개선을 달성하겠다고 계획했지만, 직불금 신청을 처리하는 것의 어려움으로 인해 오히려 추가 인력을 고용하게 되었으며 이 기간 중 목표로 한 효율성 개선은 불가능할 것으로 전망된다.

이번에 RPA가 직면한 문제는 사실 이전에도 수차례 경험한 동일한 문제였다.

• 직불금 도입 일정이 빠듯했으며 이후 EU 규정 개정, 규정의 법적 해석, 부처 결정, 운영 단계의 변화 등을 IT 시스템에 반영해야 함에 따라 일정이 더욱 촉박해짐.

• RPA 소관 통제상의 문제는 지급 지연을 초래하였음. IT 시스템의 각 구성요소별로는 테스트가 이루어졌으나 시스템 전체에 대한 테스트는 이루어지지 못하다가 실제 상황에서 문제 발생.

• RPA는 토지 등록 업무에 대한 적정한 시범 운영을 실시하지 않고 토지 측량 관련 업무량을 과소평가하였음. RPA는 또한 직불금 신청 처리 관련 업무량도 과소평가하여 밀린 업무를 처리하기 위해 경험이 부족한 임시 직원을 투입.

• Defra와 RPA 모두 직불금 문제의 초기 대응에 실패.

• 비상 대책 실행이 보류됐는데, 이는 이 제도를 이해하고 필요한 기술을 갖춘 직원 배치를 더욱 어렵게 할 수 있다는 우려와 메인 시스템을 통해 시간 내 직불금 지급이

완료될 가능성이 더 높다는 판단에서 비롯되었음. RPA 전임 청장의 중간 보고서는 낙관적 평가로 일관했으나 적정한 경영정보·시스템이 부재한 상황에서 상황이 진전되고 있는지를 볼 수 있는 확실하고 객관적 데이터는 없었음.

• RPA는 처리 절차에 대한 적절한 시범 운영을 실시하지 않았음. 그 결과 신청 처리, 특히 해당 토지의 위치 및 크기를 확인하는 데 소요되는 시간을 과소평가하게 됨. 측량 업무는 예상했던 170만 회를 훨씬 초과하여 210만 회에 달하였음.

• 남서부 지역의 한 낙농업자가 감사원에 밝힌 바에 따르면 본인 토지를 측량한 4개의 버전을 놓고 갑론을박이 있었으며 토지대장의 최종본조차도 정확한 것이 아니었음. 그 결과 상당한 직불금 신청이 미처리 상태로 쌓여갔음. RPA는 주당 200개의 측량 지도를 받는 것으로 예상했으나 실제로 1,200개에 달했으며, 2005년 9월까지 처리되지 못한 신청서가 31,000개에 이르렀음.

• RPA는 또한 시간을 절약하여 빡빡한 일정을 맞추기 위해 IT 시스템 가운데 각 신청서의 처리 상황에 대한 정보를 보여줄 수 있는 부분을 비롯한 주요 요소들을 생략하였음. 그 결과 접수된 신청서가 어느 처리 단계에 있는지, 완결하기까지 시간이 얼마나 남았는지 파악하기가 어려웠음.

• 부적정한 경영 정보는 전임 청장의 지나치게 낙관적인 보고서에 영향을 미치게 되었는데 특히 사업 진행 정도에 대한 객관적인 지표가 미비했음. 프로젝트 추진 과정에서 수차례 비상 대책 도입에 대한 검토가 있었지만 받아들여지지 않음. 2006년 4월에 이르러서야 직불금의 일부분이라도 먼저 지급하는 비상 대책이 실행되었음.

• 이러한 지연으로 인한 1차 피해자는 영농인들로 감사원 서베이에 따르면 영농인의 20%가 스트레스와 불안을 경험한 것으로 나타났음. 감사원 추산 결과 영농인들이 입은 금전적 피해액은 추가 대출에 따른 이자 지급 및 수수료 등으로 1,800~2,250만 파운드에 이르렀음.

• 담당 기관이 아예 손을 놓고 지원을 포기한 상황도 있었음. 예를 들어 감사원에서 콜센터에 연락했을 때 자동 응답 메시지는 "직불금 지급 관련해서 콜센터 직원이 귀하에게 드릴 수 있는 말은 아무것도 없습니다"였음.

출처: 영국 감사원(NAO), *The Delays in Administering the 2005 Single Payment Scheme in England* (HC 1631, Session 2005-06); Tracey Payne, 'Trouble at Mill' *Whitehall and Westminster Review* (21 November 2006).

1995년 제정된 장애차별금지법(The Disability Discrimination Act of 1995) 및 보다 최근에 도입된 연령 차별 관련 법령 등은 특정 시민들을 보호하는 것을 목적으로 한다.

일반적으로 공공기관은 그들이 제공하는 서비스 수혜자들의 니즈를 적절히 이해하는 데 신속하지 못했다. 서로 다른 니즈와 처한 환경에 맞춰 차별화된 서비스를 제공할 필요가 있음을 이해하는 것은 이제 겨우 시작 단계에 불과하다. 그로 인해 예컨대 소수 민족은 축소된 서비스를 받을 수 있는데, 연금 수급 연령에 도달한 소수 민족 출신은 법률에 정해진 연금 크레딧을 다 받지 못할 가능성이 크다. 정신 건강에 어려움을 겪고 있는 사람들은 병원 진단을 받으려고 할 때면 일반인에 비해 정부기관들과 더 많이 부딪혀야 한다.12) 또한 정부부처가 보유한 주요 사용자와 고객 집단에 관한 정보 질에도 큰 차이가 존재한다.13) 많은 부처가 특정 정부 서비스에 어떤 시민들이 접근하는지 빈도와 방식에 대해 알지 못한다.

'옛 방식의'(old) 공공서비스와 '새로운'(new) 공공서비스라고 할 때 무엇이 이 둘을 구분하는지 알 필요가 있다. 옛 방식의 경우 예를 들어 도서관 사서가 당신이 찾는 책이 어느 서가에 꽂혀 있는지 안내해주거나 나아가 읽을 책을 추천해주는 서비스를 제공하는 것이 특별한 일이 아니었다. 이와 유사하게 노약자를 돌보는 사회복지사는 매주 바뀌지 않고 동일한 사람이 돌봄 서비스를 제공했었다. 반면 요즘에는 기관에서 매일 그때그

---

12) Comptroller and Auditor General, *Progress in Tackling Pensioner Poverty: Encouraging Take up of Entitlements* (HC 1178, Session 2006); *Progress in Improving the Medical Assessment of Incapacity and Disability Benefits* (HC 1171, Session 2002-2003).

13) Comptroller and Auditor General, *Delivering Public Services to a Diverse Society* (HC 19-I, Session 2004-2005).

때 다른 복지사를 파견하는 것이 보다 일반적일 것이다.

새로운 기술은 리스크와 기회를 동시에 제공한다. 보다 많은 서비스가 인터넷을 통해 제공됨에 따라 보다 폭넓은 니즈에 대응할 수 있는 서비스를 확대할 기회가 생겨났다. 그러나 컴퓨터나 인터넷에 쉽게 접근하지 못하는 사람들은 그러한 기회에서 배제될 수 있다.14) 모든 사람들이 인터넷 서비스를 이용할 수 있게끔 하려는 지속적 노력에도 불구하고 온라인으로의 전환은 새로운 기술에 취약한 노인층과 저학력자들과 장비를 구입할 능력이 없는 저소득층에게는 상대적으로 불리하게 작용할 수 있다. 이 문제는 최근 미국에서도 새로운 이민 신청 방식에 관한 논의 중 한 이민 지지 그룹에 의해 제기된 바 있다.15) 즉 온라인으로 신청 서류를 제출하는 제안은 '디지털 장애 요인'이 될 수 있으며 특정 이민자들이 미국 시민권을 획득할 수 있는 능력을 현저하게 감소시킬 가능성이 있다는 것이다.

8.1.4 기초적인 서비스 정보 전달 미흡

가용 서비스에 대해 적절하고 이해 가능한 방식으로 정보를 제공하는 것은 서비스의 질을 결정하는 또 다른 중요한 문제가 되어왔다. 서비스를 홍보하는 데 인쇄물이 여전히 중요한 역할을 하고 있지만 구하기도, 읽기도, 무슨 뜻인지 이해하기도 쉽지 않다. 영국 감사원이 홍보 전단에 대해 검토한 결과 일자리를 구하거나 특정 서비스 혜택에 대해 알아보고자 하는 사람들을 위한 핵심 소개 자료는 찾기가 어려웠다. 특히 대부분의 안내

---

14) Comptroller and Auditor General, *Progress in Making E-services Accessible to All: Encouraging Use by Older People* (HC 428, Session 2002-2003).

15) *Los Angeles Times*, 2006년 10월 29일자.

전단이나 소책자의 평균 가독성 수준은 일반 국민의 평균 독해력 수준 이상이었다.[16] 최근 미국 감사원이 신용카드사 이용 약관의 언어를 분석한 결과에서도 가독성 수준이 주요하게 제시된 바 있다.[17] 아무리 안내 전단이 널리 배포된다 하더라도 평균적 읽기 수준의 사용자가 이로부터 중요 정보를 끄집어낼 수 없다면 무용한 것이 된다. 바람직한 안내 전단은 완전하고 정확하며, 쉽게 이해할 수 있는 언어와 간명한 디자인 및 구성 그리고 추가 정보 출처(예를 들어 안내 전화) 등을 포함해야 한다.

전통적인 대면 접촉을 통한 안내 방식은 사용 빈도가 점차 낮아지고 있거나(정부는 인터뷰가 필요한 구직자와 같이 특정 그룹에 대해서는 대면 방식을 예외적으로 적극 활용하고 있지만), 관련 목표치를 달성하는 데 급급하여 최소한의 시간만 할애하여(예를 들어 일반 의사와의 진료 예약은 통상 10분 이내로 잡힌다) 신속하게 처리되고 있다. 오늘날 많은 서비스가 전화나 인터넷으로 이루어지기 때문에 시민들은 직접 문의하고자 할 경우 어디에 가서 누구를 만나야 하는지 모를 때가 많다. 어떤 기관들은 새로운 소통 수단에 자원이 전환됨에 따라 더 이상 교통이 편리한 지역에 사무실을 운영하지 않으며 업무 시간도 단축하고 있다.[18]

전화가 시민들과 소통하는 가장 일반적인 방식으로 자리 잡고 있다. 저비용의 기술 향상으로 콜센터와 같은 혁신이 널리 확산되고 있으나 접근성은 문제로 남아 있다. 일반적으로 콜센터에 대한 고객 만족도는 높은 수

---

16) Comptroller and Auditor General, *Delivering Public Services to a Diverse Society* (HC 19-I, Session 2004-2005).

17) Government Accountability Office, *Credit Card: Increased Complexity in Rates and Fees Heightens Need for More Disclosures to Consumers* (GAO-06-929), 2006.9.

18) Comptroller and Auditor General, *Using Call Centers to Deliver Public Services* (HC 134, Session 2002-2003); *Citizens' Redress: What citizens can do if things go wrong with public services* (HC 21, Session 2004-2005).

준이지만 증가하는 수요에 대응하지 못하는 골치 아픈 사례들이 여전히 있다. 예를 들어 2004-05 회계연도 기간 중 노동연금부 콜센터가 응답하지 못한 전화가 2,100만 회에 달했다. 통화 연결이 되었다 하더라도 모든 것이 해결된 것이 아니다. 당시 국세청에 대한 영국 감사원 감사 결과에 따르면 2004-05 회계연도 세금 모의 계산을 담당하는 상담 직원은 일관되고 정확하게 답변을 줄 수 있을 정도의 세금 관련 지식이 부족한 경우가 종종 있어 교육 훈련의 개선이 필요한 것으로 나타났다.

8.1.5 혁신 유인 미흡

민간 기업의 특징 중 하나는 혁신의 중요성이다. 기업에서 혁신의 대안은 사망과 실패뿐이다. 여러 성과 부진 기관의 사례에서 보았듯이 이러한 극적인 몰락이 공공 부문에도 해당될지는 확실하지 않다. 공공신뢰청(Public Trust Office)은 수년 동안 사회적 약자들에게 매우 형편없는 서비스를 제공해왔지만 수차례에 걸친 독립적 평가가 이루어진 후에야 비로소 폐지되었다.

공공 부문의 서비스 전달을 개선하는 데 혁신이 갖는 의미에 대해서는 아주 최근까지도 거의 연구된 바가 없다.[19] 영국 감사원의 감사 결과 공무원 조직 내에서 직원 제안 제도는 잘 작동되지 않거나 관리자들이 큰 가치를 부여하지 않고 있음을 알게 되었다. 직원 제안 제도가 혁신의 성공적 요소로 언급된 경우는 단 한 사례에 불과했다. 혁신은 주로 톱다운 방식으로 이루어지고[20] 따라서 종종 현장 상황과 분리된다.

---

19) Comptroller and Auditor General, *Achieving Innovation in Central Government Organisations* (HC 1447, Session 2005-2006).

혁신에 대한 동력이 미흡한 것과는 대조적으로 공공 부문에서 변화의 장애 요인은 매우 강하고 확고하다. 그 원인은 크게 세 가지로 알려져 있다. 첫째는 다른 이해를 갖고 있는 대상과의 협업의 어려움, 둘째는 새로운 업무 방식의 도입이나 시범 운영에 대한 일반적 반감, 셋째는 조직 내 분절된 구조로 인해 목표 합의에 도달하는 데 겪는 어려움이다.[21]

8.1.6 민원 및 행정심판제도 미흡

매우 잘 운영되는 프로그램이라 하더라도 실수와 오해는 발생하기 마련이다. 민간이나 공공 부문 어디에나 실수는 일어난다. 민간 부문의 자동차 서비스, 은행, 여행업 등에서는 형편없는 고객 서비스 사례가 하루에도 수없이 발생한다. 그러나 민간 부문이 다른 점은 훨씬 높은 고객 서비스 정신과 고객 만족도 없이는 브랜드 파워가 순식간에 사라지게 될 것이라는 절박한 인식이 존재한다는 것이다. 공공 부문에 문제가 발생했을 때 시민들은 이를 어떻게 시정해야 할지 모르는 경우가 흔히 있다. 민원 제도는 불평불만을 신속하고 간편하게 해결하기를 바라는 시민들의 요구와 엄격하고 공정하며 최종적인 적용의 필요성 간의 균형을 유지해야 한다. 최근의 개혁 시도에도 불구하고 현행 제도는 여전히 복잡하여, 이를 충분히 활용하거나 불공정한 대우나 부적절한 서비스를 시정할 수 있는 능력을 갖춘 시민들은 극소수에 불과하다. **박스 8.5**에서 볼 수 있듯이 민원 제도로부터 유용한 결과를 얻으려면 탄원인 또는 피해자의 엄청난 끈기가 요구된다.[22]

---

20) Comptroller and Auditor General, *Achieving Innovation in Central Government Organisations* (HC 1447, Session 2005-2006).

21) Comptroller and Auditor General, *Achieving Innovation in Central Government Organisations* (HC 1447, Session 2005-2006).

박스 8.5: 영국 시민들의 고충 처리 시스템

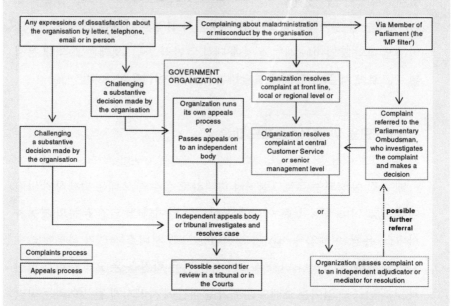

영국의 고충 처리 제도로는 대표적으로 민원과 행정심판 절차가 있다. 민원과 행정심판은 서로 연관되어 있지만 개별 절차로 제도가 분리되어 있음을 많은 시민들이 인식하지 못하는 편이다(그림 참조).

• 민원(complaints)은 정부부처 행위에 대한 불만의 표시로 정의할 수 있으나, 정부기관은 대체로 이를 보다 협소하게 절차상의 결함 또는 개별 케이스에 대한 처리 미흡으로 제한하여 보는 경향이 있으며 이에 따라 정부기관은 민원을 행정적 비난거리를 제기하는 것으로 종종 간주한다. 민원은 업무 처리 지연, 소홀 또는 다른 적정한 업무 처리 실패 등 무엇인가 잘못 진행되고 있음을 나타내는 지표라 할 수 있다.

• 행정심판(appeals)은 정부부처나 행정청이 내린 실질적 처분에 대한 불만의 표시이다. 일반적으로 행정심판은 당해 처분을 한 정부부처나 행정청이 아닌 독립적인 기구에서 다룬다. 정부부처나 행정청에 심판 청구를 하는 경우는 시민들이 정확한 정보를 제공하지 않았거나 최초 신청 시 오류를 범했을 경우로 한정한다.

출처: Comptroller and Auditor General, *Citizen's Redress: What citizens can do if things go wrong with public services* (HC 21, Session 2004-05).

영국의 경우 2004년 한 해 동안 고충 처리 시스템을 통해 130만 건의 민원, 재심의, 행정심판이 처리되었으며 전체 비용은 5억 1천만 파운드에 달했다.[23] 물론 미흡한 서비스 또는 불공정한 처분을 받은 시민들 가운데 많은 수가 공식적인 문제 제기를 하는 방법을 알지 못하거나 또는 알더라도 이를 위해 시간, 돈, 노력을 들이려 하지 않기 때문에 불만을 가진 시민의 수는 과소평가되었을 것으로 보인다. 시민들은 고충 처리 제도를 회피하는 이유로 처음 상담 대상을 찾기 어렵고, 전화 연결이 안 되며, 어떻게 문서를 작성하는지 모르겠고, 대규모 정부 조직이 갖는 인간적 접촉이 부족하다는 점 등을 제시하였다.

유사한 사례임에도 담당 기관에 따라 처리 방식이 달라지기도 한다. 절차가 오래 걸리는 경우를 흔히 볼 수 있으며, 경우에 따라서는 보다 복잡하고 비용이 많이 드는 과정이 되기도 하는데 그럼에도 서로 다른 시스템이 얼마나 효율적, 효과적으로 운영되는지 평가할 수 있는 신뢰할 만한 수단은 존재하지 않는다. 시민들은 민원을 해결하는 것이 비교적 간편하고 유쾌한 경험일 수도 있고, 다른 기관의 유사한 민원과 형평을 유지하려는 시도로 인해 좌절감을 맛볼 수도 있다. 시민들이 공통된 문제에 대해 무엇을 기대할 수 있고 어떻게 접근해야 하는지 알 수 있도록 고충 처리 절차에서 일관성을 유지하기 위한 노력이 반드시 필요하다.

시민들이 그들의 관심사항이 신속하게 처리, 개선될 것으로 믿지 않는다면 고충 처리 제도를 활용하고자 하는 유인은 더욱 감소한다. 민간 부문에서는 본인의 고충이 훨씬 잘 수리될 것이라는 기대가 높다. 기업이 민원에 훨씬 신속하게 대응할 것으로 기대하는 비율은 약 75%에 이른다. 고충

---

22) Comptroller and Auditor General, *Citizen's Redress*, p.13.
23) Comptroller and Auditor General, *Citizen's Redress*, p.9.

처리 제도의 복잡함은 상당 부분이 공평성을 추구하는 데 따른 것이지만 민간 기업의 고충 처리에서 유용한 힌트를 얻을 수 있을 것이다.

8.2 공공서비스 질의 개선

지금까지는 시민의 니즈를 보다 잘 충족하는 공공서비스를 제공하는 데 있어서의 장애 요인을 검토하였으며, 공공서비스를 접할 때 많은 시민들이 공통적으로 겪은 경험과 좌절에 초점을 맞추었다. 관료제적 접근에 따라 나타나는 지나치게 복잡하면서 대응은 더딘 제도, 시민들의 다양한 니즈에 대한 인식 부족, 성과 개선에 대한 인센티브 미흡, 고충 처리 시스템을 통한 피드백 메커니즘 미흡 등의 양상은 질 낮은 서비스로 이어졌다.

위의 문제들은 전혀 새롭지 않다. 지난 20년간 영국 정부는 공공서비스의 질 개선을 정치적 논의의 전면에 내걸고 바로 이 같은 문제를 해결하고자 추진해왔다. 1980년대의 광범위한 민영화 정책에서 권리헌장(Charters), 인증 마크(Charter Marks), 핫라인(hot-lines), 순위표(league tables), 효율성 평가(efficiency reviews), 역량 평가(capability reviews) 등 모든 추진 과제들이 공통으로 내세운 목표가 바로 더 나은 서비스였다. 특히 흥미로운 추진 과제가 헌장 제정을 통해 공공서비스 표준을 적극 전파하여 시민들로 하여금 기대 수준을 형성하게 한 것이었다. 존 메이어 수상이 1991년 최초로 도입한 시민헌장(Citizen's Charter)에는 비록 법적 권한까지 이르지는 못했지만 서비스 표준, 응답 시간, 민원 제기 절차 등이 포함되었다.

감사인이 관심을 기울일 필요가 있는 성과감사 초점을 예시해보면 다음과 같다.

- 권리헌장이 과연 소비자로서의 시민들에게 타당성을 갖는지
- 소비자들의 니즈를 이해하고 귀 기울이는지

- 현장 직원들의 말에 귀를 기울이고 배우려고 하는지
- 정보에 기반한 선택이 이루어지는지
- 성과에 대한 공공책무성과 투명성이 확보되는지

8.2.1 권리헌장이 과연 소비자로서의 시민들에게 타당성을 갖는지

권리헌장 운동은 사실 예상치 않게 시작되었다. 시민들의 이해를 대변하는 영국소비자협회(National Consumer Council) 및 스코틀랜드와 웨일스 소비자 단체와 같은 준독립적 기관으로부터 우수성을 인정받았음을 강조함으로써 분명한 시너지를 창출할 수 있다는 당시의 분위기와 맞아떨어졌다고 볼 수 있다.[24] 1997년까지 40개의 주요 권리헌장이 제정되었으며, 중앙정부의 통제를 받지 않는 권리헌장의 수는 1만 개에 달한다.

그러나 권리헌장 운동은 이내 위축되었다. 헌장에 담긴 아이디어는 다른 새로운 문서에 구현되었으며, 이 과정에서 종종 예리함을 잃게 되었고 권리헌장은 점차 영국 행정에서 설 자리를 잃었다. 왜 이런 현상이 일어난 것일까? 그 이유는 권리헌장이 이를 집행할 책임을 갖는 공직자나 권리헌장이 대상으로 삼고 있는 다양한 그룹과 최소한의 논의만을 거친 채 도입되었기 때문이다. 어느 누구도 권리헌장을 공직자와 시민들이 매일 부딪히는 현실의 일부로 생각하지 않았으며, 공직자들은 때때로 이를 단지 또 하나의 시책 이상으로 인식하지 않는 등 권리헌장에 대한 주인의식이 미흡했다는 비판이 제기되었다.[25]

---

24) 영국소비자협회의 역할은 연구, 소비자 대표 지원 그리고 정책 결정자와의 협력 캠페인 등을 통해 소비자의 이해를 촉진하는 것이다. 협회 재원의 80%는 정부로부터 나온다.

25) S. James, K. Murphy and M. Reinhart (2005) 'The Citizen's Charter: How Such Initiatives Might be More Effective', *Public Policy and Administration* 20(2) Summer, 10.

박스 8.6: 영국의 국가 권리헌장

"1990년대 영국의 권리헌장에 대한 관심은 놀라울 정도였다. 1994년 3월까지 영국 내에 38개의 공식 정부 헌장이 제정되었다(Deakin, 1994, p.50). 1997년까지 40개 주요 권리헌장이 제정되었고 중앙정부의 통제를 받지 않는 지방의 헌장은 1만 개에 달했다(Hansard, 1997). 권리헌장 확산을 둘러싼 영국의 높은 열의 및 독특한 성격을 보여주는 사실은 어떤 헌장의 경우 영국 내 특정 지역에서만 확립되어 있다는 점이다. 영국 내 국가 차원의 권리헌장 수는 지속적으로 증가해 200개에 이르는 것으로 추정된다(Milakovich, 2003). 1998년 노동당 정부는 시민헌장을 '서비스 퍼스트' (Service First) 프로그램으로 대체하여 제기된 비판을 시정하려 하였다. 2002년까지 서비스 퍼스트는 광범위한 공공서비스에 시민헌장을 포함시켰다. 그럼에도 불구하고 동력을 상실하여 현재 서비스 퍼스트 프로그램은 종료되어 내각 웹사이트에 관련 정보가 보관되어 있다. 따라서 드루어리(Drewry, 2002, p.12)가 본래 의미의 시민헌장은 소멸되었거나 적어도 크게 위축된 상황이라고 결론 내린 것은 전혀 놀랍지 않다. 영국에서 권리헌장은 구체적 목표 수준 설정과 같은 새로운 시책의 지속적인 출현으로 공공행정의 표준을 관리하는 하나의 요소로 남게 되었다고 할 수 있다."

"영국 국세청 이사회의 닉 몬태규 의장은 '납세자 권리헌장'이 그동안 중요한 역할을 해왔지만 더 이상 국세청 업무 전체를 커버하지는 않는다고 밝혔다(Inland Revenue, 1999, p.6). 그는 대신 '국민을 향한 서비스 약속'(Our Service Commitment to You)의 도입을 발표하였는데, 서비스 약속은 그것이 대체한 권리헌장과 유사한 측면이 있긴 하지만 적어도 구체성, 초점, 그리고 영향력에서 권리헌장에 미치지 못하는 것으로 보인다. 비록 납세자 및 국민연금 납부자를 위한 별도의 '고객 권리헌장'이 새로운 서비스 약속으로 소관 부처 장관의 승인을 받기는 했지만, 실제로 2000년부터 2003년까지 연간 보고서를 보면 헌장 관련 인용은 더 이상 찾을 수 없고 특정 기준을 충족하는 공공서비스에 '인증 마크'를 주는 방식으로 서비스 질에 대한 언급이 대체되었음을 볼 수 있다."

출처: S. James, K. Murphy and M. Reinhart (2005) 'The Citizen's Charter: How Such Initiatives Might be More Effective', *Public Policy and Administration* 20(2) Summer, 4-6.

• 영국 전체(United Kingdom)에 적용되는 권리헌장

납세자 권리헌장(Taxpayer's Charter)−국세청(Inland Revenue)

납세자 권리헌장(Taxpayer's Charter)−관세청(HM Customs and Excise)

여행객 권리헌장(Taxpayer's Charter)−관세청(HM Customs and Excise)

• 북아일랜드를 제외한 영국(Great Britain)에 적용되는 권리헌장

연금 급여기관 이용자 권리헌장(Benefits Agency Customer Charter)

아동보호기관 권리헌장(Child Support Agency Charter)

기부자 권리헌장(Contributor's Charter)

고용주 권리헌장(Employer's Charter)

구직자 권리헌장(Jobseeker's Charter)

실업수당서비스 이용자 권리헌장(Redundancy Payments Service Charter)

• 잉글랜드와 웨일스에 적용되는 권리헌장

법원 이용자 권리헌장(Charters for Court Users)

피해자 권리헌장(Victim's Charter)

• 잉글랜드에만 적용되는 권리헌장

미래교육헌장(Charter for Further Education)

고등교육헌장(Charter for Higher Education)

세입자 권리헌장(Council Tenant's Charter)

런던 시 버스 승객 권리헌장(London Bus Passenger's Charter)

런던 시 지하철 승객 권리헌장(London Underground Customer's Charter)

부모 권리헌장(Parent's Charter)

환자 권리헌장(Patient's Charter)

도로 이용자 권리헌장(Road User's Charter)

• 이외에도 스코틀랜드, 웨일스, 북아일랜드 등에만 적용되는 유사한 내용의 권리헌
장이 별도로 제정되어 있음

출처: *Hansard, House of Commons, Written Answers*, 1997.11.25, cols. 471-2.

이와 대조적으로 호주의 납세자 권리헌장은 좀 더 성공적이었다는 평가를 받는다. 국세청 직원, 일반 국민, 정책 자문단, 기업 등을 대상으로 2년간 광범위한 의견 수렴을 거쳐 개발이 이루어졌기 때문이다. 1987년에 처음 도입된 후 사용 경험을 토대로 2003년 개정이 되었는데 당시 서베이에 의하면 납세자는 대체로 유익한 것으로 평가했으나 국세청 직원은 "권리헌장을 크게 염두에 두고 업무를 한다고 생각하지는 않는다. 늘 하던 대로 업무 처리를 할 뿐"이라는 반응이었다.26)

그러나 권리헌장과 이와 유사한 시책을 뛰어넘어 영국을 포함한 많은 국가들에서 시민의 니즈를 충족하는 데 뛰어난 방식으로 지속적으로 인정받은 모델은 바로 유통 시장 모델이다. 다시 말해 우리 일상생활 필수품이라 할 수 있는 식품, 의류, 휴가, 가구 등을 공급하는 바로 그 시스템이다. 이러한 재화 및 서비스를 공급하는 업체의 형태와 규모는 실로 다양하다. 그러나 이들은 모두 경쟁, 기호의 변화, 특정 소비자 그룹의 특별한 니즈, 신제품으로 무장한 새로운 시장 진입 업체 등과 같은 자극에 노출되어 있다. 이들 업체가 흥하느냐 망하느냐는 오로지 사람들이 원하고 지불하고자 하는 재화 및 서비스를 공급할 수 있는 능력이 있느냐에 달려 있지, 내부 관료제적 규칙을 고수하는 데 달려 있지 않다. 한때 성공했던 기업이 관료제의 경직성에 굴복하여 실패하는 사례가 있기는 하지만 말이다.

물론 이러한 접근의 지지자들도 리테일 시장이 때로는 소비자를 속이고 니즈를 충족시키지 못하며 단기적으로 독과점과 같은 시장의 불완전한 상태로 전락할 수 있음을 인정한다. 그리고 모든 공공서비스를 유통 시장 모델로 공급할 수 있다고 믿는 사람은 거의 없다. 우리 대부분은 법원과 판사의 업무가 스펜서 백화점, 테스코, 세인스버리 등과 같은 유통 업종과는 전

---

26) 앞의 책, pp. 8-15.

혀 다른 세상에 존재하는 것으로 생각한다.

그럼에도 유통 산업이 결과에 대응하는 방식으로부터 얻을 수 있는 교훈 및 공공서비스 개선에 대한 방향은 분명히 있다. 감사인은 다음과 같은 방향으로 공공기관에 자문을 제시할 수 있을 것이다.

- 고객 의견을 좀 더 잘 청취함으로써 고객에 대한 이해를 높일 것
- 사후적으로 따라가기보다는 니즈를 예측하여 선제적으로 움직일 것
- 혁신을 서비스 전달의 당연한 일부로 간주할 것
- 고객이 무엇을 원하고 필요로 하는지에 대해 잘 알고 있는 현장 직원의 의견을 청취할 것
- 신기술을 보다 효과적으로 활용할 것
- 시민들이 일상생활에 긴요한 서비스에 대해 충분한 정보를 갖고 선택을 내릴 수 있도록 지원할 것
- 파악된 니즈를 중심으로 서비스를 구축할 것
- 성과에 대한 공공책무성과 투명성을 확보할 것

이러한 방향으로 개선이 이루어질 수 있도록 감사 계획을 수립할 때 고객에 초점을 맞춘 감사 대상과 감사 방법을 선정할 필요가 있다.

8.2.2 소비자들의 니즈를 이해하고 귀 기울이는지

영국 사회 구성의 지속적인 다양성 증대는 사용자에 대한 최신 정보의 중요성이 점점 더 커질 뿐 아니라 정보 업데이트가 점점 더 어려워지고 있음을 의미한다. 공공 부문은 포커스그룹, 고객 서베이, 서비스 사용 후 피드백 실시 등 민간 부문에 보편화된 소비자 컨설팅 기법을 비교적 최근에야 도입하고 있다. 이러한 피드백은 기업들로 하여금 소비자 선호를 파악

박스 8.7: 테스코 클럽 카드

던험비와 헤이, 그리고 해리슨은 당시 테스코 마케팅 본부장인 팀 메이슨으로부터 다음과 같은 간략한 지시를 받았다. '클럽 카드가 영업에 기여한다는 것을 이사회가 수용하도록 설득하라.' 그들은 테스코 회장 매클로린 경의 결심을 얻어내야 했는데, 그는 창업자인 잭 코헨과 경영권 분쟁 중이던 1970년대에 당시 로열티 프로그램인 그린 실드 스탬프(Green Shield stamp)를 폐지한 당사자였다.

1994년까지 여러 시도가 있었다. 던험비는 이에 대해 이렇게 말한다. "우리는 사람들의 쇼핑 행태에 관한 많은 데이터를 보유하고 있었죠. 치즈를 사는지 우유를 사는지 이런 것 말고 훨씬 더 흥미로운 사실들을 발견하게 되었어요. 클럽 카드는 회사 규모에 큰 변화를 촉발했어요. 우리는 사람들이 어느 매장에서 쇼핑을 하고 그 빈도는 얼마나 되는지 이 두 변수에 주목했습니다. 실제 식품점에서 무엇을 하는지 분석했죠."

"우리가 사용한 접근이 성공한 것은 사람들의 출생지, 교육 정도 등을 기반으로 행동을 예측한 것이 아니라 무엇을 구매하는지를 기준으로, 즉 구매 상품으로 사람들을 분류했기 때문입니다. 즉 Extra에서 매월 1회 쇼핑, 또는 Tesco Express에서 매주 5회, 이런 식으로 사람들을 보는 것이죠. 이것은 식료품 쇼핑을 분석하는 데 매우 좋은 사려 깊은 도구였어요."

테스코는 이렇게 고객들을 알게 됨으로써 무엇을 선호하는지를 예측할 수 있게 되었다. 클럽 카드 데이터는 이후 소규모 점포 전략, 인터넷 쇼핑 사이트 개설 등과 같은 일련의 전략적 결정에 기초 정보를 제공하였으며 테스코 모바일폰, 반려 동물 보험, 최상급 식료품 등과 같은 신상품 개발 및 판매로 연결되었다.

던험비는 클럽 카드의 또 다른 활용 사례를 다음과 같이 설명했다. "분석 자료로부터 얻은 가장 큰 성공 가운데 하나가 사람들이 와인 섹션에서 어떻게 쇼핑을 하는지를 관찰한 것이죠. 사람들은 테스코에서 판매하지 않는 와인은 돈을 더 지불해서 구매를 합니다. 크리스마스 때는 고급 와인을 사려는 경향이 있죠. 값싼 와인을 구매하는 사람들은 주로 2.99파운드에서 5.99파운드 정도를 지출하려고 하죠. 그런데 5.99파운드에서 7.99파운드 정도를 지출하고자 하는 사람들은 와인 전문점인 오드빈즈에서 주로 구입합니다. 테스코는 그 가격 범위에 충분한 재고를 갖고 있지 않으니까요."

출처: Dunnhumby in *Financial Times Magazine*, pp. 18-22, 2006. 11.

하고 시장 점유율을 잃어가는 제품을 보완하거나 혁신적으로 개편할 수 있게 해준다. **박스 8.7**에는 이와 관련하여 테스코(Tesco)의 흥미로운 사례가 소개되어 있다. 최근 수년 동안 테스코는 많은 자사 제품에 대한 소비자 관심이 감소하는 것을 보면서 혁신 필요성을 인식하게 되었으며, 다른 무엇보다 고객 의견에 귀 기울인 결과 변화된 소비자 기대를 충족시키는 데 성공할 수 있었다.

크게 볼 때 이와 유사한 접근방식을 취한 공공서비스 사례로 영국 교육기술부가 직업 능력 개발을 지원하기 위해 설립한 유에프아이(Ufi)와 런다이렉트(Learndirect)를 들 수 있는데, 일반 국민의 니즈에 대한 충분한 이해를 토대로 개발된 대표적 사례라 할 수 있다.[27] 교육기술부는 유에프아이가 혁신적이며 기존 서비스 제공자와 확연히 차별화된 접근방법을 채택하기를 원했다. 유에프아이는 사람들이 무엇을 원하고 필요로 하는지에 대한 충분한 이해를 확보하고 마케팅 활동 방향을 지원하기 위해 소비자 마케팅 기법을 적용하였다. 이를 위해 성인 직업 교육 참가자에 관한 광범위한 연구를 의뢰하였으며 교육의 장애 요인, 교육 참가자의 특징 및 학습 동기 부여 등에 대한 연구가 이루어졌다. 또한 읽기 및 계산 능력이 부족한 사람들이 기술 향상을 위한 교육에 참여할 수 있도록 어떤 동기 부여 및 설득을 해야 하는지에도 초점을 맞추었다. 그래서 유에프아이는 광범위한 연구 결과를 활용하여 직업 교육 참가자와 비즈니스를 위한 핵심 서비스를 확립하고 지속적으로 개발할 수 있었다.[28] 이는 **박스 8.8**에 있는 것처럼 차별화된 학습 접근방법을 개발하는 데 기여하였다.

---

27) Comptroller and Auditor General, *Extending Access to Learning through Technology: Ufi and the Learndirect Service* (HC 460, Session 2005-2006).

28) Comptroller and Auditor General, *Extending Access to Learning through Technology: Ufi and the Learndirect Service* (HC 460, Session 2005-2006).

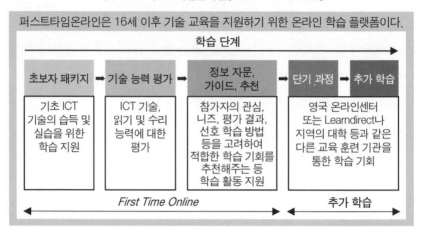

박스 8.8: 퍼스트타임온라인(First Time Online)

퍼스트타임온라인은 16세 이후 기술 교육을 지원하기 위한 온라인 학습 플랫폼이다.

학습 단계

| 초보자 패키지 | → | 기술 능력 평가 | → | 정보 자문, 가이드, 추천 | | 단기 과정 | → | 추가 학습 |

| 기초 ICT 기술의 습득 및 실습을 위한 학습 지원 | ICT 기술, 읽기 및 수리 능력에 대한 평가 | 참가자의 관심, 니즈, 평가 결과, 선호 학습 방법 등을 고려하여 적합한 학습 기회를 추천해주는 등 학습 활동 지원 | 영국 온라인센터 또는 Learndirect나 지역의 대학 등과 같은 다른 교육 훈련 기관을 통한 학습 기회 |

First Time Online　　　　추가 학습

시민들을 여러 사용자 그룹으로 분리하고 니즈를 구분함으로써 담당 부처 및 기관은 지원 대상이 누구이며 어떤 사람이 실제로 그들의 서비스를 이용하고 있는지 보다 잘 알 수 있다. 노동연금부가 2002년 연금 관련 대국민 지원 업무를 담당하는 연금관리청(Pension Service)을 설치하는 과정에서 시도한 사전 작업이 좋은 예이다. 즉, 연금 수급자를 몇 개 그룹으로 나누어 각 그룹별 니즈를 이해하기 위한 기초 연구를 진행하였는데 1,100만 명에 이르는 연금 수급자 전체를 하나의 그룹으로 간주하지 않았다. 연구 결과 많은 사람들이 별 도움 없이도 필요한 서비스를 찾아 사용할 수 있는 '자립형'(independent) 그룹에 해당한다는 사실을 파악할 수 있었다. 다음 그룹은 건강이나 장애 등으로 인해 서비스에 접근하는 데 상당한 지원이 필요했는데 본인의 재력이나 가족의 도움이 있으면 자립을 유지할 수 있는 것으로 파악되었다. 마지막으로 '전적인 지원형'(fully assisted)은 장애를 갖고 있으면서 적은 수입으로 홀로 생활하거나 지원을 받아 생활하고 있어 보다 큰 지원을 필요로 하는 그룹이었다. 이러한 이해를 바탕으로 연금관리청은 각 그룹별 니즈에 차별화된 맞춤형 지원을 개발할 수 있었다. 특히 직접 서비스는 지원을 가장 필요로 하는 사람들에게 제공하되, 대부분의 연금 수급자들은 사회복지 사무실 방문을 꺼린다는 사실을 감안하여 전화 서비스를 가장 주요한 서비스 전달 방식으로 설정하였다.[29] 고객에 대한 이해 덕분에 연금관리청은 혁신적이고 고객 수요에 대응하는 서비스 제공자로 인식될 수 있었다.

그렇지만 앞으로 공공서비스가 고객 니즈에 대응해야 할 분야는 훨씬 더 크다. 민간 부문 서비스에서 최근 두드러진 특징 중 하나가 이미 서비스를 경험한 사람들의 후기를 소비자들이 찾아볼 수 있다는 것이다. 특정 호텔의 서비스에 대해 사람들은 이전 투숙객의 의견을 보여주는 사이트를 쉽게 찾아볼 수 있다. 아직 이런 피드백 기회를 제공하는 공공서비스는 찾기 어렵다. 그러나 셰필드 시의 한 일반의가 개발한 웹사이트(www.patient opinion.org)는 '사회적 기업'으로 간주되며 수요가 있을 것으로 전망된다. 지역에 위치한 병원에 대해 환자들이 어떻게 생각하는지 알고 싶다면 의료서비스에 대한 환자들의 경험 공유를 목적으로 만들어진 위 사이트를 찾아보면 된다. 환자 후기 정보는 매일 업데이트되며 이들의 이야기와 의견은 결국 국민보건서비스의 의료서비스 개선을 지원하는 데 활용된다.

8.2.3 니즈를 예측하여 선제적으로 대응하는지

고품질의 서비스는 고객의 니즈를 예측한다. 아마존을 비롯한 온라인 기업의 특징이라면 알려진 고객 선호도를 다른 가능한 사업 분야로 연계할 수 있는 능력이라 할 수 있다. 예를 들어 특정 아티스트의 CD를 구매한

---

29) Comptroller and Auditor General, *Tackling Pensioner Poverty: Encouraging Take-up of Entitlements* (HC 37, Session 2002-2003).

사람에게 '이 CD를 구매한 사람들이 함께 구매한…' 정보를 제공해준다. 이러한 연계 전략은 분명히 상업적으로 의미가 있는데 공공 부문에서도 이를 인식하고 조만간 다음의 분야에 도입이 이루어질 것으로 보인다.

• EAGA(Energy Action Grants Agency Limited)는 정부의 에너지 효율 개선을 위한 지원 프로그램인 Warm Front 사업을 운영하면서 신청인들이 열 차단 및 난방 개선을 위한 지원금을 신청할 때 건강 검진 혜택도 받을 수 있도록 하고 있다.

• 노동연금부는 저소득 노령 인구를 위한 연금 크레딧을 받는 연금 수급자가 지방정부가 제공하는 주택 및 지방세 혜택을 받을 수 있도록 자동적으로 연계하여, 2001년부터는 연금 크레딧을 신청하면서 동시에 주택 및 지방세 혜택 신청도 할 수 있도록 하고 있다.30)

이러한 접근은 고객의 니즈에 대한 연속적인 시각을 갖고서 기왕의 접촉 경험을 활용하여 사람들에게 또 다른 기회에 대한 주의를 환기시키고자 한다. 이를 통해 공공서비스는 시민들의 수요에 대응하는 서비스를 제공하며, 이에 따라 시민들은 어디를 찾아가야 할지 파악하거나 반복해서 같은 정보를 제공할 필요가 없게 된다.

8.2.4 현장 담당자의 의견에 귀 기울이는지

민간 기업은 그들이 개발하고 적응하지 않으면 망하게 된다는 것을 잘 알고 있다. 따라서 혁신은 필수적이다. 영국 감사원 감사 결과를 보면 많은

---

30) Comptroller and Auditor General, *Progress in Tackling Pensioner Poverty: Encouraging Take-up of Entitlements* (HC 1178, Session 2005-2006).

공공기관이 혁신을 하는 데 뒤처져 있고 혁신을 촉진하기 위해서는 의회나 장관의 압력 또는 효율성 드라이브 등과 같은 외부로부터의 촉발제를 필요로 한다. 앞에서 우리는 새로운 업무 방식 도입에 대한 저항과 정부 내의 분절화 등 혁신을 이루기까지 많은 장애물이 존재함을 보았다. 또한 유능한 관료가 주어진 사업 포트폴리오를 잘 관리하는 데 머무르기보다는 잠재적 리스크를 내포하는 새로운 방식으로 확대, 확장하려는 시도나 생각을 할 수 있도록 장려하는 인센티브가 관료제 내에 충분하지 않다. 성공의 보상이 실패로 인한 벌칙보다 작다는 생각, 자발적인 변화는 결국 실패로 평가받는다는 생각, 이것이 바로 관료제적 사고의 전형적 모습인 것이다. 그러나 변화가 외부 또는 정치적 압력에 의해서 추진될 때는 본서에서 제시하고 있는 충분한 고민이나 분석, 시범 적용 등도 없이 도입되는 경우를 흔히 볼 수 있다.

이와 대조적으로 많은 리테일 종사 기업들은 사업을 이끌어가는 데 지속적인 혁신을 대단히 강조한다. 지위 고하를 막론하고 모든 직원에게 변화에 대한 제안을 장려하고, 그 장점을 얻기 위해 적극적으로 추진이 이루어진다. 그 배경은 바로 현장 사무실이나 콜센터에서 일하는 직원들이 때로는 고객들을 가장 잘 알고 있다는 믿음이다. 비용 절감이나 고객 서비스 개선에 필요한 핵심 지식을 실무를 담당하는 직원이 보유하고 있음을 알고 있는 것이다. 많은 기업이 소속 직원들을 대상으로 하는 제안이나 피드백 제도에 높은 우선순위를 부여하고 있으며, 직원들에게도 이 사실을 효과적으로 전달하고 명확한 제안 처리 절차 및 우수 제안에 대한 보상 등으로 확인시켜 준다. 공공서비스에서도 고품질 서비스를 뒷받침할 수 있는 직원의 풍부한 지식과 이해를 끄집어내기 위해서는 동일한 방법을 도입해야만 한다.

8.2.5 서비스를 재설계할 때 신기술을 효과적으로 활용하는지

많은 공공서비스는 IT를 통해 서비스 전달의 개선과 혁신을 이루어왔다. 모든 현대 사회 영역에서 경쟁력을 갖추기 위해서는 신기술이 주는 기회를 붙잡아야 한다는 말은 결코 과장이 아니다. 민간 부문의 경우 정보기술의 잠재력은 이미 실현되고 있는데, 예를 들어 온라인 쇼핑은 매년 급속히 성장하여 2010년 영국 크리스마스 시즌에는 390억 파운드에 달할 것으로 전망되며, 온라인 뱅킹의 확산 결과 많은 사람들에게 은행 창구에 줄지어 대기하는 것은 먼 옛날의 이야기가 되었다. IT는 마케팅과 판매에 새로운 기회를 제공한다. 이베이(eBay) 웹사이트는 구매자와 판매자를 가장 단순한 방식으로, 그러나 동시에 가장 정교한 경매 시스템으로 연결한다.

IT 시스템의 성공적인 도입은 주요 정부 프로그램이 대중들에게 보다 나은 서비스를 제공하거나— 즉 새로운 서비스를 제공하거나 기존 서비스를 보다 효율적이고 시민의 니즈에 대응적으로 만드는 것을 포함해서—조직의 성과를 개선하는 데 긴요한 요소이다. 2005년 발표한 정부의 전환 전략(Transformational Government strategy)은 모든 공공서비스를 공급자에 맞추지 않고 다양한 시민 그룹의 니즈를 중심으로 디자인할 필요를 인식하고 있다. 이를 달성하기 위해 공공기관들은 영리 단체와 같은 방식으로 제공하는 서비스를 보다 적극적으로 마케팅할 필요가 있다. 대표적인 사례로 무역산업부가 컨슈머 다이렉트(Consumer Direct)를 처음 도입했을 때 벌인 캠페인과 런던 시 교통당국이 오이스터(Oyster) 카드 판매를 위해 추진했던 소비자층을 겨냥한 포스터 제작, 기자회견, 이메일 발송 등을 들 수 있다. 공공기관은 직접적인 사용자 외에도 직종 조합, 로비 그룹, 소비자 단체 등 폭넓은 이해관계자들에게 영향을 줄 필요가 있다. 주요 IT 시스템 도입에 성공하기 위해서는 마치 상업적 홍보 캠페인 같은 방

박스 8.9: 신기술의 적절한 활용 - 캐나다의 온라인 정부 시책

캐나다 온라인정부(GOL)는 전자정부 서비스에서 놀랄 만한 성과를 거두었다. 아래 사례는 많은 성공 가운데 일부를 보여준다.

• **캐나다 관세 및 국세청**(Canada Customs and Revenue Agency, CCRA)
CCRA 웹사이트는 비즈니스를 핵심 사용자 그룹으로 규정하고 이들 업체가 납부 의무를 준수하고 세제 혜택을 받을 수 있도록 지원해주는 데 서비스의 초점을 맞추고 있음. 웹사이트의 정보 구성을 개선하여 세무 신고와 세금 납부에 관련된 보다 많은 채널을 제공하고 있음. 인터넷을 통한 세무 신고 서비스인 'NETFILE'을 통해 특정 업체들은 재화 및 서비스세, 판매세에 대한 환급 신청을 바로 할 수 있음. 이 서비스는 세금 납부를 전자적으로 바로 할 수 있도록 참여 금융기관 링크와 연계된 전자뱅킹 섹션과 상호 보완적인 기능을 하고 있음.

• **캐나다 우편공사**(Canada Post 1 Corporation, CPC)
CPC 웹사이트는 민간 기업 및 다른 정부기관들의 파트너로서 다양한 기업과 시민 대상 서비스를 제공함. 기업 또는 개인 누구라도 'Manage My Account' 서비스를 통해 고객번호를 발급받아 자신의 우편계정을 온라인으로 관리가 가능함. 이를 통해 온라인으로 24시간 내내 최신 계정 활동을 쉽게 열람할 수 있음. 또한 'Election Solutions' 서비스를 통해 선거 관리에 필요한 정보의 안전한 전달 서비스를 제공함.

• **캐나다 복지 혜택 사이트**(www.canadabenefits.gc.ca)
복지 제공에 대한 '전체 정부 차원'의 접근방식을 제공함. 전 부처에 걸쳐 중앙정부와 지방정부를 포괄하는 정보를 제공함. 사용자는 본인의 니즈에 따라 맞춤형 혜택 정보에 접근하거나 생애 주기 또는 지위에 따른 일반 정보를 검색하거나 알파벳 순으로 정리된 혜택 정보를 찾아볼 수 있음. 각 혜택별 세부 정보와 함께 개인이 처한 상황에 따라 이러한 혜택을 어떻게 구할 수 있는지를 볼 수 있으며 더 상세한 정보가 필요한 경우 담당 부처 링크로 접속할 수 있음. 온라인상에서 다양한 업무 처리를 완료할 수 있음.

출처: Accenture (2003) 'eGovernment Leadership: Engaging the Customer Study' and Canada Government On-Line website (http://www.gol-ged.ca)

식으로 계획해야 한다.

해외 사례를 살펴보면 캐나다의 온라인 정부(Government On-Line, GOL) 시책 역시 사용자 접근성을 높이고 대응적인 서비스를 전달하며 보안 환경 속에서 전자 거래를 제공하는 정책 목표를 달성하고 있음을 볼 수 있다 (**박스 8.9**). 이 시책은 다음 두 가지 포괄적인 원칙을 제시한다.

• 고객 중심적 – 고객 니즈와 우선순위에 따라 전자 서비스 제공을 구성하여 시민, 기업, 해외 고객 등이 서비스를 검색할 때 담당 부처가 어디인지 알 필요가 없도록 함

• 정부 전체를 포괄하는 접근방식 사용 – 고객의 밝혀진 니즈를 충족하기 위하여 정부 조직의 경계 및 관할이 다르더라도 서비스는 통합되어야 함

8.2.6 정보에 기반한 선택이 이루어지는지

지난 몇 년 동안 시민들이 그들이 제공받는 서비스의 종류나 시간과 장소 등을 선택할 수 있도록 하자는 논의가 계속되어왔다. 이것은 정치적으로도 민감한 영역에 해당하는 의료와 교육에서 특히 그렇다. 그러나 시장에 기반한 시스템은 특정한 조건이 충족될 때 작동 가능하다. 그중 가장 중요한 것이 경쟁(대안의 존재)과 가용한 정보(예를 들어 대안 선택과 관련된 안내)라 할 수 있다. 적정한 선택은 또한 고객들에게 기존 서비스를 떠나 실질적인 대안으로 대체할 수 있는 기회가 부여된다는 가정을 전제로 한다.

공공서비스에서 실질적인 선택을 창출하기까지 진전은 아직 미미하다. 분명한 점은 모든 이들이 스스로 선택을 내릴 만큼 준비가 갖춰져 있지 않고, 개개인의 선택은 다른 이들이 할 수 있는 선택과 상충될 수도 있다는 사실이다. 많은 공공서비스 분야에서 사용자들이 충분한 관련 정보를 갖고 선택을 결정할 수 있게 하기까지는 아직 갈 길이 멀다. 사용자들은 신뢰

할 수 있는 독립적 정보를 원하지만 많은 경우에 미흡한 것이 사실이다. 서비스 제공 역량 역시 주요 제약 요소인데, 다행히 기존의 제한된 역량하에서도 선택을 가능하게 하는 혁신적 방식을 볼 수 있다. 예를 들어 기존의 공공주택 제약하에서도 입주자에게 주거 관련 선택을 가능하게 하는 선택에 기반을 둔 임대 계약 방식이 가능하다.[31]

보다 다양한 정보에 기반한 선택의 가능성을 보여주는 다른 사례들도 있다. 많은 국가에서 정부의 주요 관심은 사람들이 준비 없이 은퇴를 맞음으로써 빈곤 속에서 삶을 마무리할 위험에 직면하고 있다는 것이다. 그러나 실제로 사람들이 경제적 미래에 관해 어떠한 선택을 내려야 할지 정보가 전혀 없음을 뒷받침하는 상당한 연구 결과가 있다. 문제는 사람들이 은퇴 후 무엇을 얼마나 받게 될지 파악하기가 매우 어렵다는 데 있다. 이에 따라 영국 노동연금부는 연금 예측 도구를 도입하여 시민들로 하여금 정보에 기반한 결정을 할 수 있도록 지원하고 있다(**박스 8.10** 참조).

8.2.7 파악된 니즈를 중심으로 서비스를 구축하는지

정부가 시민들의 의견에 귀 기울이고 그들의 니즈를 이해하게 되면 그에 맞게 공공서비스를 설계해야 한다. 오이스터 카드는 런던 시에서 런던교통공사(Transport for London)와 영국철도공사(National Rail Service) 서비스를 이용할 때 사용하는 전자티켓의 한 방식이다. 이 카드는 2003년 처음 도입되어 2007년 3월 기준 1천만 개 이상이 발급되어 런던교통공사가 운영하는 서비스의 80% 이상에서 사용되고 있다.

---

31) UK NAO (2004) *Choice Memorandum presented to the Select Committee on Public Administration.*

박스 8.10: 영국 노동연금부

시민들은 인터넷을 통해 노동연금부 또는 조세청의 컴퓨터 시스템에 접속하여 실시간으로 공식 온라인 연금 예측 자료를 확인할 수 있다. 시민들은 연금서비스(Pension Service, PS) 웹사이트와 정부 공식 사이트(Government Gateway)를 통해 공적보험컴퓨터시스템(NIRS2) 데이터를 기반으로 노동연금부 소프트웨어로 계산한 결과에 기초한 예측치를 받을 수가 있다.

- **개발 배경 및 연혁:** 이러한 혁신을 촉발시킨 주요 요인으로 새 정부의 정책 방향 및 장관의 정책 우선순위, 즉 정보 기반 선택 시책 관련 어젠더, 전자정부 전략, 협업 관련 정부 목표, 그리고 다양한 장관 차원의 시책 등을 들 수 있음.
- **직원 및 예산:** 연금서비스(PS) 10명(선임매니저 1명 포함), 협력 기관 20명, PS를 위한 계약직 2명 등 약 30명의 인원이 혁신 작업에 참여함. 사업비는 5년간 운영비를 포함 총1,820만 파운드가 소요됨. 조직 내 다른 분야에 연쇄 비용, 기술 지원의 증대 등과 같은 사전에 예측하지 못한 비용도 발생함.
- **높은 성과 분야:** e서비스는 고객에 대한 서비스 전달을 향상시키는 데 큰 성과를 거두었으며 최종 사용자에게 보다 확장된 서비스를 제공하는 수단이 되고 있음. 이러한 혁신은 Government Computing BT Awards와 e-Europe Award의 전자정부 부문에 후보로 선정된 바 있음.
- **핵심 성과 통계(추진 또는 완료):** 2006년 3월 말 기준 12만 명이 등록하였으며 13만여 건의 연금 예측 자료가 전달되었음. 예측치 산출에 소요되는 시간은 이전의 문서 기반의 통보 방식하에서 40일 걸리던 것이 현재는 30~45초 내에 가능함. 별도의 마케팅 노력이 없었음에도 서비스 사용은 예상을 능가하고 있음.

출처: Comptroller and Auditor General, *Achieving Innovation in Central Government Organizations (HC 1447, Session 2005-06)*.

오이스터 카드 사례는 공공서비스가 어디까지 도달할 수 있을지를 제시해준다. 런던의 교통 시스템을 개선하기 위한 방편으로 스마트카드 도입을 논의할 때 그 초점은 고객 만족도라는 핵심 성과지표에 두었다. 특히 운행 시간과 티켓 구입을 위해 줄 서는 시간에 대한 불만족이 가장 높았다.

또한 교통수단 간 환승을 위한 연계 서비스에 대한 개선 요구가 높았다. 직접적인 비용 절감 효과만을 고려했을 때 필요성은 높지 않았으나 사회적 혜택 및 승객에 미치는 혜택을 더할 경우 그 필요성은 절대적이었다. 2003년 도입 이후 큰 성공을 거둔 이유는 다름 아닌 고객의 니즈를 중심으로 설계가 되었기 때문이다. 티켓 구입의 편리함 측면에서의 실질적인 개선, 줄서는 시간과 버스 승하차 시간, 판매소 접근 개선 등이 이루어졌다.[32]

의료서비스 분야의 최근 두 가지 변화 역시 니즈를 기반으로 한 서비스가 어떻게 작동하는지를 잘 보여준다. 국민보건서비스(NHS)의 워크인진료센터(Walk-in Center)는 특정 진료 서비스에 대해 간편한 처치를 제공할 목적으로 설치되었고, NHS Direct는 특별히 당직 진료 창구로서 기존 의료 시스템 내에 성공적으로 자리 잡고 있다(**박스 8.11** 참조).

민간 기업은 효율성을 떨어뜨리는 장애물을 제거하기 위해 노력하며 가치를 더하지 않는 활동을 제거하기 위해 지속적으로 업무 수행 방식을 수정, 보완한다. 다수의 공공서비스를 제공하는 경우 요구 사항과 복잡함이 증대하여 많은 어려움이 따른다는 데는 이론의 여지가 없지만, 정부는 많은 경우 뻔한 것조차도 충분히 노력하지 않는 것으로 보인다.

사람들 개개인에 관한 정보 수집이 그 대표적인 사례이다. 시민들의 공통된 불만은 같은 정보를 수차례에 걸쳐 요구받는다는 것인데, 이것은 사람들을 짜증나게 하고 형편없는 서비스라는 표시일 뿐 아니라 부정확하거나 서로 모순된 정보가 시스템에 입력되어 업무 처리의 지연과 같은 문제를 초래할 수도 있다. 민간 부문 사례처럼 미리 채움 양식(prepopulated forms)을 사용하면 정부의 업무 수행뿐 아니라 서비스 향상에도 도움을

---

32) Comptroller and Auditor General, *Achieving Innovation in Central Government Organizations: Detailed Research Findings* (HC 1447-II, Session 2005-06) pp.47-49.

줄 것이다. 이미 보유하고 있는 개인정보를 이용하여 세무 신고 양식을 미리 채움 방식으로 하는 해외 사례도 찾아볼 수 있다. 이러한 시도는 세무 당국이 얼마나 정확한 정보를 갖고 있느냐에 의존하긴 하지만, 세무 신고의 적시성을 높이고 관련 법규 위반 기회를 감소시키는 효과도 거둘 수 있다. 예를 들어 호주 납세자들은 전자적 방식을 이용할 경우 두 번째 세무

박스 8.11: 당직 진료 전담조직 NHS Direct

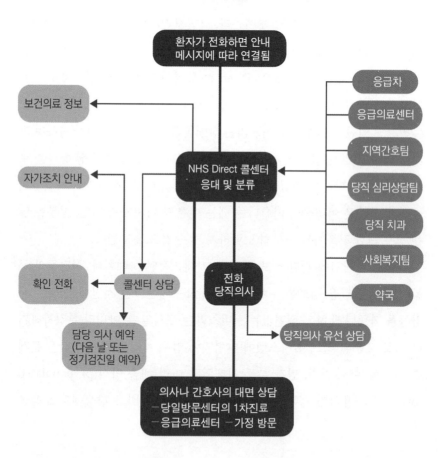

출처: Independent review of GP out-of-hours services in England (2000). Raising standards for patients new partnerships in out-of hours care.

신고부터는 이전에 자신이 제공했던 개인 관련 정보를 수정하는 방식으로 작성할 수 있다.[33]

8.2.8 성과에 대한 공공책무성과 투명성이 확보되는지

민간 기업의 경우 외부 관찰자들이 해당 기업의 성공 여부를 가늠할 수 있는 판매액, 수익성, 총매출, 주가 등과 같이 분명하고 공개된 정보가 흔히 존재한다. 공공 부문에서 혁신 및 변화에 대한 제안 가운데 우리가 잊지 말아야 하는 점이 정치인과 공공 관리자는 시민들에게 공공책무성의 의무를 다할 수 있어야 한다는 것이다. 시장 원리를 공공서비스 모델에 도입하자는 것의 취지는 공공 관리자의 시민에 대한 공공책무성을 높이고 그들의 성과를 쉽게 이해할 수 있도록 하는 것과도 연관이 된다.

이것이 현재 작동하고 있는지에 대해서는 논란의 여지가 있다. 정보가 항상 가용한 것도 아니고, 가용하더라도 별 의미가 없거나 이해하기 어려운 경우가 많으며 공개된 정보를 뒷받침할 수 있는 시스템이 취약하다.[34] 일반 국민이 보기에 흥미롭게 요약된 정보를 제시하기란 매우 어려운 과제다. 미국에서 정부 사업 평가 도구(Program Assessment Rating Tool, PART) 및 정부 성과 웹사이트(www.expectmore.gov)의 개발은 서비스 전달과 관련된 정부 성과에 대한 가용 정보를 확대하려는 시도라고 할 수 있다. PART는 다음과 같은 표준적인 양식을 요구한다.

---

33) Comptroller and Auditor General, *Filing of Income Tax Self Assessment Returns* (HC 74I, Session 2005-06)

34) Comptroller and Auditor General, *Public Service Agreements.*

정부 사업의 성과 및 관리와 관련된 중요하면서도 상식적인 수준의 질문 약 25개로 구성된다. 각 질문에 대해 짧은 답변과 함께 이를 뒷받침하는 추가 설명을 하는 방식이다. 답변은 해당 사업의 전체적 평가 점수를 결정한다. 평가가 완료되면 사업별 개선 계획이 수립되어 사업 성과를 추적, 개선할 수 있다.[35]

위 도구는 관리예산처(Office of Management and Budget, OMB)에 의해 개발되었으며, 일반 국민들도 세금이 얼마나 효과적으로 사용되었는지 쉽게 볼 수 있다.

이러한 접근은 웹사이트를 통해 일반 국민들도 정부의 성과정보를 쉽게 이해할 수 있도록 하기 위한 본격적인 시도라 할 수 있다. 이것은 '성과를 내고 있는 사업'과 '성과를 내지 못하는 사업'을 명확히 구분해준다. 이는 복잡한 정부활동을 단순화하여 시민들로 하여금 어떤 사업이 작동하고 또 그렇지 않은지를 스스로 파악할 수 있는 기회를 제공함으로써 공공사업 전달 투명성을 높이는 데 크게 기여하고 있다. 물론 반대 의견도 있다. PART를 모니터링하는 한 비영리 단체는 다음과 같이 비판한다.

PART가 과연 사업을 정확하고 일관성 있게 가치 중립적인 방식으로 측정하고 있는지 결론짓기는 어렵다. 설령 방법론 자체를 인정한다 하더라도, PART가 사업 성과를 맞게 측정하고 있는지에 대해서는 거의 관심을 기울인 적이 없다.[36]

이와 같은 한계가 있음에도, 시민들이 이해할 수 있는 형태로 공공사업

---

35) http://www.whitehouse.gov/omb/expectmore/about.html.

36) OMB Watch. The OMB Watcher. February 2005 in Radin B. (2006). *Challenging the Performance Movement: Accountability, Complexity and Democratic Values*, Georgetown University Press, Washington.

에 관한 접근 가능한 정보를 제공하고자 하는 시도는 매우 바람직한 것이라 하겠다.

8.3 공공감사에 주는 시사점

고객에 초점을 맞추는 방식으로의 이동은 감사 기능을 더 유용하게 활용할 수 있는 상당한 가능성을 제시해준다. 2장에서 보았듯이 전통적으로 감사는 비용 감축, 규정, 절차 등과 관련이 있었다. 그래서 오로지 건조하고 인간미 없고 국민에게 봉사하고자 하는 사람들을 비판하는 데 관심이 있는 것으로 알려져 있었다. 그러나 이러한 이미지는 사실과는 거리가 멀다. 이미 수년 전부터 감사는 납세자의 시각에서 공공서비스의 효율성이나 비용만을 들여다보는 데 그치지 않고—비록 그것이 여전히 중요한 감사 초점이기는 하지만—공공서비스의 폭넓은 측면으로 감사를 확대해왔다. 영국 감사원은 1980년대 후반부터 서비스의 질적 측면을 다룬 감사보고서를 발표해왔는데, 예컨대 환자들이 진료 예약을 얼마나 대기해야 하는지에 초점을 두고 NHS의 외래 환자 서비스에 대한 감사를 실시하였다.[37]

박스 8.12는 사용자 시각에 기반을 둔 다양한 접근방식을 정리한 것이다. 그중 하나는 시민을 서비스 사용자로 보아 사용자 경험에 대한 설문 조사를 실시하는 것이다. 따라서 감사인들은 시민들이 그들이 받는 서비스를 어떻게 생각하는지에 대한 증거를 수집하고자 한다. 포커스그룹, 시장 조사 자료, 대표 기구와의 접촉 등은 사용자들이 서비스에 만족하는지 여

---

37) Pollitt, C. et al. (1999) *Performance or Compliance? Performance Audit and Public Management in Five Countries*, Oxford University Press, p. 99.

박스 8.12: 사용자 초점의 성과감사(VFM) 유형 및 감사 사례

유형	영국 감사원의 성과감사 사례
시민을 서비스 이용자로 볼 때	Tackling cancers: improving the patient journey (HC 288 2004-2005): 암 환자의 치료 경험에 관한 전국적 설문 조사 실시. 설문 결과 환자 만족도가 2000년에 비해 개선되었음을 확인. 만족도가 낮은 런던 지역과 전립선암 환자의 경우 정보 전달과 증세 경감 조치 등의 개선 여지가 큰 것으로 나타남.
시민을 소비자로 볼 때	Ofgem Social Action Plan and Household Energy Efficiency (HC 878 2004-2005): 노령층 및 수급가구 등 취약 계층 지원을 위한 Ofgem의 조치를 조사. 감사 결과 많은 수의 소비자들이 전기/가스료 납부 방식을 사용량을 그때그때 정하고 요금을 지불하는 선불제(prepayment)에서 월별 정액제(direct debit)로 전환함으로써 요금을 절감할 수 있음을 발견함. 선불제를 선택한 대부분의 사람들은 예상보다 많은 요금을 실제로 지불하고 있음을 알고 있지 못함. Helping consumers benefit from competition in the telecommunication market (HC 768 2003-2004): 유선통신 서비스 선택을 통해 혜택을 누릴 수 있음을 소비자들에게 알리는 Oftel의 소비자 인식 제고활동에 대해 감사. 감사 결과 Oftel의 경쟁 조장과 불공정 행위 대응 활동이 소비자들에게 혜택으로 돌아가고 있었음. 그럼에도 Oftel은 보다 많은 소비자들이 요금 절감 혜택을 받을 수 있도록 소비자 인식 제고 활동에 초점을 더 둘 필요가 있음.
시민의 특정 니즈에 초점을 둘 때	Gaining and retaining a job: Department for Work and Pensions' support for disabled people (HC 455 20005-2006): 장애인의 구직 및 고용 유지 지원 대책을 조사. 감사 결과 많은 사람들이 프로그램 참여를 통해 혜택을 입었으나 프로그램이 너무 복잡하고, 훈련 품질이 그렇게 높지 않은 경우가 있었으며 취업 중 장애가 발생한 사람들에 대한 관심이 미흡한 것으로 나타남.
시민을 의뢰인 그룹으로 볼 때	Tackling the barriers to the employment of older workers (HC 1026 2003-2004): 50세 이상 연령층의 취업 장애 요인을 비롯하여 구직 활동을 지원하기 위한 서비스를 조사. 감사 결과 50세 이상 연령층의 경우 기술 부족과 나이 차별이 주요 장애 요인으로 나타났으며, 이들에게 가용한 지원 대책과 효과에 대해서도 검토하였음. Developing effective policies for older people (HC518 2002-2003): 정부가 노령층에 대해 어떻게 자문을 제공하고 그들의 니즈를 이해하는지 등을 포함하여 노령층을 위한 정책 개발을 개관. 서비스 개발을 위해 노령층에 대한 의견 수렴과 니즈 파악을 위한 연구 및 파악된 니즈를 토대로 서비스를 디자인하는 정부부처의 시책 검토.
시민을 고객으로 볼 때	Provision of out-of-hours care in England (HC 1041 2005-2006): 당직 진료 체계 및 그 변화가 환자 진료에 주는 영향 조사. 감사 결과 당직 진료 서비스는 만족할 만한 기준에 막 근접하기 시작한 단계로 신속 대응 요건에 도달한 진료 기관은 거의 없었음. Filing of income tax self-assessment returns (HC 74 2005-2006): 납세자의 세무 신고 부담을 줄이고 처리 절차 개선을 위한 시책을 조사. 감사 결과 세무 당국은 재무 상황이 매우 단순한 100만 명의 납세자에게 자진 신고 면제 조치를 마련했고, 추가로 150만 납세자를 간소화된 세무 신고로 전환한 바 있음. 이러한 조치는 납세자와 세무 당국의 납세협력비용(compliance cost) 감소로 이어져야 하며, 여전히 납세자에게 신속하고 정확한 세무 신고가 이루어질 수 있도록 소통하는 데 개선 여지가 있음.

출처: 영국 감사원(NAO)

부를 파악할 수 있는 기초를 제공한다. 감사 역시 시민들을 소비자로 간주해왔다. 예를 들어 영국 감사원의 민영화된 유틸리티 산업에 대한 감사의 많은 부분이 소비자 대응의 취약점을 지적하고 서비스 개선을 위한 자문과 가이드를 제시해왔다. 그리고 장애와 같은 특별한 니즈를 갖고 있는 사람이나 연금 생활자, 자체 세무 신고자 등과 같은 특정 그룹에 초점을 맞추어 서비스 제공이 이들의 필요를 충족시키는지 여부를 확인하였다. 또한 효과적인 서비스 전달을 할 수 있는 역량에도 초점을 맞추어 관련 서비스 간의 연계(joined-up) 또는 담당 직원이 적정한 서비스를 제공할 수 있는 정보, 기술, 훈련 등을 보유하고 있는지 여부 등에 대해서도 확인하였다.

고객에 초점을 두는 것은 감사의 내용뿐 아니라 감사 활동의 수행과 보고 방식에서도 중요한 의미를 지닌다. 관료제는 사용하는 언어와 관행이 배타적이라는 특징이 있다. 감사의 목적은 정부가 시민들을 얼마나 잘 섬기고, 일반인이 사용하는 언어를 얼마나 사용하며, 사용자 의견을 얼마나 수렴하는지, 그리고 가능한 경우 취약 그룹에게도 다가가 그들의 의견을 청취하는지를 드러내는 것이 되어야 한다. 많은 성과가 있었지만 향후 감사인이 직면할 도전 과제는 시민들의 견해를 수집하기 위해 직접 시민들과—전문가로 구성된 시민들의 대표 기구가 아니라—더 많이 소통하는 것이 될 것이다. 감사 접근방법을 설계하는 데 시민들을 참여시킴으로써 정부에 대한 전문적 감시자들의 견해만을 배타적으로 반영하게 되는 결과를 낳지 않도록 많은 노력을 기울여야 한다.

8.4 결론

지난 20년 이상 지속적으로 정부는 공공서비스의 표준을 높이는 것이 가장 중요할 수 있는 공공 부문 과제라고 주장해왔다. 수많은 정책이 추진되었다. 본 장에서는 정부가 시민들에게 서비스를 전달하는 데 여러 제약에 직면해 있으면서도 여전히 관료주의적 접근을 고집함으로써 큰 개선을 이루지 못했음을 확인했다. 관료주의적 접근은 사용자의 니즈에 충분한 관심을 기울이지 않았다. 전체적으로 많은 분야에서 서비스가 개선되었다. 많은 서비스가 이전보다 더 빨라지고, 접근이 용이해졌으며, 보다 많은 정보가 제공되고 있다. 그러나 아직도 관료주의를 줄이고, 사용자에 대한 이해를 높이며, 연속적인 혁신 문화를 조장할 수 있는 길이 남아 있다. 이러한 변화는 하루아침에 일어나지는 않을 것이다. 그러나 의미 있는 진보를 이루기 위해서 정부는 민간 부문, 특히 리테일 섹터의 교훈에 보다 많은 관심을 기울일 필요가 있다.

8.5 요약

관료제가 내부 절차와 규정에 초점을 두는 것은 시민들에게 고품질의 서비스를 제공하는 데 방해 요소로 작용한다. 따라서 감사인은 다음 사항들에 관심을 기울일 필요가 있다.

- 시민들이 서비스에 접근하기 어렵게 만드는 복잡하기만 하고 대응은 부족한 시스템 및 절차의 신설
- 과거에 발생한 문제로부터의 학습 실패
- 영국 사회의 다양성 증가 및 이로 인한 서비스 니즈의 변화에 대한 대응 지연
- 시민들에게 가용한 서비스가 무엇인지 알리고 고품질 서비스를 제공하는 데 필요한 정보를 시민들로부터 파악하기 위한 소통 미흡
- 사용자 서비스를 향상시키고 혁신적 절차를 개발할 수 있도록 직원들을 장려하고 인센티브를 부여하는 데 실패

• 부적합한 사용자 고충 및 불만 수리 제도

감사인은 공공서비스 개선을 위해 공공기관에 대해 다음과 같은 개선안을 제시할 수 있다.

• 내부 규정이나 절차에 초점을 두기보다 외부 지향적으로 결과를 바라볼 수 있도록 장려하고 훈련 실시

• 이해관계자와 압력 단체의 견해뿐 아니라 시장 조사를 통해 개개인의 의견을 수집하는 등 사용자들 의견을 보다 잘 청취함으로써 사용자를 보다 잘 이해

• 혁신을 지속적으로 추진하는 일상 업무로 간주

• 시민과 고객의 필요가 무엇인지에 대해 고위 간부보다 종종 더 잘 알고 있는 현장 직원의 의견 청취

• 효과적인 기술 활용

위와 같은 시사점의 많은 부분이 고객이 원하는 것을 공급해야만 기업이 흥할 수 있는 리테일 시장으로부터 나왔다. 리테일 부문의 모든 성공 요소가 고객들에게 동일하게 적용될 수 없고 정부는 비즈니스가 아닌 정치적 환경에서 작동하는 것이기는 하지만, 여전히 성공적인 리테일 경험을 통해서 감사인이 피감기관에 개선 대안을 제시할 때 참고할 수 있는 유용한 교훈이 존재한다.

9장 리스크 기피 혹은 리스크 무지

정부가 성공하기 위해서는 리스크를 평가하고 관리할 필요가 있다는 인식은 항상 존재해왔다. 역사적으로 볼 때 가장 큰 리스크는 혁명이나 침략이었다. 황제나 왕을 비롯한 지배자들이 자신의 지위를 지키고자 하는 욕망은 마치 "기름칠한 장대의 꼭대기까지 타고 올라간 자"[1]의 끊임없는 집착과도 같은 것이었다.

최근에는 이와 같은 안보 리스크에도 적용할 수 있는 정교한 도구들이 개발, 사용되고 있는데, 예를 들어 시나리오 계획, 탐색적 분석(horizon scanning), 잠재적 악재 예측을 위한 광범위한 데이터에 기반한 시뮬레이션, 불확실성(가능한 결과를 평가하여 순위를 매길 수 없는 상태)을 리스크(확률 평가가 가능한 상태)로 전환하는 시도 등을 들 수 있다.

---

1) 역주: "I have climbed to the top of the greasy pole." 이 표현은 1868년 영국의 벤저민 디즈레일리(Benjamin Disraeli) 수상이 취임 직후 한 말로 알려져 있다.

그러나 전통적으로 리스크의 평가와 관리는 사회 복지 시책, 과세 조정, 정부 운영 방식의 혁신 등과 같은 다른 많은 정부 프로그램을 설계할 때는 큰 주목을 받지 못했다. 리스크의 핵심 요소는 불확실성으로, 언제 어떻게 튀어나올지 모르는 모든 만일의 사태를 예측한다는 것은 불가능하다. 따라서 리스크 관리는 불확실성을 감당해낼 수 있는 조직의 역량(resilience)에 관한 것이며 예측하지 못한 상황에 대응할 수 있는 능력에 관한 것이라 할 수 있다. 그러나 공공 부문은 의사결정이 이루어지면 계획된 예산과 인원의 배정, 이 모든 것들이 그대로 실현될 것이라는 가정에 토대를 둔다. 안타깝게도 이런 가정이 항상 실현되지는 않으며 리스크 대응 실패는 많은 정부 프로젝트의 성공을 위협해왔다. 공직자들은 종종 리스크를 기피한다고 알려져 있는데, 사실대로 이야기하자면 그들은 어떤 리스크를 직면하는지도 모를 때가 종종 있었다. 이에 따라 어떤 공직자들은 리스크를 기피(risk averse)하는 것이 아니라 리스크에 무지(risk ignorant)하다고 말할 수 있을 것이다.

새로운 정책을 검토할 때는 일반적으로 다음 세 가지 질문이 제기된다.

- 필요한 비용을 조달할 수 있는가?
- 새 정책을 어떻게 제시할 것인가?
- 의회, 야당, 언론 등의 비판에 어떻게 대응할 것인가?

그러나 정책을 성공적으로 이행하기 위해 꼭 필요한 리스크에 대한 평가 및 관리에 대한 질문이 이 단계에서 고려되는 경우는 거의 없다. 따라서 이러한 '리스크 무지'가 어디에서 기인하는지 질문해볼 필요가 있다.

박스 9.1: 정부의 역할

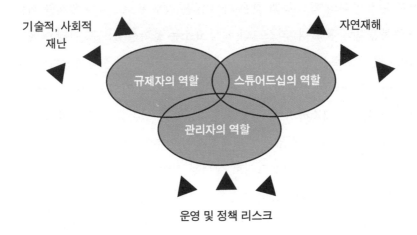

박스 9.1: 정부의 역할

출처: Prime Minister's Strategy Unit (2002) *Risk: Improving Government's Capability to Handle Risk and Uncertainty.*

9.1 리스크 무지와 관료제

본서의 논의가 보여주듯이 핵심 대답은 관료제의 내부 집착에서 찾을 수 있다. 전통적 관료제하에서는 앞에서 지적한 바와 같이 정책을 발표하는 것을 제외하면 외부 환경과 교류하기보다는 현행 관료제적 관행과 절차와 연계된 제도를 정하는 데 더 많은 관심을 기울이게 된다. 이것은 공공부문 전반에 걸친 문제이다.

정부는 크게 두 가지 부류의 리스크에 대응하고자 하는데 하나는 일반국민 그리고 넓게는 영국의 이해와 직결되는 리스크이고, 다른 하나는 정부 사업 전달과 관련된 리스크이다. 이러한 책임을 수행할 때 정부는 서로 중첩적인 세 가지 책임을 갖는다(**박스 9.1 참조**).

- **규제자(regulatory)**: 개개인이나 기업이 리스크를 초래하는 데 대해

정부는 게임의 규칙을 정하는 규제자 역할을 수행한다. 예를 들어 식품안전기준청(Food Standards Agency)은 식품과 관련된 국민 건강과 소비자 이해를 보호하고자 법률에 의해 2000년에 설치된 독립적인 정부부처다.

• **스튜어드십(stewardship)**: 리스크를 특정 개인이나 기구에 귀속할 수 없을 때 정부는 국민을 보호하고 피해를 줄이는 스튜어드십 역할을 한다. 예를 들어 잉글랜드와 웨일스에서는 약 5백만 명의 주민이 홍수 위험 지역 내에 위치한 200만 채의 주택에 거주하고 있는데 환경청(Environmental Agency)은 하천과 바다로부터의 홍수 위험을 줄일 책임을 갖는다.

• **관리자(management)**: 시민들에게 서비스를 제공하는 것을 포함하여 정부 자체의 업무 수행과 관련하여 정부는 리스크를 규명하고 관리할 책임을 진다. 여기에는 의료서비스 제공과 노령 인구 지원부터 교도소 건설 및 관리에 이르기까지 폭넓은 서비스가 포함된다. 민간 및 자발적 부문과의 계약 관계 등을 통해 협업으로 서비스를 전달하게 됨에 따라 새로운 리스크가 출현하고 서비스 전달도 이전보다 복잡해졌다.

정책이 성공하기 위해서는 정책 집행과 관련된 리스크들을 주의 깊게 규명하고 관리해야 한다. 정책 결정은 종종 여러 다양한 요인에 대응할 수밖에 없기 때문에 의도했던 혜택이나 재정성과를 달성하지 못하게 될 리스크가 증가하고 있다. **박스 9.2**에는 과거 사례에서 나타난 이러한 복잡성과 이와 관련된 리스크를 예시하였다. 많은 사례에 공통적으로 내재된 문제는 다름 아닌 영국 국민과 민간 부문이 공공 부문을 어떻게 인식하고 있는지에 대한 뿌리 깊은 모순적 상황이라 할 수 있다. 앞에서도 지적했듯이 일반 국민들이 공공서비스 하면 떠올리는 것은 흔히 관료제적 불통과 의미 없는 절차이며, 이것은 다시 민간 부문을 중심으로 정부부처는 위험 기피적이고 기업가 정신이나 혁신에 대한 노력이 부족하다는 인식을 형성시킨

박스 9.2: 정책의 성공 여부에 영향을 미치는 요인과 리스크

- **정책 대안에 대한 고려:** 정책 필요성에 대한 폭넓은 컨센서스가 있는 경우 정책을 구성하는 가정들에 대해서는 큰 의문이 제기되지 않으며 제한된 수의 대안만을 고려하여 정책이 만들어질 수 있음. 그 결과 보다 창조적인 방식으로 정책을 추진할 수 있는 경우의 시나리오나 기회들이 간과됨. 예를 들어 1950년대 후반 대규모 주택 수요에 대응하기 위해 고층 아파트가 필요하다는 사회적 합의는 비용 효과적이고 현실적인 다른 대안들에 대한 충분한 검토를 배제하는 결과를 가져왔다고 할 수 있음.[2]

- **정책이 타당성 있는 가정에 기반하고 있는지:** 정책이 기초하고 있는 증거에 대한 확신이 너무 강할 경우 이러한 과신은 부정확한 가정으로 이어질 수 있음. 예를 들어 광우병은 종을 넘어서 다른 동물로 감염될 수 없다는 가정이 여기에 해당함.[3]

- **정책 수혜자의 예상 반응을 고려하였는지:** 내부 검토만을 통해 정책이 개발되는 경우 정책은 부처 또는 기관의 이해를 주로 반영할 수 있으며, 따라서 실제 정책 수혜자의 의견을 충분히 고려하지 못하게 됨. 예를 들어 1989년 도입한 지역주민세(poll tax)는 이에 대한 국민들의 반응을 지나치게 과소평가하였음.[4]

- **광범위한 자문 필요성:** 사회 내 많은 층이 특정 정책에 이해를 갖고 있으나 집단 간의 조직화 및 의사 전달 능력에 차이가 있으며 조직력이 떨어지는 집단은 소외될 위험이 항상 존재함. 그 결과 정책이 잘 조직된 이해관계 집단의 이해만을 반영하여 효과성 저하를 초래함. 예를 들어 가스와 전력 산업을 경쟁 체제로 전환할 때 해당 규제 당국(Office of Gas and Electricity Markets)은 대형 에너지업체의 상업적 이해와 고령 및 저소득 소비자 보호 간의 밸런스를 고려해야 했음.

- **외부 사태에 대한 신속한 대응:** 외부 환경적 요소에 대응하여 정책이 개발될 때 신속하게 대응한다는 것은 결국 모든 관련 정보에 대한 전체적인 평가 또는 신속한 정책 설계 및 추진이 가져올 리스크 증가에 대한 인식 없이 정책이 형성된다는 의미임. 예를 들어 1991년 도입된 맹견법은 반려견들이 사람을 공격하는 피해가 늘어나는 것에 대한 국민의 우려에 대응한 것이었으나, 위험한 것으로 알려진 특정 견종에 속한 모든 반려견에 입마개를 채우도록 한 조치는 실제 집행하는 데 어려움에 봉착함.[5]

- **점진적인 정책 개발:** 정책이 점진적으로 발전해가는 경우 보다 근본적인 검토가 필요함에도 오래전 확립되어 받아들여진 틀 속에서 조금씩 조정이 이루어지게 됨. 예를 들어 1948년부터 1976년까지 케인즈 류의 경제 정책이 최선이라는 일반적 합의가

경제학자들 간에 존재하였고, 이에 따라 경제 정책은 이러한 틀 안에서 개발되고 점진적으로 조정되어왔으며 1976년에 이르러서야 바뀐 경제 환경에 대응하여 정책의 근본적인 변화가 이루어짐.[6]

출처: Comptroller and Auditor General. *Modern Policy-Making: Ensuring Policies Deliver Value for Money* (HC 289, Session 2001-2002).

다. 유사한 논리로, 공무원들은 점진주의자(불확실한 영역으로의 큰 도약보다 작은 발걸음을 내딛기를 선호하는) 모델과 합치하는 것으로 여겨진다. 그러나 제시된 사례들이 보여주는 현실은 이러한 견해와 사뭇 다른데, 정부부처들은 관련된 리스크 또는 그것이 초래할 결과에 대한 검토도 거의 없이 상당한 리스크들을 택한 것으로 나타났으며, 이러한 파격적 의사결정은 필연적으로 낮은 성공 가능성으로 이어진다는 린드블럼 예일대 교수의 주장을 뒷받침한다.[7] 앞에서 언급했듯이 이러한 '리스크 무지'는 정책 실패 또는 성과 미흡을 설명하는 주요 요인이었다.

감사인이 특별히 주의를 기울일 필요가 있는 대표적 리스크 무지의 영역은 다음과 같다.

---

2) Dunleavy, P. (1981) *The Politics of Mass Housing in Britain, 1945~1975: a study of corporate power and professional influence in the welfare state*, Oxford University Press.

3) Greer, A. (1994) 'Policy co-ordination and the British Administrative System: Evidence from the BSE Inquiry', *Parliamentary Affairs* 52(4), 589~615.

4) Butler, P.D., Adonis, A. and Travers, T. (1994) *The Politics of the Poll Tax,* Oxford University Press.

5) Hood, C., Baldwin, R. and Rothstein, H. (2000) *Assessing the Dangerous Dogs Act: When does Regulatory Law Fail?,* P.L. Summer, Sweet and Maxwell.

6) Ling, T. (1997) *The British State since 1945,* Cambridge Polity Press.

7) Lindblom, C. (1959) 'Science of Muddling Through', *Public Administration* Vol 19.

- 기술의 적용(application of technology)
- 사람들의 행태(human behavior)
- 정보 비대칭(asymmetry of information)
- 기관들의 상호 의존성(agency interdependence)
- 언론의 영향(media impact)
- 리스크 관리 만능주의(risk management of everything)

9.2 기술의 적용

많은 공공 활동 분야에서 기술의 적용은 신속하고 비용 효과적인 혜택을 가져올 것이라는 가정이 뒷받침되어 있다. 이러한 인식은 현대 기술에 대한 지식은 거의 없는 반면 자신들이 원하는 것에 대해서는 근거 없는 신뢰를 보이면서 기술이 이를 손쉽게 달성해줄 것이라고 믿는 조직의 최고 위층에서 주로 볼 수 있다. 서비스 전달을 개선하기 위해 기술을 도입할 때 정부부처는 비즈니스 변화에 수반되는 복잡성과 도전 과제 모두를 과소평가하는 경우가 흔히 있다. 대표적으로 1996년 급여관리청(Benefits Agency)이 우체국과 민간업자와 공동으로 복지 급여 지급 방식을 우체국 전자지불카드로 변경을 시도한 사례를 들 수 있다. 사업은 예정된 1999년 5월까지 완료되지 못했고 이때는 이미 전자지불카드 개념 자체가 구식이 되어버렸다. 한마디로 급여관리청은 기술의 변화 속도를 예측하는 데 실패한 것이다(**박스 9.3**).

다른 사례들을 보면 효과적인 리스크 관리가 이루어질 만큼 기술적 역량이 충분하지 않다는 사실을 인식하지 못한 것으로 나타났다. 인지적 능력, 상황 판단, 단편적으로 또는 연계되지 않은 채 제시되는 광범위한 정보를 꿰뚫는 통찰력, 빠른 개념 흡수, 커뮤니케이션 스킬에 기반한 리더십과

박스 9.3: 복지지불카드(Benefits Payment Card)

1996년 급여관리청과 우편공사(Post Office Counters Ltd)는 공동으로 복지지불카드 도입을 위한 PFI 계약을 ICL 컴퓨터서비스그룹의 자회사인 패스웨이(Pathway)와 체결하였다. 복지지불카드 프로젝트는 1999년까지 사회 복지 급여 지불 방식을 기존의 종이에서 마그네틱테이프 지불카드로 교체하고 복지 급여 지급의 대부분이 이루어지는 전국의 우체국 네트워크를 자동화한다는 것이었다. 이 프로젝트는 광범위할 뿐 아니라 복잡했으며 전체 비용도 10억 파운드에 달할 것으로 추정되었다. 1996년 10월까지 계약 당사자들은 시스템의 제한된 버전을 개발하는 데 성공하였다. 그러나 모든 기능을 탑재한 전체 시스템을 디자인하고 개발하는 작업은 예상보다 훨씬 복잡하고 많은 시간이 소요되었다. 계약 체결 당시의 예상은 전체 시스템을 시연하기까지 10개월이 걸릴 것으로 보았다. 비록 명목적인 시범 운영이 개시되기는 하였지만 실제로는 3년 후 계약이 종료될 때까지도 시연 단계에 도달하지 못하였다.

출처: Comptroller and Auditor General, *The Cancellation of the Benefits Payment Card Project* (HC 857, Session 1999-2000).

박스 9.4: 챌린저호 사건(1985)

챌린저호 사건은 로켓 부스터 중 하나에 사용된 '오링'(O-ring) 한 개의 불량으로 인해 불이 외부 연료탱크에 옮겨 붙어 발생한 것으로, 이 사고로 우주왕복선과 함께 7명의 우주인을 잃었다. 챌린저 참사는 조직 및 기술의 실패, 즉 오링이 역할을 못한 기술적 요인과 이러한 기술적 실패가 잉태되게 한 조직 내의 미흡한 소통, 부적절한 정보 처리, 잘못된 기술적 의사결정, 안전 관련 규정의 준수 실패 등에 기인하였다. 이에 더하여 규제 시스템도 프로그램 관리 및 디자인 문제와 관련된 리스크를 규명하고 대응하는 데 실패하였다.

출처: Columbia Accident Investigation Board (2003) *Space Shuttle Columbia and Her Crew*, Houston NASA.

팀워크 등과 같은 비기술적 역량이 효과적인 리스크 관리에 필수적이다 (**박스 9.4**).8)

9.3 사람들의 행태

리스크 무지는 사람들의 행태, 특히 새로운 정책에 어떻게 대응할 것인 지에 대한 이해 부족이나 판단 오류에서도 잘 드러나는데 다음 두 사례가 이를 명확하게 보여준다. 2003년 당시 국세청은 자녀세액공제(Child Tax Credit)와 근로세액공제(Working Tax Credit)를 도입하면서 보다 쉽게 이해하고 집행할 수 있도록 추진하였다. 그러나 실제 운영에서는 사람들이 제도를 이해하지 못해 불만을 터뜨렸는데 이들은 사회 내 가장 취약한 계 층에 속한 사람들이었다. 뿐만 아니라 제도의 운영도 복잡했다. 복잡함으 로 인해 빈곤층의 상당수가 초과 공제를 받게 되었으며, 이들에게는 초과 분 환수가 마치 그들을 더 궁핍하게 만드는 것처럼 여겨졌다. 공제를 과다 하게 받았음을 알게 된 사람들이 국세청에 초과분을 납부하려 시도했지만 국세청은 이를 접수하지 않고 다음 해에 납부해야 한다고 통보함으로써 이 들의 고충은 더 커졌다. 국세청은 또한 시스템 문제로 인해 어려움을 겪는 이들을 대상으로 어떤 혜택들이 가용한지 안내하는 캠페인을 하지 않음으 로써 문제를 더 악화시키기도 했다(**박스 9.5**). 사람들의 행태와 이에 영향 을 주는 주요 요인들을 이해하는 일의 중요성은 2003년 도입된 자녀 지원 개혁 방안의 추진 과정에서 잘 드러난다. 즉, 자녀와 부모에게 필요한 경제 적 안정을 제공하기 위해 복잡하게 얽힌 감정적, 재무적, 법적 이슈들을 풀

---

8) Flin, R. and Crichton, M. 'Risk Based Decision-Making: Mitigating Threat-Maximizing Opportunity', in Comptroller and Auditor General, *Managing Risks to Improve Public Services* (HC 1078, Session 2003-2004).

박스 9.5: 세액공제

영국 정부는 2003년 4월 기존의 근로가구 및 장애인에 대한 세액공제를 자녀세액공제 및 근로세액공제로 대체하였다. 2003-04 회계연도의 경우 570만여 가구가 160억 파운드에 달하는 세액공제를 받았다. 2004년 4월 공공회계위원회는 근로세액공제 도입 첫해 수십만 명이 세금 환급을 정해진 기간 내에 받지 못하는 심각한 문제점들에 대해 보고했다.[9]

정부는 새로운 세액공제를 통해 국민이 보다 쉽게 이해하고 신청할 수 있는 시스템을 제공하려 하였으나 실제로 많은 사람들이 새 시스템이 이해하기 어렵다는 반응이었다. 사람들은 국세청에 문의와 불평을 쏟아냈으며 문제가 해소되지 않아 좌절과 고통을 겪어야만 했다. 운영시스템 역시 너무 복잡한 것으로 나타났으며 국세청은 환급 처리의 정확성 관련 목표치를 달성하는 데도 실패하였다. 많은 사람들이 2003-04 회계연도의 세금 환급을 과다하게 수령하였는데 이는 소프트웨어의 오류 및 국세청의 실수에 기인한 것이었다. 시스템 디자인 역시 오류로 인해 과다한 세금 환급이 반복적으로 발생하게 되었으며, 국세청은 향후 초과 환급분을 회수할 계획이다. 이와 같은 과다 환급 및 이후의 회수 조치는 세액공제 신청자들로 하여금 그들의 경제계획을 어렵게 만든다.

국세청의 2003년 발표에 의하면 부정 및 오류 금액 추정치는 전체 금액의 10 내지 14퍼센트에 달했다.[10]

출처: Public Accounts Committee, *Inland Revenue: Tax Credits and Deleted Tax Cases* (5th Report, Session 2005-2006).

어나간다는 문제를 지나치게 과소평가한 것이다(**박스 9.6**). 교훈은 명확하다. 리스크 무지는 특히 새로운 사업이 본질적으로 복잡하거나 기술적 문제를 수반하여 사업성과가 낮거나 지연되는 상황에서 정부부처가 새로운 정책에 어떻게 대응할 것인지를 과소평가하는 순간 발생하게 된다.

---

9) Public Accounts Committee 14th Report, *Inland Revenue: Tax Credits* (HC 89, Session 2003-2004).

10) Comptroller and Auditor General, *Standard Report on the Accounts of the*

9.4 정보의 비대칭성

정보 또는 지식의 비대칭성 문제는 계약 관계에서 공급업자가 정부부처에 비해 많은 정보를 갖고 있을 때 리스크 무지를 초래할 수 있다는 것이다. 항공부가 1960년대 초 페란티(Ferranti Ltd)에 발주했던 유도탄 개발 계약이 그 대표적 사례이다. 계약업체가 70%가 넘는 고수익을 얻을 수 있었던 이유는 계약 체결 당시 해당 부처의 기술적 비용 담당자에 비해 훨씬 많은 정보를 가졌기 때문이다. 공공회계위원회는 항공부가 사실 관계도 모르는 상태에서 공급업체와 협상을 진행했고 사실 관계에 정통했던 공급

Inland Revenue 2003-2004 (HC 1082, Session 2003-2004), paras 2.24-2.26.

업체는 부처의 정보 부족 상황을 최대한 이용한 것으로 결론을 내렸다.[11]

상업적으로 보다 기민한 조달 전략 및 확대된 파트너십 환경하에서 공개적인 장부 회계를 사용했더라면 부처에 좀 더 유리하게 계약이 이루어질 수 있었다. 그러나 정보 대칭이 갖는 중요성은 오늘날에도 여전히 유효하며 첨단 서비스 전달에서는 더욱 그러하다. 헬스케어, 교육, 사법 정의 구현 등과 같은 분야에서 정부부처 지출이 최종 수혜자에게 전달되기까지는 3개 내지 4개의 행정 단계를 거친다. 앞서 **박스 4.11**에서 논의했듯이 어린이 비만을 줄이려는 목표는 중앙, 지역, 지방, 그리고 사업 현장에 이르기까지 복잡한 전달체계에서 4개의 서로 다른 조직을 거친다.[12] 전달 체계에 속한 각 조직은 서로 다른 정보와 경험을 보유할 것이다. 비록 이들 조직이 어린이 비만 감소라는 공통된 미션을 갖고 있다 하더라도 실제로 목표에 두는 우선순위는 각 기관의 다른 목표들로부터 영향을 받을 수밖에 없다. 각 지역의 상황, 기술 수준, 교사나 헬스 담당자의 자세, 공급업체의 성과 등에 관한 지식 및 정보의 불균형은 리스크 무지의 정도를 증가시키고 이는 결국 정책 실패 리스크를 높이게 된다.

민자 사업을 통해 공공 인프라 건설과 서비스 전달에 민간 부문의 참여가 증대함에 따라, 민간에 리스크를 이전하는 방법이 과연 비용 효과적인지 여부에 대한 주의 깊은 검토가 필요하다. 6장에서도 언급했듯이 민간투자사업(PFI) 도입 초기에는 특정 리스크를 민간 부문에 이전하는 대가로 납세자가 부담하게 되는 비용에 대해 정부부처들이 매우 단순하게 가정하는 경향이 있었다. 예를 들어 1990년대 중반 교통부가 BFO(Build-Finance-Operate) 방식으로 건설한 최초 4개의 계약을 보면 운영업자에

---

11) Public Accounts Committee 2nd Report (1963-1964).
12) Public Accounts Committee 2nd Report (1963-1964).

게 교통량 리스크의 일부를 부담하게 하여 도로 사용에 민감한 건설 산업을 지원하고자 하였다.13) 이를 위해 운영업체에 매년 지불하는 수준은 주로 도로 사용에 비례하는 것으로 설계되었으며, 운영업체의 수입은 교통량 변화에 영향을 받게 되었다. 그러나 이러한 리스크는 운영업체의 관리 및 통제 능력 밖에 있으므로 결국 계약 당사자인 부처가 더 많은 비용을 부담하는 것으로 협의가 이루어졌다. 그 결과 4개 민자 계약으로부터 발생하는 예산 절감 효과가 당초 1억 6,800만 파운드에서 1억 파운드로 감소한 것으로 나타났다. 최종적인 비용 부담의 주체가 누구인지에 대한 고려 없이 무턱대고 리스크를 이전한 것이 잘못이었다.

경쟁을 통해 체결한 계약은 만족할 수 있는 지속 가능한 결과를 가져올 것이라는 가정은 매우 잘못된 것일 수 있다. 발주 부처가 어떤 형태이든 리스크를 떠안게 될 위험이 항상 존재한다. 예를 들어 국세청의 공적보험컴퓨터시스템(NIRS2) 구축을 위한 최초 계약 사례를 살펴보면, 계약이 체결된 지 3년 후인 1998년 도입된 법령 개정에 따른 기능을 추가하기에는 최초 계약이 충분히 유연하지 못했다. 국세청은 향후 발생할 법령 개정 가능성을 과소평가한 것이다. 결국 계약을 연장하는 데 추가로 7천만 파운드를 지불하게 되었다. 이 사례가 주는 분명한 교훈은 정부부처는 입찰 시 기능 추가에 소요되는 가격 구조 등과 같은 메커니즘을 계약에 포함할지를 사전에 충분히 검토해야 한다는 것이다.14)

---

13) Comptroller and Auditor General, *Department of the Environment, Transport and the Regions; The Private Finance Initiative: the first four design, build and operate roads contracts* (HC 476, Session 1997-1998).

14) Comptroller and Auditor General, *NIRS2: Contract Extension* (HC 335, Session 2001-2002).

9.5 기관들 간의 상호 의존

리스크 무지와 관련한 다음 예는 사업이나 정책의 주요 변경 사항에 대한 합리적인 검토가 개별 기관 차원에서는 이루어지지만 기관 간 상호 의존적 영역에 대해서는 과소평가 또는 무시되는 경우이다. 그 대표적 사례가 여권청(Passport Agency)이 여권 발급 수요에 대응하는 데 실패하여 1999년 여름 여권 신청 대기 건수가 56만 5천 건에 이르게 된 일이다. 당시에 중요한 변화가 동시다발적으로 발생하였는데 먼저 전산화된 새로운 여권 처리 시스템이 도입되었고, 기존의 수동 시스템은 전면 개편이 진행되었으며, 여권 처리 업무를 담당할 2개 민간 사업자가 새로이 선정되었고, 16세 이하 연령층에게도 부모가 아닌 본인 소유 여권을 발급받도록 하는 조치가 이루어졌다. 해외여행이 피크를 이루는 여름철에 새 컴퓨터 시스템의 설치 문제가 발생하자 여권 발급 신청을 처리하는 데 더 많은 시간이 걸리게 되었으며, 시간 내에 여권 발급을 받지 못해 계획한 휴가를 망치지 않을까 하는 불안 심리는 뱅크런과 유사한 사태를 초래하였다.

이러한 사태는 여권청이 당시 진행 중이던 여러 변화들 간의 상호 의존성을 사전에 파악했다면 피할 수도 있었다. 이 사례로부터의 교훈을 분석해보면 당시 흔히 볼 수 있었던 리스크에 대한 인식 부족을 엿볼 수 있다 (**박스 9.7**). 즉, 여러 변화가 동시에 진행될 경우 리스크는 단순히 더해지는 것이 아니라 기하급수적으로 증가할 수 있다는 것이다.

박스 9.7: 영국 여권청 – 1999년 여름 여권 발급 지연 사태의 10가지 교훈

1. 공공서비스를 제공하는 공적 기관은 공급 제약 요인을 정확하게 인식하고 예상되는 수요 증대에 대응할 수 있는 비상 대책을 마련해야 한다. 이때 서비스 표준에 대한 국민들의 합리적인 기대 수준, 예상 비용, 리스크 수준 등을 고려해야 한다.

2. 수요에 대응하는 공공서비스를 전달하는 공적 기관은 완벽한 수준은 아니더라도 공급 능력에 대한 계획을 수립하는 등 업무를 효율적으로 관리할 수 있을 정도로 수요에 대한 예측 기법을 확보해야 한다.

3. 새로운 컴퓨터 시스템 도입의 타당성을 검토할 때는 처리 규모에 대한 충분히 폭넓은 가정에 기반하여 다양한 옵션의 비용을 비교할 필요가 있다. 즉, 예상할 수 있는 정책 변화로 인한 임팩트와 관련해서 정보에 기반한 의사결정을 내릴 수 있도록 하자는 것이다.

4. 공공기관은 새로운 컴퓨터 시스템 도입에 앞서 체계적인 리스크 분석을 실시해야 하며, 계획대로 진행되지 않을 경우에도 공공서비스를 지속할 수 있는 현실적인 대책을 마련해야 한다.

5. 프로젝트 관리자는 새 컴퓨터 시스템을 실제로 운영하기 전에 직원들이 충분히 익히고 조작할 수 있는지 등을 테스트하기 위한 계획을 수립해야 한다.

6. 업무 성과에 매우 중요한 새로운 시스템에 대한 시범 운영은 서비스 전달에 큰 영향을 주지 않도록 제한된 범위에서 진행되어야 한다. 단, 높은 수요에 대한 대응능력을 테스트하기 위해 대규모 시범 운영이 필요할 경우 이에 따른 리스크를 식별하고 비상 대책을 마련한 후 실시해야 한다.

7. 공공기관은 새 시스템에 대한 잠재적 사용자들의 반응에 특별한 관심을 가져야 하는데, 특히 시스템의 실용성과 사용 가능성 등에 대한 사용자의 견해를 고려해야 한다.

8. 공공서비스 전달 임무를 띠는 부처 소속 기관은 잠재적 문제에 대응할 수 있는 자체 역량을 보유하고 있는지 현실적인 판단이 필요하며, 상급 부처를 비롯한 관련 기관에 조기에 신속하게 지원을 요청할 대비가 되어야 한다.

9. 서비스 전달이 위협을 받게 되었을 때 관련 공공기관은 불필요한 불안의 가중 및 이로 인한 서비스에 대한 압박을 방지할 수 있도록 해당 문제를 일반 국민들에게 알릴 수 있는 역량을 보유하고 있어야 한다.

10. 공공기관은 성과를 기록하기 위한 적절한 시스템을 보유하고 있어야 하며, 용역업체가 합의된 성과표준에 미달하는 경우 적절한 리스크 배분 원칙하에서 클레임을 제기할 수 있어야 한다.

출처: Comptroller and Auditor General. *The UK Passport Agency: The Passport Delays of Summer 1999* (HC 812, Session 1998-1999).

9.6 언론의 영향

실시간으로 커뮤니케이션이 이루어지는 사회에 살고 있는 공직자들은 언론의 관심에 따른 결과를 통제하는 데 능숙해질 필요가 있다. 먼저 공직자들은 핵심 정보를 제시할 때 소위 '스핀 닥터'(spin doctoring)로 잘 알려진, 정보를 왜곡한다는 비판을 받지 않아야 한다. 그러나 언론의 들추기식 접근으로 인한 모든 경우를 다 피해 갈 수는 없을 것이다. 대표적으로 영국의 자녀 지원 관련 개혁 방안 추진 사례를 들 수 있다(**박스 9.6**). 이 개혁이 성공하기 위해서는 별거 중인 부모가 자녀를 양육할 경제적 여유가 있음에도 자녀를 돌보지 않을 경우 자녀지원청이 개입하여 법적으로 필요한 조치를 통해 이를 강제할 것이라고 일반 국민들이 확신을 해야 한다. 언론은 자녀지원청의 저조한 강제 집행률을 집중 조명하였고, 그 결과 자녀 양육비를 지불하지 않으려 하더라도 적발되지 않을 수 있으며 설사 적발되더라도 무거운 처벌은 피하게 될 확률이 매우 높다는 사실이 알려지게 되었다. 이와 같이 공공의 신뢰가 떨어진 결과 상황은 더 악화되었고, 자녀 양육비를 한 푼도 지불하지 않은 별거 부모의 비중이 약 3분의 1을 차지하고 누적 미지급 금액도 35억 파운드에 달하게 되었다.

9.7 리스크 관리 만능주의

앞에서 소개한 사례들은 성공적인 리스크 분석 및 관리를 위해서는 리스크 관리가 조직 업무의 중심에 있어야 하고 의사결정에 내재되어야 함을 보여준다. 그렇다고 '리스크 관리'가 또 다른 관료제적 절차가 되어 사람들이 자신의 책임을 면하고자 모든 필요한 절차를 준수했음을 증명하기 위한 박스 체킹 도구로 전락해서는 아니 될 것이다. 마이클 파워 교수는 이러한 현상을 '리스크 관리 만능주의'(Risk Management of Everything)로 명명하고 경고했다(**박스 9.8**).

7장에서 본 것처럼, 관료제 조직은 본질적으로 외부 세계와 업무를 할 때 그것을 일련의 규정과 절차로 변환해버리려는 유혹에 특히 취약하다.

> 스마트한 리스크 관리는 관리적 초점과 독립적인 비판을 무력화하는 컨트롤 시스템 및 그 대변인을 허용하지 않는다. 물론 리스크 관리는 규정에 기반한 절차라기보다는 학습과 실험으로 특징지을 수 있다. 스마트한 리스크 관리라면 빈대 잡으려 초가삼간 태우는 잘못을 범하지 않아야 한다. 특히 오랜 기간 축적된 지혜를 규정화한 것이라면 규정은 건설적인 도전의 가능성을 열어둔 채 지속되는 것이 당연하다.[15]

요약하자면 리스크 관리의 목적은 '리스크와 함께 사는 방법을 찾는 것'이며, 리스크 분석과 관리는 공공 조직의 모든 업무가 아니라 주요 업무에서 중심적 위치에 있어야 한다. 그럼 어떻게 해야 할까? 다음 절에서는 효과적인 리스크 관리를 위해 필요한 다음 요소들을 논의하고자 한다.

- 최고위층의 의지
- 전달 채널에서의 시너지
- 공통 리스크에 대한 이해 및 관리
- 신뢰할 수 있고 적시성 있는 최신 정보
- 철저한 조사 및 문제 제기

---

15) Power, M. (2004) *The Risk Management of Everything*, Demos.

박스 9.8: 리스크 관리 만능주의

개인, 조직, 사회는 불확실성에 직면하면 마치 리스크에 대해 잘 알고 있는 것처럼 행동하고자 뭔가를 만들어내곤 한다. 그러나 어떤 형태의 조직 구성도 울타리, 제약, 제한의 형태가 되므로 그 자체가 리스크의 원천이다. 불확실성을 관리한다는 것은 본질적으로 모순이며, 알 수 없는 것을 알고자 하는 노력이다. 현대에는 무엇을 알지 못하는지 보다 잘 알게 되었다고 하지만 1990년대 중반 이후부터 진행되고 있는 폭넓은 리스크 관리의 도입은 여전히 미래를 컨트롤하고 관리하고자 하는 당찬 꿈의 연장선에 있을 뿐이다. 이러한 야망은 조직 내 내부통제 시스템의 강화, 새로운 리스크 카테고리 및 개념의 창조와 이를 통한 관리의 초점 강화, 새로운 기구 및 리스크 책임 구조의 설치, 그리고 새로운 절차와 의무 사항을 개발하여 리스크를 굿 거버넌스에 대한 도덕적 담론의 반열에 올리는 등의 노력을 통해 나타난다. 이러한 야망이 향하는 곳은 '리스크 관리 만능주의'로 보인다.

리스크 관리라는 개념은, 비록 불명확하지만, 불안감을 불식하는 방어 수단으로서 뭔가 아는 척하는 것이 필요한 분야에서 의사결정을 요구하는 것으로 조직에 재도입되었다. 관련된 표준, 교과서, 기술적 매뉴얼이 쏟아지면서 관리 가능하다는 인식이 형성되었으나 리스크 중심의 조직 프로세스 재편이라고 하는 것은 단지 기술적 변화에 지나지 않는다. 또한 국가, 규제기구, 전문 협회, 민간 기업 등 다양한 차원의 조직 기구 활동의 새로운 도덕 경제(moral economy)를 의미할 뿐이다.

많은 경우에 이러한 변화가 가져오는 혜택이 있다. 민간 및 공공 기관에서 리스크에 대한 인식 강화는 적어도 의사결정의 품질을 향상시킬 수 있다. 그러나 본고에서 주장하는 바와 같이 이러한 트렌드가 가져오는 부정적 측면 또한 존재하는데, 그것은 모든 차원의 조직에서 부수적 또는 형식적 리스크 관리가 출현하게 된다는 것이다.

리스크 관리의 청사진이 일반화되는 것은 특정 스캔들에 대한 대응, 전문 역량 강화 차원의 전문직군의 기회주의적 대응, 새로운 규제 조치 방식, 공공책무성에 대한 초기 우려의 변형 등 다양한 요인의 결과이다. 그러나 보다 근본적 원인은 책임으로부터 보호받기 위해 리스크 관리를 도입하는 지나친 개인주의의 팽배와 같은 문화적 차원에 있다.

인류학자인 메리 더글러스(Mary Douglas)에 따르면 사람들은 생활 방식을 유지하기 위해 무엇을 두려워할지 선택하게 된다. 오늘날 가장 지배적인 두려움의 대상은 명성을 잃는 것이다. 리스크 관리가 가치를 제고하는 활동으로 일반화되는 현상의 이면에는 어떻게 이런 결과가 발생했는지 책임지고 설명해야 하는 부정적 상황을 직면해야 하는 큰 두려움이 자리 잡고 있다.　출처: Power, M. (2004) *The Risk Management of Everything*, Demos.

9.8 효과적인 리스크 관리를 위한 요건

리스크 관리의 효과는 리스크 관리 절차와 역량이 어떤 방식으로 개발 및 적용되는지에 따라 결정된다. 관료제적 조직에서는 기존의 비공식적인 리스크 관리가 적절하지 않은 절차를 확립할 위험이 높다. 목표는 스마트하고 명시적이며, 시스템에 기반한 리스크 관리를 정착하는 것이다(**박스 9.9**).

효과적인 리스크 관리를 위해서는 최소한 다음 요소들이 필수적이다.

- 최고위층의 의지
- 리스크 관련 책임과 보고가 명확하게 규정되어 있으며 이에 대한 점검과 확인이 엄격하게 이루어질 것
- 리스크에 대한 판단이 신뢰할 수 있고 적시성 있는 최신 정보에 기반을 두고 있을 것
- 비상시 계획 수립을 포함, 전달 체계 전체에 걸쳐 리스크가 처리되는 방식에서 시너지를 확보할 것
- 권한을 가진 공공기관들이 서로 공유하고 협력해야 하는 공통의 리스크에 대해 공통적이고 일관된 이해를 가질 것

9.8.1 최고위층의 의지

리스크 관리를 심각하게 받아들이게끔 하려면 동기 부여와 주인 의식이 중요하다. 직원들이 리스크 관리를 맡게 되면 그들에게 중요한 무언가에서 분명한 차이가 만들어질 것이라고 믿게 해야 하는데, 여기에는 몇 가지 방법이 있다. 예를 들어 이윤이나 급여 등의 형태로 재무적 보상과 성공적인 리스크 관리를 연계하는 것이 가장 기본적인 방식이다. 여기서 더 나아

박스 9.9: 리스크 관리의 효과는 리스크 절차와 역량을 개발·적용하는 방식에 달려 있다

비공식적인 리스크 관리

〈가능한 특징〉
- 리스크 절차 또는 정책의 개발 미흡
- 부정적 뉴스에 대한 보고를 원하지 않는 문화
- 리스크 관련 정보가 필요한 조치로 연결되지 않음
- 리스크에 대한 책임과 공공책무성이 불명확함

〈리스크 관리에 주는 영향〉
- 일이 잘못 진행되면 비난 문화 대두
- 리스크에 대한 공공책무성 미흡 가능성
- 리스크 관리에 투입되는 자원이 리스크 중요성에 비례하지 않음

어떤 리스크 관리 시스템을 개발하고 적용할 것인가?

명시적인 리스크 관리 틀의 적용은 리스크에 대한 체계적인 접근을 지원한다

〈가능한 특징〉
- 기존 절차와 정책에 대한 상시적인 검토가 이루어짐
- 불확실성을 고려하고 적절히 대응하기 위해 계량적 방법, 조직 차원의 학습, 시나리오 등을 결합하여 사용
- 비난이 없는 조직 문화 속에서 실험과 개인의 전문적 판단이 존중됨

〈리스크 관리에 주는 영향〉
- 엄밀한 문제 제기를 통해 절차가 보다 다이내믹하고 타당하고 유용해짐
- 열린 대화, 수시 학습, 관련 데이터 등을 통해 리스크에 관한 판단과 의사결정을 지원
- 혁신과 리스크 선택이 잘 관리되고, 잘못될 경우 필요한 지원을 받을 것이라는 확신 제공

절차에 대한 과도한 의존은 조직의 효과적인 리스크 관리 역량을 제한한다

〈가능한 특징〉
- 리스크 관리 절차와 정책이 규정에 얽매여 유연하지 못한 방식으로 적용됨
- 보고가 되었거나 등록이 완료된 정보에 의존하는 상황이 발생
- 정해진 요건을 준수하기 위한 목적으로 시스템이 적용됨

〈리스크 관리에 주는 영향〉
- 바른 판단보다는 정보에 지나치게 의존하는 상황이 발생
- 의사결정을 방어하기 위해 절차에 의존함
- 구성원은 비난에 대한 두려움으로 위험 기피적이 됨
- 본인의 명성이 훼손될 리스크에 집착하여 이를 국민과 과세자가 안는 리스크보다 우선시함

스마트하고 명시적이며 체계적인 리스크 관리

관료제적 리스크 관리로 전락할 위험

출처: Comptroller and Auditor General. *Managing Risks to Improve Public Services* (HC 1078, Session 2003-2004).

가 개인의 소신이나 가치에 대한 신념과 연계하는 것이 가장 중요하며, 이 경우 지속 가능한 문화적 변화로 연결될 가능성이 높다. 공공 부문에서는 시민들의 삶의 질에 영향을 줄 수 있을 경우 리스크 관리가 핵심 목표 달성으로 이어질 확실한 핵심 동기 부여 또는 도덕적 기반으로 자리 잡을 수 있다. 건강과 안전 분야의 경우 리스크 관리는 잘 확립되어 있는데 그 이유는 리스크 관리 실패가 곧 시민들의 복지를 위협하는 요소이기 때문이다. 마찬가지로 간호사 업무에서는 리스크 관리를 통해 병원 내 감염을 예방하거나 환자의 신속한 회복에 기여하는 것을 증명해 보임으로써 리스크와 함께 살아가는 문화를 효과적으로 심어줄 수 있다. 그리고 리스크에 관심을 기울이지 않을 때 발생하는 실패나 그것에 연루되었다는 죄책감이 발생할 경우 이를 회복하는 데 막대한 비용이나 개선 노력이 초래될 것이라는 믿음 또한 강력한 인센티브로 작용할 수 있다.

소위 '리스크 관리의 심리학'에 대해서는 주의 깊은 성찰이 필요하다. 결국 이것이 올바로 자리 잡게 하려면 고위층이 리스크 관리를 지지하는 시그널을 일관되게 전달해야 하는데, 그러려면 고위층이 도입한 조직 및 절차와 그것을 통한 조직 목표 달성 사이에 직접적인 인과관계를 보여줄 수 있어야 한다. 직원의 행태를 변화시킴으로써 담당 직원이 어떻게 리스크를 규명하고 대응해야 하는지를 이해하게 하는 것은 상당한 시간이 소요되는 어려운 과제이며, 조직 규모가 클수록 더욱 그러하다. 올바른 리스크 관리가 가져올 혜택에 대해 명확하게 직원들에게 전달하고 이를 실행하는 데 필요한 정보, 훈련, 지원을 제공하기 위해서는 공공기관 이사회 차원의 지속적인 노력이 필요하다. 예를 들자면 서비스를 개발, 전달하는 데 혁신적이거나 새로운 접근방법을 적용할 때 관련 리스크를 잘 관리함으로써 잠재적 효과를 확보할 수 있다.

리스크 관리를 형식적인 업무 또는 성과와 명확한 연계가 없는 통제 장

치 정도로 간주하지 않고 핵심 목표와 리스크 보고를 연계시킨다면 집행 이사회가 정확하게 리스크 우선순위를 정할 수 있다(**박스 9.10, 9.11** 참조). 예를 들어 리스크 등록(Risk Registers)은 그 자체가 목적이 될 수 없으며 보다 나은 성과를 얻기 위한 수단이 되어야 한다. 리스크 등록이 경영 관리 보고와 분리되어 관리된다면 기대했던 목적을 달성할 수 없다. 이렇게 되면 리스크 등록은 목표 달성에 필요한 조치를 위한 경영관리 도구가 되기는커녕, 사소한 리스크까지 일일이 열거되어 오히려 중요한 리스크마저 함께 묻혀버리는 조직의 도구로 전락해버린다.

이러한 맥락에서 다음 사항들을 구분할 필요가 있다.
- 기관이 사용할 수 있는 수단이 거의 없는 리스크: 보험 가입이나 다른 방법을 통해 직원, 기록, 자산 등을 최대한 보존할 수 있는 방법을 모색하는 정도 외에는 수단이 없는 사안. 예를 들어 테러리스트 공격으로 비행기가 본부 건물과 충돌하는 사건 등이 해당.
- 주요 사업의 성공적 추진 과정에서의 리스크: 훈련된 직원을 충분히 확

보하는 데 실패하는 것이나, 해당 사업으로 영향을 받는 시민들과 소통하는 데 겪는 어려움 등이 해당.

• 핵심 영역은 아니지만 상당히 중요한, 기존 절차를 통해 방지할 수 있는 리스크: 사업비 집행 관련 비리, 수행 능력이 전혀 없는 용역업체와 계약을 체결하는 것 등이 해당.

리스크 관리에 대한 직원들의 주인 의식을 확립하는 데 리더십이 얼마나 효과적인지를 측정하는 바로미터는 직원들이 불합리한 처벌이나 비난에 대한 두려움 없이 당면한 문제나 실패, 위협 요인 등을 보고할 수 있느냐 하는 것이다. 가장 윗단의 리스크에 대해서는 그와 관련된 총체적인 관리 책임을 갖는 고위직이 리스크 관리의 책임을 맡는 구조를 확립하는 것이 물론 중요하지만, 성숙한 리스크 문화는 리스크를 택했을 때 항상 성공하지 않을 수 있음을 인식하는 것이다. 따라서 모든 직원들이 문제를 감추려 하지 않고 오히려 인정하고 이를 통해 학습할 수 있도록 인센티브를 제공하고 장려하며, 늑장 부리지 않고 조기에 문제를 보고하고 관리하는 것이 중요하다. 이렇게 함으로써 문제가 걷잡을 수 없이 확대되기 전에 관리할 수 있다.

9.8.2 전달 채널에서의 시너지

현대적이고 효율적인 공공서비스 전달을 위해 행정은 점차 다양한 파트너에 의존하고 있다. 이 파트너들은 종종 복잡한 전달 체계와 복잡한 네트워크에 속해 있는데 여기에는 지방자치단체, 중앙 부처의 재정 지원을 받지만 독립적 업무를 수행하는 공공기관,16) 민간 공급업체, 비영리 단체 등이 포함된다. 이에 따라서 새로운, 더 큰 리스크가 생겨나는데 정부부처는 내부 리스크 관리에 적용하는 것과 동일한 공공책무성, 문제 제기, 개방성의 원칙을 적용함으로써 전체 전달 네트워크에 걸쳐 리스크 관리 책임을 분명히 할 필요가 있다. 용역업체를 통한 아웃소싱 방식은 서비스를 전달하는데 새로운 그리고 종종 혁신적인 방식을 제공하며, 그 결과 복잡성과 상호 의존성이 높아져 새로운 리스크로 작용한다. 즉 전달 네트워크가 복잡해질수록 관련 리스크도 가중된다.

협력 관계가 어떤 것이든 간에, 리스크 관리 방식을 이해하고 상호 소통하는 데 실패할 경우 전달 네트워크에 속한 모든 이들이 리스크에 노출된

---

16) 영국에서 부처 소속 기관(Sponsored Bodies)은 정부부처의 성과 목표 달성에 중요한 역할을 수행하며 전체 정부 지출의 상당 부분을 차지한다. 소속 기관은 직원, 조직 구조, 지출 규모 등에 큰 차이가 있다. 특정 지역의 전국적 중앙정부 이슈를 담당하기도 하며, 전국적 네트워크 또는 광역 단위에서 활동하기도 한다. 소속 기관에는 광역 단위에서 공통된 임무를 수행하는 광역개발청(Regional Development Agencies), 전국 단위의 대규모 조직인 고속도로청(Highway Agency), 그리고 특화된 분야의 자연보존청(English Nature) 등이 포함된다.

다. 리스크 및 이에 대한 최적의 대응 방법이 무엇인지에 대한 이해를 모든 파트너들이 공유하는 것은 전달 메커니즘에 대한 직접적 통제 수단은 거의 없으면서 서비스 전달 및 공적 자금 사용에 대한 최종 책임을 갖는 공공기관의 입장에서 볼 때 특히 중요하다. 이러한 문제는 예를 들어 교육 분야에서 중앙 부처가 직접 재원을 조달하는 서비스를 지방정부가 제공하는 경우 흔히 발생할 수 있다.

공식적 파트너십 또는 계약 관계를 확립함으로써 리스크에 대한 책임을 배분할 수 있으나, 지나치게 세분화할 경우 관료제화되어 지역의 니즈와 상황에 맞게 서비스를 조정할 수 있는 재량권이 거의 사라지게 된다. 비영리 단체 같은 소규모 조직이 참여하는 경우 큰 규모의 조직에 기대할 수 있는 거버넌스 모델은 현실적이지 않을 수 있다. 정부부처는 참여 기관과 함께 그 규모에 합당하게 예상되는 리스크에 대응할 수 있는 방법과 절차를 개발할 필요가 있다.

감독 및 지원 관계(sponsoring)는 그 자체가 리스크를 갖는데, 시간이 흐름에 따라 비효율적인 조직과 절차가 형성되는 것이 대표적 사례이다. 리스크가 특정 기관 한 군데에 한정되는 경우는 거의 없다. 리스크는 후원 기관 전체에 해당된다. 리스크가 특정 부처 소속 기관에 전적으로 위임되었다 하더라도 리스크는 이전되지 않으며 그룹 전체가 책임을 지게 된다.

우체국 파업, 전력 단전, 기후 악화, 그리고 보다 극단적인 예로 테러 집단의 공격 등 기관이 직접 통제할 수 없는 사건이나 상황은 사업 추진 과정에서 언제든 발생할 가능성이 있다. 이러한 사건이 미칠 잠재적 임팩트의 정도는 전달 체계가 복잡할수록 증폭된다. 기관들은 그 자체의 통제력을 초월하는 사태에 대비하여 신뢰할 수 있는 비상 대책을 준비해 두어야 한다. 예를 들어 영국의 처방가격결정국(Prescription Pricing Authority, PPA)은 약사와 의사가 제출한 지급 요청을 신속, 정확하게 처리한다는 주

박스 9.12: 영국 처방가격결정국 – 서비스 제공에 영향을 미치는 외적 상황 차단

약사와 조제 의사들이 투여 조제 후 처방을 처방
가격결정국(PPA)에 매달 우편으로 송부하면 PPA
는 지급액을 계산한 후 승인 처리한다. 그러나 우편 분규가 발생하면 특히 소형
약국의 경우 현금 흐름이 PPA의 지급에 크게 의존하고 있어 재정적인 어려움을
겪게 된다. 이에 따라 PPA는 단기적으로 배송업체와 계약을 체결하여 약국이
우편 분규 시에도 신속하게 지급을 받을 수 있도록 지원하고 있다. 또한 PPA는
장기적인 해법으로 우편 서비스 의존에 따른 리스크가 너무 크다는 것을 인식하
고 전자 처방 방식을 도입하였으며, 이것은 현재 영국 국민보건서비스(NHS)의
전국적 IT 프로그램에 통합되었다. 이러한 업무 처리 방식의 변화는 여러 혜택
을 가능하게 했는데 약사 및 조제 의사들은 처방 기록을 보다 신속하고 효율적
으로 제출할 수 있게 되었고 우편 서비스에 대한 의존도 줄일 수 있게 되었다.

출처: Comptroller and Auditor General. *Managing Risks to Improve Public
Services* (HC 1078, Session 2003-2004).

요 목표 달성을 위협하는 핵심 요인으로 우편 파업을 규명한 바 있다. 고위
간부들의 리스크 워크숍에서는 단기적 리스크 대응 방안과 함께 중장기적
으로 지급 청구 접수 방식을 다각화하여 단일 방식에 대한 의존도를 줄일
필요가 있다고 분석하였다. 이는 신기술 활용 가능성과 연계, 약사와 의사
가 지급 청구를 전자적으로 할 수 있도록 PPA의 시스템을 개선하려는 계
획으로 이어졌다(**박스 9.12**).

9.8.3 공통 리스크에 대한 이해와 관리

리스크(기회 포함)가 참여 기관의 업무 경계를 잘 반영하여 대응하기 편
리하도록 발생하지는 않는다. 이에 따라 공공기관, 민간 회사, 시민 단체

등은 리스크에 대한 지식, 정보, 이해를 서로 공유하고 어떻게 대응할지 협업할 수 있는 효과적인 메커니즘이 필요하다. 이렇게 하지 않을 경우 공공서비스뿐 아니라 재정 가치에도 심각한 영향을 미칠 수 있다. 예를 들어 공공기관들 간의 공통 리스크를 관리하고 집합적 구매력을 극대화할 목적으로 하는 공급업체와의 상업적 거래가 이에 해당한다. 커뮤니케이션은 또 다른 예로, 잘 관리하지 못할 경우 공공기관들은 서로 상충되거나 모호한 메시지를 전달하여 시민의 확신 및 신뢰를 훼손할 수 있다. 시민들의 주요 관심사에 효과적으로 개입하는 것은 상당히 중요한데, 다음 사례는 환경식품농촌부(Department of Environment, Food and Rural Affairs, Defra)가 유전자변형농산물(GMO) 문제에 어떻게 개입했는지를 보여준다(**박스 9.13**).

정부부처가 협업하고 정보를 공유할 필요가 있는 또 다른 분야로는 대규모 IT 프로젝트 등의 성과 저조 문제, 혁신 관련 아이디와 사례가 축적되어 학습되고 전파될 수 있도록 하는 문제 등이 있다. 정부는 이를 위해 관련 부처 간 그들이 직면할 리스크에 대한 이해를 증진할 수 있도록 네트워크를 구축하고, 리스크를 규명하고 평가할 때 각각의 리스크들이 타 부처들과 서로 어떻게 연계되고 영향을 미치는지에 명확하게 초점을 맞출 수 있게끔 해주어야 한다. 이를 토대로 각자의 리스크 관리 전략들을 어떻게 상호 지원할 것인지 정기적으로 논의할 필요가 있다.

9.8.4 신뢰할 수 있고 적시성 있는 최신 정보

관료제는 많은 정보를 생산해낸다. 그러나 대부분은 외부 사건이나 정책 추진에 영향을 받을 이해관계자들이 갖는 가치나 입장에 관한 것이라기보다는 전통적으로 내부 절차에 관한 것이다. 사업 추진과 긴밀한 관련

성이 있는 직원들이 갖는 가치나 자세에 관한 정보는 수집되거나 분석되는 경우가 드물다.

정부기관은 경험으로부터 학습하는 데 실패하는 경우가 흔하다. 소위 집단 기억을 위하여 기록이 잘 보관된다 하더라도, 변화하는 세상에서 유익하게 활용되기 위해서는 지하 창고에 쌓아두는 것으로는 충분하지 않다. 합리적인 수준에서 정기적으로 검토되어 현재 일어나고 있는 이슈들과의 연관성을 추출해서 정책 수립 및 집행 과정에 내재되어야 한다. 이러한 노력 없이는 특히 현장 인력이 교체되면 해당 이슈와 관련된 실무 경험도 함께 없어져 소위 집단 기억은 사라지고 말 것이다.

훈련과 모의 연습은 집단 기억을 강화하는 데 도움이 된다. 소방 훈련은 공통된 경험인데 화재 현장에 처했던 사람이라면 누구나 소방 훈련이 주는 모의 경험의 장점을 잘 알고 있다. 군대는 실전과 유사한 경험이 주는 가치를 명확하게 인식하고 여러 형태의 전투에 철저히 대비한다. 그러나 관료제 조직은 집단 기억의 장점을 살릴 수 있는 훈련의 가치를 종종 무시하고 당장의 문제에만 집중한다.

사회 차원의 리스크를 평가하고 대응하는 일은 조현병 같은 모습을 띠기도 한다. 테러리스트 공격, 대규모 인명 피해를 초래한 항공기나 열차 사고, 홍수, 흉악 범죄 같은 사건들을 보면 즉각적인 반응은 누구 할 것 없이 철저한 재발 방지책 마련에 대한 요구이다. 재발 방지가 불가능한 자연재해의 경우에는 그 대신 피해자의 고통을 신속하게 경감할 수 있는 영속적 수단을 마련하라는 요구가 빗발친다.

그러면 즉각적 대응으로서 모든 것을 망라하는 포괄적인 조치의 도입이 흔히 시도되는데, 그에 따른 비용과 일상생활에 대한 개입 정도가 너무나 커서 시간이 지남에 따라 조치는 단순화되거나 아예 포기되기도 한다. 그 결과 리스크는 재현되고, 위험에 대한 문제의식은 존재하지만 다음 비극이 일어날 때까지 상황은 그냥 지속된다. 따라서 사람들은 화산 아래 위험 지역으로 돌아오고, 정부는 제방을 세우는 데 실패한다. 병원들은 지난번 병원 내 감염 사태 직후 도입된 방역 절차들을 다시 소홀히 하기 시작한다.

박스 9.14는 미국 감사원(GAO)이 2005년 허리케인 카트리나가 휩쓸었던 뉴올리언스 시에 홍수 위험을 수차례 경고했던 사례를 보여준다. 감사원의 경고는 무시되었고 홍수로부터 도시를 지킬 수 있는 어떤 조치도 이루어지지 않았다.

박스 9.14: 자연재해에 대한 대응 - 허리케인 카트리나 사례

미국 감사원(GAO)의 과거 감사 결과를 보면 허리케인 카트리나를 비롯한 자연재해와 관련된 다양한 정부 프로그램에 필요한 개선 과제를 지속적으로 지적해왔다. 예를 들어 GAO는 재앙 발생 시 필요한 의료서비스 제공을 위해서는 해결해야 할 많은 과제들이 있음을 지적했다. 또한 GAO는 에너지 관련 감사를 통해석유 시장이 상호 밀접하게 연계되어 있어 석유 수급에 영향을 미치는 자연 또는다른 어떤 종류의 사태에도 매우 취약하다는 문제가 있음을 지적한 바 있다. 환경감사의 경우 습지의 감소는 허리케인으로 인한 피해의 크기를 증가시켰으며, 오염 지역을 원상복구하기 위해서는 방대한 부처 간 정책 조정과 예산을 필요로한다고 지적했다. 끝으로 통신 분야 감사는 연방, 주, 지방정부 간의 협력 부족등으로 인해 비상시 대체할 수 있는 통신 수단에 한계가 있음을 지적하고 있다.이상의 분야에서 GAO가 제시한 개선 방안은 여전히 이행되지 않고 있다.

출처: Government Accountability Office, *Hurricane Katrina: Providing Oversight of the Nation's Preparedness, Response, and Recovery Activities*. GAO-05-1053T. 2005.

정부부처들은 비용과 공공서비스 수혜자의 선호도와 니즈 등에 관한 정보, 그리고 성과와 관련된 대기 시간, 생산성, 서비스 품질 등 다양한 측면의 데이터를 필요로 한다. 뿐만 아니라 기후 변화, 인구 구조 변동, 경제 추정치 등과 같은 미래에 대한 전망과 관련된 데이터도 필요하다. 글로벌 네트워크와 같은 정보기술과 시장 조사의 발전으로 인해 정부는 데이터의 홍수에 빠질 수 있다. 정부는 리스크를 효과적으로 관리하기 위해 필요한 정보 수준에 대해 주의 깊게 판단할 필요가 있다. 부족한 정보는 잘못된 결정을 초래하고, 지나치게 많은 정보는 개개의 정보에 대한 분석을 시도함에 따라 과부하가 발생하여 의사결정의 마비 상태를 초래할 수도 있다.

9.8.5 철저한 조사 및 문제 제기

공공기관의 업무는 국회와 지방 의회 및 소속 의원, 압력 단체, 내부 고발자, 정보 공개 제도를 활용한 감시자 등 수많은 조직과 개인으로부터 지속적인 문제 제기를 받는다.

공공기관 업무에 관한 정보는 이들 기관을 조사할 때 가치가 있다. 그러나 성과정보를 부정적인 비판으로만 간주하여 긍정적인 홍보 활동을 통해 방어해야 하는 대상으로 받아들이는 경우가 너무 많다. 이렇게 되면 유용한 비판조차도 쓸모없는 것으로 간주하여 공공기관은 외부 비판으로부터 학습할 기회를 잃고 만다.

관료제의 경우 주어진 내부 절차의 테두리 내에서 진행되는 점검 활동은 비교적 잘 이루어지지만, 외부 평가를 토대로 그들의 업무 성과를 면밀히 조사하고 문제 제기하는 것은 잘 받아들이지 못한다. GAO의 허리케인 카트리나에 관한 감사 결과를 보면 공공기관 내부의 관료제적 절차에 대한 집착이 어떻게 대응 지체로 이어져 위기 상황을 초래하였는지를 잘 볼 수 있다(**박스 9.14**).

외부 비판에 대한 대응과 규율화된 행정 간에 적절한 균형을 유지할 수는 없을까? 영국군은 코소보에서의 군사 활동 와중에도 필요한 재무 통제를 확립할 수 있음을 보여주었다.[17]

정부 조직에 감사위원회를 설치하는 것은 의미 있는 발전이라 할 수 있다. 감사위원회는 엄정하면서도 건설적인 문제 제기 절차의 핵심 요소로서 정부부처에서 매우 중요한 역할을 수행하고 있다. 위원회 구성을 비상임

---

17) Comptroller and Auditor General, *Kosovo: The Financial Management of Military Operations* (HC 530, Session 1999-2000).

감사위원으로 함으로써 위원회의 효과성을 높일 수 있었고, 각 부처가 리스크를 전반적으로 잘 관리하고 있는지에 대한 확인을 효과적으로 제공할 수 있게 되었다. 예를 들어 영국 정부에서 이러한 확인은 회계 책임자의 연례 내부통제확인서(Accounting Officer's Statement on Internal Control)를 뒷받침한다.18)

9.9 결론

불확실성에 대한 깊이 있는 통찰, 계획이 예정대로 정확하게 진행되지는 않는다는 인식, 그리고 사람들의 행태와 동기에 대한 이해—이러한 모든 것들이 리스크 관리의 본질이라 할 수 있는데—등이 있어야 조직이 성공할 가능성을 높일 수 있다. 그러나 리스크 관리가 효력을 갖기 위해서는 주요 업무와 연계될 필요가 있다. 사실 주요 업무뿐만 아니라 조직 활동 전체와 통합되어야 한다. 리스크 관리가 지속 가능하기 위해서는 리스크에 대한 고려가 의사결정의 중심에 자리 잡을 수 있도록 지속적으로 이를 확인하는 노력이 필요하다. 운영이사회의 비상임 위원과 감사위원회를 통한 외부로부터의 문제 제기는 이를 가능하게 하는 효과적인 방안이 될 수 있다. 외부감사는 리스크와 내부통제 환경에 대한 평가를 제공함으로써 중요한 역할을 수행한다.

그러나 리스크와 함께 살아가는 조직 문화를 실질적으로 확립하는 데 가장 큰 영향을 미치는 것은 기관의 리더십 그리고 그 리더십이 리스크 관

---

18) 영국 정부부처들의 회계 책임자(Accounting Officer)는 최고 행정 책임자(Chief Executive) 또는 최고 운영 책임자(Chief Operating Officer)에 해당하며, 의회가 승인한 자원 사용을 통해 재정 가치를 달성하는지에 대한 설명 및 보고 책임을 갖는다.

리에 부여하는 중요성이다. 성공적인 조직의 최고 의사결정자들과 이사회는 리스크 관리를 심각하게 간주하고 효과적으로 적용하고 있는지에 대해 정기적으로 검증을 실시하고자 한다. 이를 위해 영국 감사원은 각 기관의 리스크 관리 접근방식의 목적 적합성을 측정할 수 있는 간단한 평가도구를 개발한 바 있다(**박스 9.15**).

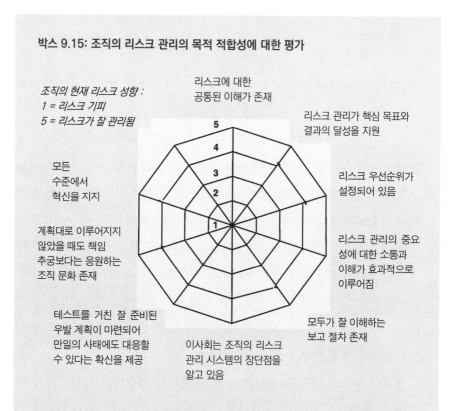

박스 9.15: 조직의 리스크 관리의 목적 적합성에 대한 평가

조직의 현재 리스크 성향 :
1 = 리스크 기피
5 = 리스크가 잘 관리됨

리스크에 대한 공통된 이해가 존재

리스크 관리가 핵심 목표와 결과의 달성을 지원

모든 수준에서 혁신을 지지

리스크 우선순위가 설정되어 있음

계획대로 이루어지지 않았을 때도 책임 추궁보다는 응원하는 조직 문화 존재

리스크 관리의 중요성에 대한 소통과 이해가 효과적으로 이루어짐

테스트를 거친 잘 준비된 우발 계획이 마련되어 만일의 사태에도 대응할 수 있다는 확신을 제공

모두가 잘 이해하는 보고 절차 존재

이사회는 조직의 리스크 관리 시스템의 장단점을 알고 있음

위와 같은 간단한 거미줄 분석을 통해 경영관리이사회는 조직이 얼마나 리스크에 잘 대응하고 그 혜택을 실현하고 있는지 평가할 수 있는데 바깥 경계에 가까울수록 더 신뢰할 수 있는 리스크 관리의 특성을 만족한다고 볼 수 있다.

출처: Comptroller and Auditor General, *Managing Risks to Improve Public Services* (HC 1078, Session 2003-2004)

9.10 요약

정부부처는 전쟁과 평화, 외교 관계의 승인과 단절, 경제적 호황과 불황 등을 비롯한 수많은 사건에 리스크를 평가하고 관리하는 것이 포함된다고 항상 인식해왔다.

이러한 사건들에서 리스크는 항상 내재적인 요소로 간주되어왔다. 그러나 전통적으로 다음과 같은 정부 사업에서 리스크는 중요한 요소 중 하나로 간주되지 않았다.

- 사회 복지 및 지원 프로그램
- 조세 조정 및 개혁 프로그램
- 정부 운영 혁신 프로그램

정부 정책이나 사업의 추진이 일단 결정되고 관련 예산과 인력 투입이 정해지면 많은 공공 조직들은 이제 모든 것이 당연히 계획대로 진행되리라고 여긴다. 안타깝게도 이러한 전제가 항상 들어맞지는 않는다. 공공 부문은 위험 기피적이라고 평가되는데, 종종 그 정도가 지나쳐서 어떤 리스크가 있는지조차 인지하지 못할 때가 많다. 다시 말해 공공 부문은 위험 기피적이 아니라 위험에 무지하다고 할 수 있다.

대외적인 결과보다 대내적 절차를 중시하는 관료제적 성향을 깨뜨리기 위하여 공공 부문에 대한 감사는 다음 요소들의 중요성을 제기한다.

- 바람직한 리스크 평가 및 관리의 실제 운영 사례
- 최고위층의 의지
- 조직 내 각 단계별로 어느 정도 리스크가 관리될 수 있는지 명확화
- 민자 사업, 아웃소싱, 중앙/지방정부 및 자발적 기구들 간 협력 등 협업 체계에서 리스크 배분의 명확화

- 신뢰할 수 있고 적시성 있는 최신 정보
- 철저한 조사 및 문제 제기

사전에 리스크가 빠짐없이 잘 검토되었다면, 계획대로 잘 추진되지 않았을 때 책임을 물을 누군가를 지목하는 '비난 게임'은 올바른 처방이 아니다. 그보다는 실패의 원인을 분석하고 다음에는 보다 성공적으로 추진할 수 있도록 예방책을 모색해야 한다.

리스크 배분을 성공적으로 협상하기 위한 정부의 능력은 조사 및 문제 제기를 위한 제도를 통해 향상될 수 있다. 예를 들어 외부의 비판을 묵살하지 않고 경청하며 민간 부문의 발전 상황을 잘 활용하는 것이다. 엔론과 월드컴(WorldCom) 스캔들 이후 영국에서 이루어진 일련의 관련법 개정은 상임 및 비상임 이사들로 구성된 감사위원회의 설치를 비롯한 내부통제의 중요성을 강조한 것이었다. 영국 감사원은 정부부처에 설치된 감사위원회 운영을 다음과 같이 기술적으로 지원하였다.

- 감사위원회가 해당 부처의 리스크 관리 접근방법에 대한 평가 시 활용할 수 있는 자체 평가 도구 제시
- 정부부처 소속 기관의 효과적인 내부 거버넌스 확립을 위한 지침 제시
- 비상임 감사위원 간 경험 공유 등을 촉진하기 위해 비상임 이사 네트워크 구축 지원

리스크를 평가하고 관리한다는 것은 리스크 등록 시스템을 통해 형식적으로 검사하는 것에 그치지 않는다. 효과적인 리스크 평가 및 관리는 단순히 절차만 보는 것이 아니라 결과를 지향한다. 이를 위해 적절한 목표와 목표치 설정이 필요하며, 그것을 달성하기 위해 리스크를 평가하고 관리하는 것이다. 결국 우리는 리스크와 함께 살아가는 방법을 찾아야 한다.

10장 부정, 절도, 부패에의 취약성

관료제는 공공행정 업무를 체계적으로 수행하기 위해 고안되었다. 그러나 공공행정 업무를 체계적으로 수행하기 위한 기준과 절차는 부정, 절도, 부패의 기회도 함께 제공한다. 행정 절차와 기준을 악용하려는 자들은 실제로 자신들이 처한 형편에 관계없이 단지 정부가 제공하는 서비스에 필요한 자격이 되는 것처럼 보일 수 있는 것만으로도—이를 증명하는 것이 공공요금 청구서든 여권 또는 서명이든 관계없이—혜택을 볼 수 있다는 것을 잘 알고 있다. 즉, 관료제는 개인정보와 쉽게 악용될 수 있는 실제 개인 신분 사이의 연결고리를 만들어주었다.

보다 넓은 맥락에서 보자면, 관리 역량을 향상시키는 모든 기술 진보는—타자기, 전화, 개인용 컴퓨터, 팩시밀리, 전자결제 시스템, 자금 이체 방법 등—공금에 손을 대던 과거의 사무실 사환부터 오늘날 독창적인 수법으로 자금 세탁을 하는 사람에 이르기까지 부정행위를 할 수 있는 기회를 제공한다. 이러한 기술의 발전은 비록 경찰 수사관이나 검사는 아니지만 감사인이 조사하고 보고해야만 하는[1] 세 가지 부정직한 행위(부정, 절도, 부패)가 발생할 수 있는 계기를 제공한다.

10.1 부정, 절도, 부패 행위의 종류

부정, 절도, 부패 행위는 다음과 같은 다양한 모습으로 발견된다.

• 가난과 불평등이 만연하는 사회에서 박봉에 시달리는 공무원은 사소한 모든 행정 서비스(예를 들자면 면허증이나 여권 발급 등)의 대가로 돈을 징수한다.

• 지도자들은 정치권력을 자기 자신과 지지자, 가족이 치부를 하고 권력을 유지하는 유일한 수단이라고 여긴다. 이런 사고방식을 갖게 되면 출세를 하기 위해서는 서로 지지를 주고받고 궁극적으로 지위를 이어받기 위해 후원자나 새롭게 부상하는 권력자에게 의지할 필요가 있다는 것을 당연시하게 된다.

• 계약을 체결하기 위해 뇌물을 주거나 계약을 체결한 후 사례를 주는 등 뇌물, 사례금이나 선물이 상업적 계약 거래에 윤활유 역할을 한다. 이러한 뇌물 등은 사소한 금액일 수도 있지만 대규모 무기나 공사 계약을 체결하기 위한 뇌물 사례에서 보듯이 엄청난 금액일 수도 있다.

• 마약 거래 같은 불법 행위가 경제를 지배하고 정부, 정치인, 군인과 경찰은 뇌물을 받고 일종의 공생 관계를 맺어 이러한 불법 행위가 계속될 수 있도록 허용한다. 예를 들어 미국의 금주법 시행은 밀주, 조직범죄, 부패가

---

1) 감사인은 부정을 예방하든 못하든 간에 재무제표 작성을 위한 증빙 서류가 허위로 작성될 위험성을 검토해야 한다. 감사인은 이 과정에서 위험 요인을 밝혀내고 평가하기 위한 전문가적 의구심의 자세를 견지해야 한다(*International Standard on Auditing 240*, "The Auditor's responsibility to consider fraud in an audit of financial statements").

만연할 기회를 제공했다.

어느 사회든 이와 같은 여러 형태의 부정직한 행위의 일부 또는 전부가 드러날 수 있지만, 다른 많은 나라에서 적발되고 보도되는 고질적인 부패로부터 영국이 상대적으로 자유로운 것이 우리는 다행스럽다. 영국은 오랜 경제적 풍요의 혜택을 누려왔다. 생활 수준이 높고 사회적으로 부정행위가 용인되지 않는 상황에서는 도덕적 가치를 유지하기가 훨씬 용이하다. 이러한 점에서 강한 사회적 규범은 벌금이나 공식 기소만큼 부정직한 행위를 예방하는 요인이 된다. 많은 사람들이 저개발 국가들의 부정부패 문제를 비난해왔다. 이런 국가들의 공무원들은 형편없이 낮은 봉급을 부당한 행위를 통해 보전한다. 또한 고위직은 돈을 내고 차지한 자리에서 재임 중 막대한 반대급부를 챙기거나 정치적 후원자에게 보상하고자 한다.

여행 작가인 피터 비들콤은 이러한 저개발 국가의 부정부패 문제점을 자신의 아프리카 여행 사례를 들어 지적했다.[2] 그에 따르면 아프리카 국가에서 세관장을 찾으려면 공항에 인접한 가장 크고 시설이 좋은 저택을 찾아야 한다. 폴 볼커도 이라크의 Oil-for-Food 프로그램[3]에 대한 조사 보고서를[4] 통해 이라크에서는 권력자들이 정치적 지지를 계속 유지하기 위해 뇌물과 계약 과정에서 빼돌린 돈으로 막대한 자금을 조성하고 있음을 밝혀냈다. 볼커의 조사 이후 미국 감사원은 759개 계약을 조사한 결과 자

---

2) Biddlecombe, P. (2002) *French lessons in Africa, Travels with my Briefcase through French Africa*, Abacus.

3) 역주: Oil-for-Food 프로그램은 유엔 안전보장이사회의 결의에 따라 1995년에 시작하여 2003년에 종결된 사업으로, 이라크의 석유를 팔아 이라크 국민들을 위한 식량이나 의약품을 구매하도록 허용하되 군비 증강을 위한 사용을 금지한 사업이다.

4) Volcker, P. A. Goldstone, R. and Peith, M (2005) *Report on the Manipulation of the oil for Food Programme*.

금을 빼돌릴 수 있는 과대계상 금액이 평균 21%임을 밝혀냈다.[5]

그러나 저개발 국가에서만 조직적인 부정부패가 발견되는 것은 아니다. 폴 헤이우드는 이탈리아의 P2 스캔들[6]과 같은 부정부패 사건을 지적했다.[7] 이 사건에는 의회 조사위원회가 '비밀 범죄 조직'[8]이라고 묘사한 이탈리아 각계각층의 고위 인사 900여 명이 연루된 것으로 드러났고, 암브로시아노 은행은 이 사건으로 인해 파산했다. 비록 개인적인 범죄 행위는 드러나지 않았지만, 의회 조사위원회 보고서는 체계적이고 조직적인 범죄 행위가 저질러졌음을 시사했다.

미국에서는 최근 세간의 주목을 끄는 대규모 부정부패 사례로 사업의 수익성을 부풀리고 막대한 부채를 감추어 재무제표를 복합적으로 조작한 엔론과 월드컴 사건이 있었다. 이러한 사례들은 부정부패 문제가 개발도상국에 국한된 것이 아님을 보여준다.

영국의 경우 맥스웰[9], 폴리 펙[10], 베어링[11]과 같은 세간의 관심을 집중

---

5) US GAO (2005) *United Nations: Observation on the Oil for Food Program,* GAO-04-651T.

6) 역주: P2 Masonic scandal은 이탈리아의 여러 범죄 행위를 의미하는데 전국적인 탄젠토폴리(Tangentopoli, '뇌물의 도시') 사건, 암브로시아노 은행(Banco Ambrosiano) 사건, 언론인 미노 페코렐리와 은행가 로베르토 칼비 암살 사건 등을 포함한다.

7) Heywood, P. (1997) *Political Corruption,* Political Studies Number 3.

8) Anselmi, T. (1982) *Commission Report,* Italian Chamber of Deputies.

9) 로버트 맥스웰은 자기 회사의 퇴직연금에서 4억 8천만 파운드를 불법으로 빼돌려 은행 대출의 담보로 저당 잡힌 자기 회사 주식의 가격을 유지하기 위해 사용하였다[Bower, T. (1992) *Maxwell,* Viking)].

10) 폴리 펙 인터내셔널(Polly Peck International)의 사장인 아실 나디르는 여러 은행에 대출 담보로 제공한 회사 주식의 가격을 유지하기 위해 회사의 은행 계좌에서 수백만 파운드의 돈을 빼돌리면서 18건의 회계를 조작하고 10억 파운드에 달하는 부채를 감춘 혐의로 기소되었다.

11) 싱가포르 베어링 은행(Barings Bank)의 파생상품 거래를 담당하던 직원 닉 리슨은 자신의 비밀 계좌를 통해 회사의 승인을 받지 않은 채 투기적 거래를 통해 8억 2,700만 파

시킨 부정이나 불법 행위로 인한 기업 실패 사례들이 이어져왔다. 또한 부당한 사회 복지 보조금 청구에 따라 연간 10억 파운드의 손실이 계속 발생하고 있고, 최근에는 범죄 조직이 불법 목적을 위한 자금을 조성하려고 사회 복지 관련 세액공제를 악용하려는 시도가 있었다. 이러한 사례들은 사회 복지 제도를 악용하고 부정행위를 저지르려는 실질적인 위험이 있음을 보여준다.[12] 영국 조세청(HM Revenue and Customs, HMRC)[13]은 부가가치세 제도의 오류와 탈세 행위로 인해 매년 120억 파운드가 넘는 세수를 잃고 있으며, 관세를 회피하기 위한 담배 밀수로 25억 파운드의 손실을 보고 있다고 밝혔다.[14] 또한 조세청 조사 결과에 따르면 납세자들이 작성한 자진 신고 납세의 환급 과정에서 28억 파운드에 달하는 오류와 탈세 행위가 발생했다.

비록 우리 자신이 영국은 부정부패로부터 상대적으로 자유롭다고 생각하더라도, 우리 사회 어딘가에서는 많은 사람들이 이러한 행위를 서슴없이 자행하고 있다. 그러므로 부정부패는 영국에서 큰 문제가 아니라는 견해를 국제투명성기구(Transparency International)와 같은 기관에서 지지하긴 하지만, 막대한 공공 재원의 손실을 발생시키는 부정부패와 관련해 누가 어떠한 책임이 있는지 밝혀내고 대응하는 것은 감사인들에게 중요한 일이다. 예를 들어, 부정방지자문단(Fraud Advisory Panel)[15]은 신

운드의 손해를 입혀 베어링 은행이 파산하게 만들었다.

12) Comptroller and Auditor General, *Department for Work and Pensioners Resource Account* (HC 447, Session 2005-2006)

13) 역주: 조세청(HMRC)은 2005년 4월 종전의 IR(Inland Revenue, 국세청)과 HMCE (Her Majesty's Custom and Excise, 관세청)가 통합된 것이다. 원서에서는 인용 사례의 시기에 따라 기관명을 구분하여 기재하고 있으나 혼용된 경우도 있다.

14) HM Revenue and Customs, *Annual Report and Autumn Performance Report 2004-2005* (CM 6691, 2005-2006)

원 도용(identity theft) 부정의 위험성이 점차 커지고 있어 이에 관심을 두어야 한다고 경고했다. 실제로 사상 유래가 없었던 온라인 등록 시스템에 대한 공격은—결국 시스템은 정지되었다—노동연금부(Department of Work and Pensions) 급여 관련 자료의 절도에서 비롯되었다.

10.2 부정, 절도, 부패란 무엇인가?

부정, 절도, 부패를 정의하는 일은 보기보다 쉬운 일은 아니다. 2006년 부정방지법(Fraud Act)이 제정되기 전까지 영국에서 부정에 대한 정확한 법적 개념은 없었다. 마찬가지로 부패도 정의 내리기가 쉽지 않고, 법적 개념과 사회적, 문화적, 또는 정치적으로 적용되는 개념에는 차이가 있다.

10.3 용어의 정의

시대와 장소에 따라 부정, 절도, 부패는 여러 의미와 법적 개념을 가지지만, 본서에서는 다음과 같은 핵심적 개념을 포함하고 있다.

• 부정(Fraud): 자산 유용을 감추거나 이득을 위해 내·외부인이 정부기관에 제출하는 재무제표나 다른 자료를 고의로 왜곡하는 것

• 절도(Theft): 소유자로부터 자산을 영구적으로 빼앗는 부정직한 자산 횡령

• 부패(Corruption): 누군가가 부정직하게 행동하도록 영향을 주기 위

---

15) 부정방지자문단은 공공 및 민간 분야의 자원자로 구성된 비영리 단체로 설립 목적은 부정부패로 발생하는 사회적, 경제적 피해에 대한 경각심을 고취하고 이에 대응하기 위해 공공 부문과 민간 부문을 지원하는 것이다. 부정방지자문단은 1998년 영국회계사회(Institute of Charted Accounts in England & Wales)에서 설립하였다.

해 유인책이나 보상을 제의하거나 주거나 요청하거나 받는 것

부정행위를 밝혀내는 외부감사인의 역할은 국제감사기준 240[16](재무제표 감사 시 부정을 고려해야 하는 감사인의 책임)에 정의되어 있다. 국제감사기준 240은 부정행위를 방지하기 위해 필요한 모든 조치를 취해야 하는 경영자의 의무와, 재무제표 감사의 일부로서 부정행위로 인해 증빙 서류가 위조될 위험 요소를 규명하는 데 사용할 수 있는 정보를 획득하는 감사인의 의무를 구분하고 있다.

영국에서 부정방지법 제정 이전의 명확한 법적 개념 부족은 '의도적 모호성'(purposeful ambiguity)이라고 볼 수 있는 상황을 만들었다. 형사 재판에서 부정행위 여부를 판단하기 위한 '고시 테스트'[17](Ghosh test of dishonest)는 배심원들에게 피고인에 대한 유무죄를 평결하기 전에 다음과 같은 두 가지 질문에 답하게 한다.

• 합리적이고 정직한 사람의 기준으로 본다면 피고인의 행위는 부정직한 것인가?

• 피고인은 자신의 행위가 합리적이고 정직한 사람에게 부정직한 것으로 여겨질 것이라고 인식하였는가?

---

16) 국제감사기준(ISA)은 International Auditing and Assurance Standards Board (IAASB)에서 발표하였다. http://www.ifac.org//AASB/.

17) Court of Appeal, Criminal Division, *R v Ghosh* [1982] QB 1053, Lords Land, Lloyd and Eastham. 역주: 데브 고시(Deb Ghosh)는 외과의사로 자신이 직접 수행하지 않은 업무에 대해 비용을 청구하여 수수한 혐의에 대해 절도죄법(The Theft Act, 1968)에 따라 유죄 선고를 받았다. 그는 항소하면서 부정행위를 판단할 때 부정행위는 피고인의 심리 상태(주관적 테스트)에 관한 것이지 배심원들의 관점(객관적 테스트)에 관한 것이 아님을 판사가 배심원들에게 주지시켜야 한다고 주장했다. 그의 주장은 받아들여지지 않았으나 '고시 테스트'는 1982년 이후 배심원들이 절도죄를 판단하는 기준으로 주로 사용되어왔다 (출처: Wikipidia, BBC Magazine(2009. 9. 7.) What is the Ghosh test for dishonest?).

부정직한 행위 여부를 판단하기 위한 이 테스트의 두 번째 질문은 주관적이며 부정, 부패, 심지어는 절도 행위를 기소하는 것을 지나치게 복잡하게 만들었다. 만일 피고인이 자신의 행위가 법적으로 정당하다고 합리적으로 믿었음을 입증할 수 있다면 그가 범한 행위는 부정직하다고 여겨지지 않을 것이며 따라서 부정죄도 성립하지 않는다.

이에 비해 부정 범죄 개념이 훨씬 확실해서 기소 행위를 쉽게 만든 미국의 부정죄 개념을 살펴보자.

중요 사실(material fact)에 대한 거짓 진술 : 모든 거짓 진술이 부정행위가 되는 것은 아니다. 부정행위가 되기 위해서는 거짓 진술이 중요 사실과 관련된 것이어야 한다. 또한 당사자가 계약을 체결하거나 특정 행위를 하는 데 거짓 진술이 실질적인 영향을 미쳤어야 한다. 분쟁 대상인 거래와 관련되지 않은 거짓 진술은 부정행위로 간주되지 않는다.

진술이 사실이 아니라는 것을 피고인이 알았을 것 : 단순 실수로 인한 잘못된 진술은 부정행위가 아니다. 부정죄가 성립되려면 거짓 진술은 반드시 피해자를 속이려는 의도가 있어야 한다. 대부분의 물적 거짓 자료는 속이기 위해 만들어졌기 때문에 일단 거짓과 물적 증거가 밝혀졌다면 이것은 아마도 가장 입증하기 쉬운 요건일 것이다.

피해자로 추정되는 자를 속이려는 피고인의 의도 : 거짓 진술은 피해자라고 추정되는 자의 법적 권리를 빼앗으려는 의도가 있어야 한다.

피해자가 피고인을 신뢰할 만한 상황일 것 : 거짓 진술에 대한 피해자의 신뢰는 반드시 합리적이어야 한다. 명백하게 터무니없는 거짓말을 신뢰한 것은 부정 문제를 야기하지 않는다. 그러나 피고인이 특별히 잘 속아 넘어가는 사람, 미신을 믿는 사람, 무지한 사람, 문맹인 사람의 약점을 알고 이를 이용했다면, 피해자들은 그들의 손해를 회복할 수도 있다.

부정행위로 인해 추정된 피해자가 피해를 입을 것 : 거짓 진술은 피해자의 경제적 지위 등을 이전보다 악화시켜야 한다.

사법 제도, 도덕적 환경, 사고방식의 차이는 부정행위를 인식하고 예방 및 감시하기 위한 조치에 각각 다른 영향을 미칠 수 있다. 그리고 부정과 부패에 관한 정의는 사회의 인식에 따라 변할 수 있다.[18] 예를 들자면 『프로스펙트 매거진』은 프랑스 정당의 금융 스캔들을 보도하면서 부정부패를 "주로 돈과 권력에 접근할 수 있는 엘리트의 범죄"라고 정의했다.[19] 이렇게 부정부패를 정치 분야의 엘리트가 저지르는 범죄라고 정의한 것은 핵심 언론 영역을 소유한 산업 엘리트들이 그들에게 쏟아질 세간의 주목을 자신들이 소유한 언론을 통해 성공적으로 다른 곳으로 돌린 사례라고 할 수 있다.

그러나 부정부패가 주로 엘리트와 관련된다는 정의를 피터 비들콤이 여행 중 자주 마주친 통관 절차 중 현금을 요구하는 부패한 세관 직원들에게 적용할 수는 없을 것이다. 마찬가지로 자금 세탁과 사회 복지 부정 수급에 조직범죄자들이 점차 깊게 개입하는 것이 우리 사회 엘리트의 특성을 대변한다고 할 수는 없다. 잘 조직되고 기법이 뛰어나며 조직원들의 기동성이 좋은 범죄 조직은 단지 마피아의 일종이라고 볼 수 있을 뿐이다.

빅토리아 시대의 영국 정치인들은 엘리트 집단이 부패하다는 생각에 동조하지 않았을 것이다. 그 당시 많은 정치인들은 큰 재산을 소유했기 때문에 부패로부터 자유로웠다. 그들은 재산이 있었으므로 돈이 아니라 공익을 위해서 일한다고 인식될 수 있었다.

---

18) Palfrey, T. (2000) 'Is fraud dishonest?', *Journal of Criminal Law*, vol. 64, 518-540.

19) http://boren.nu/archives/2003/12/25/french-favour/. King, T (2004) 'French Favours', *Prospect,* January.

10.4 죄와 벌

범죄가 적발될 가능성이 높지 않고 형벌도 부정이나 범죄행위를 방지하는 데 상응할 만큼 충분하지 않다면, 범죄 행위를 억제할 유인이 없어진다. 영국 하원 공공회계위원회는 석유 부정 거래에 대한 기소율이 너무 낮아 부정 거래로 매년 8억 5천만 파운드에 달하는 국가 재정 손실이 발생하고 있다고 발표했다.[20]

국제투명성기구[21]가 심각한 부패 상황으로 평가한 국가들에서는 앞서 언급한 부정, 절도, 부패의 모습이 보다 강하게 나타난다. 이들 국가에서는 거래 행위나 계약에서 뇌물을 주고 이에 대한 대가를 받는 일이 관례화되고, 범죄 행위가 자생할 정도로 경제 활동을 지배하고 범죄 행위를 눈감아 주도록 정부나 국가 기관에 뇌물을 건네는 일이 발생한다. 부정행위와 부패가 관습의 일부가 된 지역에서는 범죄 행위가 적발되더라도 처벌받으리라는 보장이 없다. 대신, 범죄자들을 처벌하려는 자들은 현상 유지를 바라는 세력에 도전했다는 이유로 응징당할 운명에 처할 수도 있다.

그럼에도 불구하고, 일부 국가들은 직면한 문제들에 대처하기 위해 노력했고 어느 정도 성공을 거두기도 했다. **박스 10.1**과 **박스 10.2**는 부정부패에 대처하는 두 사례이다.

---

20) Committee of Public Account, *Customs and Excise Standard Report 2003-2004* (HC 695 2005-2006).

21) 국제투명성기구(http://www.transparency.org)는 전 세계의 부정부패를 근절하기 위한 국제 민간 기구로서 매년 국가별 부패인식지수(Annual Corruption Perceptions Index)를 발표한다.

박스 10.1: 뭄바이의 부정부패와 인도의 부패방지국

부정부패는 오랫동안 인도 전역, 특히 경제 수도인 뭄바이에 만연했다. 부정부패는 여러 형태로 존재하지만, 뭄바이의 경우는 부정부패에 잘못 대처한 사례로 나타났다. 뭄바이에 있는 부패방지국(Anti Corruption Bureau)의 잘못된 대처로 인해 부정부패에 대응하는 데 어려움이 가중됐다.

사회적 불평등과 만연한 부패에 대항하기 위해 새로운 정부들마다 법적 조치를 취해왔다. 그러나 부정부패에 대응하려는 법률과 제도가 복잡하여 부정부패를 근절시키기보다 더 번창하게 만드는 여러 문제점을 야기했다.

• 부패방지국의 직원을 임명하는 것은 임시방편이었다. 부패방지국의 평판이 좋지 않아서 부패방지국에 근무한다는 것은 실적에 따른 보상이라기보다 좌천으로 여겨졌다. 또한 부패방지국에는 컴퓨터나 관용 차량, 통신 설비와 같은 필요한 장비들이 부족했다.

• 부정부패, 특히 점차 증가하는 화이트칼라 범죄에 대응하기 위해서는 헌신적이고 노련한 전문가들이 필요하다.

• 부패방지국의 실적은 형편없었다. 기소된 사건 중 유죄 판결 비율은 10% 미만이었다. 연간 400~500건만 기소가 이루어졌고 다른 많은 사건들은 보고조차 되지 않았다.

• 부패방지국 내의 부패한 직원에 대한 조치가 전혀 취해지지 않았다. 이들은 부정부패 사건의 조사와 기소를 방해해서 부패방지국의 저조한 실적을 더욱 악화시켰다.

• 주정부 내의 후원 고리는 고위 관리를 기소하기 위해서는 주정부의 승인이 필요하다는 것을 의미하며, 따라서 부패한 고위 관리에 대한 기소는 거의 일어나지 않는다.

출처: Global Integrity (http://globalintegrity.org)

해외 금융 기관과 세계은행 같은 국제기구와 외국 정부로부터 투자를 유치하고 차관을 공여받기를 원하는 국가들은 이제는 경제와 관련된 범죄에 단호히 대처하겠다는 의지를 보여야만 한다.

박스 10.2: 점차 성과를 내고 있는 중국의 반부패 정책

부정부패는 오랫동안 중국 정부가 대처해야 할 가장 중요한 문제 가운데 하나였다. 일부 전문가들은 개방 경제의 원칙과 급격한 경제 성장을 통해 경제를 변모시키려는 국가에서 부정부패가 발생하는 것은 당연하다고 주장한다. 그러나 후진타오 국가주석은 2002년 취임하면서 상황을 변화시킬 것이라고 선언했다. 장래 시장경제의 발전과 사회적 안정을 보장하기 위해 그는 문제점을 바로잡기 위한 단호한 정책을 추진했다.

후진타오 주석은 부패한 고위층을 처단하여 고위 공직자라도 수사와 형사 기소로부터 자유로울 수 없다는 것을 보여주었다. 그는 부패방지 대책은 직권을 남용하여 부를 축적하려는 고위 공직자에 계속 초점을 맞추어 추진되어야 한다고 주장했고, 부정부패에 연루된 공직자는 누구라도 처벌받을 것이라고 단언했다. 그는 단기간에 문제를 해결할 묘책은 없다는 것과 부패와의 전쟁은 그의 주위 사람들의 헌신적 협조가 필요한 장기 과제임을 잘 이해하고 있었다.

중국공산당 중앙위원회는 2006년 중앙위원회 위원들에 의해 벌어지는 부정부패를 예방하고 처벌하기 위한 반부패 계획의 개요를 발표했다. 이에 따르면 2010년까지 제도의 기본 골격이 갖추어질 것이고, "반부패 장기 교육, 권력 감시, 그리고 제도화된 반부패 체계가 구축될 것이다." 이 개요에 따르면 부패 방지 제도의 구축은 반드시 과학적이고 체계적이며 달성 가능하고 실천 가능해야 한다.

중국의 최고 입법 기관이 유엔(UN)의 반부패협약을 만장일치로 비준한 이후, 중국 정부는 국제 사회와의 공조를 점차 늘려가려고 노력하고 있다. 중국 외교부의 우다웨이 차관에 따르면, 중국 정부의 반부패협약 채택은 국제 사회와의 공조를 통해 부정부패를 척결하려는 중국의 결의를 보여준 것이다.

부정부패에 대한 처벌과 예방을 똑같이 강조했다는 점에서 유엔의 반부패협약은 중국의 반부패 전략과 일치하고 중국의 국내법과도 모순되지 않는다. 중국은 그동안 뇌물을 받은 공무원을 가장 가혹하게 처벌하면서 때때로 뇌물을 제공한 사람은 처벌하지 않았다. 그러나 중국은 뇌물을 제공한 사람도 처벌하기 위해 법률 제정과 집행을 강화하고 있다.

출처: *Asia Times* (2005) 'On the occasion of the ratification of the United Nations Convention against Corruption by the National People's Congress.'

10.5 영국이 직면한 문제점들: 진단과 치유책

영국 감사원은 부정부패의 위험 요소를 세 가지 유형으로 구분한 바 있는데, 대략 다음과 같은 범주로 나눌 수 있다.

- 복잡한 제도로 인해 부정행위에 취약한 영국의 사회 복지 제도와 같은 거시적 약점
- 개인들이 자신의 직위를 남용하거나 적절한 견제나 역할 분담이 되지 않은 상황을 악용하는 것과 같은 미시적 약점
- 개인학습계정[22] 사업 사례와 같이, 부정행위가 만연하고 중단할 수밖에 없는 상황을 초래한 사전 테스트 및 시범 사업의 실패

10.6 거시적 약점: 사회보장제도와 세금 환급

세금을 관리하고 분배할 목적으로 고안된 제도의 복잡성은 부정행위가 발생할 위험성을 증가시킨다. 영국의 경우 사회 복지 급여를 신청하기 위해서는 사전에 심사를 거쳐야 한다. 이때 많은 자료가 필요하고 신청자들은 자신들이 처한 경제 상황을 속일 수 있는 기회를 갖게 된다. 이와 더불어 공무원들의 잦은 실수로 인해 노동연금부 회계감사 때마다 사회 복지 급여의 부정 수령과 관련된 지적이 매년 반복되었다.

주택수당은 특히 복잡해서 부정 수급에 가장 취약한 분야이다. 주택수당의 신청을 검토하고 지급하는 지방정부는 이 과정에서 많은 어려움을 겪고 있다. 이러한 내용은 영국 감사원의 '사회 복지 급여 부정 수급 대응

---

22) Comptroller and Auditor General, *Individual Learning Account* (HC 1235, Session 2001-2002).

방안'23) 보고서에 언급되어 있다. 또 '복잡한 사회 복지 급여 시스템 대응 방안'24) 보고서는 잘못된 제도 설계의 잠재적 파장과 그것이 복지 급여 신청자와 잠재적 부정 수급자에게 미칠 영향에 초점을 두었다.

규정이 복잡하면 복지 급여 신청자가 의도적으로 자신의 여건을 조작하거나 상황 변화를 정확하게 보고하지 않거나 제때 보고하지 않는 행태가 흔히 발생할 수 있다. 노동연금부는 이러한 수급자의 의도를 부정행위로 분류한다. 노동연금부는 2004-2005 회계연도에 이러한 부정 수급 금액이 9억 파운드에 달한 것으로 추정하였다.25)

노동연금부는 커뮤니케이션을 명확히 하고 일반 국민에게 복지 급여 부정 수급은 잘못된 것이라는 인식을 심어주는 방법으로 부정 수급에 대응해왔다. 이러한 대응책은 효과를 거두었으며, 존경받는 사회 일원으로 대우받고 싶은 사람들의 바람에 부응하는 것이라 할 수 있다.

세액공제제도 역시 빈번하게 변경되고 조작될 수 있는 부정확한 자료와 잠정적인 평가에 의존하는 복잡한 시스템을 만들어버림에 따라 이를 악용하려는 자들에게 또 다른 기회를 제공한다. 세금공제 관련 규정을 통해 연말 세금 정산액을 줄여주어 납세자에게 추가 소득을 주는 미국의 제도와 달리, 영국에서는 세무관서에서 신청자에게 직접 수당을 지급하는 방법을 사용하여 세금과 공제 혜택 간의 직접적인 관계를 단절시켰다.26)

---

23) Comptroller and Auditor General, *Tackling Benefit Fraud* (HC 393, Session 2002-2003).

24) Comptroller and Auditor General, *Dealing with the complexity of the Benefit System* (HC 592, Session 2005-2006).

25) 위의 책.

세액공제제도를 활성화시키기 위해 영국 조세청(HM Revenue and Customs)은 온라인 신청 제도를 도입하였으나, 이는 오히려 조직적인 범죄 단체에 의해 더 심각하고 체계적으로 악용되었다. 조세청에 대한 감사원의 2005-2006 회계연도 감사보고서는 이러한 문제점을 다음과 같이 지적하였다.[27)

조세청은 2003-2004 회계연도에 세액공제와 관련하여 신청인의 오류나 부정 신청으로 인해 신청 자격이 없는 사람들에게 10억 6천만 파운드에서 12억 8천만 파운드(금액 기준으로 8.8~10.6%)가 잘못 지급되었다고 추산하였다. 이것은 세액공제제도가 2003년 4월 처음 도입된 이후 첫해에 드러난 최종 결과물이다. 이처럼 높은 부정 수급 비율은 용납될 수 없는 수준이고, 2005-2006 회계연도에는 비율이 이보다 낮으리라는 보장도 없다. 조세청은 신청자들이 세액공제제도를 쉽게 이용할 수 있도록 하는 것과 동시에 오류나 부정 신청을 근절시키기 위해 노력하고 있다. 조세청은 부정 신청 혐의가 가장 높은 사건을 찾아내어 공제 금액을 지급하기 전후에 이를 확인하는 방법을 사용하고 있다. 2005-2006 회계연도에 조세청은 19만 5천 건의 세액공제 신청서의 적합성 등을 확인하여 2억 5,000만 파운드 상당의 부정 수급을 확인했고, 4억 4,700만 파운드의 잘못된 세액공제액 지급을 예방하였다. 2005년에는 범죄 조직들이 훔친 개인정보를 사용하여 세액공제를 부정 신청하는 심각한 사건이 발생했는데, 조세청은

---

26) 역주: 영국의 세액공제(Tax Credit)는 자녀세액공제(Child Tax Credit, 자녀를 부양하는 가구에 주는 세액공제)와 근로세액공제(Working Tax Credit, 일정 시간 이상 노동을 하는 사람 중 소득이 일정 수준에 미치지 못하는 근로자에게 지급하는 세액공제)가 있다. 세액공제액은 영국 조세청이 신청자의 계좌 등을 통해 지급한다.

27) Comptroller and Auditor General, *Standard Report on HM Revenue and Customs 2005-2006* (HC 1159, Session 2005-2006).

2005-2006 회계연도에 범죄 조직들의 부정 공제 신청에 대해 약 1억 3,100만 파운드를 지급한 것으로 파악했다. 조세청의 '조직적 부정 수급 대책위원회' (Organised Fraud Strategy Board)는 41개의 조직적인 세액공제 부정 사례의 조사를 감독하였는데, 대부분은 훔친 신원을 사용한 다수의 부정 신청과 관련된 것이다. 조세청은 아직까지 이 41개 사례와 관련한 정확한 부정 수급액을 확인하지는 못했지만, 최초 조사 결과에 따르면 손실액이 2,600만 파운드에 달한다. 이에 따라 조세청은 2005년 12월 2일 세액공제를 위한 인터넷 포털을 잠정 폐쇄하고 재가동하기 전에 추가 통제 장치를 도입하기로 결정하였다.

영국 감사원과 재무부는 공동으로 발간한 '외부 부정행위에 대한 대응방안' 보고서를 통해 노동연금부가 여러 사회 복지 부정 수급 수법의 특징(**박스 10.3 참조**[28])을 분석하여 부정 수급에 대응한 것을 강조하였다. 이러한 접근방법은 다음과 같은 개념들을 배경으로 한다. 먼저 예방이 치유보다 중요하고, 사회 복지 제도가 최초에 제대로 만들어졌다면 감시하고 통제하기가 보다 용이하며, 이럴 경우 부정 수급에 대처하기 위한 한정된 자원을 부정 수급 위험이 가장 높은 것으로 여겨지는 사례에 효과적으로 집중할 수 있다는 것이다.

10.7 미시적 약점: 신뢰의 남용

적절한 내부통제가 이루어지지 않으면 개인들은 제도 등의 약점을 악용하여 부정한 행위를 저지를 수 있다. 이와 관련하여 영국 감사원은 두 감사 사례를 발표하였다.

---

28) NAO and HM Treasury (2004) *Tackling External Fraud,* HMSO.

박스 10.3: 영국 노동연금부가 수집한 사회 복지 부정 수급 관련 정보

노동연금부는 사회 복지 부정 수급의 유형과 수급자들의 특징, 적발된 부정 수급과 신청자가 저지른 오류 유형 관련 정보를 수집하였다. 이러한 정보들은 노동연금부가 부정 수급 적발과 예방에 자원을 집중하는 데 도움을 주었다. 예를 들자면, 노동연금부는 부당한 소득보전수당 청구로 인한 건당 평균 손실액을 주당 73파운드로 추산하였다. 적발된 소득보전수당의 부당 사례 중 많은 경우는 부정 수급이 1년 이상 지속되었다(이는 부당한 소득보전수당 수급으로 인한 손실이 연간 평균 3,800파운드임을 의미한다).

노동연금부는 소득보전수당을 받는 주요 고객 유형별로—편부모, 연금 수령자, 장애인—부정 수급과 오류의 정도를 추산하였다. 그리고 노동연금부는 부정 수급과 오류의 주요 원인과 각 원인별 부정 지급액 비율을 산정하였다. 예를 들자면, 2001-2002 회계연도에 편부모 소득보전수당 지급을 요청한 13건 중 1건이 부정 신청 사례였고, 신청인이 배우자와 같이 살고 있다는 것을 밝혀내지 못한 것 때문에 소득보전수당이 약 40% 더 지급된 것으로 추정되었다.[29]

출처: 노동연금부(Department for Work and Pension), 영국 감사원

조지프 보든이라는 농부는 9개 혐의로 기소되어 2000년 10월에 30개월 징역형이 선고되었는데, 그의 혐의는 거짓 회계 장부와 부정을 통해 공적 자금 13만 1,000파운드와 민간 보험금 2만 6,000파운드를 부정하게 수령한 것에 관한 것이었다.[30] 대부분의 기소 내용은 1994년부터 1997년 사이에 당시 농수산식품부(Ministry of Agriculture, Fisheries, and Food)가 담당하던 경작지직불금제도[31]와 중재위원회 사무처(Intervention Board

---

29) HM Treasury and National Audit Office (2008) *Good Practice in Tackling External Fraud,* National Audit Office.

30) Comptroller and Auditor General, *Agriculture Fraud: The Case of Joseph Bowden* (HC 615 Session 2001-2002).

박스 10.4: 조지프 보든의 사례 – 위조된 회계 장부와 부정

2000년 10월 농부인 조지프 보든은 엑시터 형사법원에서 징역 30개월을 선고받았다. 그는 부정 및 부정 미수, 회계 부정과 관련하여 기소된 9개의 혐의에 대해 유죄가 선고되었다.

범죄 행위들

대부분의 기소 내용은 1994년부터 1997년 사이에 영국의 농수산식품부가 담당하던 경작지직불금제도와 중재위원회 사무처의 아마섬유보조금제도의 보조금 청구에 관한 것이었다. 조지프 보든은 같은 농지에서 재배된 수확물에 대해 이중으로 보조금을 청구하거나 처리업자와 계약하였다고 신고했다. 아마섬유보조금과 관련하여 그는 같은 경작지를 서로 다른 처리업자와 계약한 것으로 신고하였다. 그가 제출한 서류에 포함된 기준 좌표에 따르면 심지어 일부 청구 지역은 육지가 아닌 해상이었다.

경작지직불금제도는 영국에서 시행 중인 유럽연합 공동농업정책 중 가장 큰 규모이다. 2000-2001 회계연도에는 이 제도에 따라 총 4만 명의 농부에게 8억 6,000만 파운드가 지급되었다. 매년 조지프 보든이 신청한 보조금은 4만 파운드에 달했다.

이에 더해 보든은 본인이 수석 파트너로 있는 노스 데번 스웨이드 그룹을 통해 농촌 지역에서 기업 활동을 활성화하기 위한 유럽연합의 구조기금계획에 보조금을 부당하게 청구했다. 청구된 보조금은 보든이 화재로 소실된 헛간을 보험금을 지급받아 재건축하고서도 이를 신축한 것으로 허위 보고한 것에 관한 것이었다.

범죄 행위들이 어떻게 확인되었고 어떠한 조치가 취해졌나

조지프 보든의 행위들은 제보가 있은 후 1996년 5월부터 주목받기 시작했다. 제보가 정확하지는 않았지만, 경작지직불금제도의 보조금 신청 건을 확인하기 위해 파견된 조사관은 마침 이전에 아마섬유보조금제도의 신청 건 조사를 위해

---

31) 역주: 경작지직불금제도는 특정 농산물의 가격을 낮추기 위해 농민은 경작지 중 일부를 휴경하는 대신 정부는 농민에게 보조금을 지불하는 제도로서 1992년에 도입되었다.

파견되었던 조사관이었다. 그는 보든이 같은 경작지에서 여러 작물에 대한 보조금을 청구했을 수도 있다고 밝혀냈고, 전면 조사가 시작되었다. 조사 초기의 통상적인 확인 방법으로는 부정 및 부정 미수 행위를 밝혀내지 못했는데 그 이유는 대략 다음과 같다.

1996년 이전에는 농수산식품부와 중재위원회 사무처가 같은 경작지에 대해 경작지직불금과 아마섬유보조금을 이중으로 지급해달라고 청구한 사례를 찾아내기 위한 교차 확인을 하지 않았다. 1996년 이후에야 동일 지역에 대한 중복 청구를 확인하기 위한 교차 확인 제도가 설명서에 도입되었다. 이 교차 확인은 영국의 국립지리원 지도의 구역 식별 도구를 사용했다.

경작지직불금제도에서는 경작지를 확인하기 위한 지도 참조표가 필수 첨부 서류였고, 이것들은 모두 확인되었다. 그러나 아마섬유보조금제도에서는 구역 식별 도구 중 20%만 확인되었고, 고유한 지도 참조표는 필수 첨부 서류가 아니었다. 경작지는 '윗골 목장', '아랫골 목초지'와 같이 명칭에 따라 인용될 수 있었다. 따라서 처리업자와 계약하면서 동일한 경작지를 다른 이름으로 기재할 수 있었다.

출처: Comptroller and Auditor General, *Agricultural Fraud: The Case of Joseph Bowden* (HC 615, 2001-2002).

Executive Agency, 이후 농촌기금관리청Rural Payments Agency로 업무 전환)의 아마(亞麻)섬유보조금제도[32])에 보조금을 중복 청구한 것과 관련되었다. 당시 농수산식품부와 중재위원회 사무처가 수행한 확인 절차에서는 중복 청구의 문제점을 확인하지 못했다.

또 다른 사례는 런던경찰청(The Metropolitan Police) 직원인 앤서니

---

32) 역주: 아마섬유보조금제도(Fibre Flax Subsidy Scheme)는 유럽산 아마의 국제 경쟁력을 높이기 위해 아마 생산자 등에게 보조금을 지급하는 제도이다. 보조금은 경작자에게 직접 지급하지 않고 생산된 아마를 가공·처리할 것으로 계약한 자가 받아 계약 내용에 따라 농민에게 지급하는 방식으로 운영된다.

윌리엄스와 관련된 것으로, 그는 1995년 5월 19일 런던경찰청의 은행 계좌에서 5백만 파운드를 횡령한 것으로 유죄 판결을 받았다.[33] 이 사건의 핵심은 지출을 위한 이중 서명, 수표 발행 전 허가, 권한의 분리, 관리자에 의한 감독 등 회계 관리의 규범을 런던경찰청이 준수하는 데 실패했다는 데 있다. 앤서니 윌리엄스는 보안이 요구되는 업무를 담당하고 있었고, 제한된 관계자만 그의 업무를 파악할 수 있게끔 할 필요가 있었기 때문이다. 그가 관리했던 계좌에서 드러난 보안 유지와 관련된 명백한 취약점 같은 것은 다른 계좌들에는 나타나지 않았다. 그러나 결과적으로 관리 감독 절차는 너무 제한적이어서 이와 같은 상당한 부정행위가 발생하도록 길을 열어놓은 것이나 마찬가지였다.

그러나 최근에는 개인이 통제 체계를 회피하여 발생하는 위험에 대한 인식이 높아져, 향후 유사한 범죄 행위를 발견하고 예방하기 위한 대책이 강력히 추진되었다. 이러한 대책의 좋은 사례로 영국 지방감사원(Audit Commission)이 1998년부터 2년마다 실시하는 '부정 사례 색출 프로그램'(National Fraud Initiative, NFI)이 있다. 이 프로그램은 국민에게 재정 부담이 될 수 있는 부정 지출과 오류에 의한 지출을 찾아내기 위해 시작되었다(**박스 10.5 참조**).[34]

2004-2005 회계연도에 NFI를 통해 적발된 주요 부정 사례는 다음과 같다.

• 연금 수령자가 사망한 이후에도 연금이 부당하게 계속 지급된 사례는 2,067건에서 2,497건으로 전년 대비 20.3% 증가했다. 이에 따른 과다 지급액은 15.8% 증가한 660만 파운드에 달했다.

---

33) Comptroller and Auditor General, *A Review of the Financial Controls over Indirectly Funded Operations of the Metropolitan Police* (HC 462, Session 1994-1995).

34) https://www.gov.uk/government/collections/national-fraud-initiative (NFI는 지방감사원 폐지 이후 내각부에 의해 운영되고 있음)

박스 10.5: 영국의 부정 사례 색출 프로그램

영국 지방감사원의 '부정 사례 색출 프로그램(NFI)'은 1998년부터 2년마다 실시되었다. NFI는 영국 최고의 공공 부문 부정부패 적발 활동으로 확고히 자리 잡았다. NFI는 공공 부문이 직면한 광범위한 부정행위에 대처하기 위해 최신 데이터 분석 기법을 사용한다. NFI가 밝혀낸 부정행위 사례를 보면 복수의 공공기관에서 제공하는 공공임대주택을 동시에 임차한 사례, 한 공공기관에서는 장기 질병 휴직을 한 상태에서 다른 기관에서 일하는 공공기관 직원 사례 등이 있다. 데이터 매칭 결과는 확인하기 편리한 형태로 변환하여 NFI 참여 기관들에 제공되며, 개인정보 보호를 위한 요건을 준수한다. 2004-2005 회계연도에 NFI에 참여한 1,300개 공공기관이 적발한 부정 지출과 과다 지출 금액은 1억 1,100만 파운드가 넘는다.

출처: Audit Commission, *National Fraud Initiative 2004-2005: Public Sector Summary*.

• 제한된 공공기관을 대상으로 시범적으로 실시한 채무 상환액 이중 지급 건은 약 1백만 파운드로 조사되어 회수되었고, 민간 요양원이 수용자 사망 후에도 요양비를 계속 신청하여 받은 과다 금액 45만 파운드가 적발되어 회수되었으며, 장애인 주차증을 발급받은 자가 사망한 이후에도 부당하게 사용된 5천여 개의 장애인 주차증이 취소되었다.[35]

10.8 사전 테스트 및 시범 사업의 실패

부정부패를 예방하거나 관련 위험을 감소시키기 위한 방안을 본격 시행하기 전에 시범 사업 등을 통해 사전 점검하는 체계 및 절차의 중요성을 결

---

35) Audit Commission (2006) *National Fraud Initiative 2004-2005: Public Sector Summary*.

코 간과할 수 없다. 앞서 언급한 조직적 범죄 단체가 개인정보를 도용하여 세액공제를 부정하게 신청한 사례는 상당 부분 조세청이 필요한 보안 규정을 제대로 준수하지 않은 채 웹 포털을 세무 신고 수단으로 사용한 데 기인한다.

이와 관련하여 영국 감사원이 밝힌 가장 심각한 사례 중 하나는 정부의 '개인학습계정사업'을 폐지하게 만든 대규모 부정행위와 관련된 것이다 (2장 2.5, 박스 10.6[37] 참조). 이 사업은 학습자 중 특히 기술과 자격이 부

---

36) Comptroller and Auditor General, *Individual Learning Accounts* (HC 1235, Session 2001-2002).

족한 사람들에게 학습 기회를 확대하고 이들이 직면한 경제적 장벽을 극복하는 데 도움을 주는 것을 목표로 하고 있다. 적절한 학습 과정에 소요되는 비용을 보조해주는 이 사업은 부실하게 계획되고 너무 조급하게 시행되어, 실제로 훈련을 실시하지 않고 보조금 지급을 신청하는 부정 사례가 속출했다.

개인학습계정사업의 경우 적절한 시범 사업 실시 실패로 인해 도저히 사업을 계속할 수 없을 정도로 부정행위가 발생했다. 달리 말하면 정책이 시행되기 전에 시범 사업을 체계적으로 시행할 경우, 부정행위나 오류 발생 위험은—비록 완전하게 제거하는 것은 아닐지라도—현저하게 줄어들 수 있다.

10.9 부정행위 유형의 변화: 개인정보 도용, 정보기술과 조직범죄

일반적으로 전통적인 부정부패에 대한 관점은 부정확하거나 사람들을 호도하는 정보와 관련한 법 규정에 초점을 맞추고 거래 관계를 원활하게 해주는 뒷돈, 불법 수수료, 뇌물을 강조했다. 그러나 정부기관이나 기업체들이 비슷하게 직면한 위험의 본질은 새로운 기술과 범죄 수단을 통한 새로운 자금 조달 방법을 반영하여 빠르게 변해왔다.

영국에서는 부정방지자문단이 부정부패 위험성의 변화와 관련된 경각심을 높이고 일반 국민, 기업, 그리고 정부의 인식을 높이는 토론의 장을 제공하는 역할을 하고 있다. 예를 들어 개인정보 도용에 대한 우려가 점차 높아짐에 따라 부정방지자문단은 '개인 신분 도용: 당신은 그 징후에 대해

---

37) Comptroller and Auditor General, *Individual Learning Accounts* (HC 1235, Session 2001-2002).

얼마나 알고 있는가?'라는 제목의 보고서를 발간한 바 있다.38)

업무 수행 수단으로 정보기술의 사용이 확대되고 있다는 것은, 과거에는 안전하게 원본 형태로 보관되었던 정보를 범죄 집단들이 가로채고 악용할 수 있다는 것을 의미한다. 전자식 자금 이체와 전신 송금을 통해 자금 세탁이 이루어진다는 것은, 마찬가지로 부정부패 행위가 국경을 초월해서도 일어날 수 있음을 의미한다.

부정부패와 자금 세탁 목적으로 정보기술이 이용될 수 있다는 사실은 또한 의회가 법령 제개정 등 필요한 조치를 적시성 있게 취할 수 있도록 적절한 보고가 이루어져야 함을 보여준다. 예를 들어 1996~1998년 기간 중 유엔보스니아평화유지군 소속 직원인 찰스 김은 위조된 대금 청구서임을 알면서도 승인하는 방법으로 50만 달러를 사취하였다.39) 같은 방법의 부정행위가 텔아비브 주재 영국 대사관 직원에 의해서 다시 이루어졌는데, 영국 감사원에 적발되어 보고되었다.40) 찰스 김이 승인한 지출은 미국 은행 계좌의 전신 송금을 통해 이루어졌기 때문에, 찰스 김은 미국의 전신 송금 부정 관련 법률에 따라 기소되었다. 그런데 이런 유형의 범죄는 다른 국가에서 일어났기 때문에 기소되지 않은 경우가 많았을 것이다.

세액공제와 부가가치세 및 소비세를 악용하려는 조직범죄의 영향에 관한 영국 감사원의 보고서는 소규모의 기회주의적인 부정행위가 아니라 정부 자금을 조직적으로 사취하려는 집단이 국고에 어떤 영향을 미치는지 보여준다. 북아일랜드에서는 조직범죄가 면세유를 빼돌려 일반 주유소에

---

38) The Fraud Advisory Panel (2003) *Identity Theft: Do you know the signs?*

39) http://laws.lp.findlaw.com/2nd/001364.html

40) Comptroller and Audit General, *Foreign and Commonwealth Office Resource Accounts 2004-2005: Fraud at the British Embassy Tel Aviv* (HC 776, Session 2005-2006).

서 되팔아 2003년에만 2억 3,000만 파운드의 국고 손실을 초래했다.[41]

부정부패에 대응하려는 움직임은 현상 유지를 추구하는 기득권 세력들로 인해 어려움에 봉착할 수 있다. 반부패 운동의 대표 주자인 존 기통고(John Githongo)가 이끌던 케냐의 반부패 운동은 풍부한 자원과 정치적 후원하에 성공적으로 시작되었으나 제기한 이슈들에 대해 권력자들이 불편해하면서 더 이상 진전이 없었다.[42] 그 결과 케냐의 반부패 활동을 옹호하는 세계은행과 국제투명성기구의 보고서 역시 빛을 보지 못하고 사라지게 되었으며,[43] 케냐의 부정부패에 대한 해법은 모색되지 못한 채, 이 문제에 누가 책임을 져야 하는지 정치 세력들 간에 논쟁만 계속되고 있다.[44]

10.10 결론

앤더슨과 그레이는 2006년 발간된 세계은행 보고서의 결론에서 부정부패 대응 방안을 다음과 같이 요약하였다.[45]

반부패 노력은 법과 규정이 단순화되고, 기업과 공무원 간의 교류가 제한적이며, 민간 부문의 부담이 경감될 때 성공할 수 있다. 국가가 개방될수록 부정부패는

---

41) HM Revenue and Customs, *Annual Report and Autumn Performance Report 2004-2005* (CM 6691, 2005-2006).

42) Africa Focus (2006) *Githongo Report;* Freedom House (2006) *Freedom in the World–Kenya.*

43) Transparency International (2004, 2005, 2006) *National Integrity Studies, Kenya (various); Global Integrity, Public Integrity Index; Global Corruption Reports.*

44) Africa Focus (2005) *Corruption Fight Stalling.*

45) Anderson, J. and Gray, C. (2006) *Anti-Corruption in Transition: Who is Succeeding and Why?,* World Bank.

감소하는 경향이 있으나, 선진국이라 하더라도 부정부패를 경계할 필요가 있다. 끝으로 아무리 타당한 반부패 정책이 있다 하더라도 그 정책들을 꾸준하게 추진할 수 있도록 지지하는 지치지 않는 정치적 후원자들이 없으면 성공할 수 없다.

영국의 경우 낮은 부정부패 발생률에 기여하는 여러 요인들을 갖고 있다는 점에서 긍정적이긴 하지만, 복잡한 과세 및 사회 복지 시스템으로 인해 공적 자금은 부정부패의 위험에 심각하게 노출되었다.

그럼에도 부정부패에 대처하는 데 필요한 인식과 참여는 점차 증가하고 있다. 부정 사례 색출 프로그램이 첨단 데이터 분석 기법을 활용하여 다양한 부정부패 사례와 피해액을 밝혀내고, 그 과정에서 얻은 교훈을 부정부패의 리스크를 줄이는 데 다시 피드백하는 것은 매우 환영할 만한 발전이다. 이를 통해 부정 지출은 반드시 적발되어 기소된다는 인식을 확산시킴으로써 부정부패 행위를 억제하는 보다 큰 효과를 이끌어낼 수 있었다. 중국의 경우도 반부패 정책이 성공적으로 평가받는 이유는 부패 발생 시 장래의 혜택을 차단하거나 이미 다른 나라로 빼돌리거나 다른 사람 명의로 은닉한 부당 이득을 환수하겠다며 행정 제재 조치를 하고 겁을 주는 수준에 그치지 않고, 실제로 신속하고 확실한 제재가 가해질 것이라는 인식을 성공적으로 심어주었기 때문이다.

이상의 맥락에서 볼 때 부정부패 관련 감사의 효과성을 확보하기 위해서는 무엇이 필요할까? 다음 사항들이 중요할 것이다.

- 정책이 계획되고 실행되는 과정에서 드러나는 약점과 취약성의 징후를 찾아본다.
- 부정행위가 발생하는 기본적이고 전통적인 수많은 방법들을 숙지한다(**박스 10.7** 참조).

박스 10.7: 전형적인 부정 유형 40가지

1. 수입인지 빼돌리기

2. 상품, 기구, 보급품, 장비 등을 훔치기

3. 현금을 금고와 등록대장에서 조금씩 빼돌리기

4. 물품 판매 내역을 기록하지 않고 판매 대금을 착복하기

5. 현금 등록대장에 금액을 적게 기록하여 현금과의 차액을 만들기

6. 비용을 과다 계상하여 개인적으로 사용하기 전에 전용하기

7. 고객 계좌에서 자금 빼돌리기

8. 정식 영수증이 아닌 본인이 임의로 작성하거나 위조한 영수증을 발행하고 고객이 납부한 금액 빼돌리기

9. 세금 등을 징수하고 돈을 빼돌린 후 결손 처리하기: 결손 처리한 계좌로부터 세금 등을 징수하고 보고하지 않기

10. 훔친 돈을 고객의 계좌에 은닉하기

11. 부정한 고객의 신청에 대해 대출을 해주고 돌려받기

12. 매일 정기적으로 입금하지 않거나 자금 중 일부만 입금하기

13. 횡령을 숨기기 위해 입금표의 날짜를 변경하기

14. 예금 시 우수리를 떼어 따로 놓기 — 월말에 이를 맞추어놓기

15. 허구적인 별도의 지원을 급여에 추가하거나 임금이나 근로 시간을 조작해서 늘리기

16. 실제로 직원을 해고한 이후에도 계속 고용 상태를 유지한 것으로 조작하여 비용에 임금을 계속 계상하기

17. 부정하게 임금 항목을 부풀리고 신청되지 않은 임금을 계속 보유하기

18. 현금으로 판매한 증빙을 폐기하거나 변경 또는 무효화하여 현금 빼돌리기

19. 위조된 외상 거래를 이용하여 현금 판매액을 빼돌리기

20. 부당한 현금 할인을 기록하기

21. 소액 상품권의 양을 증가시키거나 전체 지출을 늘리기

22. 부정한 지출 항목의 증빙을 위해 개인 영수증 사용하기

23. 이미 사용된 쿠폰의 사본을 사용하거나 전년도에 적정하게 승인된 쿠폰 날짜를 변경하여 사용하기

24. 자신이 직접 만들거나 외부 공급업체와 공모하여 만든 위조 청구서의 대금 지급하기
25. 공급업체와 공모하여 대금 청구서 금액을 부풀리기
26. 회사의 구매서를 개인적 물품 구매에 악용하기
27. 훔친 물건을 허위 계좌에 비용 청구하기
28. 훔친 물건을 직원이나 친척 집으로 배달하기
29. 부정행위나 절도를 숨기기 위해 재고량 조작하기
30. 회사나 공급업체 명의로 발행한 수표 차지하기
31. 장부 등의 가공 항목과 일치시키기 위해 취소된 수표를 위조하기
32. 허위 원장(Ledger) 끼워 넣기
33. 현금 수불 장부의 합산액을 조작하기
34. 총괄계정과 명세계정의 전기(posting)를 고의로 혼동시키기
35. 폐기물과 쓰고 남은 물품을 판매한 후 대금을 빼돌리기
36. 금고 등의 열쇠나 비밀번호를 판매하기
37. 원장의 대변 잔고를 만들어 현금화하기
38. 허위 화물 운송 청구서를 만들어 운송업자와 대금을 나눠 갖기
39. 공수표를 입수하여 서명을 위조하기
40. 고객에게 특별 가격이나 별도의 혜택을 주거나 공급자에게 특혜를 주고 사례금 받기

출처: Coe, C. K. (1989) *Public Financial Management*, Prentice Hall.

• 사업을 담당하는 직원이 부정부패에 대한 취약점과 관련된 조언이나 경고를 수용하는지 여부를 확인한다.

• 부정 회계 전문가의 전문적 지원을 받을 수 있는 기회를 확인한다(**박스 10.8 참조**).

• 부정행위를 기피할 수 있는 유인책을 제시한다(**박스 10.9 참조**).

박스 10.8: 부정행위 대응 및 방지 장치 (Forensic Services)

행동이 기대에 어긋나는 경우		사실관계나 관계자 진술이 불일치하는 경우	
• 부정행위 조사 전문가 • 포렌식 기술(사이버 범죄 대응 포함)	• 부정 및 비리 행위 진단 • 기업 첩보 • 규제 준수 여부 조사	• 전문가 증언 (피해 배상금 및 책임) • 손해사정 • 보험금 청구 서비스	• 대안적 분쟁 해결 • 조정 및 결정 • 부정행위 방지 서비스
사후 대응적	선제적	사후 대응적	선제적
• 자금 추적 및 회수 • IP 조사 • 청산인, 파산관재인, 관리자를 위한 조사 • 자금 세탁 조사 • 경쟁 조항 준수 여부 조사 • 청렴성 조사	• 자금 세탁 방지 조치 • 컴플라이언스 자문 • 컴플라이언스 서베이 • 청렴성 준수 프로그램 운영	• 문서 관리 • 디지털 증거 복구 및 보존 • IP 관리	• 분쟁 리스크 방지

출처: Forensic Accounting
http://www.kpmg.co.uk/services/f/index.cfm

10.11 요약

부정, 절도, 부패는 그 형태가 다르고 시대에 따라 변화하지만 모든 사회에 공통적으로 널리 퍼져 있다. 관료제의 합리적인 처리 방식들은 어느 정도까지는 부정행위를 저지르기 힘들게 고안된 것들이다. 그러나 관료제 처리 방식은 부정행위를 부추기는 방법도 함께 제공한다. 대금 지급을 승인하는 서명은 부정행위를 예방하는 안전장치임과 동시에 서명을 위조하여 부정행위를 저지를 수 있는 수단이 되기도 한다.

부정, 절도, 부패는 다음과 같은 측면으로 분석할 수 있다.

• 거시적 약점: 과세 제도와 같이 제도의 복잡성 때문에 부정행위에 취약해지는 것

• 미시적 약점: 역할 분리에 실패하는 것

• 적정한 사전 테스트 및 시범 사업의 실패: 개인학습계정 사업과 같이 부정행위가 만연해 사업 자체가 중단되는 정책을 만들어내는 것

감사인이 위와 같은 분석 틀 내에서 감사의 효과성을 높이기 위해서는 다음과 같은 역할이 요구된다.

• 사업이 기획되고 실행되는 과정에서 발생할 수 있는 약점과 취약점을 찾아야 한다.

• 부정행위가 실제로 이루어지는 다양한 방법을 숙지하여야 한다.

• 부정, 절도, 부패 관련 훈련 및 문제의식을 장려, 촉진하여야 한다.

• 활용 가능한 전문적인 부정 방지 서비스에 어떤 것들이 있는지 알고 있어야 한다.

• 부정행위를 예방하는 데 필요한 유인 체계를 제시할 수 있어야 한다.

부정부패는 용납될 수 없다는 문화를 정착시키는 데 필요한 강력한 사회적 규범의 중요성은 감사인이 전통적인 감사 기법을 넘어 그 이상을 제시해야 할 필요가 있음을 의미한다. 감사인은 사회적 가치와 사고방식, 사회적 규범과 관습이 부정부패에 대응하는 공식적 법규 및 다른 사회적 합의들을 강화 또는 약화하는 정도에 대해서도 인식하고 있어야 한다.

박스 10.9: 적절한 보상이 있다면(If the price is right)

"절도와 부정부패는 근절될 수 있다. 문제는 적절한 보상 체계이다."

만약 부자가 되고 싶다면 훌륭하고 성공적인 기업을 설립하는 것이 한 방법이다. 그게 아니면 돈을 훔치는 방법도 있다. 부정부패 감시 기구인 국제투명성기구(TI)는 모하메드 수하르토(Mohamed Suharto) 인도네시아 대통령이 재임 중 350억 달러를 착복했다고 추산했다. 이 금액은 빌 게이츠(Bill Gates)나 워런 버핏(Warren Buffett)이 기업 활동을 통해 벌어들인 금액과 비슷한 액수다. 여기에는 훨씬 못 미치지만, 우리 모두 이러한 선택의 기로에 있다. 우리는 뭔가 유익한 일을 통해 돈을 벌 수도 있고, 다른 사람으로부터 돈을 훔치거나 갈취할 수도 있다. 대다수 사람들이 뭔가 가치 있는 일을 하는 사회는 부자가 될 수 있는 좋은 기회가 있다. 반면 부정부패가 만연한 사회는 가난해질 것이다.

앞의 내용이 부와 가난을 그럴듯하게 설명한다고 치더라도, 과연 무엇이 부정부패를 유발하는 것일까? 많은 경제학자들은 부정부패가 잘못된 보상 체계의 결과라고 믿는다. 예를 들어 세계은행의 국가별 'Doing Business' 데이터베이스에 따르면 인도네시아에서 적법하게 작은 사업체를 설립하려면 평균 151일이 걸린다. 이것은 등록을 위해 뇌물을 주거나 등록 없이 사업을 시작할 큰 유인으로 작용한다. 번잡한 관료적 형식주의와 부정부패 간에 강한 상관관계가 있다는 것은 놀라운 일이 아니다. 일반적으로 합법적으로 돈을 벌기 힘들면 힘들수록, 비합법적으로 사업을 하려는 유혹은 강해진다. 그리고 도둑질에 대해 처벌받지 않는다면 더욱 도둑질을 많이 할 가능성이 크다.

보상 체계가 가장 중요하다는 시각에 따르면, 가난하고 부정부패가 일반적인 사회에서 살던 사람을 부유하고 부정부패가 덜한 사회로 옮겨놓으면 그는 새로운 환경에 적응해 살 것이다. 매킨지 연구소(McKinsey Global Institutes)의 설립이사인 윌리엄 루이스(William Lewis)는 휴스턴의 건설 현장에서 일하는 문맹의 멕시코 노동자는 다른 어떤 건설 노동자 못지않게 생산적이라고 지적한다. 멕시코인들은 미국 시스템의 잠재력에 완벽하게 맞춰 행동할 수 있다.

상식적인 일반인들 사이에 널리 퍼져 있는 또 다른 시각에 따르면 인도네시아 사람들은 천성이 사기꾼이기 때문에 인도네시아의 부정부패 문제가 발생했다는 것이다. 또한 가난한 나라는 게으르고 어리석고 부정직한 사람들이 다수이기 때문에 가난하다는 것이다. 나는 이런 견해를 입증할 증거가 억지스럽기보다는 나의 신념에 어긋나기 때문에 이 견해에 동의하지 않는다. 그러나 어떤 증거를 제시할 수 있을까? 이를 확인하려면 서로 다른 문화에 속한 사람들을 법을 어겨도 처벌되지 않는 장소로 한데 모은 후 누가 법을 어기고 누가 준수하는지 봐야 한다.

이것은 연구 계획을 위한 까다로운 조건으로 여겨질 수도 있다. 그러나 경제학자인 레이 피스맨(Ray Fisman)과 에드워드 미구엘(Edward Miguel)은 뉴욕 시에 주재하는 외교관들이라는 완벽한 실험용 쥐를 통해 이러한 까다로운 조건을 충족시켰다. 외교관의 면책 특권은 외교관이 주차위반을 하더라도 벌금을 강제할 수 없다는 것을 의미하고, 주차 질서를 준수하는 것은 전적으로 개개인의 윤리 의식에 달려 있다는 것을 의미한다.

피스맨과 미구엘은 상식적인 일반인들의 견해를 뒷받침해주는 결과를 발견했다. 국제투명성기구에서 부정부패가 만연한 것으로 평가한 국가들이 역시 주차 위반을 잘 하는 외교관들을 파견했다.

1997년부터 2005년 사이에 스칸디나비아 국가의 외교관들은 오직 12건의 주차 위반 티켓에 대해서만 벌금을 납부하지 않았다. 이 12건 중 대부분은 핀란드에서 파견된 한 비양심적인 외교관이 저지른 것이었다. 가장 부패한 나라들의 명단에 늘 끼는 차드나 방글라데시는 같은 기간 중 2,500건을 상회하는 주차 위반을 저질렀다. 어쨌든 가난한 나라들은 부패한 국민들로 구성되어 가난한지도 모르겠다.

이러한 결과는 매우 뛰어난 연구이다. 그러나 난 아직도 경제적 보상이 중요하다는 믿음을 버릴 수 없다. 2002년에 뉴욕 시는 주차 위반 벌금을 떼어먹는 외교관들에 대해 보다 강력한 조치를 취할 권한(위반 차량 견인, 면허 정지, 관련된 해외 원조 예산에서 벌금 추징하기)을 갖게 됐다. 그러자 주차 위반 벌금을 납부하지 않는 건수는 즉시 90% 가까이 감소했다. 주차 위반과 관련해서는 개인적인 윤리 의식이 중요하다. 그러나 경제적 보상은 더욱 중요하다.

출처: *Financial Times Magazine*, July 2006.

11장 프로그램 및 프로젝트 관리
– 관료제의 가장 약한 연결 고리

관료제는 계급 체계(hierarchy)를 통해 관리가 이루어지는 제도이다. 전문화와 분업의 이점을 살리기 위해 하위 직급으로 내려갈수록 업무를 점차 더 쪼개어 위임하고, 위로 한 단계씩 올라갈수록 책임을 통해 업무가 조정되면서 합쳐진다. 관료제는 업무가 잘 확립되어 내일도 오늘과 별반 차이가 없으며, 외부 환경 역시 안정적일 때 잘 작동된다.

그러나 경험에 따르면 새로운 프로그램이나 프로젝트를 개발하고 관리해야 할 때 관료제는 제대로 작동하지 않았다.[1] 관료제의 계급을 넘나들

---

1) 프로그램(Programme)과 프로젝트(Project)의 개념은 흔히 혼용된다. 그러나 다음과 같이 어느 정도 차이는 구분될 수 있다. "프로그램과 프로젝트는 둘 다 임시적인 관리 구조를 나타내기 때문에, 이들 용어를 사용하고자 하는 조직은 자신들을 적절히 묘사한다고 생각되는 어떤 용어를 사용해도 무방하다. 그러나 이 두 용어를 서로 구분하는 것이 일반적인 관례이다. 특히 프로젝트는 구체적인 제품을 만들어내는 것에 초점을 맞추는 반면, 프로그램은 어떠한 제품이 필요한지 규정하고, 새로운 역량을 갖추며, 사업으로부터 이익을 창출하기 위해 이러한 역량을 효과적으로 사용하는 데 초점을 둔다. 이러한 차이는 프로그램 관

며 일해야만 하는 이론적 협업 전담자들은, 부처의 계급을 오가며 타 부서의 동료들과 밀접히 협력함으로써 성공적인 성과를 만들어내기보다는 너무나 흔히 자신들의 직속상관이 갖고 있는 편견과 관심사에 더 집중한다. 제2차 세계대전 이후 많은 나라의 공공기관들은 국방이나 건설 같은 주요 프로젝트에 점점 더 관심을 기울이고 사회 복지나 공적 부조 같은 복잡한 계획(비록 그 모두가 프로젝트로 인식되지는 않았지만 사실 이들은 프로젝트였다)을 고안하고 운영하는 데도 관심을 상당히 기울였다. 그러나 이러한 범주의 업무에 대처하는 데 전통적인 관료제가 적합하지 않다는 것이 점차 분명해졌다.

11.1 관료제의 실패

이미 1940년대부터 관료제의 실패는 잘 정리되어 축적돼왔는데, 이번 절에서는 이 가운데 주요 사례들을 제시하고자 한다. 관련된 문제점은 다음과 같다.

- 분절된 관리 통제
- 최고의 결과보다 최저 가격에 초점 두기
- 규격 변경과 부적절한 규격
- 불충분한 테스트와 시범 운영

리자와 프로젝트 관리자 간의 역할과 책임의 차이를 명확하게 해준다. 프로젝트 관리자는 제품이나 서비스를 제때에 예산에 맞춰 전달하는 데 초점을 맞추는 반면, 프로그램 관리자는 필요한 새로운 역량을 전달하기 위해 여러 프로젝트들을 조정하는 데 초점을 맞춘다." (출처: ProgM 의장 폴 레이너와 저자와의 2007년 1월 11일자 교신)

11.1.1 분절된 관리 통제

관료제에 의해 운영되는 프로젝트에는 흔히 관리자가 지나치게 많다. **박스 11.1**은 전형적인 부서별 조직과 부서 간 협업이 필요한 과제 수행을 위해 관련 부서에서 인원을 차출받아 구성하는 프로젝트팀 편제를 대비해 보여준다. 박스의 사례에서 팀 편제는 시간이 흐르면서 변화가 생길 수 있는데, 예를 들어 엔진 파트에 특별한 문제가 발생하면 인원이 추가될 수 있고, 계약 문제가 복잡해질 경우 관련 전문가를 전임으로 전환할 수 있다.

이러한 팀 편제가 계급 체계에 비해 훨씬 업무하기에 유리한 것은 분명하지만, 프로젝트의 목표를 달성하는 과정에서 직면하는 모든 문제들을 극복할 수 있는 것은 아니다. 왜냐하면 팀 구성원들이 양쪽 조직에 충실해야 한다는 문제가 있기 때문이다. 때로는 프로젝트팀이 기존 관료제 조직에서 완전히 분리된 형태로 구성되어 팀 구성원이 프로젝트에 전념할 수 있다. 그러나 대부분의 경우에 프로젝트팀은 적어도 재무 또는 홍보 등 기존 조직의 일부 부서와 관계를 유지해야 한다. 따라서 조직 내에서 완전히 독립적인 순수한 의미의 프로젝트는 거의 가능하지 않다. 또 다른 어려움은 공공 부문에서 조달할 수 있는 재정, 역량, 자원 한도를 넘어서는 너무 많은 팀이 가동되는 경우이다. 팀을 설치하는 것 자체는 어렵지 않으며 홍보 차원에서 상당히 유용한 조치일 수 있으나, 자원이 충분하지 않으면 결국 어려움을 면치 못한다.

11.1.2 최고의 결과보다 최저 가격에 초점 두기

모든 공적 기구는 당연히 재정가치를 고려해야 한다. 그러나 관료제가 갖는 문제 중 하나는 프로젝트 비용을 다수의 서로 다른 예산으로부터 조

박스 11.1: 계급 체계 vs 프로젝트 조직 체계 - 군용 항공기 조달부의 가상 사례

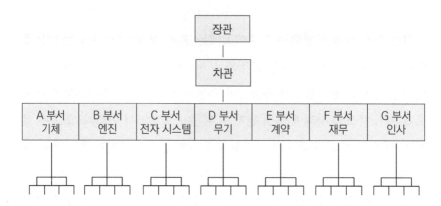

항공기 제작을 위해서는 여러 단계에서 모든 계급 구조들 간의 협업이 필요하다. 그러나 직원들의 주요 관심사는 계급 상하에 있지 계급 체계를 넘나드는 곳에 있지 않다.

이러한 문제점을 극복하기 위해 프로젝트 또는 매트릭스(matrix) 관리 구조가 도입되었는데 관련된 여러 계급 조직에서 직원들을 차출하여 기간, 예산, 그리고 목표를 특정한 팀을 구성한다. 책임자는 관련 계급 조직에서 선발할 수 있고, 팀 구성원들은 원래 조직의 직속상관뿐 아니라 팀에도 충실할 의무가 있다.

'항공기 프로젝트' 관리자							
팀원＼기능	기체	엔진	전자 시스템	무기	계약	재무	인사
A 부서	√√√						
B 부서		√√√					
C 부서			√√√				
D 부서				√√√			
E 부서					√√		
F 부서						√√	
G 부서							√

* 항공기 프로젝트팀 근무 형태

√√√ 풀타임 참여; √√ 파트타임(part-time) 참여; √ 자문 역할로 참여

출처: 영국 감사원(NAO)

달해야 하는 경우가 많다는 것인데, 이때 예산을 갹출하는 기관들은 다수 기관이 참여하는 사업의 경우 총체적인 책임을 갖는 사업에 비해 주로 비용을 낮추는 데 초점을 두게 된다. 블랙히스의 제임스 경은 밀레니엄 돔 프로젝트(2000년 밀레니엄을 기념하기 위해 런던에 건설하였는데 건축 비용이 당초 3억 9,900만 파운드에서 6억 2,800만 파운드로 증가하였다) 관련 증거를 공공회계위원회에 제시하면서 다음과 같이 설명하였다. "영국 정부는 프로젝트 관리를 할 때면 항상 최저 가격안을 선택해왔고… 우리는 올바른 것을 얻기 위해 좀 더 많은 비용을 지불하기보다는 값싼 대안을 찾는 데 집착하고 있다."[2]

11.1.3 규격 변경과 부적절한 규격

프로젝트 관리에서 최선의 선택은 종종 좋은 선택의 적이 되기도 한다. 위협에 대응하고 기술을 개선한다는 목표는 무기 시스템의 규격을 변경할 수 있는 인센티브를 제공한다. 신임 장관이나 새로 선출된 국회의원은 흔히 당장의 정치적 필요에 따라 프로젝트를 조정하려 한다. 이러한 조정은 예외 없이 추가 비용과 기능 감축을 초래하는데, 추가로 얻는 혜택보다 이를 확보하기 위한 부정적인 측면이 훨씬 크다.

프로젝트를 통해 달성하고자 하는 결과가 명시되어 있는 경우에도 보다 세부적인 요건과 규격을 정의하는 데 실패함으로써 공급업체가 해결책을 전달하지 못하거나 주관 부처가 기대한 성과물이 전달되었는지 여부조차 알지 못하는 실패 사례들을 영국 감사원 보고서에서 찾을 수 있다. **박스 11.2**에 제시된 '당직 진료 서비스 제공'에 관한 영국 감사원 보고서는 규격

---

2) Committee of Public Accounts, *The Millenium Dome,* (HC 516, Session 2001-2002).

이 부적절하게 규정되어 있는 경우 공공기관이 부담해야 하는 매우 심각한 운영상(법률적) 리스크를 잘 드러내는 사례이다.

11.1.4 불충분한 테스트와 시범 운영

많은 시민들은 새로운 정책 방향과 조치를 결정할 때 모든 유형의 조직들 중 공적 기구가 가장 느리다고 믿고 있다. 그러나 실제로 정책 현장에서 반복적으로 확인할 수 있는 사실은 오히려 상당한 프로젝트와 프로그램이 충분한 테스트와 시범 운영 없이 도입되고 있다는 것이다. 이러한 일이 반복적으로 발생하는 이유는 정치적 결정이 내려진 후 가시적인 결과를 신속히 보여주려 하는 과욕 때문이라 할 수 있다.

물론 그 결과는 실망과 후회가 될 것이다. 시범 운영은 프로젝트의 결과가 사용자의 니즈를 충족할 수 있는지를 확인하는 데 중요한 수단이다. 시범 운영의 순 효과가 부정적일 수도 있다. 즉 목적을 달성하는 데 효과적이지 못한 것으로 밝혀질 수도 있다. 공공 부문 종사자들의 대다수는 이러한 결과를 실패로 받아들이는데, 사실 정반대로 이것은 성공으로 간주할 수 있다. 왜냐하면 실패 사유를 조사한 후 보다 나은 결과를 전달할 수 있도록 프로젝트를 재설계할 수 있기 때문이다. 시범 운영 수단이 없다면 그 대안은 원하는 결과를 얻을 수도 없는 계획을 일단 시행하고 시민들이 이에 대해 비판적인 의견을 쏟아낸 다음에야 계획을 수정하는 것이 될 것이다. 이 대안은 프로젝트를 실행하기 전에 시범 운영을 통해 효과적인지를 확인하는 것에 비해 훨씬 시간도 많이 걸리고 시행하기도 어렵다. **박스 11.3**은 영국 감사원 감사 결과를 통해 충분하지 않은 사전 테스트의 결과 어떤 문제들이 초래되는지 잘 보여준다.

11.2 반복되는 실패

앞 절에서 논의한 바와 같이 관료제 계급 체계하에서 프로젝트 및 프로그램을 계획하고 관리하는 데서 생겨나는 문제는 이미 잘 알려져 있음에도 근절되지 않고 계속 반복되고 있다. 분절된 관리 통제, 재정가치가 아닌 최저 가격에 초점 두기, 규격의 변경, 그리고 충분하지 않은 테스트 등의 문제는 수년 전에 비해 나아지지 않고 오늘날에도 여전히 쉽게 볼 수 있다.

따라서 문제 인식만으로는 행동을 변화시키기에 충분하지 않다. 감사인

박스 11.3 교외 공한지 접근 권리

2000년 도로통행권리법(Countryside Rights of Way Act 2000)의 제정으로 일반 국민은 정해진 길이 아니라도 교외의 공한지를 도보로 다닐 수 있는 권리를 갖게 되었다. 이것은 개인 자유의 중요한 확장일 뿐 아니라 도시 거주자가 시골을 더 잘 경험하는 좋은 기회로 여겨졌다. 반대로 농민은 이로 인한 농작물 피해를 우려하게 되었다. 따라서 접근 권리에 관한 상반된 이해들 간의 균형을 모색할 필요가 있었다.

일반 국민에게 부여된 새로운 접근 권리는—흔히 '배회 권리'(right to roam)로 알려져 있다—잉글랜드 육지 면적의 6.5%에 적용되며 산지, 벌판, 구릉지, 등기된 공유지 등을 포함한다. 교외청(Countryside Agency)은 환경식품농촌부와 공동으로 2004년 9월부터 2005년 10월까지 지역별로 접근 가능 여부를 확정, 도입하였다.

그러나 교외청은 사업 지연 시 2005년까지 이 사업을 완료할 수 없을 것으로 판단하여 시범 적용의 필요성 여부에 대한 적절한 검토 없이 이를 생략하였다. 그 결과 접근 가능 지역을 결정하는 데 필요한 절차 및 지도 표기 업무는 일반 국민의 접근 권리와 농민의 권리 간에 균형을 확보하는 데 가장 핵심적 사안임에도 불구하고 이 문제를 과소평가하게 되었다.

'배회 권리'는 계획된 일정에 비해 2개월이나 앞당겨 도입되었지만, 교외청은 공개 접근 프로그램을 도입하는 데 원래 책정된 2,800만 파운드의 2배 가까운 5,260만 파운드를 사용하였다. 모든 관련 비용을 합칠 경우 중앙정부는 6,900만 파운드를 지출하였는데 비용의 많은 부분은 시범 사업 운영을 통해 피할 수 있는 것이었다.

출처: Comptroller and Auditor General, *Department for Environment, Food and Rural Affairs and the Countryside Agency—The Right of Access to the Open Countryside* (HC 1046, Session 2005-2006).

은 이와 유사한 문제에 직면할 가능성이 높은데, 이때 문제를 극복하거나 가능하면 피할 수 있도록 어떤 권고안을 제시할 것인지를 밝히는 것이 바로 본 절의 목적이다. 검토 분야는 다음과 같다.

- 신뢰와 오픈 커뮤니케이션
- 계약 체결

- 프로그램 및 프로젝트 관리를 위한 스킬
- 변화의 속도
- 명확한 리더십
- 리스크 관리
- 최종 사용자의 니즈와 기대에 대한 이해

11.2.1 신뢰와 오픈 커뮤니케이션

관료제의 근본적 문제는 불신이다. 예를 들어 정부기관 내부의 엔지니어, 의사, 군인, 항해사, 항공사, 교육 전문가 등은 재무 및 계약 담당자와 HR 부서를 불신한다. 재무 담당자는 사업 부서 직원을 비현실적인 아이디어가 머리에 가득 찬 통제하기 어려운 사람들로 간주하는 반면, 사업 부서 직원은 재무 담당자를 꽉 막힌 구두쇠로 공공서비스에는 관심이 없고 오로지 돈과 규정만 따지는 사람들로 여긴다. 통제 라인과 제약으로 인해 전체 업무 범위에 걸친 조직 내 협력보다는 오히려 분리가 늘어난다.

이러한 문제는 프로젝트나 프로그램이 민간 부문과 공공 부문 간의 협력을 필요로 할 때 더욱 복잡해진다. 민간과 공공의 협력은 전통적인 재화 및 서비스 계약 업무에서도 필요했고, 근래에는 시설 관리나 서비스 제공을 직접 또는 6장에서 논의한 민자사업방식 등을 통해 아웃소싱함에 따라 필요성이 더욱 커지고 있다.

전통적으로 많은 공무원들은 민간 부문 계약업자, 관리자, 컨설턴트 등을 영리하지만 부도덕한 사람들로서 순진한 공무원의 눈을 가려 자신의 이익을 챙기는 데만 관심이 있다고 생각한다. 이와 비슷하게 민간 사업자들은 공무원을 융통성 없는 관료주의자들로서 현실 세계와 동떨어져 어떤 방식으로든 문제만을 들춰내고 어떤 경제적 이익도 만들어낼 수 없는 복잡한 제도로 민간 부문 파트너들을 꼼짝 못하게 하는 사람들이라고 본다.

분명한 사실은 이와 같은 인식이 만연한 경우 프로그램이나 프로젝트는 실패할 수밖에 없다는 것이다. 즉 실제 사업 비용은 계획을 훨씬 초과하고, 기간은 지연되며, 품질은 떨어지는 상황이 초래될 것이다. 영국 감사원은 2001년에 발표한 감사보고서인 'Managing Relationship to Secure a Successful Partnership'을 통해 프로젝트의 성공은 파트너십, 커뮤니케이션 그리고 약속의 이행 3가지에 달려 있음을 제시하였다. 이러한 성공 요인과 그 장애 요인(주로 문화적 요인)은 정부와 공급자 간 관계의 유형에 상관없이 동일하게 적용된다.

불행하게도 이 보고서는 공공 부문과 공급자가 상호 신뢰를 갖는 정직한 열린 관계에 이르기에는 아직 많이 부족한 상태임을 보여주는 여러 증거를 제시한다. 예를 들어 국립표준원은 의사소통 및 신뢰의 부족으로 많은 어려움을 겪었다(**박스 11.4와 6장 3절 참조**). 일부 긍정적인 점이라면 이 감사보고서가 권고하는 원칙을 충실히 이행한 성공적인 사례들도 다행히 발견할 수 있다는 것이다. **박스 11.5**의 PRIME 계약의 연장 사례는 리스크와 기회를 공동으로 분석하고 지식을 공유한 모범 사례에 해당한다.

11.2.2 효과적인 계약 체결 틀

신뢰와 소통의 정신에 입각해서 볼 때 성공적인 계약 체결을 위한 해법은—조직 간의 공식적인 계약이든 같은 조직 내 부서들 간의 협약이든 간에—발생 가능한 모든 경우를 일일이 조항으로 구성한 정치한 계약조건에 있지 않으며, 혹시 문제가 발생할 경우 법적인 위협을 포함한 공격 논리를 총동원하면 성공시킬 수 있을 것이라는 믿음에도 있지 않다.

성공적인 계약은 모든 관련 당사자가 자신들의 잠재적 파트너가 어떤

박스 11.4 영국 국립표준원

국립표준원(National Physical Laboratory, NPL)은 시간, 길이, 중량 등 물체 측정 분야의 선도적 연구소이다. 이곳은 영국 무역산업부가 주관하는 국가 표준 시스템의 핵심적 지위를 갖는다. 1998년 7월 31일 무역산업부와 레이저(Laser)사는 NPL에 신규 연구 시설의 건설 및 관리를 제공하는 25년 만기 PFI 계약을 체결했는데, 레이저사는 세르코 그룹(Serco Group plc)과 존 레잉(John Laing plc)사가 공동 소유한 특수목적법인이었다.

이 프로젝트는 시설 규격을 충족하지 못하여 건설에 많은 어려움을 겪고 기간도 크게 연기되었다. 이에 따라 무역산업부와 레이저사는 2004년 12월 PFI 계약 중단을 합의하게 되는데 이는 주요 PFI 계약 가운데 심각한 계약 미이행으로 인해 계약이 중단된 첫 번째 사례에 해당한다.

계약 중단의 근본적 원인은 민간 사업자의 연구소 시설 디자인의 결함 때문이었다. 조달 과정에서 무역산업부는 레이저사에게 디자인 유효성에 대한 증명을 요구하지 않았다. 계약 체결 이후에도 무역산업부는 협의를 통해 디자인 문제의 해소를 적극 모색하지 않았는데, 이는 성과물의 전달 책임을 전적으로 민간업자가 지는 방식이 유지되기를 원했기 때문이었다. 무역산업부는 레이저사와 그 하청업체들이 디자인 관련 문제를 자체적으로 해소하는 것이 그들의 이익에도 가장 부합한다고 인식하기를 기대했던 것이다.

출처: Comptroller and Auditor General (2005) *The Termination of the PFI Contract for the National Physical Laboratory* (HC 1044, Session 2005-2006).

장단점을 갖고 있는지 얼마나 잘 알고 있느냐에 달려 있다. 그러나 정부기관이 입찰 참가자들의 파이낸스, 과거 실적, 하청업체와 공급 체인에 대한 관리 등과 관련된 역량을 확인하는 데 충분한 시간을 투자하는 경우를 보기란 어렵다. 대부분의 정부기관은 이러한 활동의 실시와 관련된 규정들을 보유하고 있다. 그러나 당사자들 간의 신뢰나 소통 정도가 미흡하여 이런 활동을 소홀히 하는 경우가 흔히 발생한다. 또한 민간 계약업체는 정부

기관 파트너가 계약에 따른 역할을 이행하는 데 충분한 합의된 자금과 숙련된 담당 직원을 보유하고 있는지에 관해서는 거의 관심을 기울이지 않는다. 혹자는 프로젝트 참여자들은 파트너 중 하나가 실패하기를 오히려 원한다고 말한다. 왜냐하면 실패로 인해 혼란이 야기되면 민간업자에게는 더 큰 이익, 정부기관으로부터의 보상, 그리고 때로는 어려운 상황을 쉽게 모면할 수 있는 기회가 주어질 수 있다고 생각하기 때문이다. 그러나 공공 이익의 관점에서 보면 이러한 상황은 명백한 실패이고, 파트너십과 신뢰에 기초한 적정한 계약을 통해서 방지해야만 한다.

감사인은 과연 계약이 신뢰와 소통에 기초한 협력 틀을 제공할 수 있는지 확인하기 위해 아래와 같은 요소들을 중점적으로 점검할 필요가 있다.

- 명확한 규격과 사양(그렇다고 너무 상세하여 가격, 소요 기간, 품질 등의 변화를 원천적으로 막아서는 안 됨)
- 계약을 경쟁 또는 협의에 의해 체결할지 여부와 EU 집행위원회의 공공 부문 계약 규정을 따라야 하는 사안인지 여부
- 입찰 참가자의 자금 상황, 작업 품질 등을 점검하기 위한 관련 규정 및 합의
- 고정 또는 변동 가격 방식의 적정성(이는 재화와 서비스가 장기간에 걸쳐 제공되는 경우에 중요하며, 변동 가격 방식으로 계약을 체결하는 경우 가격 변동의 조건을 정해야 함)
- 공급된 재화와 서비스의 품질을 평가하기 위한 관련 규정 및 합의
- 대금 지급 규정(주 단위나 월 단위로 일정하게 지급하는 것보다는 진도에 따라 지급하는 것이 바람직함)
- 정책이나 조직 변화 같은 환경 변화에 대비하여 사전에 합의된 출구 전략(여기에는 자산 바이백(buy back) 또는 다른 공급자로의 이전, 소프트웨어 사용권, 제3자 제공, 직원 승계 문제 등이 포함됨)
- 분쟁 조정 규정(조정 규정을 사전에 합의하는 것이 중요하며, 그래야 문제 발생 시 상호 비용이 많이 드는 법적 절차를 피할 수 있음)

감사인은 혁신적 조치—예를 들어 필요한 경우 실적분에 대한 대금 지급 및 입금용 별도 프로젝트 계좌를 개설하는 것—도입을 권고할 수 있어

야 한다. 이때 계좌는 신탁계정으로 개설될 수 있으며 거래 내역은 온라인으로 확인 가능해야 한다. 이는 프로젝트 대금 지급에 대한 추가적 보증 기능을 하게 되며, 참여자 간 신뢰 증진을 도모함으로써 성공적인 사업 및 프로젝트 관리에 필요한 협력 분위기 조성에 기여할 수 있다.

11.2.3 프로그램 및 프로젝트 관리 역량의 확보

명확한 계약 규정하에서 원하는 결과를 달성하는 데 반드시 필요한 신뢰와 소통에 기반한 추진 방식을 만들고 관리하기 위해서는 상당한 프로그램 및 프로젝트 관리 기법이 필요하다. 전체 정부활동에 걸쳐 성공적으로 변화를 전달할 수 있는 프로그램 및 프로젝트 관리 역량은 공공 부문뿐 아니라 다년간 목표한 결과를 전달하고 지속하는 데 핵심 역할을 수행하는 민간 부문 파트너에게도 핵심 기술이다. 이러한 역량은 기능 관리에 필요한 역량과는 매우 다르다고 할 수 있는데, 과거에는 이러한 역량이 적용되어야 하는 활동 분야와 그 결과 발생하는 긍정적인 변화의 중요성 등이 공공 부문에서 간과되었다. 따라서 정부기관의 프로그램 및 프로젝트 전달 역량을 개발하는 것의 중요성은 점차 더 커지고 있으나, 많은 공무원은 이 문제에 대해 여전히 불편한 감정을 갖고 있다.

프로그램 및 프로젝트 전달에 필요한 주요 전문 분야 기술은 상당히 확보되었지만 여전히 부족한 분야도 있다. 예를 들어 영국 중앙정부의 경우 정부는 관리 역량 개발을 지속적으로 추진하고 있지만 여전히 일반행정 전문가(all-rounder)의 전통이 남아 있음을 부인하기 어렵다. 프로그램 및 프로젝트 관리 특화 과정을 설치하여 담당 공무원들로 하여금 필요한 기술과 커리어를 개발할 수 있도록 지원과 자문 등을 제공한 것은 상당히 적절한 조치라 할 수 있다. 이러한 계획이 어느 정도 실현되었다고 말할 수 있기 전에는 프로그램 및 프로젝트 관리가 당연히 맡아야 할 핵심 역할을 하기는 어려우며, 주요 부처의 장이 프로젝트 추진 실적에 기초해서 임명되는 경우도 매우 드문 상황이다.

필요한 전문성 역시 단기간에 확보될 수 없다. 적절한 경험과 기술을 갖춘 전문가 집단을 양성하는 데는 시간이 걸릴 수밖에 없다. 더 근본적인 문제는 정부가 필요로 하는 모든 기술을 자체적으로 확보하는 것은 경제적이지도 않고 효율적, 효과적이지도 않다는 것이다. 따라서 민간 부문은 서비스 제공자나 컨설턴트 또는 전문 자문역 등으로 공공 부문의 기술을 보완하는 역할을 통해 앞으로도 공공서비스 전달에 필요한 다양한 종류의 기술과 경험을 제공하는 데 중심적 역할을 할 가능성이 크다. 지금까지의 경험을 보면 공공기관이 정확히 무엇을 원하는지 명확하지 않았고, 컨설턴트들도 기대하는 것을 항상 전달하지는 못했다. 공공기관의 행태 역시 오락가락했다. 외부 컨설턴트에 대한 잘못된 신뢰가 마치 실패의 알리바이를 제공해주는 것처럼 인식되는 소극적인 접근방법이 사용되어왔다. 다른 접근방법은 매우 의심 많은 고객의 경우로서, 컨설턴트와의 파트너십을 거부하고 오로지 계약 관계를 통해서만 컨설턴트를 관리하고자 하였다. 프로그램 관리라는 측면에서 볼 때 어떤 접근방법도 정부기관 또는 컨설턴트 모두에게 성공적인 결론으로 연결되지 못했다.

정부의 전문 서비스 구매에 관한 영국 감사원의 감사보고서(**박스 11.6**)는 긍정적인 혁신 운영 사례도 일부 소개하고 있으나 전문 서비스 구매 방식의 개선을 통해 정부부처 전체적으로 적어도 10% 이상의 혜택을 얻을 수 있다고 결론 내렸다. 이러한 개선 효과는 동일한 서비스를 제공하면서 다른 시급한 사항에 지출하거나 공급자로부터 제공받는 서비스의 질을 높이는 데 투입할 수 있을 것이다. 감사인은 정부부처가 이 같은 잠재적 개선 효과를 확보할 수 있도록 지원해야 한다. 앞서 소개한 원칙들을 채택함으

박스 11.6: 전문 서비스의 구매

영국 감사원은 정부부처가 특정 분야의 전문성, 자문, 지원 등 전문적 서비스 구매에 연 6억 파운드를 쓰고 있는데 관하여 재정가치를 높일 목적으로 감사를 실시하였다. 감사 결과 전문 서비스의 구매 및 관리에서 많은 개선 과제가 발견되었다. 예를 들어 정부부처는 특정인과의 수의계약, 비공식적 입찰 방식을 지나치게 많이 사용하는 것으로 나타났다. 정부부처 간 또는 부처 내에서 외부 자문을 함께 활용할 수 있는 기회를 충분히 이용하지 않아 서비스 구매가 중복되었다. 정부부처는 전문 서비스 비용 관련 재정가치 평가, 지불한 가격 및 수수료 비교, 용역업체의 성과 평가, 특정 용역업체가 정부로부터 수임하는 전체 비용 규모 파악 등을 위해 필요한 정보를 정기적으로 수집, 활용하지 않았다. 특히 마지막 항목은 상위 25개 용역업체가 전체 전문 서비스 지출의 3분의 1 이상을 차지하고 있다는 점에서 큰 중요성을 갖는다.

정부와 자문 용역업체들은 각자의 역할과 책임을 명확히 이해하고 부처가 필요로 하고 기대하는 서비스를 전달할 수 있도록 비즈니스 관계를 향상해야 한다고 영국 감사원은 결론지었다. 이를 달성하기 위한 권고 사항은 다음 두 가지 측면에 초점을 맞추었다. 첫째, 비용을 줄이고 혁신적 접근방법을 채택할 수 있는 기회를 규명함으로써 정부부처와 용역업체 모두 과제를 통해 최대한의 가치를 거둘 수 있도록 주요 용역업체들과의 보다 효과적인 업무 관계를 개발해야 한다. 둘째, 정부부처는 가격, 서비스 수준, 일정, 용역팀 보유 기술, 출장비와 일비 등의 비용 지불 방식 등 계약 관련 모든 요소에 대해 용역업체와 협의하는 똑똑한 고객의 역할을 수행해야 한다.

권고 사항을 토대로 2002년 조달청은 영국 감사원, 경영관리컨설팅협회 및 연구소 등과 공동으로 '공공 부문에 세계 수준의 컨설팅 서비스 제공을 위한 최적 사례집'을 발간하였다. 여기에는 정부부처와 용역업체가 각각 효과적이고 우수한 컨설팅 서비스를 정부에 전달하기 위해 지켜야 할 가이드라인이 제시되었다. 가이드라인은 수년간의 경험을 통해 증명된 필수 원칙들, 예를 들어 명확한 문서 작성, 리스크 평가 및 성과 측정의 중요성, 혁신의 수용, 지식 이전, 프로젝트 리뷰의 공동 실시 등에 기반을 둔다. 최적 사례는 최초 협의부터 프로젝트 종료에 이르기까지 전체 조달 사이클을 커버한다.

출처: Comptroller and Auditor General, *Purchasing Professional Services* (HC 400, Session 2000-2001).

로써 상당한 재정적 가치를 향상시킬 수 있을 뿐 아니라, 공통의 어젠더에 접근할 수 있도록 유도하여 정부와 관리 컨설팅 서비스 제공자 모두 보다 높은 수준의 서비스 전달을 누릴 수 있다.

11.2.4 변화 속도에 대한 인식과 조직의 적응 능력

관료제는 변화가 없는 세상에서 최선의 결과를 만들어낸다. 그러나 그런 세상은 거의 존재하지 않으며, 정책 변화의 속도와 원하는 결과를 전달하기 위한 잠재적 방법의 다양성은 곧 공공 부문이 방대한 조직적, 문화적, 절차적 변화의 시기를 거치고 있음을 의미한다. 민자사업 및 상업화, 전자적 서비스 전달 추진, 자원 회계의 도입, 협업 방식의 서비스 전달 방식 확산, 그외 공공서비스 전달 방식의 근본적 혁신 등은 공공 부문이 업무를 수행하는 데 새로운 방식을 고려할 것을 요구한다. 그러나 정책의 변화 속도에 비해 이를 뒷받침할 조직의 변화 속도가 지체되는 경우를 흔히 볼 수 있다. 우편국이 직면한 도전 과제가 대표적인 사례이다(**박스11.7**).

11.2.5 서비스 전달을 위한 명확한 리더십과 책임

영국 감사원 감사 결과 반복적으로 지적된 프로그램 및 프로젝트 수행에 영향을 미치는 핵심 요소로 사업 목표를 달성하고 기대한 효과를 전달하는 데 충분한 권한과 개인적 책임을 보유한 사람의 부재를 들 수 있다. 공공 부문에서 이러한 책임자의 부재는 부정적인 결과를 초래해왔다. 명확한 리더십과 권한의 중요성은 관련 기관이 다수일 경우 더욱 커진다. 공공 부문의 정기적 인사 관행상 초기에 프로젝트를 셋업한 담당자가 사업 결과를 전달할 때까지 그 자리에 남아 있을 가능성은 거의 없으며, 따라서

박스 11.7: 우편 서비스 업무의 효율성

모든 공공 부문 조직은 시민이나 다른 공공기관, 또는 내부적으로 소통하는 데 정도의 차이는 있겠지만 우편 서비스에 의존할 수밖에 없다. 2000년 우편서비스법(Postal Services Act 2000) 제정 이후 우편 시장은 다른 공급자들에게 점차 개방되고 있다. 실제로 왕립우편국(Royal Mail)은 우편 시장의 어떤 영역에서도 독점적 권한을 보유하고 있지 않다.

영국 감사원 감사 결과 우편 서비스 관련 공공 부문의 관리 구조가 분절되어 있는 것으로 나타났다. 우편 서비스 관련 책임이 여러 공공기관에 분산되어 있어 대량 발송 시 할인을 위한 우편 서비스 통합 등 효율적인 조치를 도입하기 어려운 상황이다. 지역 매니저는 비용 감축에 대한 책임을 지는 경우가 거의 없으며, 각 기관들이 계약 체결에서 최대한 이점을 확보할 수 있도록 비용 관련 정보를 보다 체계적으로 수집, 분석하여야 한다.

우편 서비스는 커뮤니케이션 전략의 일부로 함께 고려되지 않는 경우가 많아 우편 서비스 수요와 그 비용을 줄일 수 있는 기회를 놓치는 경우가 종종 있다. 예를 들어 연금 서비스 업무와 관련해서 고객들의 선호를 반영하여 소통 수단으로 전화 사용을 확대했을 경우 발송 우편을 60%까지 줄일 수 있었다.

출처: Comptroller and Auditor General, *Improving the Efficiency of Postal Services Procurement in the Public Sector* (HC 946, Session 2005-2006).

담당자의 공공책무성 및 책임은 더욱 불분명해진다.

물론 많은 프로젝트에서 그 규모나 복잡성으로 인해 한 사람이 모든 것을 직접 챙기는 것은 불가능하다. 그러나 책임이 명확하게 주어져서 팀 내부와 팀 외부 역할 분담이 분명하게 정해져 있어야 한다. 이 점은 영국 조달청 '공공 건설 사업 혁신 방안'에서 강조한 것으로, 이를 위한 구체적인 직위와 책임을 제시한 바 있다(**박스 11.8**).

박스 11.8: 공공 건설 사업 혁신 방안

조달청은 공공 건설 사업 혁신을 위해 다음과 같은 직책 도입을 권고했다.

• Investment Decision Maker(IDM): 발주 기관이 맡게 되며, 가용 예산 (affordability)과 비용 타당성(cost justification)에 기초하여 투자를 결정한다.

• Senior Responsible Officer(SRO): 발주 기관이 맡게 되고, 프로젝트 성공에 대한 책임을 지며, 따라서 프로젝트 수행 관련 리더십을 발휘할 수 있는 지위와 권한을 보유해야 한다.

• Project Sponsor: 발주 기관이 맡게 되거나 외부 인사를 임명할 수도 있다. 프로젝트 발주 기관의 입장과 프로젝트 이행을 서로 연계하는 역할을 맡으며 프로젝트 목적이 달성될 수 있도록 지속적인 관리 업무를 수행한다. 이를 위해 비즈니스와 프로젝트 모두에 관한 지식을 보유해야 하며 정보에 기반한 의사결정을 내릴 수 있어야 한다.

• Project Manager: 외부 인사를 임명하는 경우가 많으며, 실무 차원에서 프로젝트 추진팀을 지휘, 관리, 조정하는 역할을 한다.

이상의 직책들은 프로젝트추진위원회의 일원으로 활동하게 되는데 이들의 책임은 명확히 규정되어야 하며, 프로젝트 초기에는 상호 협력을 위한 협의와 의사결정 등 주요 문제들에 대응하고, 그 이후에는 원래의 책임으로 복귀하는 등 프로젝트 진행 상황에 따라 검토할 수 있도록 해야 한다.

출처: Office of Government Commerce (2007) *Achieving Excellence in Construction*.

11.2.6 리스크 관리

9장에서 리스크 관리를 논하면서 프로그램 참여자들은 프로젝트 관련 리스크를 이해하고, 책임 회피의 방편이 되기 쉬운 권한에 기초한 결정이 아니라 상호 정보 교환 및 협력에 기반하여 리스크를 평가, 관리해야 할 필요가 있음을 강조했다.

　이러한 접근방법은 2012년 런던 올림픽이 성공하기 위해서는 무엇보다 관련 리스크에 대한 평가 및 관리가 우선적으로 이루어져야 한다는 영국 감사원 감사보고서에 잘 설명되어 있다. 이 감사는 감사인이 어떻게 미래지향적인 시각을 견지하면서 과거 경험을 토대로 특별히 관심을 기울여야 할 요소들을 체계적으로 제시할 것인지를 잘 보여주는 사례이다. **박스 11.9**에는 런던 올림픽을 준비하면서 특별히 관심을 기울여야 할 리스크가 제시되어 있는데, 감사원의 의도는 준비 기간 동안 관련 감사보고서를 발간하여 관련 기관들 간의 협업을 통해 이들 리스크가 얼마나 잘 관리되고 있는지를 보여주는 것이었다. 분석을 위해 2008년 베이징 올림픽으로부터 얻은 교훈을 참고 사항으로 포함하였다.

11.2.7 최종 사용자의 니즈와 기대에 대한 이해

　프로젝트나 프로그램은 최종 사용자의 니즈를 충족할 때 비로소 성공적이라고 할 수 있다. **박스 11.10**의 그림은 사용자 니즈의 충족과 성공적인 결과 전달 간의 관계를 잘 나타낸다. 사업 설계, 집행, 그리고 전달 절차와 결과의 확인 및 검증 작업이 본질적으로 상호 연결되어 있다는 것을 확인할 수 있다. 기본 개념 중 '검증'(verification)이 프로젝트를 올바르게 추진하는 것에 관한 것이라면, '확인'(validation)은 올바른 프로젝트를 전달하여 사용자의 니즈를 충족시키는 것에 해당한다.

프로젝트가 실패하는 가장 흔한 원인 중 하나는 최종 사용자의 니즈가 이해되지 못한 채 오히려 그들의 기대 수준이 조정되는, 즉 **박스 11.10**의 '확인' 영역에 있음이 영국 감사원 감사보고서를 통해 잘 드러났다. 이것이 제대로 이루어지지 못할 때 대부분의 최종 결과는 실망을 주고 실패로 간주된다. 감사원의 던스터블 시 교통 체계 개선 감사 결과는 사용자 니즈를 부적절하게 규정하거나, 제안서 수정 사항에 대한 테스트를 실시하지 않고, 이해관계자와 적절히 소통하지 못한 사례를 제시한다(**박스 11.11**).

그럼에도 수많은 이해관계에 일일이 대응하고자 할 때 너무 큰 비용을 지불하게 될 수도 있으며, 프로젝트를 통해 모든 사람들에게 원하는 바를

박스 11.10: 사용자 니즈의 충족과 성공적인 결과 전달의 단계

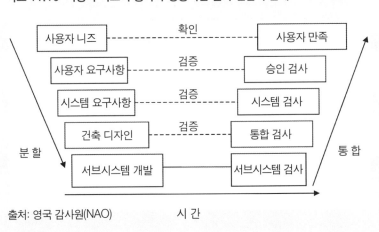

출처: 영국 감사원(NAO)

제공하는 것으로 인식되어야 한다는 중압감이 프로젝트를 망칠 수도 있다. 따라서 감사인은 프로젝트 성공을 위해 원하는 결과물을 명확히 규정하도록 주의를 줄 수 있어야 한다.

스마트한 급식 조달에 관한 또 다른 영국 감사원 보고서에서는 관련 기관 간 협업 접근방식을 취하지 않았을 때 그 결과는 단순히 효율 저하에 그치지 않으며, 해당 서비스의 최종 사용자에게는 형편없는 결과물로 이어질 수 있음을 잘 보여준다(**박스 11.12**).

박스 11.11: 던스터블 시 교통 체계 개선

던스터블 시 도심은 협소한 도로망과 많은 물동량으로 인해 심각한 교통 정체를 빚고 있었다. 던스터블 A5 도로 개선 계획은 교통 흐름 개선, 정체 감소, 보행자 안전 및 접근 개선, 캐딩턴 교차로의 교통사고 개선, 차량 소음 및 공해 감축 등을 달성하기 위해 연동된 교통 관리 통제 시스템을 설치하기 위함이다.

1차 공청회 결과를 반영하여 고속도로청은 최초 계획안을 수정하였는데, 이 수정안은 사업의 원래 목표가 달성될 것으로 기대하는 지역 주민과 지역 의회의 의견을 효과적으로 반영하지 못하였다.

사업 예산은 140만 파운드로 책정되었으나 실제로는 200만 파운드가 소요되었고, 사업 시행 결과 교통 정체는 감소되지 않았고 오히려 도로는 더 혼잡해지고 보행자 건널목 대기 시간도 길어졌다. 감사 결과 바람직한 프로젝트 디자인 및 관리를 위한 아래 핵심 원칙들이 준수되지 않았음이 드러났다.

- 이 계획은 예상 효과를 규명할 수 있는 충분히 엄밀한 모델링 방법을 사용하지 않았음
- 책정된 비용이 과연 현실적인지 검증할 수 있도록 유사 사례와 비교 분석하지 않았음
- 사업 내용을 변경하면서 비용 추정치를 재평가하지 않았음
- 사업에 대한 사용자 기대를 충분히 고려하거나 관리하지 않았음

출처: Comptroller and Auditor General, *A5 Queue Relocation in Dunstable* (HC 1043, Session 2005-2006)

박스 11.12: 스마트한 급식 조달

영국 공공 부문은 서비스 사용자, 직원, 일반 국민, 고객 그리고 방문객 등에게 식음료를 제공하는 데 매년 약 20억 파운드를 지출한다. 그런데 급식에 관한 상이한 정책 어젠더들과 그 상호 연관성 및 트레이드오프 문제가 갈수록 주목받고 있다. 예를 들어 여러 연구 결과가 제시하듯 학교 급식에서 영양 품질을 높일 경우 다양한 긍정적인 효과가 있지만, 장기적으로는 비만과 심장 질환에 미치는 부정적인 영향이 있을 수 있다. 이처럼 상충되는 어젠더들을 조정하는 것이 전혀 불가능하지는 않겠지만, 성공적인 결합을 위해서는 급식 조달 담당자들의 상당한 스킬과 역량이 요구된다.

공공 급식 조달 업무와 관련된 기관은 매우 다양하다. 환경식품농촌부, 조달청, 보건부, 그리고 식품안전기준청과 같은 정부부처는 복잡한 전달 체인을 통해 여러 기구 및 이해관계자들과 함께 일한다.

영국 감사원 감사 결과 공공 부문 급식 조달의 전문성을 높이고 협업 접근방식을 강화할 때 얻을 수 있는 효율성 개선 효과는 상당한 것으로 나타났다. 물론 이러한 조치는 급식 품질에 어떤 부정적 영향도 미치지 않는다.

효율성이 개선될 경우 해당 기관은 절감된 비용을 다른 개선이 필요한 부분에 투입할 수 있게 됨으로써 지속 가능성 및 영양에 긍정적인 결과를 가져올 수 있다. 예를 들어 전달된 상품에 대한 확인을 강화함으로써 비용을 절감하면 구매하는 재료의 질이 높아지며, 이는 영양 측면의 품질 개선으로 연결되어 환자의 입원 기간을 줄이고 건강보험 재정 전반의 효율성 개선으로 이어진다.

출처: Comptroller and Auditor General, *Smarter Food Procurement in the Public Sector* (HC 963, Session 2005-2006)

11.3 프로그램 및 프로젝트 관리상의 이슈

정부기관은 통상 소관 업무 범위 내에 있는 개별 업무 단위의 프로그램이나 프로젝트를 분석하는 데 관심이 있다. 그러나 감사인은 종종 프로그램들을 오랜 기간과 여러 관련 조직에 걸쳐 종합적으로 살펴보게 된다. 예컨대 영국 감사원이 병원 내 감염 문제에 대하여 여러 해에 걸쳐 일련의 감사보고서를 낸 것이 대표적 사례라 하겠다(**박스 11.13**). **박스 11.14**에는 또 다른 사례가 소개되어 있다. 이 사례들은 종합적인 감사보고서(linked reports)를 통해 감사인이 치우치지 않고 긴 안목에서 공공 부문에 기여할 수 있음을 잘 보여준다.

박스 11.13: 병원 내 감염

2000년 2월 발표된 병원 내 감염에 관한 영국 감사원 감사보고서는 지방 및 전국 차원에서 병원 내 감염 문제를 종합적으로 조사한 첫 시도였다. 언론은 사망자 5천 명, 비용 10억 파운드 그리고 축적된 지식과 모범 사례를 좀 더 잘 활용할 경우 가능한 절감액 1.5억~3억 파운드 등 감사보고서가 제시한 정량적 추정치에 초점을 맞췄다. 감사보고서 이후 병원 내 감염에 대한 관심이 커졌는데, 당시 MRSA(Methicillin Resistant Staphylococcus Aureus)라고 불리는 '수퍼버그'(superbug)의 급격한 증가에 대한 우려와 겹치면서 관심은 더욱 커졌다.

감사보고서는 NHS 병원감염통제팀의 전문성과 헌신을 높이 평가했으며, 전파 가능한 구체적인 모범 사례들을 규명함과 동시에 감염 통제가 NHS의 '신데렐라' 서비스에 해당한다고 규정하였다. 보고서는 또한 병원 내 감염에 대한 전략적 관리 측면의 개선, 병원 내 감염의 정도, 관련 비용, 영향 등에 관한 정보 부족과 정보 활용의 전제로서 정보의 질 개선 등의 문제를 지적하였다. 이에 덧붙여 감염 예방, 적발 및 차단 조치를 개선함으로써 환자 진료의 질과 안전을 향상시킬 수 있는 여지가 상당히 존재한다고 기술하였다. 감염통제팀에 대한 기대에 비해 실제 팀에 부여된 인력과 자원 간에 미스매치가 확대되고 있으며, 예방 강화 및 감염 시 효과적 대응 등을 위한 투자를 통해 수많은 생명과 NHS 자원을 절감할 수 있다고 감사보고서는 결론에서 언급하였다.

2004년 영국 감사원은 감사 결과 이행 상황을 확인하기 위한 이행감사(follow-up audit)를 실시하였는데 확인 결과 개선 정도는 제한적이었다. 이행감사보고서 발표 이후 잉글랜드 최고간호책임자(Chief Nursing Officer)에게 병원 내 감염 관련 문제 해결을 위한 책임이 주어졌으며 여기에는 모든 병원이 2008년까지

MRSA를 50%까지 낮춘다는 목표가 포함되었다. 이후 2005년 추진된 'Saving Lives' 캠페인과 2006년의 'Going Further Faster' 시책이 병원 내 감염 문제 대응을 위한 주요 마일스톤이라 할 수 있다.

그러나 당연히 추진되었어야 함에도 진전이 없었던 이슈가 바로 '감염 통제 업무는 모든 사람의 임무'라는 인식이다. 감염에 대한 의료진의 자연스러운 반응은 여전히 감염통제팀이 처리할 것으로 기대한다는 것이다. 영국 감사원이 2005년 발표한 '환자 안전을 위한 개선 과제' 보고서는 NHS가 환자 안전 관련 문화를 개선하고 안전 사고에 대한 보고를 장려하며 사고로부터 교훈을 얻는 데 어느 정도 성공적인지 살펴보았다. 보고서의 결론은 첫째, 근본적 원인을 치유하기 위한 시도나 문제를 이해하고 해결하고자 하는 유사한 시도는 거의 없었으며, 둘째, 진료의 질과 안전을 향상시키기 위해 취해야 할 중요한 다음 조치는 실제 환자가 감염되었을 때 향후 감염 위험을 줄일 수 있도록 이를 기록하고 감염 사고의 교훈을 규명하며 이로부터 학습이 이루어지게 하는 것이라는 것이다.

출처: Comptroller and Auditor General, *The Management and Control of Hospital Acquired Infection in Acute NHS Trusts in England*, (HC 230, Session 1999-2000).

박스 11.14: 외국 감사기구와의 협업

새로운 인프라를 건설하고 공공서비스를 전달하기 위한 방법으로 다른 분야와의 파트너십에 대한 관심이 증가하면서 뉴질랜드 감사원은 이러한 협업 접근방식이 실제로 어떻게 운영되는지 보다 깊이 조사하게 되었다. 협업 방식이 전 세계에 걸쳐 활성화되고 있음에 주목하여 뉴질랜드 감사원은 영국 및 호주 감사원(ANAO)의 자문을 받아 협업 현상에 대한 연구를 진행했다. 뉴질랜드 감사원은 공공서비스를 외주 방식으로 전달하는 데 있어 정부의 역할에 관한 보고서를 발간하였다. 이 보고서는 언제 협업 방식의 접근을 채택할 것인가라는 근본적인 질문에 대한 답을 제시하고자 했으며, 계약 관리를 위한 지침을 국내외 실질적 사례와 함께 제시하였다.

정부 역할을 평가하는 데 특정 공공서비스는 협업 방식으로 전달하기에 적합하지 않을 수 있다는 의견이 조사 대상 정부 중 일부로부터 제기되었다. 정부가 기본적으로 협업 방식에 큰 관심을 갖고 있다는 가정하에 정부의 명확한 정책 및 방향이 매우 중요한 것으로 인식되었다.

이 보고서는 협업이 적절한 접근인지 여부를 결정할 때 정부는 자신의 결정을 뒷받침할 수 있는 높은 전문성과 탄탄한 비즈니스 케이스를 개발할 필요가 있다고 강조했다. 비즈니스 케이스를 통해 협업 방식이 다른 조달 대안과 비교할 때 어떻게 더 나은 재정가치를 확보할 것인지를 보여줄 뿐 아니라, 정부의 비전과 정책 목표를 달성하는 데도 협업 방식이 적합하고 유용하다는 것을 분명히 보여줄 수 있어야 한다는 것이다.

협업 방식에서 효과적인 계약 관리의 핵심 요소는 계약 당사자들의 책임을 명확하게 규정한 계약 문서로서, 여기에는 관계, 리스크, 자산, 성과 등의 관리 책임이 반드시 포함되어야 한다. 또한 공공책무성 관련 요건도 명확히 규정될 필요가 있다.

이상의 결론은 뉴질랜드 감사원이 호주 감사원과 호주의 주감사원, 그리고 협업 경험이 있는 호주 내 민관 기관들을 방문한 다음 내린 결론이다. 뉴질랜드 감사원은 이에 더해 영국 내 공공감사기구의 의견과 영국 감사원의 협업 관련 감사보고서도 참조하였다. 호주 및 영국의 협업 관련 사례는 보고서 부록에 상세히 소개되어 있다. 협업 시장이 이미 상당히 성숙된 영국, 호주 등 다른 국가에서 협업이 어떻게 작동되는지 실제 사례를 조사함으로써 뉴질랜드 감사원은 핵심 이슈가 무엇인지 정확히 이해하고 향후 증대된 협업 가능성에 대비할 수 있었다.

출처: Comptroller and Auditor General of New Zealand, *Achieving Public Sector Outcomes with Private Sector Partners* (February 2006).

11.3.1 큰 틀에서 본 관리 요소

지금까지 논의했던 요소들을 기반으로 감사인은 피감기관이 어떻게 프로그램 및 프로젝트 관리를 성공적으로 이행할 수 있을지 조언을 할 수 있을 것이다. 그러나 성과 실패를 극복하기 위해서는 보다 폭넓은 요소들에 대해 다시 검토할 필요가 있다. 이 경우에도 감사인은 사업이 갖는 제약 요인, 도전 과제, 기회 등을 제시함으로써 기여할 수 있다. 대표적 요소는 다음과 같다.

- 프로그램이 제공되는 환경
- 프로그램의 계획 및 집행 책임을 갖는 조직
- 바람직한 결과

11.3.2 환경

프로그램이 제공되는 사회, 경제, 정치 그리고 물리적 환경은 성공 가능성을 제약한다. 감사인은 환경을 바꿀 수는 없지만 주요 관련 문제점들을 짚어줄 수 있다. 예를 들어 초기의 저개발국 지원 프로그램 사례로 최고 기술진이 설치한 관개용수 시설이 수혜국 운영진의 기술 부족으로 토사나 잡초에 막혀서 사용할 수 없게 된 경우 등을 들 수 있다. 또는 사회적 결핍 문제에 대응할 때 무단결석이나 반사회적 행동 문제를 무시하거나, 고소득 지역에서 효과가 있었던 교육 정책이 저소득 지역에서도 반드시 성공하리라고 기대하는 것 등은 비현실적이라 하겠다.

11.3.3 조직

본서에서 강조하고자 하는 논점은 관료제 조직 및 종종 이와 연관된 사고방식의 문제에 관한 것이라 할 수 있다. 그러나 프로젝트 및 프로그램 성공 가능성에 영향을 미칠 수 있는 조직의 철학 및 문화와 관련한 또 다른 측면도 존재한다. 감사인은 다음 요소에 대한 피감기관의 시각에 대해서도 주의를 기울일 필요가 있다.

- 권한의 위임

- 분권
- 아웃소싱과 시장에의 의존
- 유권자, 시민, 고객, 공급업체, 커뮤니티 그룹의 참여 및 신뢰, 그리고 조직이 그 안에서 활동하게 되는 환경으로서 전체적인 사회 구성망

박스 11.15는 이상과 관련된 잉글랜드 지방자치단체의 시각을 잘 보여준다.

박스 11.15: 조직 구조 및 프로세스

"지방자치단체 선진화를 위한 3가지 핵심 어젠더는 서비스 개선, 커뮤니티 리더십, 민주적 거버넌스라 할 수 있다. 위 3개 요소가 모든 지자체의 관심 사항이지만 각 기관마다 그 우선순위는 다를 수 있다."

"혁신의 우선순위를 정했을 때 지자체별 전략적 어젠더에서 3개의 가상적인 '이상적 유형'을 상정해볼 수 있다. 이와 같이 우선순위를 달리함에 따라 지자체의 조직 문화와 구성, 정치적 리더십 스타일과 의사결정 방식, 그리고 시민 참여와 파트너십, 민간 부문, 전자정부 등에 대한 입장에 주는 시사점도 달라진다. 이 글은 그린셔 카운티, 캐슬미드 구, 런던 와이던 구 3개의 가상적인, 그러나 현실적으로 충분히 가능한 지자체를 가정하고 우선순위의 차이가 어떤 시사점을 갖는지를 제시하려 한다."

"그린셔 카운티는 서비스 질을 지속적으로 개선하는 것이 가장 중요한 임무라고 믿고 있다. 캐슬미드 구는 지역이 당면한 중장기 과제에 맞게 잘 조정된 대응 방안을 개발할 수 있도록 파트너들과 협력하는 것이 가장 중요한 임무라고 믿는다. 런던 와이던 구는 지역 주민의 참여를 다시 활성화해서 지역 민주주의의 실질적 의미를 회복하는 것이 가장 중요한 임무라고 믿는다."

이 글은 임무의 강조점에 따라 요구되는 조직의 구조와 프로세스도 달라짐을 보여준다. 모든 경우에 들어맞는 '하나의 답'은 없는 법이다.

출처: S. Leach and V. Lowndes (2006) 'Fitness for purpose? How local authorities can dare to be different' in Solace Foundation Imprint, *The Re-thinking of Local Government: Fitness for Purpose in a Year for Living Dangerously.*

11.3.4 결과

감사인은 때로는 프로그램이나 프로젝트가 시작되기 전에 현재 주어진 기간, 인력, 자금 및 기술로는 성공하기에는 무리라는 것을 지적할 필요가 있다. 물론 감사인은 정책 결정자의 역할을 대신하거나 감사 업무 본질상 늘 따라다니는 비관적 예언자로 비춰지기를 원하지 않는다. 그럼에도 감사인은 때로는 프로그램이 구상 초기 단계라 할지라도 분명하게 의견을 제시할 필요가 있으며, 계획 관련자들에게 보다 현실적인 계획으로 조정하거나 아니면 사업을 아예 중단할 것을 촉구할 필요가 있다.

이러한 촉구를 할 경우 '당신이라면 어떻게 하겠느냐'라는 질문이 흔히 감사인에게 제기된다. 이때에도 감사인이 마치 자신이 전지전능하거나 정책 결정자 또는 관리자의 역할을 대신하는 것처럼 오해받지 않는 선에서 가능성을 제시할 수 있는 답변을 준비할 필요가 있다. 이는 필자가 앞 장에서 제시한 감사인은 멘토 또는 코치 역할을 해야 한다는 기본 전제와 상충되는 것이 결코 아니다. 재무감사인으로서 감사인은 해당 조직의 과거 성과, 리스크 성향 및 리스크 관리 경험, 프로젝트 관리 역량 등을 꿰뚫고 있어야 한다. 감사인은 다른 조직과 민간의 경험 등에 관한 지식을 토대로 정책의 가치 영역을 건드리지 않으면서 사업 계획에 내재된 리스크를 건설적인 측면에서 논의할 준비가 되어 있어야 한다. 피감기관이 이 점을 얼마나 수용할 수 있느냐 하는 것은 감사인과 피감사인 간의 관계에 달려 있다. 어떤 경우라 하더라도 이러한 관계는 '신뢰받는 조언자'(trusted advisor)의 원칙에 기반해야 하며, 이는 보다 미래 지향적인 방향으로 전통적인 감사인의 역할을 유지하는 것이라 할 수 있다.

박스 11.16: 황금 기준(Gold Standard) – 효과적인 프로젝트 통제를 위한 황금 기준

1. 적합한 문화적 환경의 확립 및 유지

- 발주자, 주 계약업체, 공급체인 간의 열린, 신뢰 기반의 정직한 관계
- 발주자-계약업체 간 관계에 대한 정기적인 독립적 평가
- 지원적이고 열린 기업 조직 문화

2. 명확한 조직 구조 및 경계 확립

- 효율적인 조직 구조, 책임 및 권한 체계
- 프로젝트 관리, 상업적, 재무적, 기술적 역량 확보
- 프로젝트 전달 계획, 목표, 가정, 리스크, 기회 등에 대한 철저한 리뷰 및 이해
- 성과/시간/비용 범위의 확정(모든 리스크 요인이 파악되고 공식적 투자 승인이 이루어졌을 때)
- 관리 메커니즘을 트레이드오프/변경할 수 있는 능력

3. 성공적 프로젝트 전달에 초점을 둔 추진 상황 모니터링 및 의사결정

- 성과/시간/비용 베이스라인에 기초한 진척 상황을 모니터링할 수 있는 신뢰할 수 있고, 적시성 있는 유의미한 측정 지표 분석
- 투명성 및 정확성 관련 조치
- 프로젝트 통제의 핵심 요소로서 계약
- 프로젝트 간 동료 평가와 경험으로부터의 학습

4. 전략적 의사결정을 가능하게 하는 보고

- 모든 프로젝트를 대상으로 분석이 이루어지는, 고위 관리직을 위한 일관된 보고 시스템
- 프로젝트 전달 확인을 위한, 공식적이고 정기적인 고위 관리직의 검토 시스템
- 독립적이고 객관적인 검토
- 교훈 학습을 위한 지속적인 공급업체의 성과 측정

출처: Comptroller and Auditor General, *Driving the Successful Delivery of Major Defence Projects: Effective Project Control is a Key Factor in Successful Projects* (HC30, Session 2005-2006)

11.4 결론

영국 감사원은 감사인이 성공적인 프로젝트 및 프로그램 관리를 촉진하기 위해 주목해야 할 다양한 요소들을 정리하여 효과적인 프로젝트 통제를 위한 '황금 기준'(gold standard)으로 제시하였다(**박스 11.16**). 그 핵심은 신뢰와 소통, 좋은 뉴스뿐 아니라 나쁜 뉴스까지 공유하는 것, 수혜자의 니즈를 충족하는 결과로 연결될 수 있는 명확한 목표를 설정하는 것 등이라 하겠다. 이와 같은 소프트 요소(soft factors)를 통해 통제 장치, 규격, 테스팅과 같은 하드 요소(hard factors)가 제 기능을 발휘할 수 있는 신뢰의 틀이 마련된다. 그리고 단일의 구매자-계약업체 관계에 의해서 쉽게 확보할 수 없는 복잡다기한 결과 세트를 전달하기 위해서는 고객과 다수의 계약 및 공급업체가 연합하는 새로운 프로젝트 관리 구조가 필수적이며, 이는 위 황금 기준 가운데 주요 소프트 요소의 성공적 개발을 통해서만 가능하다. 그 대표적 사례로 유전 및 가스전 개발, 런던 히드로 공항의 제5터미널 건설 등을 들 수 있다. 이 터미널은 연 3천만 명의 승객을 처리할 수 있도록 설계되었는데, **박스 11.17**에서 보듯이 프로젝트 참여 기관 간의 신뢰와 공통의 믿음과 헌신 등으로 특징지어지는 상황에서만 가능한 리스크 접근방식을 포함하고 있었다.

끝으로 공공기관의 변화 전달 성과를 측정할 때 중요한 점은 공공책무성 개념상 민간 분야의 전달과 비교해서 공공 부문의 경우 훨씬 높은 기준이 적용된다는 사실이다. 앞에서 논의한 바와 같이 언론이 보도하지 않은 수많은 실패 사례가 존재하지만, 고무적인 점은 이번 장에서 소개하고 있는 접근방법은 공공 부문 프로그램 및 프로젝트 관리의 성공 스토리에 주목한다는 것이다. 예를 들어 **박스 11.18**은 호주의 성공 사례를 소개한 것이

박스 11.17: 런던 히드로 공항 제5터미널의 리스크 공유

제5터미널(T5) 협약의 핵심은 영국공항공사(BAA)가 리스크를 안게 되지만 공급업체들 전체가 잠재적 리스크를 줄이고 최적의 결과를 달성하기 위해 하나의 통합된 팀의 일부로 일하도록 한다는 것이다. 수많은 다른 회사 출신의 사람들로 구성된 팀들이 서로 협력해서 수없이 많은 소규모 프로젝트에서 일하게 되며, 이러한 프로젝트가 합쳐져서 거대한 계획을 구성한다.

개별 계약자들에게 위험에 따른 일정 금액을 예비비 등으로 전달하는 방식이 아니라—이 경우 사용하지 않게 되면 이윤이 되는 경우가 흔하다— 참여 프로젝트팀들에게 작은 규모의 예비비가 배정되어 사용하지 않을 경우 다른 팀이 사용할 수 있도록 하였다. BAA는 단순히 일을 배분해주는 데 그치지 않고 적극적인 관리자 역할을 마다하지 않았다. 이 팀들은 맡은 과제에 책임을 지고 프로젝트의 전체적 마일스톤에 따라 업무를 수행하는 '가상공간의 기업'(virtual companies)과 같은 역할을 한다. 계약업체가 실패하는 경우에도, 예를 들어 천장을 교체해야 할 때 어떤 비난도 없이 보수 작업이 이루어진다. BAA의 매튜 라일리에 따르면 "2차 천장 공사가 필요하면 해당 팀은 이익 마진 없이 비용만을 받게 된다. 만일 3차 공사가 필요해진다면 해당 계약업체에 주어지는 비용은 삭감될 것이다."

통상적인 대립적 접근방법이 아니라 협력을 통해 최선의 결과를 달성하기 위해 비난을 하지 않는 문화가 바로 핵심이다.

BAA가 리스크를 안는다는 것의 의미는 계약업체들로 하여금 원하는 대로 무엇이든 할 수 있게끔 허용하는 것은 아니며, 사실 정반대이다. BAA가 리스크를 안기 때문에 공급업체와 계약업체들이 가능한 최고 수준의 서비스를 제공할 수 있도록 만들어야 한다. 라일리는 "협약은 최적 사례를 가정하며 그것이 최소한의 기준"임을 강조했다. 그러나 그도 최적 사례가 현실에서 무엇인지를 규정하는 일이 항상 간단하지만은 않음을 인정했다.

또한 이 협약에는 주 계약업체가 없다. 이 정도 규모의 큰 프로젝트에서는 거의 전례가 없는 일이다. 대신 매우 오픈된 프로세스를 갖고 있는데 BAA는 계약업체들의 장부를 언제든 열람 가능하다. 이는 기업들이 '영업상 기밀'을 핑계로 숨어버릴 수 있는 대다수 공공 프로젝트와는 매우 다른 관계 설정이라 할 수 있다.

협업이 주는 또 다른 혜택은 공급업체들에게 협력을 통해 비용을 절감할 수 있는 기회를 제공한다는 것이다. 라일리는 전기 스위치기어를 대표적인 사례로 들었는데 통상 2,200만 파운드가 소요되는 것이 1,500만 파운드에 완료되었다. 이는 여러 명이 아닌 단일의 고객이 있었기에 가능했다. 41개 1차 공급업체가 단일 협약에 함께 서명을 했으며, BAA는 2차 및 3차 하도급 계약도 동일한 협업 방식으로 진행하기를 기대한다.

이처럼 리스크에 대한 새로운 접근방식을 적용하는 데는 물론 초기에 시련도 있었다. 2002-2003년 겨울에 특히 비, 눈이 많았는데 공사 부지 준비 작업이 상당히 지연되어 전체 프로젝트 일정이 2년까지 지연될 위험에 있었다. 다른 공급업체들이 대기 상태였으며 이에 따른 클레임은 엄청난 액수가 될 수도 있었다.

그러나 BAA가 리스크를 안고 모든 계약업체들과 함께 협업 방식으로 프로젝트를 함으로써 이후 7~8개월 동안 지연된 일정을 만회하였고 어떤 법적 클레임도 발생하지 않았다.

출처: Christian Wolman, 'Terminal Five gets off to a flying start', *Public Finance*, May 6-12, 2005.

다. 불행히도 이러한 좋은 성과 사례가 정부 홍보 수단을 벗어나 폭넓게 보도되는 경우는 매우 드물다. 물론 이것이 피감기관이 주장하는 성과를 감사인이 인정해서는 안 된다는 의미는 절대 아니다. 정부부처는 종종 마땅히 인정받아야 할 업적도 인정받지 못하고 있다고 느끼는 경우가 있다. 감사인은 피감기관의 잘못된 사례 못지않게 잘한 사례들도 폭넓게 보고될 수 있도록 시도하고, 또 그렇게 되도록 하는 데 중요한 역할을 한다.

성공을 인정하는 것은 중요하다. 그러나 인정 자체만으로 공공 부문에서 향후 보다 나은 프로그램 및 프로젝트 결과를 전달하기에는 충분하지 않을 것이다. 감사 책무의 폭넓은 분석 범위를 고려할 때, 감사인은 변화의 전달을 담당하는 공공 부문뿐 아니라 민간 부문 파트너에게도 멘토 또는

박스 11.18: 호주 워킹 홀리데이 메이커 비자 프로그램 추진 사례

호주 정부는 워킹 홀리데이 메이커(WHM) 비자 프로그램을 통해 19개 국가 및 지역 출신의 10만 명이 넘는 청년들에게 WHM 비자를 발급하였다. 호주 이민 다문화부(Department of Immigration and Multicultural Affairs, DIMA)는 2002년 7월 1일 증가하는 WHM 비자 발급 업무에 대응하고 업무 부담을 줄이기 위해 인터넷을 통해 전자적으로 비자를 신청할 수 있는 e-Visa 시스템을 도입하였다. WHM 비자 신청의 98%가 현재 온라인으로 이루어지고 있다.

호주 감사원은 DIMA의 e-Visa 프로그램 추진이 일관되고 적절한 방법으로 이루었는지에 대한 감사를 실시하였다.

호주 감사원은 DIMA가 관련 법규와 정책에 따라 WHM 비자 프로그램을 효과적으로 운영할 수 있는 안정적인 프레임워크를 개발했으며, eWHM 메커니즘은 비자 신청이 지속적으로 증가하는 상황에서 WHM 비자를 처리하기 위한 매우 효과적인 도구를 제공했다고 평가하고, 이에 따라 eWHM 프로젝트 추진은 인터넷 활용 도구로서 안정적인 행정 운영 사례에 부합한다는 결론을 내렸다.

출처: 호주 감사원(ANAO), *Department of Immigration and Multicultural Affairs, Visa Management: Working Holiday Makers*. Audit Report No. 7, 2006-2007.

코치의 역할을 할 수 있다.

앞에서 언급한 프로그램 및 프로젝트 관리를 위한 소위 '황금 기준'의 개발 활동은 감사인의 전통적인 보고 메커니즘을 초월하여 바람직한 변화의 전달을 지원하는 일의 중요성을 잘 보여주는 사례이다(**박스 11.16**). 이 사례의 핵심적 특징은 영국과 해외의 성공적인 국방 프로젝트와 민간 시장의 경험 등으로부터 학습이 이루어지는 데 초점을 두었다는 것이다. 영국 감사원의 접근방법은 국방부와 민간 파트너 그리고 미국과 호주를 비롯한 외국 감사원과 보다 긴밀하게 협력하여 그들의 분석을 더 발전시키고(**박스 11.19**), 학습 결과를 보다 폭넓게 공유할 수 있는 기회를 제공하였다.

박스 11.19: 미국 국방부의 무기 조달 시스템

미국 감사원(GAO)은 미국 국방부(DOD)의 무기 조달 시스템에 대해 지속적으로 평가하고 있다. DOD는 무기 시스템의 개발 및 생산을 위해 군뿐 아니라 민간의 프로그램 매니저들에 의존한다. 그러나 무기 조달 시스템은 기간 지연, 비용 초과 그리고 계획 대비 성능 저하 등의 문제가 흔히 발생하고 있다. GAO는 DOD가 프로그램 매니저들을 어떻게 활용하고 있는지에 대해 민간 부문 기업의 제품 개발 관리 방식과 비교 분석하여 과연 민간 기업의 최적 사례를 무기 조달 시스템에도 적용할 수 있는지 살펴보았다.

감사 결과 민간 기업의 프로그램 관리 성공은 크게 톱다운 방식의 지원과 제품 개발 프로그램 운영에 있어 잘 훈련된 지식 기반의 프로세스라는 두 가지 요인에 기인하는 것으로 조사되었다. 고위 관리자들은 보다 장기적인 관점에서 의사결정을 내리는데, 조직의 목표에 대비하여 제품 구성을 고려하며 비용 조달 가능성과 지속 가능성 관련된 이슈들을 검토한다. 프로그램 매니저는 사업 타당성을 확인하고 정해진 기간, 비용, 규격에 맞게 제품을 납품할 책임을 갖고 있다. 이에 반해 DOD 프로그램의 경우 사업 타당성 여부도 확보하지 않은 채 프로그램 시작이 허용되기도 하며, 재원 확보를 위한 경쟁은 프로그램 매니저들이 지나치게 낙관적인 기간 및 비용 추정치를 제시할 수밖에 없는 압박으로 작용하기도 한다. 자금 조달 및 역량 요건 역시 시간이 흐름에 따라 퇴보하여 프로그램의 많은 측면이 프로그램 매니저들의 통제 영역 밖에 있어 책임을 묻기도 어려운 상황이다.

GAO는 핵심 역량에 대한 우선순위를 정한 투자 전략을 개발하고 고위급 관계자의 사업 필요성에 대한 승인 절차를 명확화할 것을 DOD에 권고했다. 이를 통해 성공적인 프로그램 결과에 대한 명확한 책임 시스템이 자리 잡아 갈 수 있을 것이다.

출처: Government Accountability Office, *Defense Acquisitions Best Practices: Capturing Design and Manufacturing Knowledge Early Improves Acquisition Outcomes* (GAO-02-701, 15 July, 2002).

11.5 요약

정부기관에서 프로그램 및 프로젝트 관리는 전통적으로 방치된 기술이었다. 시간, 비용 그리고 품질은 너무나 빈번히 실망스러웠다. 프로젝트는 단지 방산 조달이나 토목 공사만 있는 것이 아니다. 의료서비스 제공, 사회 복지, 범죄 예방을 비롯해 정부활동의 다른 모든 측면이 프로젝트이며 그에 따라 관리되어야 함에도 이를 인식하지 못하였고, 관련 전문 역량을 갖춘 직원을 충원, 훈련, 보상하는 데 관심이 부족하였다.

프로젝트 및 프로그램 실패의 공통된 원인으로 다음을 들 수 있다.

- 분절된 관리 통제
- 최고의 결과보다 최저 가격에 초점을 두기
- 부적합한 예산 편성
- 규격 변경과 부적절한 규격
- 모든 발생 가능한 경우를 조항별로 규정한 세밀한 계약이 성공의 전제 조건이라는 믿음

그리고 무엇보다 계획이 성공 잠재력이 있는 결과에 초점을 두지 않고 수많은 이해관계자들의 서로 상충되기도 하는 요구에 맞추어 설계되고 제시되었다.

실패가 계속 이어진다면 감사인은 잘 훈련되고 의욕을 가진 직원이 필요한지에 그치지 않고 다음과 같은 요인들이 필요한지, 그렇다면 이를 어떻게 확보할 것인지에 대해 조언을 줄 수 있어야 한다.

- 신뢰와 오픈 커뮤니케이션
- 효과적인 계약 틀
- 명확한 리더십과 전달 책임

- 리스크에 대한 의무 규정이 아닌 리스크 관리
- 최종 사용자의 니즈와 기대에 대한 이해
- 상호 의존적 프로그램 및 프로젝트와 관련한 보다 폭넓은 전달 이슈에 대한 검토

그리고 이상의 요인 외에도 감사인은 아래 사항들에 대한 이해가 필요하다.

- 프로그램 또는 프로젝트가 진행되는 사회, 경제, 정치 및 물리적 환경 – 예를 들어 사회적 결핍 문제를 대응하면서 무단결석이나 반사회적 행동 문제를 무시하거나 다른 지역에서 효과가 있었던 정책들이 결핍 지역에서도 작동할 것으로 상상하는 것 등은 바람직하지 않다.
- 프로젝트 추진을 책임지는 공공기관 – 조직의 계층 구조, 매트릭스 조직, 네트워크 또는 시장의 집중/분산, 권력의 집중/분산 정도 등에 대해 파악해야 한다.
- 프로그램 자체 – 예를 들어 프로그램의 목적이 소프트웨어 엔지니어를 훈련시키는 것인데 관련 강좌를 수강하거나 이수하는 사람이 거의 없다면 훈련 프로그램 자체가 맞는 종류의 것인지 검토해야 할 것이다.

12장 성과의 측정 – 명확함 혹은 혼동

정부의 관료제가 사회 복지에 필요한 많은 서비스를 제공하는 수단으로 작동할 수 있으리라는 희망이 실망으로 바뀌어버렸음이 1960년대에 이르러 보다 분명해졌다.

1968년 발표된 풀턴 보고서(Fulton Report)에는 관료제 틀 속에서 영국 공무원 조직이 운영되면서 빚어질 수 있는 수많은 실패 사례들이 열거되어 있다.[1]

- 낮은 GDP 성장률
- BlueStreak Rocket, Comet Aircraft 등 정부가 막대한 예산을 투입한 기술 개발 프로젝트의 실패
- 중간 및 하급 공무원의 역량을 최대한 활용하는 데 실패

---

1) The Fulton Report (1968) *The Civil Service*, London, HMSO.

설령 관료제가 이러한 실패의 유일한 원인은 아니라 하더라도—미국과 같은 국가도 관료제적 정부를 보유하고 있으므로—관료제적 공공 행정의 전통적 형태가 기대했던 만큼 잘 작동하지 않은 것은 분명했다.

12.1 목표 관리 및 성과의 측정

관료제의 해법으로 제시된 것 중 하나가 '목표 관리제'(management by objectives)이다. 관료제의 주문(呪文)은 유능한 직원을 채용하여 단계별 계층 구조에 따라 각자의 역할을 정하고 조정하면 결과는 자동적으로 따라온다는 것이다. 반면 목표 관리제는 이러한 관료제적 원리를 버리고, 조직 전체 차원에서 구체적인 목표를 정하고 이를 조직의 다양한 하위 수준에서 쪼개어 최종적으로는 개별 직원별로 정해진 기간 동안 달성해야 하는 목표 수준을 설정하는 것이다.

피터 드러커는 이러한 변화의 움직임에 큰 역할을 했는데, 그에 따르면 "성과와 결과가 비즈니스의 생존 및 성공에 직접적으로 중요한 영향을 미치는 모든 분야에서 목표는 반드시 필요하다"는 것이다.[2] 성과관리에 대한 대부분의 초기 논의는 상업적 맥락에서 이루어졌다.

목표를 수립하고 이를 토대로 성과를 측정한다는 최초의 아이디어로부터 파생된 수많은 발전이 이어졌으며, 감사인은 이제 성과 측정이라고 불리는 큰 개념과 여기에 해당하는 주요 방식들의 일반적 특징에 대해 반드시 이해할 필요가 있다.

---

2) Drucker, P. (1954) *The Practice of Management*, Harper Brothers, New York, p. 63.

박스 12.1: 고등 교육 개선 전략 및 성과

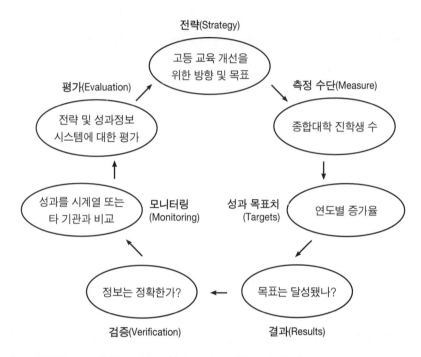

출처: HM Treasury, Cabinet Office, National Audit Office, Audit Commission and Office for National Statistics (2001) *Choosing the Right Fabric: A Framework for Performance Information*, p.23.

12.2 성과 측정 방식

'고등 교육 개선' 전략이라는 가상의 사례를 상정할 때, 전형적인 방법론과 관련 용어는 **박스 12.1**과 **박스 12.2**와 같다.

성과 측정의 목적에는 다음이 포함된다.

• 목표의 명확화 – 달성도를 측정하기 위해서는 적어도 목표가 명확하게 정해져 있어야 한다.

박스 12.2: 성과 측정 관련 용어

• **측정 수단(measures)**: 속도계의 침처럼 성과를 알려주는 역할을 할 수도 있고 체온계처럼 문제가 있는지 여부를 알려줄 수도 있음

• **성과 측정치(performance measures)**: 직접 정보(예: 보건 및 안전 검사관의 방문 횟수)

• **성과지표(performance indicators)**: 측정치의 대리 지표(예: 프로그램 목표가 알코올 중독 감소라고 할 때 프로그램 성과는 'Alcoholics Anonymous 등록자 수'라는 대리 지표를 통해 측정할 수 있음)

• **성과 목표치(performance targets)**: 특정 기간에 달성할 측정 성과의 수준

• **산출물(outputs)**: 예를 들어 특정 기간 동안 병원이 수행하는 수술 횟수

• **결과(outcomes)**: 예를 들어 수술 결과 건강을 회복한 환자의 수. 결과는 일반적으로 산출물과 비교할 때 측정하기 훨씬 어려우며 앞의 예에서 '건강 회복'에 대한 정의는 환자의 연령 및 몸 상태에 따라 달라져야 함

출처: 영국 감사원(NAO)

• 관리상 인센티브 도구 – 급여 및 보너스 시스템은 목표 수준의 달성과 연계된다.

• 소비자 및 시민들이 정보에 기반한 선택을 내릴 수 있도록 지원 – 예컨대 대학들 간의 성과를 비교하면 학생들은 이 정보를 고려해서 어느 대학에 지원할지 결정할 수 있다.

• 서비스 활동의 효과성 여부를 서로 다른 이해관계자들에게 제시 – 병원의 성과는 환자와 가족, 의료 종사자, 헬스 서비스 분야 관료와 장관 등을 포함한 다양한 이해관계자들의 관심 대상이다.

물론 다른 요인에 초점을 두는 성과 측정 개념도 있다. 예를 들어 **박스 12.3**에서 볼 수 있듯이 유럽품질관리재단(European Foundation for Quality

박스 12.3: EFQM 모델

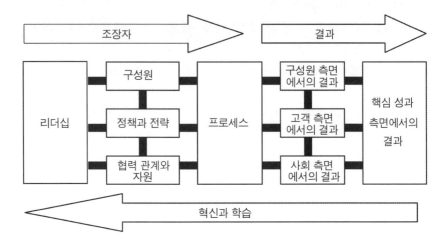

위 그림에서 '조장자' 부분은 조직의 활동을, '결과' 부분은 조직이 성취하는 것을 각각 범주화한다. 그림이 보여주듯이 '결과'는 '조장자'에 기인한다.

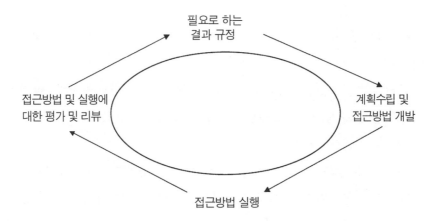

결과는 긍정적인 트렌드나 높은 성과를 나타내고, 다른 기관과 비교했을 때 성과가 양호한 경우 목표치는 달성 또는 초과 달성되었다고 하며, 접근방법에 기인한 것으로 평가한다.

출처: European Foundation for Quality Management, *The EFQM Excellence Model*. Brussels.

Management, EFQM)의 EFQM 모델은 특정 결과와 관련된 조장자(enablers)가 작동할 수 있게 하는 데 초점을 둔다.

또 다른 접근방법으로 매킨지가 개발한 '7S' 모델을 들 수 있는데 전략(strategy), 구조(structure), 시스템(system) 등과 같은 하드 요소와 스타일(style), 직원(staff), 기술(skill) 등 소프트 요소를 연계하여 바람직한 성과와 인과관계에 있는 것으로 알려진 공유 가치(shared value)를 창출한다는 개념이다.

감사인이 모델을 활용하여 성과를 평가할 때 직면하는 어려움은 모델이 갖는 단순함과 명쾌함이 실제로 이를 적용하고자 할 때에는 사라져버린다는 것이다. 예를 들어 **박스 12.1**에 제시된 '성과를 시계열 또는 타 기관과 비교'하는 것이 다른 유의미한 판단 기준을 추가하지 않고도 과연 가능한가 하는 문제가 있을 수 있다. 즉, 유의미한 비교를 하기 위해서는 국가의 경제적 풍요함의 수준과 고등 교육에 대한 인식 수준 등이 갖는 효과를 제거할 필요가 있다. 그리고 목표를 정하고 성과를 관리하고자 하는 시도가 분명 많은 기관들의 상당한 성과 개선을 자극했다고 할 수 있겠지만, 이것도 사실 새로운 접근방법이나 관심의 초점을 강조한 데 따른 반짝 효과이지 이러한 모델의 구체적인 적용에 따른 결과가 아닌 경우도 흔하다. 다시 말해 모델의 적용 자체에 따른 개선 효과와, 변화 그 자체와 변화가 수반하는 사회적 변동에 대한 관심으로부터 발생하는 효과를 분리하기가 쉽지 않다. 따라서 변화는—성과 개선이라는 측면에서 좋을 수도 그렇지 않을 수도 있는데—성과관리 시스템 자체보다 이른바 '호손 효과'(Hawthorne effect)[3]의 일종으로부터 비롯될 수도 있다.

---

3) 호손 연구는 1920년대 웨스턴 일렉트릭의 호손 공장에서 이루어졌다. 연구의 목적은 조명등 같은 물리적 환경과 생산성과의 관계를 테스트하는 것이었다. 연구 결과는 놀랍게

박스 12.4: 맥킨지 7S 모델

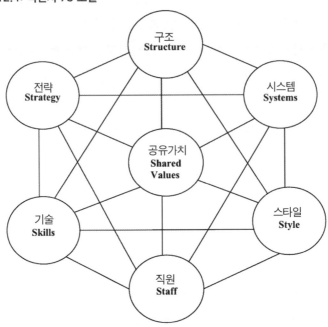

출처: T.J. Peters and R.H. Waterman Jr. (1982) *In Search of Excellence*, New York: Harper and Row.

감사인이 성과 측정 시스템을 평가할 때 겪는 또 다른 문제는 대부분의 성과 측정 시스템이 단일 모델을 적용한 것이 아니라 여러 시스템들로부터 취사선택한 혼합형이라는 것이다. 그래서 감사인은 이번 장의 분석이 증명해 보이고자 하는 것과 유사한 어려움을 겪게 된다. 다음 절의 영국 및 다른 국가의 사례는 이와 관련된 어려움을 잘 보여준다.

도 환경의 악화에도 불구하고 생산성 증가가 발생함을 보여주었다. 이러한 개선 효과는 관리층의 노동자에 대한 관심 증대, 그리고 그동안 따분한 것으로 여겨온 작업에 변화가 불러일으키는 단기적인 열정이나 동료애 등의 증가에 기인한다고 호손 연구는 결론지었다. 보다 상세한 정보는 C. Handy (1993) *Understanding Organisation*, 4th edn., Penguin 참조.

12.3 해외 사례: 뉴질랜드와 미국

1980년대 후반 뉴질랜드는 정부 성과의 측정에 있어 변화를 주도하는 국가로 널리 알려졌다. 예산 위기로 인해 공공 지출 수준과 방식에 변화를 줄 수밖에 없는 상황에 직면하자 뉴질랜드 정부는 공공서비스 구조에 변화를 추진하게 되었는데, 여기에는 핵심 성과지표에 대한 명시적 초점이 포함되었다. 새로운 시스템하에서 장관들은 핵심 결과를 정하고 의회는 그 책임을 묻도록 하였다. 각 부처 및 산하 기관의 장은 목표로 정한 산출물과 프로젝트를 전달할 책임을 갖게 되었고, 관련 지표는 자원과 명시적으로 연계되었으며, 재무회계는 현금주의에서 발생주의 방식으로 전환되어 투입과 산출이 서로 연결될 수 있게 하였다. 다른 변화로는 민영화 및 상업화, 서비스 전달을 위한 별도 기구 설치, 그리고 이들 기구의 인력 관리에 있어 일정 부분의 권한 위임 등이 포함되었다.

이러한 변화에 대한 평가를 보면 특히 1단계 추진 결과 효율성, 서비스 전달, 공공책무성 등에서 상당한 개선이 있었음을 언급하고 있다. 반면에 높은 거래 비용, 단축된 협상, 축소된 유연성, 줄어든 신뢰 및 호의 등을 언급하는 평가도 있다. 그리고 헬스 분야 등 2단계 상업화는 1단계에 비해 훨씬 덜 성공적이었다. 측정 관련 이슈에서 명확한 정치적 목표 및 이와 관련된 성과 보고는 만족스럽게 진행되지 않았다. 수백 개의 성과가 보고되기는 했지만 어느 장관에게도 보고 의무가 강제되지 않았고, 성과지표도 일관되게 정기적으로 보고되는 경우가 거의 없었다. 기관별 산출에 대한 보고는 훨씬 정례화되었지만 이 경우에도 정책 자문 같은 산출물의 경우 품질을 적절히 측정할 수 있는 지표를 찾기 어려웠고 효율성, 생산성 또는 단위당 비용 등에 관한 보고가 충분하지 않았다. 변화에서 측정의 문제는 핵심임에도 불구하고, 성과의 정의에 대한 다양한 견해를 어떻게 할 것인지의 문제는 어쩔 수 없다손 치더라도 초기 설계에서 성과에 대한 전체적인 평가를 어떻게 가져가겠다는 것조차 제시하지 못했다.[4)]

경영학의 이론적 발전을 역사적으로 살펴보면 놀랍게도 미국은 공공 부문의 성과 측정에서 선도적 지위에 있지 못했다. 그러나 1993년 '정부 성과 및 결과에 관한 법률'(Government Performance and Results Act, GPRA)의 제정과 함께 연방 기관의 성과 계획 및 보고 의무에 큰 변화가 발생하였다. 법률 규정에 따라 각 기관은 전략 계획을 통해 장기적이고 결과 지향적인 방향과 목표를 개발해야 했으며, 장기 전략적 방향과 연계된 연간 목표 및 연간 달성한 결과에 대한 보고가 의무화되었다. 각 기관은 전략적 목표를 달성하기 위한 진전 정도를 연간 성과 계획에 제시하고 연간 성과 보고를 통해 실제 달성 정도를 기술하도록 하였다. 이러한 의무 규정에 대한 도입 초기의 이행 수준에는 편차가 존재했는데, 특히 성과 목표별 자원 연계, 데이터 품질, 경영관리상 도전 과제 규명 등에 상당한 문제가 있었다. 미국 감사원은 GPRA 도입 이후 6년 동안 성과 측정과 관련해 상당한 정보가 대다수 참여 기관에 폭넓게 축적되었다고 평가했다. 그러나 이러한 성과정보를 의사결정에 활용하는 문제에는 별 진전이 없었으며 기관에 따라 큰 편차를 보였다고 지적했다. 약 60%의 관리자들이 성과정보를 적극 활용한 것으로 나타났으며, 기관에 따라 활용 비율이 26%에 불과한 경우도 있었다.[5)]

---

4) Boston, J. (2000) 'The Challenge of Evaluating Systemic Change: the Case of Public Management Reform', Paper prepared for the IPMN Conference 'Learning from Experiences with New Public Management', Macquarie Graduate School of Management, Sydney, 4~6 March, 2000.

5) Government Accountability Office (2005) *Managing for Results: Enhancing Agency*

12.4 영국의 사례

박스 12.5는 지난 20여 년에 걸친 영국 정부의 성과 측정 관련 주요 추진책을 간략하게 정리하였다. **박스 12.5**에 요약된 영국의 경험에서 특히 놀라운 점은 그동안 도입된 성과관리 도구와 목표치의 다양함이다. 한편으로 이는 공공행정 전반에 걸쳐 지속적으로 적용될 수 있는 만족스러운 시스템을 찾는 것이 얼마나 어려운지를 보여준다. 흥미로운 점은 중앙정부와 지방정부의 측정 방식이 서로 다른 방향으로 진행되었다는 것이다.

지방정부의 경우 경영관리 및 성과지표 관련 일련의 정책은 변화를 거듭해 종합성과평가제도(Comprehensive Performance Assessment, CPA)로 귀착되었다. 이 평가 틀은 기존의 정량적 성과지표와 직무 평가 보고서(inspection reports)에 경영관리 역량과 개선 역량에 대한 평가를 더한 것이다. 평가 절차는 자체 평가, 동료 평가, 직무 평가 및 지표 분석으로 구성되었으며, 지방감사원(Audit Commission)이 관리 임무를 맡았다. 정량적 지표와 정성적 판단이 결합되어 각 지자체에 대한 전체적 평과 결과를 제시해준다. 높은 평가 결과는 중앙으로부터의 규제 감소로 이어지는 반면, 낮은 평가 결과는 추가적인 경영관리 리뷰로 이어진다.[6] 최근 이러한 접근 방법은 고위험 영역을 중심으로 한 보다 정밀한 성과 조사를 통해 소비자 만족을 확보하는 방향으로 수정되고 있다. 이러한 방향은 성과 항목 수를 줄이고 성과를 보다 명확하게 규정하려 하는 전체적인 트렌드와 일치한다.

Use of Performance Information for Management Decision Making. GAO-05-927. Washington, DC.

6) Audit Commission (2006) *Briefing on the Audit Commission's Comprehensive Performance Assessment Frameworks*, Audit Commission, London.

박스 12.5: 영국의 성과관리 시스템

• Financial Management Initiative

1982년 발간된 '효율성 및 효과성 백서'와 함께 도입됨. 피터 드러커 교수가 *The Practice of Management* (1954)에서 처음 제시한 목표관리제(MBO) 개념에 기초함. 이 시책은 (a) 목표 및 이에 대비한 성과의 평가 방법에 대한 명확한 견해 (b) 부여된 자원을 최적 활용할 책임에 대한 명확한 규명 등을 촉진하고자 하였음.

• Next Steps Agencies UK

1988년 수상 직속 Efficiency Unit 단장인 로빈 입스 경의 주도로 도입됨. 정부부처의 정책 수립 기능과 집행 기능을 분리하여 산하 집행기관(Departmental Agency)에 위임함. 각 집행기관은 해당 장관이 승인한 설립 문서(Framework Document)에 기초하여 설립됨. 기관 설립 문서에는 과제, 핵심 성과지표(수량, 재무, 서비스 품질), 연간 성과 보고 등을 명시함.

• Private Finance Initiative

6장에서 소개했듯이 계약 기간 중 성과와 목표치를 비교, 보상 및 벌칙을 부여함.

• Public Service Agreement(PSA) targets

1998년 최초의 Comprehensive Spending Review(CSR)의 한 부분으로 도입됨. CSR은 향후 3년간 각 부처에 부여된 자원과 달성해야 할 목표를 함께 제시함. PSA 목표는 정부 정책의 중장기 우선순위 결과의 달성에 초점을 두고 있음. 주요 정부부처는 재무부와 Spending Review 과정을 통해 달성 목표치에 합의함.

• Best Value Performance Indicators(BVPIs)

Local Government Act 1999에 규정된 Best Value Initiative의 일환으로 도입됨. 각 지방정부는 지방정부 전체 차원의 목표 및 성과지표를 확립함. 매년 Best Value 성과 계획을 수립, 공공서비스 목표와 함께 성과 목표를 업데이트함.

• Local Public Service Agreement(LPSA) targets

정부는 2000 회계연도 Spending Review 시 LPSA 도입 계획을 발표하였음. 2000년 하반기에 20개 지자체를 대상으로 시범 운영 실시 후 2001년 9월 전체 광역 지자체에 도입을 개시함. 각 지자체는 핵심 국가 및 지자체 우선순위 결과 목표치에 서명하고 반대급부로 운영상의 재량권과 목표 달성 시 재정적 보상을 받게 됨.

• Comprehensive Performance Assessment(CPA)

2001년 12월 발표된 '지방의 리더십 강화 – 질 높은 공공서비스' 백서를 통해 도입되어 2002년 12월 첫 CPA가 실시됨. CPA는 지자체별로 통합된 단일 평가 점수를 부여하는 표준 평가 틀로서 지차체 활동 중 핵심 서비스에 대한 성과와 개선 역량 두 핵심 요소로 측정함.

• Performance Partnership Agreements(PPA)

PPA는 정부 인사처장(Head of Civil Service)과 각 부처 최고위 직업 공무원(사무차관) 간에 부처별 공무원 혁신 계획과 인사처의 혁신 지원 등을 합의함.

• Efficiency Targets

피터 거숀 경의 공공 부문 효율성에 대한 평가 결과를 토대로 Spending Review 2004 보고서에 2008년까지 215억 파운드의 공공 부문 효율성 개선 및 8만 명 공무원 감축을 달성한다는 계획을 발표함. 이를 위해 각 부처별 효율성 목표치를 도입함.

• Local Area Agreements(LAA)

LAA는 중앙정부와 자치단체 및 그 협력 기관(자선 기관 및 NGO) 간의 조정을 개선하기 위한 새로운 접근방법으로, 지자체 전략 파트너십(Local Strategic Partnership)을 통해 모든 관련 전달 파트너들이 서비스 결과에 대해 합의하고 협력.

• Departmental Capabilities Reviews

2005년 10월부터 수상 직속 Delivery Unit의 주도로 부처별 목표 달성 역량에 대한 평가를 실시. 현재의 역량과 이를 개선하기 위한 핵심 조치 등에 대한 구체적인 평가를 포함함.

　이러한 전개는 당연히 그 효과와 공정성에 관해 많은 논의를 불러일으키고 있다. 지방정부 입장에서는 이러한 변화를 적극 옹호하고 있으며, 관련 전문가들도 건설적이고 전향적이며 성과에 더 초점을 두게 한다는 점에서 가치 있는 움직임으로 보고 있다. 그러나 이와 함께 CPA에 소요되는 높은 비용 문제를 제기하며, 이를 간소화하고 내부 절차보다는 결과에 초점을 두기를 원한다.[7] CPA 평가 결과를 지방정부가 항상 수용하는 것은 아니라는 점은 또 다른 문제이다. CPA 평가 결과에 대한 분석에 의하면 평가 결과는 실제 성과 못지않게 지역의 낙후성 같은 외부 요인의 영향을 받는 것으로 나타났다.[8] CPA가 성과 개선에 어느 정도 영향을 미쳤는지에 대한 객관적 증거는 사실 많지 않으며, 이는 기여도 평가의 한계를 보여준다고 할 수 있다. 높은 성과를 거둔 한 지자체의 장은 CPA를 "의미 없는 프로세스 중심의 작업으로 전락할 수 있는 위험을 내포한 게임"이라고 비판하기도 했다.[9]

중앙정부의 성과 측정 시책 역시 다양한 방법을 시도해왔으나 전체를 아우르는 모델로 통합되지는 못했다. 무엇보다 각 중앙 부처마다 갖고 있는 독특한 지위 때문에 기관 간 비교보다는 폭넓은 목표치 활용에 나타나듯이 공공책무성에 더 초점을 맞추어왔다고 할 수 있다. 뒤에서는 이러한 접근방법에서 비롯되는 주요 이슈들을 예시하였다.

이처럼 복잡한 양상에도 불구하고 일부 일관된 흐름을 포착할 수 있다. 첫째, 비록 완전하지는 않더라도 산출물이 아니라 결과를 강조하며, 둘째, 공적 기관과 협업하는 자발적 기구의 성과를 성과 측정 체계에 포함시키려는 시도가 이루어지고, 셋째, 성과 측정 체계에서 정부부처들에 대한 중앙의 통제가 확대되고 지방정부에 대한 정부부처의 통제가 확대된다.

이상의 경험 및 사례 분석은 감사인이 성과 측정 시스템의 성과를 평가

---

7) Local Government Association (2005) *Inspection – time well spent?*, Local Government Association, London.

8) 예를 들어 Andrews, R. (2004) 'Analyzing deprivation and local authority performance: the implications for CPA', *Public Money and Management*, January, pp. 19~24; and Boyne, G. and Enticott, G. (2004) 'Are the poor different? An empirical analysis of the internal characteristics of local authorities in the five CPA groups', *Public Money and Management*, January, pp. 11~18.

9) *The Economist* (2005) 'Made to measure – ranking public services', 17 December.

할 때 고려해야 할 중요한 시사점을 제시해준다. 이러한 일반적 특징 외에도 감사인은 결과 측정에 있어 정의 및 측정과 관련된 어려움을 분명히 인식할 필요가 있는데, 이는 대체로 다음과 같이 유형화할 수 있다.

- 어떤 개입이 바람직한 결과를 가져왔는지 밝히는 것의 어려움
- 외부 요인의 영향
- 일반 국민, 담당 직원, 서비스 전달 기관 간의 연계
- 목표치 설정, 인센티브, 보고 의무
- 공공책무성
- 데이터 품질과 보고

12.5 어떤 개입이 바람직한 결과를 가져왔는지 밝히는 것의 어려움

교육과정 이수자가 더 높은 교육 성과를 내게 할 때처럼, 정부가 바람직한 사회적 결과를 달성하기 위해 택할 수 있는 가능한 개입 방법이 다양한 경우가 종종 있다. 교육 분야의 경우 교사 훈련, 교사의 행정 업무 부담 경감, IT 기법 활용, 교실 및 물리적 환경 개선, 학급 규모 축소, 능력별 수업, 교과 과정 개편 등을 들 수 있다. 많은 수의 개입 방식이 서로 영향을 미친다. 따라서 효과를 얻기 위해서는 묶어서 하나의 패키지로 추진할 필요가 있다. 영국 재무부는 교육비 지출에 대한 리뷰 실시 지침에서 이 같은 문제를 인지하고 해당 관계를 명확히 하기 위해 '인과관계 모델'을 사용할 것을 권고하였으며, 보다 목적 지향적인 계획 수립을 지원한 바 있다. 하나의 목표를 달성하는 데 관련되는 많은 요인을 열거하는 것은 어렵지 않다. 그러나 많은 관계 가운데 어떤 것이 인과관계를 갖는지 보이기란 결코 쉽지 않다. **박스 12.6**은 이 문제를 아주 단순화한 사례로 설명하였다.

12.6 결과 측정에 미치는 외부 요인의 영향

박스 12.6은 성과 측정 방식 및 목표치와 관련된 또 다른 일반적인 이슈, 즉 외부 요인이 결과에 미치는 영향도 함께 보여준다. 바꾸어 말하면 외부 영향을 제외한 정부 조치가 결과 변화에 어느 정도 영향을 미쳤는지에 관한 문제를 드러낸다. 예를 들어 실직자에게 훈련을 제공하여 실업을 줄이는 프로그램의 경우, 발생한 실업 감소의 어느 정도가 정부 훈련 프로그램 또는 투자나 수출 증대 같은 다른 경제적 요인에서 각각 기인했다고 할 수 있을까? 물론 경제 및 통계 기법을 활용하여 서로 다른 요인의 효과를 분리해낼 수 있을 것이다. 설사 그런 기법들로 결정적인 인과 요인을 밝힐 수 없다 하더라도, 감사인은 훈련 프로그램 이수자가 얼마나 채용되었는지 그리고 결과의 신뢰성은 어떠한지 면밀히 조사할 필요가 있다.

외부 요인이 결과에 미치는 중요성은 정부의 역할이 서비스 전달이 아니라 변화를 촉진하거나 기존 활동을 규제하려는 목적일 때 더욱 커진다. 그러나 복잡성 이슈는 모든 목표 결과에 영향을 미치며, 정부 개입 방법의 선택과 투입 자원의 수준에 관한 질문을 불러일으킨다. 개입 방법의 선택은 다시 관련 연구 베이스에 상당한 부담을 주며 선택 가능한 여러 잠재적 대안의 효과성, 특히 비용 효과성에 관한 증거 부족은 문제로 남는다.

12.7 일반 국민, 담당 직원, 서비스 전달 기관 간의 연계

결과 목표치를 정해놓고 달성해간다는 것은 일반 국민에게 상당히 중요한 지표를 사용한다는 의미이다. 그러나 영국 정부가 사용하는 많은 수의 산출물이나 효율성 지표는 정부 외에는 어느 누구도 거의 관심을 기울이지 않는 것들이다. 예를 들어 차량검사국의 비용효율성 합산 목표치(aggregated cost efficiency target)는 차량의 테스트 효율의 가중평균지표라고 풀어서 설명하더라도 이러한 측정치가 일반 국민의 관심을 끌 수는 없다.[10] 성과정보에 대한 리뷰를 통해서도 이러한 문제가 확인되었다. 한 검토자는 "민주주의의 근간이 되는 성과정보의 중요성을 비록 조각조각이지만 폭넓은 증거와 함께 거창하게 설명하더라도 장관, 의원, 시민이 그들에게 떠안겨진 방대한 성과정보를 활용하는 경우는 거의 없다"라고 언급하였다.[11] 그리고 실제로 시민들이 성과 측정에 참여하는 경우에도 경영관리 및 전문적 맥락에서 일반 정치적 맥락으로 시각이 바뀐 것 외에는 별반 차이가 없다.

따라서 목표치에 미달하는 경우 다른 어떤 성과 개선이 달성되었다 하더라도 정치권과 언론은 이 상황을 정치적, 경영관리적 실패로 규정하고

---

10) Comptroller and Auditor General, *The Vehicles Inspectorate: Progress with the First Executive Agency* (HC 249, Session 1991-1992).

11) Pollit, C. (2006) 'Performance Information for Democracy', *Evaluation* 12(1), 38~55.

비판한다. 좋은 성과는 결코 보도되지 않는다. 그리고 목표치 설정과 관련된 모든 부분이 비판을 받고 중앙 통제를 위한 도구, 현장 담당자에게 부담만 주는 제도, 또는 **박스 12.7**의 사례와 같이 때로는 터무니없이 잘못된 판단에 따른 비효율적인 것으로 매도되기도 한다.

12.8 목표치 설정, 인센티브, 보고 의무

목표치 설정 도입 초기에는 정의하거나 측정하기 너무 어려운 이슈와 관련된 목표를 정하는 바람에 마치 성과 측정 자체가 농담처럼 여겨지는 사례가 종종 있었다. 대표적인 사례가 '2004년까지 예술 체험자 수를 50만 명 증가시킨다'는 목표일 것이다.12) 이 목표치는 정부에 동조하지 않거나 목표치 활용 자체를 탐탁지 않게 여기는 사람들에게 좋은 비난거리를 제공하였다. 또한 목표가 그 본질을 포착하는 데 실패함으로써 관련 서비스를 개선하기 위한 모든 노력의 동력을 잃게 되었다. 예를 들어 미술 전시회, 극장, 도서관 방문이나 기타 유사 활동 등의 결과 실제로 어떤 일이 진행되었는지는 상관없이 모든 이들을 '예술 활동 체험자'로 일반화하게 된다. 예술 체험의 품질이나 문화적 가치와는 무관하게 2004년까지 단지 50만 명의 체험자를 추가한다는 것은 특별한 독창성을 필요로 하지 않는다.

정교하고 구체적으로 목표치를 설정하는 방식 역시 8개 세부 기준을 통해 대기의 질을 개선한다는 아래 사례에서 볼 수 있듯 작동하기 어렵다.

- 일산화탄소: 11.6mg/m3, 8시간 평균, 2003년 12월 31일까지
- 벤젠: 16.25 µg/m3, 연중 평균, 2003년 12월 31일까지13)

일반 국민이 이런 목표를 어떻게 해석할 수 있겠는가? 게다가 전문가들만 대기의 질과 관련된 시스템을 이해할 수 있으므로 결국 전문가들에게 국민들이 포획당하는 리스크도 있다.

그래서 모호한 목표치와 복잡한 목표치 둘 다 종종 그 가치에 의문이 제기된다. 콜린 탤벗(Colin Talbot) 교수는 목표치 설정의 핵심 포인트는 행태의 조정에 있다고 하였다.14) 목표치가 너무 복잡해서 성공 여부를 해석

---

12) HM Treasury (2000) *2000 Spending Review: Public Service Agreement Targets.* CM 4808, The Stationary Office, London.

13) DETR (2000) *Air Quality Strategy.* CM 4548, The Stationary Office, London, p. 37.

14) 재무위원회 증언(2000년 7월 20일).

박스 12.8: 통계위원회의 목표치 검토

통계위원회는 Spending Review 2004의 모든 목표치와 관련 개선 지표에 대한 검토를 통계적 관점에서 실시하였다. 그 결과 검토한 목표치의 대부분에 문제가 있었으며, "PSA 목표치가 갖는 중요성 측면에서 볼 때 향후 발전을 뒷받침할 수 있는 통계 인프라의 적정성에 대해 보다 많은 검토를 실시할 것을 권고한다"는 결론을 내렸다. 아래에 기술한 정확성(precision) 결여와 같은 보다 일반적 이슈 외에도 목표치의 명확성(clarity), 복잡성(complexity), 그리고 현실성이 결여된 희망 사항으로서의 목표치('aspirational' targets) 등과 같은 문제가 공통적으로 지적되었다.

• **무역산업부-부수상실-재무부 3개 부처의 공동 목표치는 명확성 결여**

목표치: 영국 전 지역의 경제적 성과에서 지속 가능한 개선 효과를 2008년까지 창출하고 장기적으로는 지역 간 성장률의 격차를 해소하는 것으로, 2006까지 이러한 방향으로의 진전 상황을 분명히 보여줄 것

지적된 문제: 측정 방식이 경제 사이클에 대한 판단에 의존, 적합한 지역 수준의 생산성 데이터 결여, '진전 상황'에 대한 측정은 판단 및 정성적 요소 내포

• **부수상실의 계획 수립 시스템에 관한 목표치는 지나치게 복잡**

목표치: 효과적이고 고품질의 계획 수립 및 개발 관리 프로세스를 통해 국가, 광역, 지역 수준에서 지속 가능한 개발 결과를 전달하기 위한 계획 수립 시스템 확립

지적된 문제: 진전 상황에 대한 평가는 주관적일 수밖에 없음, 개별 지표를 종합하여 전체 진전 상황을 어떻게 평가할 것인지에 대한 설명 부재, 효과성 및 효율성 지표가 적절히 정의되지 않았음

• **보건부의 진료 대기 시간 감축 목표치는 희망 사항에 불과**

목표치: 2008년까지 일반의의 소견서 발부 이후 18개월 이내에 병원 진료를 받지 못하는 사람이 없도록 함

지적된 문제: 진전 상황을 측정할 수 있는 데이터가 준비되어 있지 않음, 100% 달성을 목표치로 설정한 것은 비현실적이며 희망 사항이라 할 수 있음

출처: Statistics Commission (2006) *PSA Targets: the Devil in the Detail*, Report No. 29, Statistics Commission, London.

하기 쉽지 않을 경우 행태를 변화시킬 가능성은 어떤 영향을 받게 될까? 만약 목표치가 필요로 하는 자원 규모를 규명하는 데 도움을 주거나 정책 대안 중 어떤 것이 효과가 신속하게 나타나는지, 어떤 상대적인 리스크와 이점이 있는지 등을 파악하는 데 도움을 준다면 목표치는 상당한 가치를 갖는다고 할 수 있다. 방향만 제시하거나 지나치게 구체적인 목표치는 이러한 판단을 제공할 수 없다. 그러나 통계위원회가 2004년 영국 중앙정부의 목표치 범위를 검토한 결과 대다수 목표치는 설정 방식에 여전히 중대한 결함이 있는 것으로 나타났다(**박스 12.8 참조**).

잘못된 목표치 설정으로 인해 성과 개선을 도모하지 못하고 오히려 방해를 받는 또 다른 경우는 바람직한 결과가 아니라 산출물 또는 성과의 중간 과정에 초점을 둘 때이다. 그 예로 영국 NHS의 불합리한 인센티브 사례들을 들 수 있다. 그중에서도 불합리한 행동을 초래한 가장 놀라운 예는 진료를 받기 위한 대기 시간 감축을 목표로 채택하면서 시작되었다. 첫 번째 실수는 대기자 리스트의 환자 수를 타깃으로 정한 것이다. 왜냐하면 대기자 수는 경증 환자부터 먼저 진료를 받게 함으로써 아주 손쉽게 줄일 수가 있기 때문이다. 헬스 분야에 대한 영국 감사원의 감사에서 의료진을 대상으로 실시한 설문조사 결과, 응답자의 20%가 대기자 리스트의 수를 줄이기 위해 수시로 진료 우선순위와는 다른 순서로 환자를 진료한다고 밝혔다. 또한 대기자 리스트를 모니터링하는 데 사용되는 데이터 시스템도 병원별로 서로 다른 정의를 사용하는 등 취약한데도, 효과적인 검증을 받는 경우는 거의 없는 것으로 나타났다.[15] 이와 같은 상황에서 목표치를 달성해야 한다는 압력을 받자 9개 헬스 트러스트(Health Trust)는 대기자

---

15) Comptroller and Auditor General, *Inpatient and Outpatient Waiting in the NHS* (HC 221, 2001-2002).

리스트 데이터를 조작하는 사태에 이르렀다(**박스 12.9**).

그러자 보건부는 목표의 측정을 대기자 명단이 아니라 대기 시간과 관련된 여러 지표로 전환하였다. 그러나 여기서도 문제는 나타났다. 환자들이 2일 내에 해당 지역 의사와 검진을 예약할 수 있도록 한다는 목표는 다음과 같은 역효과를 낳았다. 여유 있게 기간을 두고 예약일자를 잡으면 의사나 환자 모두에게 좋은 경우도 있는데도 그렇게 하면 성과 통계가 나빠질까 봐 의사들이 예약일자가 2일 뒤로 넘어가는 검진 예약은 받지 않게 된 것이다.[16] 구급차 대응 시간에 관한 보고서를 보면 31개 서비스 중 6개

---

16) Bevan, G. and Hood, C. (2006) 'What's measured is what matters: targets and gaming in the English public health care system', *Public Administration*, 84(3).

업체가 대응 관련 기록을 할 때 공식 지침을 따르지 않은 것으로 나타났는데, 이는 대응 시간 목표치 달성을 보다 용이하게 하기 위한 의도였다.[17)

전문가들이 제기한 성과지표 시스템 활용에 따른 의도하지 않은 대표적 부작용은 다음과 같다.

• **터널 비전**(tunnel vision): 매니저들은 많은 다양한 목표치에 직면할 때 측정하기 용이한 것을 선택하고 나머지는 무시한다.

• **하위 최적화**(sub-optimisation): 매니저들은 그들의 부분적인 이해관계를 충족시키면서 전체 시스템의 성과에는 해가 될 수도 있는 관리 방식을 선택한다.

• **근시안적 시각**(myopia): 매니저들은 장기 목표가 희생될 수 있음에도 불구하고 단기 목표치 달성에 초점을 둔다.

• **측정치에 초점**(measure fixation): 결과 측정이 어려워 대리 변수를 사용하는 경우 실제 바람직한 결과보다 대리 지표가 초점이 되어버린다.

• **보고의 조작**(misrepresentation): 좋은 인식을 주기 위해 데이터를 왜곡하거나 보고를 조작한다.

• **잘못된 해석**(misinterpretation): 전체 성과 테이블 등의 결과를 해석할 때 통계적 부정확성 문제를 무시한다.

• **게이밍**(gaming): 매니저들은 목표 달성을 추구하지 않고 시스템을 조작한다. 예를 들어 현재 잠정 수준의 기준치를 고의적으로 낮춤으로써 장래 성과 개선을 용이하게 하거나 장래 목표치를 인위적으로 낮추려 한다.

• **화석화**(ossification): 지표가 더 이상 유용하지 않은데도 어느 누구도 이를 개정하거나 제외하려 하지 않기 때문에 그대로 남아 있다.

---

17) Carvel, J. (2006) 'Ambulance times misreported 999 response times', *The Guardian*, 15 August.

전문가들은 측정상의 어려움이 존재하는 경우 우선순위가 높은 분야에서 조금이라도 측정 가능한 부분들이 있으면 그것이 마치 전체를 대표하는 것처럼 가정해버리는 문제를 지적했다. 그들이 보기엔 헬스 분야의 그 어떤 가정도 정당화되지 못했다. 전문가들은 정기적인 감사나 성과정보의 타당성에 대한 검증이 부족한 것을 심각하게 받아들인다.[18]

이런 특징의 많은 부분이 이번 장에서 인용한 사례들을 통해 명확하게 확인되었다. 그러나 해석상의 문제에 대해 구체적 사례를 들어 설명할 필요가 있다. 왜냐하면 어떤 목표치도 설정되지 않은 채 지표만 정의된 상황에서도 왜곡이 발생할 수 있기 때문이다. 영국에서 잘못된 해석의 가장 명백한 사례는 학교 평가 테이블을 결정하는 지표 사용과 관련된 것이다. 우수한 시험 성적을 거둔 학생들의 비율이 학교 평가를 결정한다. 영국 감사원은 이러한 학교 평가 테이블의 작성 및 활용을 감사한 바 있는데, 감사 결과 학교 평가 테이블을 이용하여 학교 성과를 판단하는 것에는 상당한 오류가 있는 것으로 나타났다. 먼저, 최초 테이블이 기초 성적을 제시할 때 신입생의 자질 및 다른 외부 요인에 대한 고려가 없었다. 그리고 성적 향상에 대한 측정치를 도입하면서 발표된 데이터에는 이미 잘 알려져 있는 통계적 변동 및 불확실성이 전혀 고려되지 않았다. 주어진 지역 학교들에 대한 공정한 순위를 매기는 것이 아니라 평가 테이블을 통해 겨우 최상위 그룹과 최하위 그룹을 구분하는 수준이었다. 통계적 노이즈로 인해 보다 세밀한 평가는 불가능했다. 여기에 외부 요인까지 포함시킬 경우 최고 성과 학교와 최하 성과 학교 간의 성과 격차는 크게 줄어들었다. 그러나 이러한 문제는 일반 시민들에게 성과 테이블을 제시할 때 무시되었다.[19]

---

18) Bevan, G. and Hood, C. (2006) 'What's measured is what matters: targets and gaming in the English public health care system', *Public Administration*, 84(3).

12.9 공공책무성

정부는 성과 목표치와 지표의 도입을 통해 다른 무엇보다 공적 자금 집행에 관한 공공책무성이 확보될 것으로 기대한다. 영국 정부의 공공서비스협약(Public Service Agreement, PSA) 목표치를 통해 장관들은 의회에 대해 책임을 지고, 관료들은 장관에 대해 책임을 진다. 그러나 앞에서 논의한 많은 요소들은 완전한 공공책무성을 저해한다. 목표치의 정확성 또는 명확성의 결여는 성과에 대한 여러 다른 해석을 가능하게 한다. 영국 하원 특별위원회는 목표 달성이 되었다, 아니다 라는 식의 정부와 야당의 주장을 검토하면서 두 주장이 모두 다 틀린 것이 아닌 것으로 받아들였다. 왜냐하면 해석을 위해서는 목표치를 구성하는 하위 요소들이 어느 정도 충족되었는지를 판단해야 하는데 처음부터 이것들이 정해지지 않았기 때문이다.[20] 또한 지표 값의 변화 중 어느 정도가 정부 조치에 기인한 것인지에 대한 이해의 부족 역시 명확한 경영관리 관련 공공책무성을 저해한다.

이와 같은 인센티브와 공공책무성 이슈는 서비스 재원을 조달하는 정부 기관이 전달 기구의 성과에 미칠 수 있는 레버리지가 크지 않음을 의미한다. PSA 목표 주관 기관을 대상으로 최근 실시한 서베이 결과를 보면 전체의 60%만이 지방정부 또는 사회단체 등 주요 전달 기구에 대해 적절한 영향력을 보유하고 있다고 응답하였다. 또한 놀랍게도, 목표 주관 기관의 거의 90%가 전달 체인의 성과가 성공에 핵심적이라고 하면서도 약 절반만이 전달 체인의 효율성 관련 적정한 정보를 갖고 있고 10%만이 개인/기업

---

19) Comptroller and Auditor General, *Making a Difference: performance of maintained secondary schools in England* (HC 1332, Session 2002–2003).

20) Public Administration Select Committee (2003) *On Target? Government by Measurement*, HC 62-I, Fifth Report 2002-2003. The Stationary Office, London.

성과 계약에 지표를 활용하고 있다고 밝혔다.[21]

이러한 상황은 특별히 뛰어나거나 저조한 성과를 어떻게 다룰 것인지가 불명확하다는 문제를 보여준다. 성과가 저조한 서비스 전달 기구로부터 자금을 회수하려는 시도는 서비스를 받는 시민들의 고통으로 직결되기 때문에 사실상 불가능하다. 성과가 높은 전달 기구에 더 많은 자금을 투입하려는 시도 역시 유사한 이유로 쉽지 않다. 최근 지방 서비스에서 높은 성과를 보이는 전달 기구에 현장 점검 및 규제를 면해주는 요소를 포함시켰다. 성과가 저조한 기구에는 성과 개선을 위한 관리팀이 파견될 수도 있다. 그러나 '성과'를 어떻게 나타낼 것이며, 이를 측정하는 지표는 적절한지에 대한 끊이지 않는 의문은 결국 성과 평가 시책 추진에 대한 관심을 제한할 수 있다.

12.10 데이터 품질 및 보고

데이터 품질은 성과 측정 시스템이 의도한 대로 작동하는 데 가장 기초가 된다. 데이터의 낮은 품질은 개선에 대한 모니터링뿐만 아니라 계획 수립의 품질, 베이스라인 설정 능력에도 영향을 미친다. 그러나 정부는 성과 측정 시스템을 뒷받침할 데이터의 적절한 흐름을 확보하지 않은 채 종종 시책 추진을 밀어붙이고 개정하고 확대했음을 우리는 확인할 수 있었다.

영국 중앙정부의 경우 데이터 품질은 성과 측정 시스템 설계 시 명시적인 요소가 되지 못했다. 예를 들어 책임운영기관, 공공서비스협약(PSA) 또는 효율성 개선 시책 등을 애초에 설계할 때는 성과정보에 대한 외부 검

---

21) National Audit Office (2006) *PSA Target: Performance Information. A survey report on the views of departmental Finance Directors and PSA Target Owners on working with PSA.*

증을 위한 어떤 방법도 포함되지 않았다. 즉 성과 측정 시책의 성공을 위한 데이터 품질의 중요성과 게이밍 또는 데이터 조작의 잠재적 심각성 등을 정부가 인지하고 있었다는 증거를 전혀 찾을 수 없었다.

영국 감사원은 성과 보고에 사용된 데이터 또는 데이터 시스템 검증을 위한 감사를 실시하여 만연한 문제들을 발견하였다. 중앙부처 집행 기관에 대한 감사 결과만 놓고 봤을 때 약 20%의 정보 스트림이 설계, 운영 및 보고 과정에 문제가 있는 것으로 나타났다.

이와 같은 실망스러운 결과는 다음 몇 가지 원인에 기인한다.

첫째, 데이터 가용 여부 또는 적합성에 대한 검토 없이 목표치가 설정되었다. 이런 문제점은 결과 지표가 갖는 정치적 속성, 그리고 목표치를 가급적 장기적인 것으로 하고 다수의 하위 요소와 함께 구성하려는 경향을 반영하는데 그 결과 모니터링 및 보고 시스템에 보다 큰 부담으로 작용하게 되었다.

둘째, 목표치 달성의 경우 '목표 주관 기관'을 정함으로써 명확한 책임을 부여한 반면 데이터 신뢰성의 보증과 관련해서는 어느 기관에게도 이와 유사한 책임을 부여하지 않았다. 그 결과 데이터 품질과 관련해서 어떤 품질 요소가 필요한지, 즉 어느 정도의 바이어스(bias), 불확실성, 시의성 (timeliness), 비용 등을 용인할 수 있는지에 대한 공식적인 검토가 거의 없었다. 이러한 상황에서 리스크에 대한 판단 또는 비용 효과적인 통제 시스템에 대한 고려가 이루어지기는 매우 어렵다. 사실 많은 정부 관계자들이 리스크를 단순히 데이터 조작 차원에 국한하고 있는 것으로 감사 결과 나타났는데, 실제로는 데이터 시스템 관련 대부분의 문제가 운영상 또는 보고상의 오류로 나타났다. 그 결과 정부부처들은 외부에서 가져왔든 이미 확립된 통계 시스템에서 추출한 것이든 간에 데이터 적합성에 대한 검토를 애초에 거의 하지 않았다. 그러한 통계들이 성과 모니터링을 염두에 두고 생산된 것이 아님에도 말이다.

셋째, 명확한 보고 기준이 확립되지 않았다. 시간이 지나면서 정량 지표 보고가 확대되고 있지만, 어느 정도가 되어야 '제대로' 된 것이라고 간주할 수 있을지는 여전히 불분명하다. 그리고 부처는 데이터 시스템에 내재한 한계점에 대해 언급하지 않는 경우가 종종 있는데, 한계점을 공개하면 오히려 읽는 이가 개선 상황에 대해 보다 균형 잡힌 견해를 갖게 하는 데 도움을 줄 수 있다. 뿐만 아니라 외부 상황의 변화에 따라 목표치를 수정하거나 관련 데이터 시스템을 변경하는 것에 관한 확립된 절차도 없었다.[22]

효율성 측정도 나을 것이 없었다. 정부부처들은 효율성 측정 지표인 투입과 산출을 연계할 수 있는 적절한 정보가 부족하여 어려움을 겪었다. 따라서 많은 효율성 지표가 투입 또는 프로세스에 초점을 두게 되었고 산출 및 품질 영역은 다른 방법, 즉 통합된 측정 시스템의 일부가 아니라 주로 투입 변화가 효율성 개선으로 간주될 수 있는지를 폭넓게 체크하는 방식으로 측정이 이루어졌다. 그 결과는 설득력을 갖지 못했다. 정부가 2005년 9월 기준으로 효율성 개선 효과가 총 47억 파운드에 달한다고 발표한 데 대해, 영국 감사원은 이를 잠정적 결과로 간주해야 하며 추가 확인이 필요하다고 감사보고서에 기재했다. 효율성 개선 효과 자체를 의심하는 것은 아니지만 그것이 맞게 측정되었는지에 대해서는 확신할 수 없다.[23]

데이터 품질 문제는 영국 중앙정부뿐 아니라 다른 행정 부문에서도 마찬가지로 중요하다. 성과 시스템의 설계 단계부터 데이터 품질에 대해 보다 명확하게 검토가 이루어진 사례도 있다. 영국 지방정부의 경우 단순히

---

22) Comptroller and Auditor General, *Second Validation Compendium Report* (HC 985, 2005-2006).

23) Comptroller and Auditor General, *Progress in Improving Government Efficiency* (HC 802-I, 2005-2006).

Best Value Indicators를 넘어 성과 측정 시스템의 안정성(robustness)에 대한 평가가 지자체 감사실무지침(Code of Audit Practice)에 포함되어 있다. 그리고 미국의 경우 Reports Consolidation Act of 2000이 제정됨에 따라 연방 기관들은 기존 정부 성과 및 결과에 관한 법률(GPRA) 규정에 추가하여 성과 데이터의 완전성(completeness)과 신뢰성(reliability) 평가가 의무화되었다. 두 사례는 신뢰할 수 있는 성과정보가 갖는 중요성을 반영한 것이지만, 실제 결과로까지 이어지지는 못했다. 영국 지방감사원은 지방정부의 성과지표를 발간할 때 자체 분석과 지방 감사인의 평가 결과를 기반으로 문제의 소지가 있는 지표에 대해 '경고'(health warning) 표시를 부착하였다. 2000년도 성과 계획에 대한 평가 결과, 문제 지표에 수년간 경고를 했음에도 여전히 상당수 지자체의 성과 측정 시스템은 안정적이지 않은 것으로 나타났다.24) 그리고 미국의 경우 24개 대상 기관 중 5개 기관만이 2000 회계연도에 대한 평가 결과를 제출하였으며, 어느 기관도 성과정보의 중대한 부적절함을 규명하지 않았다. 그러나 각 기관별 내부 감찰관(Inspector General) 보고서를 보면 24개 중 11개 기관이 성과 측정 분야의 '경영관리 개선 과제'를 안고 있었다.25)

12.11 결론

성과 목표를 정하고 이를 토대로 성과를 측정함으로써 개선을 확보할 수 있다는 아이디어는 공공 및 민간 분야의 최종 결과 달성에 초점을 맞춰

---

24) Comptroller and Auditor General, *Measuring the Performance of Government Departments* (HC 301, 2000-001), Appendix 4.

25) Government Accountability Office(2002) *Performance Reporting,* GAO-02-372. Washington DC.

왔다. 그러나 이번 장의 논의에서 볼 수 있듯이 관심의 초점은 결과보다 성과 목표치 자체를 향하게 되고, 목표치는 관계자들이 생각하는 업무 현실과는 동떨어진 채로 자체적인 존재 가치를 갖는 것처럼 간주되었다.

이러한 상황에서 성과 목표치의 추구는 역기능적인 방향으로 행동 변화를 일으킬 수도 있다. 앞에서 소개했던 병원 진료 대기자 리스트 관련 목표치가 행동을 왜곡시켰던 것이 좋은 예이다. 로버트 콜은 이와 관련된 어려움을 다음과 같이 잘 요약하였다.

성과 목표치는 비록 너무나 널리 사용되고 있지만, 아주 가벼운 성격의 것이라면 모를까 목표치를 사용하는 것은 다음과 같은 세 가지 문제로 인해 잘못될 수 있다. 첫째, 목표치를 잘못 설정하는 것. 둘째, 설령 올바른 목표치를 설정했다 하더라도 사전에 합의된 목표 달성을 위해서 다른 중요한 요소들은 무시해버리는 것. 셋째, 목표치 달성 과정에서 환경 변화 등으로 인해 목표치가 무의미해지는 것. 이러한 상황은 모든 지식을 동원해서 최선의 방법으로 목표치를 설정하거나 관리 차원의 모든 고려 사항들을 포함하여 폭넓게 일단의 목표치를 구성한다 하더라도 피할 수 없다.[26]

정말 필요한 것은 '성과 문화'(performance culture)로서, 여기에는 측정이 한 부분을 차지하기는 하지만 가장 우선적인 관심의 초점은 아니다. 바로 이것이 앞 절에서 소개했던 목표에 의한 관리(MBO), EFQM 모델, 매킨지의 7S 모델과 같은 성과 프레임워크가 원래 의도했던 것이다. 그러나 설명했듯이 아이디어를 실행하는 과정에서 가장 큰 관심이―의도한 결과가 적중했는지에 상관없이―가장 눈에 띄는 측정 부분에 쏠리게 되고, 측

---

26) Robert Cole, *Evening Standard*, London, May 2006.

정을 통해 지원하고자 하는 전체적인 관리 역량에 대해서는 거의 관심을 기울이지 않는다. 측정은 결과 달성을 지향해야 함에도 말이다.

이러한 성과 문화를 개선하기 위해 감사인은 어떤 역할을 해야 할까? 적절한 활동을 예시하면 다음과 같다.

• 성과 측정 제도를 운영하는 목적을 세밀하게 살펴서 도입된 환경, 제도, 목적 간의 적합도를 높일 수 있는 기회가 있는지를 조사한다. 이를 통해 감사인은 성과 측정 활용에 대한 비판적 위치에서 개선을 위한 건설적인 방안을 제시할 수 있다.

• 목표치가 복잡하지 않고 잘 이해할 수 있으며 정확한지, 도전적이며 측정 및 달성 가능한지, 원하는 결과와 관련이 있는지, 그리고 관심과 에너지를 분산시키지 않고 집중할 수 있을 정도로 적절히 적은 수로 구성되어 있는지를 점검한다.

• 성과 측정 관련 최적 사례를 촉진한다. 이는 다양한 종류의 공공기관과 환경에서의 감사인의 성과 측정 경험 및 폭넓은 문헌에 기반할 수 있다. 감사인은 종종 피감기관에 비해 훨씬 폭넓은 시각을 가질 수 있으며, 피감기관이 과거에 시도한 성과 측정 시책과 교훈 등에도 보다 잘 접근할 수 있다는 강점이 있다.

• 성과 측정의 검증, 인센티브, 벌칙, 결과 보고 및 데이터 품질 등 성과 측정 제도의 인프라에 해당하는 요소들을 점검하여 적정한 운영을 촉진함으로써 성과 측정 제도의 발전을 도모하고 성과 개선의 잠재력을 달성할 수 있도록 지원한다.

• 전체 전달 체계에 걸쳐, 그리고 유사한 기관 간에 일관된 성과 측정을 촉진하고, 측정 관련 비용을 줄이며, 생산적인 비교 및 벤치마킹의 범위를 확대한다. 일관된 성과 측정은 전달 체계에 걸쳐, 그리고 외부 이해관계자와 보다 명확한 커뮤니케이션을 가능하게 한다. 감사인은 종종 성과 측정

제도가 현장 종사자와 서비스 사용자에 미치는 영향을 단순화함으로써 유용한 기여를 할 수 있다.

이번 장의 교훈을 정리해보면 '측정 문화'를 '성과 문화'로 전환시키기 위해서는 다음이 필요하다.

- 목표 달성과 관련된 업무 종사자들에게 의미가 있는 측정 지표와 목표
- 일반 국민들에게 의미가 있는 측정 지표와 목표
- 명확한 방향을 제공하고 측정하는 데 모호함이 없는 측정 지표와 목표

성과 측정의 목적을 달성하기 위해 각 기관은 다음과 같은 업무를 수행할 수 있는 리더십 역량을 확보해야 한다.

- 리스크 평가 및 관리
- 직원의 잠재력 실현
- 전략적 목표와 긴밀히 연계되는 성공적인 변화의 확보

12.12 요약

제2차 세계대전 이후 많은 민주적 정부들은 매우 적극적인 경제적, 사회적 복지 정책을 추진해왔다. 그러나 이를 실행할 책임을 갖는 관료제는 허점을 드러냈고 계획은 달성되지 못했다.

무엇을 할 수 있었던가? 한 가지 해법은 성과 목표와 측정치 설정을 통한 소위 유행하는 '목표에 의한 관리'(MBO) 처방에 있는 것으로 보였다. 1980년대 초반부터 이와 관련된 시스템이 하나씩 줄을 이어 영국 및 다른 국가에 도입되었다.

그러나 적절한 측정 수단, 목표치, 산출물, 결과를 선정하는 것은 쉬운

일이 아니었다. 너무나 자주 다음과 같은 문제가 발생하였다.

- 목표치의 수가 지나치게 많아 어떤 조치를 해야 하고 그것을 어떻게 평가해야 할지 명확히 할 수 없음
- 목표치가 지나치게 모호하거나 일반적이어서 어떤 결과가 발생했더라도 목표 달성이 되었다고 말할 수 있음
- 목표치가 너무 엄격하게 규정되어 추진 기관의 사기를 저하시키고 '게이밍'(gaming)을 초래함
- 목표치가 의도하지 않은 결과를 초래함
- 결과를 달성하는 데 원인이 될 수 있는 활동을 결정하기 어려움
- 누가 목표치 달성에 책임이 있는지 명확하지 않음
- 측정 수단과 목표치를 뒷받침하는 데이터를 신뢰할 수 없음

그리고 다음과 같은 상황은 어려움을 가중시켰다.

- 측정 수단과 목표치가 너무 자주 변경되어 비록 정치적으로는 용이할 수 있겠지만 실제 향상 정도를 추적하기에는 곤란함
- 어떤 결과를 달성했는지, 그리고 결과 달성을 위해 필수적인 추가 조치가 무엇이었는지 등을 평가하는 데 필요한 감사 가능한 성과정보가 성과 시스템을 통해 생산되지 못함

그러나 리더십을 통해 성과 측정 수단과 목표치가 새로운 열정과 직원들의 사기를 불러일으켜 성과 측정 시스템을 성과 문화로 전환할 수 있다면, 산출물과 결과에서 실질적 개선 효과를 달성할 수 있다.

13장 감사기구의 새로운 역할과 구성

　　외부감사가 관료제에 효과적으로 대응하기 위해서는 감사 업무를 어떻게 구성해야 할 것인가? 감사인이 비판자나 고발자 역할이 아니라 코치 또는 멘토의 역할로 전환하고, 피감기관의 공공서비스 전달에 자원을 절약하고 개선을 유도할 수 있는 권고를 제시하려면 무엇을 해야 하는가?

　　그 해답을 줄 수 있는 특정 조직 형태란 것이 가능하지는 않겠지만 몇 가지 포인트가 있다. 핵심적인 포인트는 다음과 같다.

　　• 감사인은 동료와 함께 일을 해야 한다. 필요할 경우 하나의 팀으로 일을 하고, 권고안을 제시하기 이전에 피감기관을 비롯한 관계자들과 아이디어와 생각을 나누며 소통할 필요가 있다.

　　• 팀원은 내부 인력과 외부 인력으로 구분된다. NHS 감사팀의 경우 전문 자격을 갖추고 관련 분야 네트워크에 접근이 가능한 의료 전문가를 포함해야 하며, 도로교통 감사팀의 경우 엔지니어를 포함해야 한다. 감사 사항은 프로젝트이며, 따라서 프로젝트와 동일한 방식으로 체계적으로 관리

되어야 한다.

- 감사인은 공공 감사기구에서 대부분의 경력을 쌓게 된다. 그러나 전 경력을 감사기구에서만 보내는 것은 바람직하지 않다. 영국 감사원의 경우 금융 서비스 기업을 비롯한 다른 민간업체, 의회 위원회, 정부부처, 지방정부, 건강보험 서비스, 그리고 국내 또는 해외 감사기구에 직원을 파견한다. 같은 형태로 매우 다양한 국가와 기관들로부터 직원을 수견받고 있다.

- 다양한 감사 접근방법을 경험할 수 있도록 주요 국내 문제 범주를 벗어난 분야의 감사 사항을 모색할 필요가 있다. 영국 감사원은 유엔(UN), 세계보건기구(WHO), 세계식량계획(WFP) 등을 비롯한 수많은 국제기구와 계약을 맺고 감사를 실시하고 있다. EU 집행위원회와 협약을 체결하여 영국 감사원 직원이 헝가리, 리투아니아, 슬로베니아 등에서 근무 경험을 갖도록 하고 있다.

- 영국 감사원은 중국, 러시아, 아제르바이잔, 베네수엘라 등 많은 국가들과 협력약정(MOU)을 체결하였다.

- 영국 감사원은 성과 측정, 프로젝트 관리, 경제 및 통계 기법과 같은 특정 분야에 특화하여 다른 동료들에게 자문을 제공하는 센터를 갖고 있다.

- 영국 감사원은 우수한 대학 졸업생을 선발하여 이들이 전문 회계사나 감사인, 또 필요한 경우 다른 분야의 전문 자격을 취득할 수 있도록 지원한다. 또한 필요한 전문성을 갖춘 경력직을 선발하기도 한다. 이들은 주로 런던 시, 전문 기관, 또는 NHS 관련 조직 출신이다. 영국 감사원은 의회에서 임명한 민간 출신의 외부감사를 두고 있으며 외부감사는 매년 영국 감사원 자체의 재정가치(VFM) 달성 여부를 평가한다. 영국 감사원의 회계감사 기준은 영국 및 웨일스 공인회계사협회의 평가를 받고, 회계감사의 25% 이상이 민간 회계법인에 의해 수행되며 최종 책임은 영국 감사원이

진다. 영국 감사원의 성과감사 보고서는 외부 전문가들로부터 평가를 받는데 현재 이들 외부 전문가는 런던정경대학, 옥스퍼드대학 소속이다. 평가의 초점은 감사보고서의 논리, 명확성, 그래픽의 사용, 증거의 타당성 등이다. 감사보고서에 수록된 사실 관계에 대해서는 피감기관도 동의한 내용이고 보고서의 결론 및 권고안이 사실에 기초한 것임을 피감기관에 보여주기도 하지만, 전문 감사인으로서 최종 책임은 영국 감사원이 갖는다.

• 영국 감사원은 보고서 작성 시 의회, 피감기관, 관련 전문가와 학계, 언론 등 다양한 독자층이 접근 가능하도록 노력한다. 가능한 한 짧은 보고서를 목표로 하며—이상적으로 A4용지 기준 20장 정도—필요한 경우 영국 감사원 웹사이트를 통해 첨부 문서 및 참고 자료를 제공한다.

• 영국 감사원은 전문 학회에도 참여하는데, 예를 들어 영국, 유럽과 미국의 평가학회 회원으로 활발한 활동을 하고 있다. 보다 폭넓은 지속 가능한 영향을 확보하는 데 컨퍼런스는 중요한 수단이다. 예를 들면 고위 공무원과 런던정경대, 하버드대, 틸버그대 교수 등이 참여하는 세미나를 통해 정부부처에서 혁신이 자리 잡기 위한 방안을 논의한다거나, 성과 측정의 최신 추세와 기법, 규제, 민간투자사업 등에 관한 연례 컨퍼런스를 실시하고, 왕립의과대학, 심장마비협회, 의사소통장애 네트워크인 Connect 등과 공동 연구를 수행하며, 심장 발작으로 알려진 의학적 상태의 예방 및 진료 개선에 관한 컨퍼런스를 개최하기도 한다. 관련 이슈와 VFM 확보에 영향을 미치는 광범위한 맥락에 대한 이해를 넓히기 위해 영국 감사원은 다양한 외부 전문가들과 접촉하기도 한다. 예를 들어 비대칭 정보하에서의 인센티브에 관한 경제 이론에 관한 연구(이는 사람들의 기대를 충족하는 서비스를 디자인한다는 맥락에서 중요하다)로 1996년 노벨경제학상을 공동 수상한 제임스 멀리스(James Mirrlees), 영국산업협회 사무총장 등 산업 분야의 리더, 정부 부문의 핵심 조달업체(Capita, TNT, 영국우주항공 등),

그리고 공공서비스 전달 문제에 정통한 언론인 등이 있다.

종합해보면 이상의 접근방법은 영국 감사원의 전문 역량에 피감기관이 속해 있는 환경과의 관계, 그리고 민간 부문, 사회단체, 해외 경험 등 보다 광범위한 경험을 결합하려는 시도라 할 수 있다.

13.1. 어떤 결과를 얻고 있는가?

그렇다면 영국 감사원은 과연 코치와 멘토로서 성공하고 있는가? 다음 세 가지 예를 통해 살펴보도록 하자.

13.1.1 감사의 재무적 효과

영국 감사원의 임무는 국가가 예산을 현명하게 사용하도록 돕는 것이다. 이러한 임무를 달성하고 있음을 입증하는 방법 중 하나가 정부부처에서 감사 권고안의 직접적 결과로서 달성한 예산 절감 및 효율성 개선과 같은 재무적 효과를 통해서이다. 모든 영국 감사원 직원들에게 이러한 측면의 감사 활동의 중요성을 강조하고 의회와 납세자들에게 어떠한 투자 수익을 영국 감사원이 창출하고 있는지 명확한 메시지를 제공하기 위해, 1989년 필자가 감사원장 재임 시 영국 감사원 운영 경비 대비 최소 7배의 예산 절감을 매년 달성하겠다는 목표를 도입하였다. 1998년 예산 절감 목표치는 8배로 높아졌고 2007년에는 다시 9배가 되었다. 우리는 지난 수년간 지속적으로 재무 효과 목표를 달성해왔으며(**박스 13.1** 참조), 1993년 이후 50억 파운드 이상의 예산 절감 효과를 보고하였다.

영국 감사원에서는 감사 권고안의 결과로 관련 부처가 목표 달성을 위

박스 13.1: 영국 감사원 감사 활동의 재무적 효과

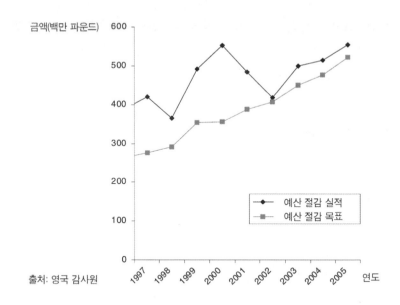

금액(백만 파운드)

출처: 영국 감사원

연도

예산 절감 실적
예산 절감 목표

해 투입하는 자원을 줄이거나 불법적인 세금 또는 관세 포탈을 줄이는 등으로 수입을 늘릴 때 재무 효과를 달성하게 된다. 이는 감사를 통해 개선 가능한 재무 관리 분야를 영국 감사원에서 규명하였을 때 발생한다. 예를 들어 계좌 관리 관련 영국 감사원 권고를 통해 국가복권기금을 관리하는 New Opportunities Fund의 수익률이 높아짐에 따라 영국 감사원에서는 연 3백만 파운드의 예산 절감을 기록하였다. 영국 감사원이 기록하는 재무 효과는 영국 감사원 내부감사 부서와 외부감사인에 의해 독립적인 검증을 받는다. 감사 결과 재무효과가 어떻게 발생하는지 구체적 유형과 감사 사례를 **박스 13.2**에 제시하였다.

박스 13.2: 주요 분야별 잠재적 감사 효과 유형 및 영국 감사원 감사 사례

1. 조달 분야

• 잠재적 감사 효과 유형

 − 계약 업무 개선, 다량 구매 등을 통한 비용 절감

 − 경제적 사용을 통한 비용 절감

 − 설비 합리화

 − 타 기관 또는 다른 내부 부서 조달 비용을 참조

• 영국 감사원 감사 사례

 − 영국 감사원 감사보고서는 엔지니어링 및 물리학연구회(EPSRC)가 승인한 연구 과제에 필요한 과학 장비 구매 업무 개선을 위한 권고안을 제시하였음. EPSRC뿐 아니라 모든 연구회와 잉글랜드 고등교육재원조달위원회가 영국 감사원 권고안을 수용하여 4년에 걸쳐 2,500만 파운드를 절감함.

 − 정부부처는 부처 전체의 통합 구매력을 보다 잘 활용하고 전문 서비스 구매를 위한 개별 계약 사용을 확대하라는 영국 감사원 권고안을 수용하여, 그 결과 3년에 걸쳐 6,000만 파운드를 절감함.

2. 거래 서비스

• 잠재적 감사 효과 유형

 − 일반 시민과 정부부처 간의 거래에서 오류 및 부정행위 감축

 − 대응 시간 축소

 − 보다 효과적인 현장 직원 배치

 − 보다 효과적인 세입 징수

 − 보다 효과적인 채무 감축

• 영국 감사원 감사 사례

 − 국세청은 영국 감사원 권고안을 수용, 연금 수령자의 자격과 신원을 확인하기 위한 전략을 도입하였음. 해외 거주자 전원에게 서한을 발부하고 확인하는 절차를 도입했는데, 이에 따라 모든 연금 수령자가 국민연금 자격 해당 여부를 서한을 통해 최대 5년 이내에 확인할 수 있도록 함. 그 결과 7년에 걸쳐 2,480만 파운드를 절감함.

3. 자산 관리

• 잠재적 감사 효과 유형

  – 자산, 프로젝트, 자원의 통제 및 관리 개선

  – 보다 효과적인 재고 관리

  – 자산 매각 수입 증대

• 영국 감사원 감사 사례

  – 영국 감사원 감사 결과 국방부(MoD)는 14,000개 관사가 공실 상태이나 연간 렌트와 관리비 명목으로 3,900만 파운드를 지출하고 있는 것으로 나타남에 따라 불필요한 관사 보유를 줄이도록 권고하였음. 이에 국방부는 2,635개 관사를 처분, 3년에 걸쳐 관리비만 2,100만 파운드를 감축함.

4. 지원 부서 기능

• 잠재적 감사 효과 유형

  – 관료주의 및 복잡한 프로세스 감소

  – 프로세스의 효율성 개선

• 영국 감사원 감사 사례

  – 영국 감사원 감사보고서는 장애급여 지급 결정이 지연되고 있음을 지적하였음. 결정 지연은 곧 급여 수령의 지연을 의미하며, 초과 지급 사례도 발생하였음. 노동연금부는 정확하고 시의성 있는 처리를 위한 성과 목표치를 새로이 도입하고 이를 달성함. 장애급여 미처리 건수를 2001년 36만 8,000건에서 2003년 6월 4만 건으로 감축. 이를 통해 연금 지급 오류 금액을 3년에 걸쳐 1억 1천만 파운드 절감함.

5. 신데렐라 서비스*

• 잠재적 감사 효과 유형

  – 우선 서비스로 간주되지 않은 분야에서의 효율성 개선 효과 달성

• 영국 감사원 감사 사례

  – 영국 감사원 감사보고서는 교도소 간 급식비 차이를 비교, 급식 품질에 영향을 주지 않으면서 급식비를 줄일 수 있는 방안을 권고함(예를 들어 식재료 계약 건수 감소). 그 결과 교정서비스청은 4년에 걸쳐 1,100만 파운드를 절감함.

6. 국민의 비용 지출 절감
- 잠재적 감사 효과 유형
  - 유틸리티 관리 향상을 통한 소비자 요금 인하
- 영국 감사원 감사 사례
  - 통신위원회는 영국 감사원 감사 결과를 수용, British Telecom의 전화기 렌트 가격을 조사하고 25% 가격 인하를 명령함. 그 결과 5년에 걸쳐 소비자 요금 4,300만 파운드를 절감함. 또한 소비자들을 위한 통신비 절감 방법 소개 리플릿을 제공함.
  - 영국 감사원 감사보고서는 전력 거래 가격은 감소하는 데 반해 소비자 가격은 변동이 없음을 분석하여 전력 사용자가 가격 하락에 따른 혜택을 입지 못하는 상황을 지적함. 언론의 감사 결과 보도 이후 소비자들이 보다 유리한 요금을 찾아 전력 공급업체를 교체하기 위한 문의가 폭주함. 소비자 1인당 평균 35파운드, 총 400만 파운드를 절감함.

* 역주: '신데렐라 서비스'란 관심이 낮고 재정 지원도 떨어지는 사업에서 기대 이상의 큰 성공을 거두는 경우를 일컫는다.

출처: 영국 감사원(NAO)

13.1.2 비재무적 성격의 개선 효과

물론 모든 감사 결과가 재무 효과로 연결될 수 있는 것은 아니다. 시민들과 의원들은 공공서비스의 품질, 그리고 세금으로 어떤 서비스를 전달할 것인지에 대해서도 큰 관심을 갖고 있다. 이와 관련된 흥미로운 감사 사례로 새로운 건축 기법의 효과에 대한 영국 감사원의 검토를 들 수 있다. 영국 일부 지방의 주택 부족 현상은 해당 지역의 주택 가격에 영향을 미치고, 이로 인해 주요 공공 부문 종사자들이 그들의 기술에 대한 수요가 높은 지역에서 거주할 수 없는 결과를 초래한다. 영국 감사원은 다양한 관련 분야 외부 전문가들과 함께 주택을 보다 신속하고 낮은 비용으로 건축할 수 있는 새로운 방법에 대한 검증을 실시하였다. 이 감사를 통해 개발업자와 부품 제조업체들이 새 건축 방법을 이해하고 사용할 수 있게 하였다. 영국 감사원 감사를 통한 효율성 및 생산성 개선 효과가 2,300만 파운드에 달할 것으로 보이며, 이는 연간 900채의 추가 주택 건설이 가능한 금액이다.

이러한 혜택은 다음 두 가지 이유로 실현될 수 있었다. 첫째, 감사 결과는 건축비 관련 추정치에 대한 신뢰를 높여 리스크 프리미엄을 낮추었다. 둘째, 감사를 통해 건축 관련 세부 절차 계획이 확립됨으로써 혁신적 건축 기법을 어떻게 최대한 활용할 수 있는지를 잘 보여주었다. 결국 영국 감사원의 기여는 거의 시도된 바 없는 새로운 접근방법에 대한 확신을 갖게 도와준 것에 있다. 다른 예로 시민들로 하여금 공공서비스 품질이 낮은 경우에 대한 보상을 받는 것이 얼마나 쉽고 효과적인지를 보여준 영국 감사원 감사를 들 수 있다. 이를 통해 보다 광범위하게 지켜질 필요가 있는 일련의 최적 사례를 강조하였다. 도시 생활에서 삶의 질을 확보하는 데 반드시 필요한 녹지 공간에 대한 감사를 통해 이른바 '신데렐라 서비스'가 될 수 있는 사업에 보다 높은 우선순위를 둘 필요가 있음을 보여주었다. 위 감사의 핵심은 녹지 공간을 적정 수준으로 보존하고 유지하기 위한 비용에 대한 투명성을 높이는 것이며, 영국 감사원 보고서는 비용 투명성을 확보함으로써 향후 투자 부족 사태가 발생할 리스크를 최소화하고자 하였다.

13.1.3 새로운 분야와 기대

감사인은 또한 감사 활동을 통해 가치를 더할 수 있는 이머징 분야에도 관심을 기울일 필요가 있다. 영국을 비롯한 다른 국가들에서 공공 부문은 서비스를 개발하고 전달하는 데 점점 더 자발적 부문에 의존하고 있다. 영국 감사원에서는 이러한 정책에 대한 의회의 감시와 관심을 유지하는 한편 이를 촉진하고 지원하고자 힘써왔다. 영국 감사원의 접근방법 및 경험을 **박스 13.3**에 요약하였다.

박스 13.3: 제3섹터와의 협업

최근 공공서비스 전달에서 제3섹터(자발적/커뮤니티 부문으로도 알려짐)의 역할이 주요 정치 어젠더로 크게 주목을 받고 있다. 영국 감사원은 재정가치를 높이고 보다 질 높은 공공서비스를 제공하기 위해 관련 공공정책 분야에 접근할 수 있는 다양한 방법을 개발해왔다.

2005년 6월 영국 감사원은 정부가 어떻게 자발적 부문의 역할을 증진시키고 제3섹터 기구에 대한 자금 지원 방식을 개선할 것인지에 관한 감사보고서를 발표했는데, 의회 관련 위원회가 이를 심의하였다. 정부는 영국 감사원과 위원회의 권고를 받아들여 새로운 시책을 도입하고 혁신을 지속 추진하고 있다.

그러나 위 감사보고서와 의회의 관심으로 영국 감사원의 해당 분야에 대한 관심 및 활동이 완결된 것은 결코 아니다.

• 영국 감사원은 관련 부처와 제3섹터 전문가들과 긴밀히 협력해서 공적 자금을 제3섹터 기구에 지원할 때 따라야 할 절차 가이드에 해당하는 '의사결정 지원 도구'를 웹 기반으로 개발하였다. 이것은 정부 내 모든 최신 지침들을 모아 반영하였으며, 각 부서별 내부망과 웹사이트에 있는 보다 세부적인 지침들을 집대성하였고, 제3섹터 기구도 활용 가능하다.

• 2005년 감사보고서는 해당 주제에 대한 논의 기초를 만들었으며, 이후에도 특히 2005년 감사에서 다루지 못한 보다 구체적인 주제에 대한 연구를 진행하고 있다. 해당 프로젝트들은 자금을 지원하거나 활용하는 기구 모두를 대상으로 한다.

• 끝으로 정부 내에서 제3섹터로의 책임 이전 문제와 관련된 정책적 이슈는 의회 내 또 다른 위원회의 소관 사항에 해당한다. 영국 감사원은 해당 위원회가 향후 조사 활동을 디자인하고 관심의 초점을 모을 수 있도록 주요 이슈에 관한 광범위한 브리핑을 제공하였다.

출처: 영국 감사원(NAO)

끝으로 멘토 및 코치로서 영국 감사원이 공공 부문에 주는 영향에 대한 실질적 증명은 영국 감사원 소속 감사인들의 증언과 직접 경험을 통해서 확인할 수 있을 것이다. **박스 13.4**에는 다섯 명의 영국 감사원 직원의 경험담을 소개하였다.

그럼에도, 어느 누구에게나 그렇듯 영국 감사원이 달성해온 성공이 우리의 종착지가 될 수는 없다. 공공감사를 통해 보다 큰 재정가치(VFM)를 확보하고자 하는 목표는 여전히 우리 앞에 놓여 있다.

13.2. 결론 및 요약

전 세계에 걸쳐 다양한 형태의 감사기구가 존재함을 통해 알 수 있듯이 공공 감사기구를 성공적으로 조직하는 방법이 하나만 있는 것은 아니다. 그러나 성공을 위한 몇 가지 핵심 요소는 분명 존재하며 몇 가지 예를 들자면 다음과 같다.

• 감사 조직 내 동료들 간, 관련 외부 이해집단 그리고 감사 대상 기관 등과의 아이디어와 경험 공유—물론 이러한 경우에 감사인의 독립성은 반드시 유지되어야 한다.

• 필요에 따라 팀을 이루어 협업하는 것—팀 구성은 내부 및 외부 전문가를 포함하며 프로젝트 방식으로 감사를 관리한다.

• 감사원 직원은 다양한 출신과 경력자로 충원되며, 같은 공공 부문뿐 아니라 민간과 자발적 사회단체, 국제 업무 등으로 수견 및 파견이 이루어져야 한다.

성공에는 여러 측면이 있으나 최종적으로는 감사를 받은 사람들이 실제 업무를 수행하는 데 감사원의 권고 사항을 합리적이라고 판단할 때 이루

박스 13.4: 영국 감사원 직원들이 전하는 감사를 통한 긍정적 변화 사례

에리카 니콜스
(Erica Nicholls)

잉글랜드 고등교육재원조달위원회 감사를 맡았을 때 고객인 위원회와의 관계는 좋은 편이 아니었다. 이를 개선하기 위해 감사팀은 고객과 마주 앉아 그들이 우려하는 바를 경청하고 가시적인 영국 감사원의 약속을 포함한 관계 개선 계획을 도출하였다. 이제는 고객이 기대한 모든 것을 충족하였다고 그들에게 보고할 수 있게 되었으며 그 결과 신뢰 관계는 크게 향상되었다. 영국 감사원은 고등 교육에 관한 대규모 컨퍼런스를 개최하는데, 준비 과정에서 고객인 위원회의 역할이 컸다. 이러한 협조는 고객과의 우호적인 관계 없이는 불가능한 것이었다.

사이먼 리즌
(Simon Reason)

약 3년 전 규제팀은 독립적 규제기구 컨퍼런스를 개최하였다. 영국 내에는 200개 이상의 규제기구가 있지만 잘 알려진 5~6개 규제기구를 제외하면 규제기구 간의 소통은 거의 없는 것이 현실이다. 규제기구들은 컨퍼런스를 통해 서로 정보를 공유하는 데 관심이 컸고, 참여한 규제기구들 간의 대화가 영국 감사원과의 대화보다 많았다. 비록 컨퍼런스가 일반적인 성과감사 산출물은 아니었지만 이를 통해 규제기구는 업무 역량을 향상시킬 수 있었다. 임팩트의 일부만 관측할 수 있다고 해서 임팩트를 거두기 위한 노력을 포기하는 이유가 될 수는 없다. 컨퍼런스는 너무나 성공적이었기에 올해 11월에 우리는 제4차 컨퍼런스를 개최한다.

폴 키인
(Paul Keane)

본인이 교통감사국장으로 재직할 때 고속도로청이 수행한 민간 개발 단지로의 진출입 도로 건설 사업을 감사하였다. 자체 재원 조달이 되어야 하는 사업이었지만 감사 결과 다수 프로젝트가 거의 100만 파운드에 달하는 적자 상태였다. 고속도로청은 부채 문제에 적극적으로 대응하지 않았고 프로젝트들과 관련한 정보 흐름도 적절하지 않았다. 그러나 우리의 감사 권고안의 결과 내부 절차가 향상되었고 비용 보전도 개선되었다. 또한 우리는 이들 프로젝트가 주요 리스크에 초점을 두었고 개선이 이루어졌는지 확인하기 위해 매년 점검을 실시하였다.

제스 허드슨
(Jess Hudson)

우리의 고객 역시 감사 업무를 이해할 필요가 있다. 그래야 고객들은 우리가 무엇을 달성하고자 하는지, 어떤 공통의 어젠더가 있는지 알 수 있다. 우리가 메시지를 전달하는 방법 역시 중요하다. 무역산업부 산하에 어려움을 겪고 있는 집행기관에서 프레젠테이션을 한 적이 있는데 그때 그들은 정말 메시지에 몰입하는 모습을 보였다. 우리는 권고안의 이행을 지원하기 위해 할 수 있는 조치를 다 할 필요가 있다. 우리는 고객의 이행 계획 개발을 지원하고 그 진전 상황을 확인하고 평가하기 위해 무엇을 더 할 수 있는지 살펴보아야 한다. 우리가 고객에게 단순히 권고안만 던져주고 떠나버린다면 발판 없는 사다리를 그들에게 주는 것과 같다.

조이 바이숀
(Joy Beishon)

나는 고객의 개별적인 니즈에 우리의 감사보고서를 맞춤 제작해야 한다는 데 동의한다. 내가 제시하는 사례는 복권 배급업체에서 일했던 경험에서 나온 것이다. 우리는 전국적으로 우리가 기대한 만큼 많은 지역에서 허가 신청이 들어오지 않았음을 알게 되었다. 그래서 지역별 이벤트를 돌아가며 개최하고 각 지역별로 고객 베이스에 맞추어서 전달 방식을 변경하였는데, 지역별 니즈에 대한 우리의 차별화된 준비는 아주 좋은 반응을 얻었다.

어지는 것이지, 하늘에서 뚝 떨어지지는 않는다.

- 감사원이 제시하여 발생한 경제성 및 효율성 개선을 통해 실제 획득한 재무 효과 및 기타 자원 절감 효과
- 공공서비스를 직접 받거나 혜택을 입게 된 사람들이 실제 경험한 공공 서비스의 효과 개선
- 절도, 부정, 부패와 위법 행위의 감소
- 공공서비스가 독립적인 외부감사인의 철저한 감사 대상이 되고 공무원의 공공책무성이 증명될 수 있다는 확신을 의회, 행정부, 일반 국민에게 제공

공공감사는 헌법에 기초한 민주적 정부의 보루이다. 사회, 경제 및 정치 환경이 급변하는 상황에서 공공감사를 경제적이고 효율적이며 효과적으로 조직하는 일은 지속적인 도전 과제이다. 변화하는 상황에서는 성공 자체가 다른 의미를 갖게 되므로 성공에 대한 '최종적인' 청사진이 있을 수는 없다. 그럼에도 이 장에서는 감사기구 조직의 개선과 관련하여 일반적 타당성을 갖는 아이디어를 제시하였다.

14장 마무리하며

이 책은 공공감사를 논하고 있다. 하지만 공공감사가 수행되는 다양한 형태의 법적 헌법적 체계를 일일이 다루지는 않는다. 본서에서 제시한 아이디어와 접근방법은 단일정부와 연방정부, 영국과 같이 분권화된 행정부서에서 자체적인 감사체계를 갖고 있는 나라들, 지방정부, 시/구 등의 기초자치단체 등에 모두 적용될 수 있다. 공공감사가 다층적으로 분권화되었다고 해서 공공감사 성공을 위한 공통적인 부분이 없다는 의미는 아니다. 감사인이 행정부로부터 독립적이지 않을 때, 감사보고서 작성과 발언이 제한받을 때, 자료 접근 권한이 지나치게 제한적일 때, 행정부가 감사기구 직원의 규모나 급여를 부당하게 규제할 때 공공감사는 높은 품질의 업무를 수행할 수 없다. 이러한 일반적인 논점이 있기는 하나, 이 책은 공공감사가 이루어지는 법률적 체계에 초점을 두고 있지는 않다.

어떤 기관의 회계가 진실되고 공정한지 여부에 관한 감사이든, 성과 달성 여부에 관한 감사이든, 공공감사는 판단을 하여야만 한다. 같은 현상을 검토했다고 해서 모두 동일한 결론에 도달하라는 법은 없다. 감사라고 하는 것은 원칙의 적용에 관한 것이지 법규의 기계적인 적용은 아니기 때문이다. 긴 스펙트럼이 존재하는데, 한쪽 끝에는 관련 법을 위반한 비리의 명백한 증거를 감사인이 발견한 경우가 있다. 이 경우 대부분의 동료 감사인들도 같은 의견을 나타낸다. 그러나 스펙트럼의 다른 쪽 끝에서는 복잡한 사회, 경제 프로그램을 감사했더니 서로 다른 결론과 해석이 부딪쳐 나온다. 거기에 더해 또 다른 어려움도 있다. **박스 14.1**을 보자.

박스 14.1: 감사 성과의 문제

감사 성과를 계량화하는 데는 많은 어려움이 따를 수밖에 없다. 감사인이 일정 정도의 성과를 거양했다고 인정되는 경우에도 종종 이를 정확하게 규명해내는 문제(identification problems)가 발생한다. 과연 감사 결과 정확히 무엇을 달성했다고 할 수 있을까? 특정 감사 사항과 피감기관이 취한 조치 사이에는 일련의 사건들이 발생 가능하며, 이를 규명하는 데는 소위 인과관계의 문제가 존재한다. 감사 활동의 효과와 다른 제3자 또는 피감기관 자체의 활동에서 비롯되는 효과를 구분하기 어려운 경우가 종종 발생한다. 또한 불완전한 데이터 혹은 단순히 효과의 복잡성 등으로 인해 발생하는 측정 문제가 대개 존재한다. 더욱 어려운 점은 감사 개입이 없었을 경우 어떻게 되었을 것이라고 하는, 실제로 발생하지 않은 상황에 대한 고려이다. 따라서 효과 측정에 대한 시도는 어렵고 때로는 불가능하기도 하다. 모든 경우에 효과 측정을 철저하게 한다는 것은 매우 많은 비용을 초래하고, 따라서 공적 자금을 현명하게 사용하는 것으로 볼 수 없다.

이와 함께 모든 사람이 감사가 긍정적인 효과 또는 어떤 효과라도 있는지 여부에 대한 믿음을 갖고 있지는 않다. 어떤 이는 제기된 감사 효과의 타당성에 대해 의문을 제기하거나 때로는 감사보고서의 효과가 전혀 없음을 제시하기도 하였다(예를 들어 캐나다 감사보고서에 대한 Morin의 분석 2001). 다른 이는 특정한 환경하에서 감사 결과가 성공적이었음을 보이기도 했다(van der Meer의 네덜란드 사례 분석 1999). 또한 감사 및 다른 조사 활동이 부정적인 효과 또는 역작용을 초래한다고 주장하는 문헌들도 증가하고 있다. 그 예로 실제 업무보다 이에 대한 점검이 더 많아지는 현상에 대한 우려(Power 1997, Gray and Jenkins 2007), 점검 활동이 혁신 및 리스크 부담에 미치는 영향(Cabinet Office 2000), 감사가 피감기관으로 하여금 순응에 능하게 함과 동시에 감사에 포기 또는 냉소적인 태도를 취하게 만드는 것(Power 2003: 199), 사소한 잘못을 부각시키려는 감사인의 경향(Behn 2001), 성과 개선 조치와 실패 사례가 함께 늘어나는 소위 성과 패러독스(Leeuw 2000), 감사인이 조사하는 모든 것을 감사 가능한 것으로 간주하려는 경향(Power 1997), 그리고 대기자 리스트를 줄이기 위해 간단한 응급 처치만을 요하는 환자들에게 우선순위를 두게 되는 'game playing' 역효과(Perrin 1998, Bevan and Hood 2005) 등을 들 수 있다.

출처: J. Lonsdale and M. Whitehouse (2006), 'Adding Value? Measuring the Impact of Performance Audit in the Education and Social Welfare Fields' Paper given at the Conference of the American Evaluation Association held in Portland, Oregon, 2~4 November.

그리고 감사인이 확보해야 하는 '정보'의 문제가 있다. 여기서 정보라 함은 회계장부와 통상적 개념의 기록 이상의 것을 말한다. **박스 14.2**에 적시한 바와 같이 회계장부 등에 수록된 정보를 감사인이나 다른 사람들이 이해하고 평가하기란 쉽지 않다.

재무감사나 성과감사를 실시하는 경우 감사인은 반드시 관련 기록을 파일이나 계정에서 확보해야 한다. 오늘날에는 전자적 형태로 수입과 지출, 재화 및 서비스의 매매, 프로그램의 계획 및 집행, 기관 운영 관련 기능 수행 등에 관한 기록을 확보해야 할 것이다. 감사인은 본서에서 언급한 바와 같은 보완적 정보를 스스로 만들어야 하는 경우도 있다. 그러나 그 자신이 외부감사인으로서의 역할을 중단하고 집행 관리자의 일부가 되지 않는 한 피감기관의 모든 기록을 만들어내고 유지할 수는 없다.

박스 14.2: 회계결산서가 갖는 근본적 결함

- 쉽게 읽을 수 없다.
- 의사결정을 지원하지 않는다.
- 동일 부문의 다른 업체와 비교해서 업무를 어떻게 하고 있는지 보여주지 않는다.
- 중요한 의미를 갖는 모든 숫자를 보여주지 않는다.
- 강점과 약점을 규명하지 않는다.
- 포함된 숫자의 지나치게 많은 부분이 판단에 기초하여 작성된다.
- 개선 대상을 규명하지 않는다.
- 모든 사람들에게 공개될 즈음에는 이미 대부분의 숫자는 시의성이 없다.

출처: Steven Pipe, *Accountancy Age*, 2006. 10. 5.

이 책은 외부감사, 즉 조직 외부에서 선임되어 그 성과를 감사하는 것에 관한 것이다. 외부감사에서 사용되는 기술의 많은 부분은 피감기관이 선임한 컨설턴트나 효율성 및 성과 제고를 위한 내부 조직 등 내부감사에 의해서도 활용됨을 볼 수 있다. 이들 모두가 피감기관에 도움이 되는 활동이라 하겠다. 그러나 내부감사가 갖는 중요한 차이는 그들은 해당 기관의 장관, 집행위원회, 또는 사무총장에 대한 책임을 진다는 것이며, 따라서 외부감사에서 목적하는 독립성을 갖고 있지 않다.

14.1 함정

앞에서 말했듯이 감사는 판단의 행사를 필요로 한다. 감사인이 자신의 판단에 대한 준비를 동료와 피감기관과 보다 넓게 공유하면 할수록 그 판단은 더 탄탄한 기반을 갖게 되고, 충분한 숙고를 거친 타당한 것으로 인정

받아 피감기관이 수용할 가능성이 높아진다. 이러한 결과를 얻기 위한 유용한 방법은 감사 과제의 크기에 합당한 감사팀을 구성하여 수행하는 것이다. 그러나 개인적으로 또는 팀의 일원으로서 자신의 판단을 내리고 어떤 압력에도 굴하지 않고 그 판단을 견지하는 것은 감사인의 책임이다. 만일 감사인이 이 원칙에서 벗어난다면 오늘날과 같이 비밀 유지가 불가능한 시대에 분명 뉴스거리가 될 것이다. 그리고 자신의 판단을 버리면 감사인으로서 당장의 곤란에서 벗어날 수 있고 피감기관으로부터 고맙다는 인사를 받게 될 수도 있겠지만, 장기적으로는 동료, 상사 그리고 고객으로부터도 신뢰를 잃는 대가를 치르게 될 것이다.

또 다른 함정은 겉만 그럴듯해 보이는 처방의 희생물이 되는 것이다. 예를 들어 8장에서 리테일 부문의 교훈을 학습함으로써 얻는 혜택에 대해 언급한 바 있다. 그러나 **박스 14.3**에서 볼 수 있듯이 "최고, 품질, 고객 서비스"라는 슬로건을 대대적으로 채택한 것은 단지 형식적일 수 있으며 감사인은 이러한 점에 유념해야 한다.

이와 유사하게 감사인은 적절한 사전 검토도 없이 파트너십, 아웃소싱, 민자사업 등에 의존하는 데 따르는 위험도 주의할 필요가 있다. 이러한 방식들은 '직접 생산 또는 외부 조달'에 관한 경제학자들의 고전적인 의사결정 분석이 보여주듯, 해당 조직이 자체적으로 더 이상 경제적, 효율적, 효과적으로 생산할 수 없는 한계에 도달하였을 때 비로소 효과가 있다.[1] 그러나 우리가 관찰하는 것의 이면에 실망스러운 현재 실태가 가려져 있을 수 있다.

---

1) Ronald Coase (1937) 'The Nature of the Firm', *Economica* 4 (386~405)에서 기업의 경계는—따라서 다른 조직의 입장에서 외연은—특정 활동을 내부적으로 수행하는 것이 필요한 재화 및 서비스를 구매하는 것보다 더 비싸지게 되는 지점에서 결정된다고 함으로써 이 점을 가장 명확하게 보여준 바 있다.

박스 14.3: 결과 전달의 실패

"변화 없는 주문(呪文)의 반복: 왜 많은 기업들이 최고, 품질, 고객 서비스를 부르짖으면서도 이를 이루지 못할까?"

베를린 장벽이 붕괴되기 전 구 소련의 위성 국가들은 특별히 아이러니한 이름을 선호했다. 예를 들자면 독일민주공화국(동독)은 비록 아무도 그렇게 알아주지 않았지만 이름이나마 민주 국가임을 강변했다. 마찬가지로 사람들이 심하게 자랑할수록 이는 사실과 멀다는 것을 우리는 잘 알고 있다. 그렇다면 기업은 좀 나을까? 고객의 입장에서 콜센터 전화가 연결되기를 한없이 기다리면서 듣게 되는 "당신은 소중한 고객입니다"라는 기계 음성에 누구라도 좌절감을 한 번쯤 경험해봤을 것이다.

나의 경험칙에 의하면 '최고'(excellence)임을 자랑하는 기업으로부터 구매했을 때 나는 실패를 예상한다. '품질'(quality)을 이야기한다면 나는 미흡하다는 생각을 갖게 된다. 그리고 '고객 서비스'(customer service)를 자랑할 경우 나는 하찮은 취급을 받게 될 것임을 직감한다. 최고, 품질, 고객 서비스는 평범함의 삼위일체라 하겠다. 이 세 가지를 모두 약속하는 기업을 만난다면 나는 최대한 빠른 속도로 벗어나려 할 것이다. 이 상황을 어떻게 설명할 수 있을까? 이들 기업이 부정직한 것일까? 때로는 그럴 수도 있겠다. 아니면 이들이 무능한 것일까? 부정직함보다는 무능함에 더 가까울 수는 있겠지만 여전히 일반적이라고 보기는 어렵다.

그것보다는 이들 기업은 피터스와 워터먼에서 시작하여 TQM(total quality management) 처방을 거쳐 비즈니스 프로세스 리엔지니어링에 이르기까지 지난 30년간의 경영학 이론이 가르쳐준 지혜를 열심히 따른 것이다. 이들은 조직 내의 관료주의를 해체하고, 계급을 줄였으며, 다운사이징도 하고, 해외 이전에 성과 측정까지 해낸 것이다. 그렇다면 이것을 과연 문제라 할 수 있을까?

내가 사는 지역의 기차역에 근무하는 마이클의 이야기를 소개할까 한다. 그는 티켓을 팔고 역사 청소도 하며 대합실을 자신의 의도대로 장식도 한다. 그는 항상 친근하게 대하지만 예의를 지키면서 고객들의 이름을 기억하고 통근 열차 라인에 없는 낯선 목적지로 가는 티켓을 달라고 할 때도 귀찮아하지 않는다. 열차가 연착이 되는 날이면 지역의 고객에게 전화를 걸어 소식을 전해주고 이미 역에 나와 있는 승객들을 위해 플랫폼으로 직접 가서 일일이 왜 얼마나 연착이 되는지를 알려준다.

마이클은 그가 일하는 열차회사의 유니폼과 배지를(승객들이 고객 서비스 담당임을 알아볼 수 있도록) 착용한다. 그는 일주일 중 하루는 다른 큰 역에서 근무하는데 그날은 다른 직원이 그를 대신한다. 그런데 이 대체 직원들은 하나같이 퉁명스럽고, 관심도 없으며, 일반 티켓 외에는 팔 줄도 모르고, 매표소 밖으로 아예 나올 생각을 하지 않는다. 그들 역시 유니폼과 배지를 착용한다. 그러나 다른 점은 마이클은 지역 커뮤니티의 일부이며 그의 고객들을 배려한다는 것이다. 그 이유는 그가 고객들을 잘 알기 때문이지 그가 고객 서비스 과정을 이수했기 때문은 아니다. 그가 철도를 사랑하는 것은 단지 마음속에 철도를 향한 뜨거운 무엇인가가 있기 때문이다.

아이러니한 사실은 이러한 마이클의 자세가 바로 고객 서비스 과정이 추구하는 바와 일치한다는 것이다. 그런데 고객 서비스라는 것은 진실된 서비스를 선별하고 알아보고 포상하는 방법이 아니라 그럴싸한 가짜 서비스를 촉진하는 방법으로 한다. 몇 년 전 나는 성공적인 고객 서비스로 유명한, 그래서 경영학과 사례 연구로 널리 알려진 슈퍼마켓 체인의 고위 임원과 함께 일할 기회가 있었다. 그녀는 마켓 점원들이 과연 고객 중심의 가치에 대한 신념을 갖고 있는지 알고 싶어 했으며, 값비싼 연수 프로그램을 이수한 뒤 이에 관한 연구에 착수했다. 나는 슈퍼마켓 점원들이 고객 중심의 가치를 진심으로 믿지는 않을 것으로 예상했다. 그러나 내가 틀렸다. 85%의 점원이 고객 중심 가치라는 말을 아예 들어본 적도 없다고 했다. 마치 슈퍼마켓이 내부 구조를 리디자인할 때 청과물, 생선, 정육 등 각 섹션이 전통적인 시내 중심가 상점들을 모방하고 마는 것처럼 이 모든 고객 서비스 시스템은 가짜였던 것이다.

왜 이 회사는 완전히 틀리게 하고 있으면서도 올바로 하고 있다고 믿었을까? 회사는 모든 점원들이 고객 가치에 서명을 했다는 영업점 매니저들의 보고서에 의존하고 있었고, 매니저들이 말한 서명의 의미는 점원들에게 비디오를 틀어준 것에 불과했다. 또한 회사는 고객 서베이 결과를 믿었다. 고위 간부들이 정말 확인했어야 했던 것은 고객의 위치에서 조용히 신분을 밝히지 않고 그들의 매장에 가서 스스로 현실을 확인하는 것이다. 그 후 해당 슈퍼마켓 체인은 급격한 이익 감소를 겪으면서 현재 다른 기업에 인수된 상황이다. 그렇다면 과연 교훈의 학습이 이루어졌을까? 결코 아니다. 여전히 고객이라는 오래된 주문(呪文, mantra)은 되풀이되고 있고 한 가지 달라진 점이 있다면 관련 비용만 삭감된 상태라는 것이다.

다시 마이클의 이야기로 돌아가보자. 이제 그는 회사의 비용 절감 계획에 따라 해고 고객과 직접 접촉하는 일자리는 지속적으로 경량화되고, 외주를 주거나 원격 근무 위주가 되고 있다. 임시직, 일용직 근로자에 대한 의존 확대 역 시 이러한 트렌드의 일환이다. 이와 같이 단기적 이익만을 추구하면 직원 이 창출할 수 있는 가치는 낮아지고 고객의 불만이 해결될 가능성도 떨어 진다.[2]

그리고 파트너십이 갖는 문제점은 지방감사원 전임 위원장인 제임스 스 트라칸이 잘 제기한 바 있다(**박스 14.4**).

마지막 함정은 특정 시점에 효과적이거나 수용되었던 처방이라 하더라 도 시대에 뒤떨어지거나 대체될 수 있음을 인식하지 못하는 것이다. 수상 실 소속의 딜리버리 기획단(Delivery Unit) 단장이었던 마이클 바버 경에 따르면 토니 블레어가 수상으로 취임한 1997년 당시만 하더라도 학교와

---

2) Stefan Stern, 'In search of the suppliers' reflex reaction', *Financial Times*, 2005. 10. 12.

박스 14.4. 영국 지방정부의 파트너십 문제

영국 정부가 현재 추진하고 있는 파트너십에는 Local Strategic Partnership, Crime and Disorder Reduction Partnerships, Children's Trusts, Supporting People, Urban Regeneration Companies, Connexions, SureStart 등이 있다. 이 가운데 Supporting People(SP)은 파트너십이 직면하게 될 어려움을 극명하게 보여주는 사례이다. SP의 임무는 취약 계층에 주택 서비스를 제공하는 것으로 연간 사업 예산이 17.2억 파운드에 달한다. 지자체는 프로그램 운영을 위한 거버넌스 체제로 지자체, 프라이머리 케어 트러스트(primary care trusts), 지역별 보호관찰위원회 등이 공동으로 참여하는 위원회 방식을 채택하였는데, 문제는 소속 위원들 중 상당수가 맡은 역할과 책임을 잘 이해하지 못하거나 헬스 및 보호 감찰 담당 대표가 회의에 정기적으로 참석하지 못하고 있다는 것이다.

공동위원회는 형식적 운영체에 불과하며, 실제 프로그램 운영 역할은 제한되어 있고 책임자의 역할도 충분하지 않아 해당 사업의 실질적 리더십은 중간 관리직에 해당하는 SP의 선임관리자에게 있다. 그러나 선임관리자의 보고 의무는 거의 없다시피 하며, 공동위원회는 선임관리자의 거버넌스 관련 역할에 대한 책임을 공식적으로나 비공식적으로나 인정하지 않고 있다.

SP 선임관리자는 모든 파트너들이 전략적 접근방식을 취하도록 하거나 파트너 기관들 간의 공동 계획 수립, 보완적 예산 편성 등을 촉구하기도 곤란한, 실질적인 권한이 없는 상황이다. 따라서 아주 사소한 서비스 실패라도 있으면 해당 파트너 기관에 사전 협의 없이 공식적으로 통보될 수밖에 없는 통보 절차를 갖고 있어 마치 서비스가 곧 대체될 수도 있는 것처럼 간주될 위험이 있다. 힘없는 사용자들은 누구에게 하소연을 해야 할지도 알지 못한 채 귀중한 서비스를 잃을 수도 있는 것이다.

출처: James Strachan, 'The Ties that Bind', *Public Finance*, November 2005.

다른 서비스의 생산성을 개선하는 최선의 방법은 "지시하고 통제하는 것이며… 지시와 통제는 바닥에 있는 서비스를 적정 수준으로 끌어올리는 데 필수적인 방법"이라는 인식이 지배적이었다. 그 후 학교, 일반 병원과 재단병원 등에 책임을 분산시켜 학부모와 환자들의 선택 기회를 늘리고 새로운 공급자를 도입하는 등의 준시장적 접근방법이 적정 수준을 끌어올리는 수단으로 여겨졌다. 그다음으로는 책임 분산과 투명성을 결합한 제3의 모델이 소개되었는데, 정부가 서비스 공급자와 계약을 체결하거나 권한을 위임하고 설명 책임을 부여하는 방식이다. 데이비드 오스본(David Osborne)과 테드 개블러(Ted Gaebler)가 『정부의 재발견(Reinventing Government)』(1992)에서 적시한 바와 같이 "정부는 직접 노를 젓는 것이 아니라 방향만 잡는"[3] 역할을 하는 것이다. 공공 부문 감사인은 이와 같은 변화도 유념해야 하는데, 이러한 변화가 영국과 같이 정부의 정책공약으로부터 비롯되었을 때 특히 그러하다.

14.2 미래

미래의 변화가 어떤 형태가 될지 지금으로선 알 수 없다. 그러나 진행 중인 트렌드로부터 미래를 예측한다면, 대부분의 변화는 구성원들 간의 밀접한 관계에 영향을 주는 형태가 될 것이다.

• 여러 수준의 공공 부문 간의 관계 — 공공서비스 제공에 있어 중앙정부와 광역 및 기초 자치단체들 간의 협력, 국민들의 공통 관심 사항에 관한 다수 국가 공공 부문 간의 협력

• 공공 부문에 속해 있는 기관, 민간 부문의 기업, 그리고 자선단체와 같은 자발적 기구 간의 관계

• 공공기관과 개인의 관계 — 개인의 선택을 따르는 서비스를 제공하려

---

3) Sir Michael Barber (2006) 'Reform of public services is a test for managers', *Financial Times*, 27 September.

하는 경우 또는 그러한 서비스 제공과 관련된 공공기관이나 민간 기업과의 관계에서 개인의 선택에 영향을 주려는 경우로, 예를 들어 '건강한 식습관'이나 '환경에 대한 관심'을 촉진하는 것과 같은 개인의 라이프 스타일과 행동에 영향을 주고자 하는 시도가 있을 수 있음

이러한 변화 사례들을 이 책 전체를 통해 제시하였는데, 커뮤니케이션이 실시간으로 이루어지는 현대에 향후 발전 정도는 대중 매체의 영향을 크게 받게 될 것이다. 미디어는 사람들의 선호에 대해 더 많이 논의하고 분석하고 있고, 인터넷 같은 기술 발전의 결과 시민들은 공공서비스에 관한 까다로운 소비자로 변해가고 있으며, 정부의 보안 요구 및 비밀 유지 등에 대해서는 점점 더 인내력을 잃어가고 있다.

이와 같은 높은 수준의 개방성과 유연성의 결과는 역설적이지만 전혀 상반된 방향으로 작용한다. 공무원은 비난의 대상이 될 것을 두려워하여 보다 많은 과정과 절차를 만들어 그 속에 숨으려 하게 되며, 이에 따라 최근의 발전들이 변화의 타깃으로 삼았던 바로 그 관료적 원리가 다시 지배하는 세상으로 회귀하게 되는 것이다. 이는 분명 경계해야 할 위험 요소이다.

그러나 미래의 발전이 어떤 형태가 된다 하더라도 코치와 멘토로서의 외부감사인의 역할은 재무제표 감사에 대한 전통적인 관심, 지출의 합법성 및 합규성 등과 함께 여전히 남을 것이고 필요할 것이다. 이러한 역할을 수행하는 데 분명히 평가하고 관리해야 할 최후의 리스크가 있다.

전통적인 공공 부문 감사인이 직면하는 어려움 중 하나가 감사인은 그들의 감사 대상 및 감사 방법과 거의 전적으로 동일시되어왔다는 점이다. 즉 재무회계 서류들과 관련 기록들, 그것을 작성하는 기준들, 그리고 회계 기록과 증빙들이 적정한지 여부를 판단하기 위한 감사 및 관련 기준 등과

감사인을 동일시하는 것이다.

　감사인의 역할이 종종 감사인이 관심을 갖는 서류와 절차 이상의 중요성을 갖지 못하는 것으로 여겨져 마치 증거물이 관련 규정의 위반, 부정, 절도, 부패 등으로 조작되었을 때만 가치를 갖는 것처럼 간주되어왔다. 감사인 스스로도 비록 항상 그렇지는 않다고 하더라도 이와 같은 공식적이고 중요하지만 협의의 감사인 역할을 받아들이는 것처럼 보였다.

　이 책의 주제는 감사인은 이러한 역할에서 더 나아갈 수 있으며, 유익한 업무의 개선과 변화에 기여할 수 있다는 것이다. 그러나 과거에 그러했던 것처럼 현재와 미래에도 감사인은 자신이 조사하는 대상, 사용하는 방법 등의 형식적 구현과 동일시되어 마치 이것이 감사인의 모든 기여인 것처럼 여겨질 수 있는 위험이 존재한다. 마셜 매클루언(Marshall McLuhan)과 퀜틴 피오리(Quetin Fiore)가 커뮤니케이션의 형식과 기술이 메시지를 형성, 전달, 수용되는 방식을 결정하게 된다고 주장한 것은 바로 이 점을 간파했던 것이다(**박스 14.5**).

　박스 14.5에서 주장하듯이 이전의 방법론은 감사인의 업무 범위에 제한을 줄 수 있다. 이는 VFM 또는 성과감사의 도래 이후 드러난 분명한 사실이다. 그러나 최근 피감기관이 도입하고 감사인도 활용하게 되는 효율성 지표, 비용효과성, 목표치, 거버넌스 체제와 같은 새로운 방법론 역시 본질적으로 정치가나 공무원, 그리고 감사인들이 관심을 기울이는 유일한 대상으로, 마치 공공 프로그램의 전부인 양 비춰질 수 있는 위험이 존재한다.

　감사인이 감사 임무를 수행하고 그 결과를 제시할 때 감사인 자신을 포함하여 피감기관이나 일반 국민들로부터 감사 업무가 이와 같이 인식되지 않도록 하는 것은 상당한 도전 과제라 할 수 있다. 만일 그렇게 인식된다면 감사인은 또다시 코치 또는 멘토의 역할이 아니라 지적하고 고발하는 역할을 수행하는 것으로 여겨질 것이다. 그렇게 된다면 이 책에서 주장하는

박스 14.5: '수단이 메시지를 결정한다'

사회는 항상 커뮤니케이션의 내용보다 사람들이 사용하는 커뮤니케이션 수단인 미디어의 본질에 더 영향을 받아왔다. 예를 들자면 알파벳은 어린아이가 완전히 무의식적으로 조금씩 스며들듯이 받아들이는 기술이다. 단어 및 단어가 갖는 의미는 아이로 하여금 특정한 방향으로 사고하고 행동하게끔 한다. 알파벳과 프린트 기술은 세분화 프로세스, 즉 전문화(specialization)되고 분리(detachment)가 이루어지는 과정을 촉발시키고 장려하였다. 반면 전기 기술은 통합(unification)과 개입(involvement)을 촉발하고 장려한다. 미디어가 어떻게 작용하는지에 대한 지식 없이 사회 문화적 변화를 이해하기란 불가능하다.

출처: McLuhan, Marshall and Fiore, Quentin (1967), *The Medium is the Massage*, The Penguin Press.

*역주: 책의 저자인 매클루언이 항상 강조한 것이 '매체'(Medium)가 '메시지'(Message)를 결정한다는 것이었고 책의 제목도 그렇게 정해졌지만 정작 인쇄소 조판 과정에서 'Massage'로 인쇄되는 어처구니없는 실수가 있었다. 그러나 매클루언은 이를 수정하지 않고 오히려 'Message and Mess Age, Massage and Mass Age'와 같이 보다 깊은 의미의 제목으로 재해석하고 그대로 발간하였다(출처: Wikipedia 'The Medium is the Massage').

바와 같이 공공 정책 또는 사업의 전체적인 결과를 적절하게 고려하지 않고 이른바 체크박스식 사고를 갖고 결과를 측정하는, 방법론에 지나치게 집중하는 방식으로 감사 업무를 수행하는 결과가 빚어진다. 이러한 유혹을 단호히 거부할 때 감사인은 공공서비스의 제공자와 수혜자 모두에게 실질적인 도움을 줄 수 있다.

부록: 성과감사 방법론(VFM Methodology)

부록에서는 성과감사가 어떻게 수행되는지를 일반적인 차원에서 설명하고자 한다. 여기서 소개하는 방법론은 영국 감사원의 경험을 토대로 하고 있으나, 이것이 성과감사에 접근하는 유일한 방법이라고 주장하고 싶지는 않다. 사실 영국 감사원도 성과감사 방법론을 지속적으로 개선·보완하고 있다. 부록 1에서 부록 4까지에서는 성공적인 성과감사가 갖는 속성, 즉 성과감사 주제의 선정, 성과감사 수행팀, 성과감사 수행 절차 및 방법론, 성과감사 기법에 대해 간략하게 다루고자 한다.

A1. 성과감사 주제

영국 국가감사법(National Audit Act of 1983) 규정에 따라, 무엇을 감사할 것인가에 대한 최종 결정은 감사원장의 권한이자 책임이다. 물론 감사원 내 감사 부서, 의회 의원들의 제안, 피감기관, 사회단체, 관련 협회, 학계, 언론, 일반 국민 등 다양한 출처로부터 아이디어가 제시된다. 감사 사항을 선정할 때 중요한 점은 다음과 같다.

- 정책 가치보다는 정책의 집행에 초점을 두어야 한다. 정책 가치에 대한 판단은 감사원의 권한 밖이기 때문이다.

- 감사원이 감사 수행에 필요한 자원과 전문성을 보유하고 있거나 확보할 수 있는 감사에 착수해야 한다.

- 감사 결과 분명한 변화를 가져올 수 있는 감사를 수행해야 한다. 예를 들어 재정 절감을 가져오거나 공공관리 또는 공공서비스 전달에 개선 방안을 제안하는 감사가 되어야 한다.

변화를 가져오고 국민 입장에서 가치를 더할 수 있는 감사를 수행할 때 주의 깊게 고려해야 할 점은 피감기관이 감사원의 조치 사항을 이해하고 긍정적으로 평가하며, 조치 사항 이행에 지나치게 큰 비용이 소요되거나 필요한 인력이나 현재 운영 방식의 변화가 법령 개정 사항을 포함하는 등 현실적으로 이행 가능성이 떨어지지 않도록 하는 것이다. 단 부정, 부패 등의 발생 위험을 줄이기 위한 감사는 이러한 고려 사항의 예외가 될 수 있다. 모든 감사 수행에 소요되는 예산과 절차는 다음에서 설명하듯이 품질 검토의 대상이 된다.

A.1.1 효과적인 감사 수행 방안 – 바람직한 성과감사의 속성[1]

(1) 명확한 감사 초점의 설정

감사인은 통상적으로 감사를 통해 주로 다루고자 하는 2~3개의 폭넓은 이슈를 정해야 한다. 이는 다시 특정 분석 틀을 사용하여 세부적인 하위 이슈들로 분류, 분석된다. 영국 감사원은 이와 같은 이슈 분석 접근방법을 지난 수년간 사용해왔는데 이에 따르면 분석된 이슈들은 첫째, 서로 중복되지 않고 배타적이어야 하고 둘째, 전체적으로 다루어야 할 모든 주요 이슈를 포함해야 한다.

감사팀이 병원 수술실에 대한 감사의 초점을 도출할 때는 사용 목적에 적합한 디자인, 시설 품질 및 유지 비용, 환자 처리 규모, 수술 도구의 가용 여부, 위생, 사용률, 수술 대기자 관리, 수술 취소 빈도 및 원인과 같은 초점 가운데 몇 개를 선정할 수 있을 것이다.

따라서 중요한 점은 적합한 이슈를 어떻게 선정하느냐는 것인데 이는 필요한 정보를 확보할 수 있는지, 적합한 방법론을 설계할 수 있는지, 의회 또는 국민의 상당한 관심이 있는지, 감사 결과 긍정적인 변화를 가져올 수 있는지 등에 따라 결정된다.

(2) 적절한 방법론

방법론(methodology)이란 필요한 데이터를 수집, 분석하는 기법을 말한다. 대표적인 방법론으로 정부부처가 생산한 문서 조사, 설문 조사, 포커스 그룹 등이 있다. 우리는 방법론을 종종 정량적인 것과 정성적인 것으로 구분하는데, 잘된 감사는 결론과 개선 대안을 뒷받침할 수 있는 엄밀한 감사 증거를 제시하는 데 정량적 데이터와 정성적 데이터를 모두 사용한다.

바람직한 성과감사는 적어도 3~4개의 서로 다른 방법론을 포함한다. 다양한 데이터를 사용하여 서로 다른 출처로부터의 발견 사항이 일관되는지 여부를 검증하는 것은 최종 감사보고서의 엄밀함을 강화할 수 있는 중요한 수단이기 때문이다. 방법론의 적정 여부는 감사의 대상 분야와 초점이

---

1) 출처: NAO, *Value for Money Handbook: A Guide for Building Quality into Value for Money Examinations.*

감사 초점	정보 수집 방법	정보 분석 방법
지역사무소 간 병가 사용 비율에 유의미한 차이가 있는가?	• 인사 관리 DB로부터 자료 추출	• 연령, 성별, 직급, 소재지 등에 따른 병가 비율에 대한 통계 분석 실시
장비의 조달 구매를 효율적으로 하고 있는가?	• 담당자 인터뷰 • 조달 시스템을 통한 구매 추적 • 모범적 기관의 문구류 조달 실태 검토	• 근거 이론(grounded theory)과 같은 질적 연구 방법론 • 기관 간 운영 실태 비교, 벤치마킹
경제적 문제로 대학생들이 자퇴하게 되는가?	• 현재 및 이전 대학생들로 포커스그룹 구성 • 학술 연구 결과 검토	• 빈도 측정 • 학술 논문의 체계적 검토

무엇이냐에 따라 결정된다.(**박스 A.1** 참조)

(3) 감사 증거의 획득

잘된 감사보고서는 충분하고(sufficient), 관련이 있으며(relevant), 신뢰할 수 있는(reliable) 증거에 기반을 둔다. 감사 증거가 이 세 기준을 충족하는지 여부는 첫째, 증거의 출처가 얼마나 독립적인지, 둘째, 데이터를 얼마나 잘 분석했는지, 셋째, 증거를 얼마나 주의 깊게 수집했는지, 넷째, 증거 활용의 목적이 적절한지에 의존한다.

일반적인 원칙으로서 문서뿐 아니라 사람들로부터 증거를 수집할 필요가 있는데, 유용한 정보를 글로 표현하기 곤란할 수 있고 문서화한 자료는 적시성이 떨어질 수 있기 때문이다. 공공서비스 이용자나 공공서비스 전달에 참여하는 제3자와 같은 외부 이해관계자로부터 수집한 증거는 관계부처로부터 수집한 자료 못지않은 소중한 가치를 갖는다.

연구자나 성과감사 수행자는 종종 다각도 접근방법에 대해 언급한다.

그 의미는 하나 이상의 서로 다른 성격의 감사 증거로부터 감사 지적 사항과 결론이 뒷받침될 수 있어야 한다는 것으로, 단일 증거로 입증한 경우에 비해 다각도로 검증되었다면 결론의 신뢰도가 훨씬 높아질 수 있다는 것이다. 예를 들어보자.

- 결론: 주당 20시간 이상의 정규 교육 및 훈련을 재소자에게 제공하는 교도소는 재소자의 기강 문제를 줄일 수 있는 경향이 있다.
- 증거 출처: 교도소 운영 통계, 100개 교도소장 대상 설문 조사, 관련 학술 연구 결과 모두 동일한 결론에 도달하였다.

A2. 성과감사팀

영국 감사원의 성과감사팀 구성 원칙은 내부와 외부 전문가를 두루 활용한다는 것이다. 감사원 내부에서 감사를 지휘하고 해당 분야의 또는 필요로 하는 기법 전문가를 구성하고, 외부로부터는 주로 대학과 전문 업체 출신으로서 필요로 하는 경험을 보유한 전문가를 구성하게 되며, 국가 간 비교가 필요한 경우에는 해외 전문가를 활용할 수도 있다.

감사팀은 또한 내부 및 외부 자문 그룹으로부터 지원을 받는다. 외부로부터 연구 용역 방식으로 독립된 형태로 자문을 받을 수도 있는데, 런던정경대학 공공정책그룹이 수행한 '중앙정부의 혁신 실태', 랜드유럽(RAND Europe)이 수행한 '사회보장 시스템의 부정 및 오류 관련 국제 비교' 등의 연구가 그 대표적 사례이다. 외부 수행 과제의 경우에도 감사원장이 법적 책임을 갖는 감사 결과에 대해서는 최종 책임을 지게 된다.

박스 A.2: 성과감사 절차와 품질 관리 필수 기준

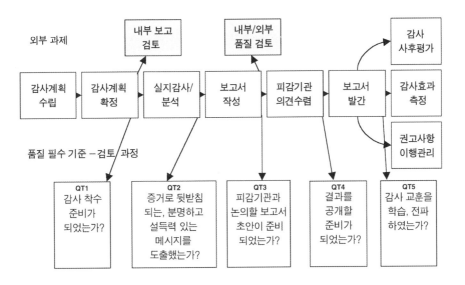

A3. 성과감사 절차 및 방법

박스 A.2에는 감사 및 품질 검토 절차가 잘 나타나 있다.

감사 계획이 하나의 비즈니스 케이스로 전달될 수 있어야 한다. 즉, 감사를 수행하는 이유를 규명하고, 검토할 필요가 있는 이슈를 제시하며, 어떤 방법으로 증거를 수집 분석하는지를 밝히며, 감사 목적을 달성하지 못하게 될 리스크 요인이 무엇인지를 검토하고, 소요 예산 및 기간과 발간 및 언론 홍보 계획 등을 제시해야 한다.

이상의 비즈니스 케이스가 내부 보고 절차를 통과하여 감사원장이 감사 실시에 동의하면 감사는 개시된다. 품질 관리는 품질 필수 기준, 내부 및 외부의 품질 검토, 모범 사례 공유, 교육 훈련, 엄밀한 프로젝트 관리 절차 등으로 구성되는데 각각에 대해 간략히 설명하고자 한다.

(1) 품질 필수 기준

영국 감사원은 5단계로 구성된 품질 필수 기준(quality thresholds, QT) 시스템을 운영하고 있다. 감사팀은 최종 감사 결과의 품질을 확보하기 위하여 전체 과정 중 주요 단계별로 충분한 조사 및 분석을 실시하였는지를 자체적으로 증명할 수 있어야 한다. 이러한 필수 기준은 성과감사 수행자들로 하여금 핵심 질문에 초점을 맞추도록 요구한다. 각 단계별로 제기된 질문에 감사팀이 "예"라고 할 수 있어야만 다음 감사 단계로 넘어갈 수 있다. 필수 기준 다섯 번째 단계는 특별히 중요한데 왜냐하면 일단 감사 결과가 발표되고 나면 감사팀은 언론, 외부 검토자, 피감기관 등 여러 이해관계자의 평가를 종합하여 감사원장에게 제출해야 하기 때문이다. 성과감사 개발팀은 모든 품질 평가표를 전달받아 그 내용을 검토하고 감사원 전체에 필요한 교훈을 전파하는 역할을 한다.

(2) 내부 및 외부 품질 검토

품질 검토는 성과감사 관련 아래 세 가지 기술적 목적의 달성 정도를 검토하기 위한 것이다.

- 증거의 엄밀함
- 기법 적용의 적정함
- 그래픽과 기술적 통계 활용의 적정함

내부 검토는 검토 결과가 즉각적으로 반영될 수 있도록 감사 과정 중에 진행되며, 감사와 독립적인 위치에 있는 내부 직원에 의해 수행된다. 한편 외부 검토는 런던정경대학이나 옥스퍼드대학의 자연과학 및 사회과학 분야 전문가에 의해 수행된다.

박스 A.3: 동료 간 지원의 이론과 실제

- 이론적 측면: 가장 일반적인 동료 간 지원 접근방법은 워크숍 방식으로 이루어지나, 감사팀은 웹 기반 설문이나 1 대 1 세션 등을 통해서도 다른 직원의 견해나 경험을 구할 수 있다. 많은 최고의 아이디어처럼 동료 간 지원도 상식에 기반을 두며, 감사원 전체 직원을 대상으로 도움을 구할 수 있는 실제 또는 가상 포럼을 통해 지식을 공유하는 접근방식을 제도화한 것이다.
- 운영 사례: 도로 신설 및 확장 업무 감사팀은 대규모 건설 사업 감사 경험이 있는 원내 직원의 자문을 구하고자 동료 간 지원 세션을 개최하였다. 이를 통해 건설 계약의 체결 및 관리, 대형 프로젝트 관리, 대형 프로젝트 벤치마킹을 통한 프로젝트 성과(VFM) 검증 등 관련 이슈에 대한 의견을 제시받았다.

(3) 모범 사례 공유

감사원이 수행하는 많은 뛰어난 감사 사항들로부터 감사 운영을 개선할 수 있는 교훈을 추출하여 성과감사 커뮤니티와 공유할 필요가 있다. 예를 들어 런던정경대학과 옥스퍼드대학에서 실시하는 외부 검토에는 감사보고서를 어떻게 개선하고 방법론적으로 더 엄밀하게 할 수 있는지에 대한 교훈이 포함되어 있으며, 이러한 정보는 감사원 전체에 전파된다. 한편 '동료 간 지원'(peer assist) 조치는 내부 직원들 간에 특정 분야의 감사 시사점을 공유하고 감사를 착수하기 전에 다른 직원들로부터 조언을 들을 수 있는 제도이다. 이처럼 기록되지 않은 정보나 경험은 감사팀이 감사 실시를 위해 이미 수집한 공식적 정보를 보완한다.

(4) 훈련

프로젝트 관리와 통계적 추론부터 언론 대응, 감사 인터뷰 기법에 이르기까지 성과감사개발팀은 국립사회과학센터(National Centre for Social

Research)와 옥스퍼드 경영대학(Said Oxford Business School) 등과 연계하여 감사 활용도와 전문성, 지적 호기심을 충족할 수 있는 과목을 개발, 제공하고 있다. 카디프대학과 공동으로 5일간의 연구 기법 과정을 운영하여 신규 직원들에게 핵심적인 연구 방법론을 성공적으로 교육하였으며, 옥스퍼드대학의 재무 분석 과정을 통해 분석의 엄밀성을 강화하는 데 기여하였다. 이를 통해 성과감사 보고서 이용자들이 갖고 있는 비용 관련 자체 분석에 대한 기대를 충족시킬 수 있을 뿐 아니라 직원들이 비용 할당 분석, 비용 편익 분석을 수행하거나 재무 효과를 측정하기 위한 경제 모델을 구축하는 데 전문성을 확보할 수 있게 되었다. 정성적 측면에서는 국립사회과학센터가 제공하는 훈련 과정을 통해 감사인들이 모든 필요한 정성적 분석 기법을 경험해볼 수 있도록 하였다. 훈련 과정은 인간 행동에 대한 이해에서 시작하여 질문을 구성하고 제시하는 방법, 정성적 데이터의 해석 방법 그리고 텍스트와 그림, 오디오 및 비디오 형태의 대용량 데이터의 정성적 분석을 위한 프로그램(NVivo, Atlas.ti) 활용법 등이 포함되어 있다.

(5) 프로젝트 관리 기법

감사 사항은 잘 계획되고, 필요한 자원을 확보하여 계획대로 집행되어야 한다. 높은 품질의 감사 결과를 도출하는 것도 중요하지만, 감사팀은 정해진 시간과 주어진 예산 내에서 감사를 완료할 수 있어야 한다. 영국 감사원의 감사 사항에 적용되는 프로젝트 관리의 핵심 원칙은 다음과 같다.

- 업무를 관리 가능한 부분으로 나눌 것
- 자원을 배분할 것
- 리스크를 관리할 것
- 직원의 의욕을 높이고 어려운 과제에 대응할 것
- 진도를 체크하고 프로젝트를 일정에 따라 추진할 것

- 성공을 보상하고, 실패에 따른 교훈을 학습할 것
- 네트워크 마이크로소프트 프로젝트 시스템을 포함한 프로젝트 관리 도구와 템플릿을 활용할 것

성과감사 활동에 대한 통제, 관리의 중요성은 감사원 전체에 걸쳐 충분히 인식되고 있으며 모든 감사 부서에서 마이크로소프트 프로젝트 프로그램을 체계적으로 활용하여 감사 계획을 수립, 관리하고 있다. 감사 계획은 원내 공유 서버를 통해 공개되어 프로그램 관리팀이 진행 상황을 모니터링 할 수 있다.

A4. 성과감사 기법

영국 감사원은 매우 폭넓은 기법을 활용하고 있으며, **박스 A.4**에 주요 기법들을 제시하였다.

박스 A.4: 성과감사에 활용되는 주요 기법

기법	개념	주요 활용 사례
메타 평가/분석	여러 평가, 감사 및 연구 결과를 종합하여 공통된 또는 결합된 결과 및 결론에 기초하여 전체적인 그림을 구성	감사팀의 직접적인 평가 실시가 비용과 시간 측면에서 가능하지 않으나 기존 평가가 다수 존재할 경우. 시간의 흐름에 따른 종적 분석에 적합
조직 매핑	조직 간 및 조직 내 공식적, 비공식적 관계 및 연계를 도식적으로 제시. 효과적인 파트너링의 촉진을 위한 인센티브 및 업무 프로세스에 대한 조사를 포함	조직이 어떻게 공동의 목표(예를 들어 협업 정부, 협업을 통한 서비스 전달)를 향하여 함께 일하는지를 설명
웹 기반 데이터 수집	웹을 활용하여 관련 자료를 규명, 수집하거나 감사 질문에 대한 이해관계자의 견해를 확보. 예를 들자면 이메일을 활용한 질의, 웹 기반 설문, 1대1 인터넷 인터뷰, 웹 기반 포커스그룹 등	예비 조사 단계의 감사 분야에 대한 광범위한 정보 수집. 실제 감사 단계의 데이터 및 관계자 견해 수집

로직 모델	프로그램 및 서비스가 의도하는 결과가 무엇인지에 대한 조직의 견해를 확보할 목적으로 자원 투입부터 최종 결과까지의 논리적 진행 과정을 단계적으로 기술. 이를 통해 원인과 결과를 보다 잘 규명할 수 있음	활동의 결과가 불확실하거나 결과를 가져오는 요인이 명확하지 않을 때 사용. 로직 모델을 통해 감사인은 프로그램에 대한 이해 및 사용자의 기대가 무엇인지 파악, 축적하고 핵심 성과 포인트를 규명할 수 있음
비용편익 및 비용효과성 분석	활동의 비용(직접/간접)과 그 결과로부터 예상되는 편익(유형/무형)을 추정하여 비교	권고 사항의 총체적 편익을 평가하는 것으로 대안, 우선순위, 의사결정 등을 평가할 때 사용
리스크 평가	조직의 임무 수행에서 리스크 관리 프로세스의 품질을 테스트하여 조직의 리스크 평가 업무에서 조사가 필요한 영역을 규명	감사 예상 문제를 개발하는 단계에서 조직의 목표 달성을 저해하는 핵심 리스크, 재정가치 및 결과 확보에 대한 리스크를 규명하고자 할 때. 실제 감사 중 대규모 프로젝트, 프로그램 또는 공공서비스의 리스크 평가의 품질을 검토. 실제 조치들이 규명된 리스크 및 비상 계획에 따라 이루어진 것인지에 대한 평가도 포함
인식적 매핑	여러 용도로 활용 가능한 기법으로, 예를 들어 서비스 전달에 직접 관여하는 이해관계자로 하여금 실제 및 예상 결과에 영향을 주는 모든 잠재적 요인을 제시하게끔 하는 것	감사 준비 단계에서 핵심 감사 질문/초점을 규명할 때 사용. 예상 문제를 개발할 때 유용함
다중 의사결정 분석	의사결정 트리 내에서 핵심 단계별로 선택 대안을 도출하고, 이에 따른 기대 효과와 예상 밖의 결과를 제시	예상 문제를 도출하는 단계에서 감사에서 다루어야 할 핵심 이슈 및 분야가 무엇이고 주요 이해관계자가 누구인지를 규명
미스터리 쇼핑	신분을 밝히지 않고 서비스 사용자 역할을 수행하여 서비스에 대한 직접적인 경험과 평가 실시	서비스에 대한 진단 및 분석 시 서비스 품질을 조사할 때 사용
다중 분석	독립적 변수의 변화가 종속 변수에 미치는 영향을 추정함으로써 최종 산출물과 결과에 영향을 주는 핵심 요인을 테스트 가능	다중 분석 기법은 실제 운영에 변화를 주었을 때 이로 인한 잠재적 절감 효과에 대한 추정치를 엄밀한 방법으로 제시 가능. 이를 토대로 감사인은 이론적으로 타당한 실질적인 권고안을 제시할 수 있음

역자 후기

이 책은 존 번 경(Sir John Bourn)의 『Public Sector Auditing – Is it value for money?』(2007)를 완역한 것이다.

존 번 경은 젊은 시절 공직에 입문하여 영국의 재무부, 국방부, 북아일랜드부 등에서 근무하였고, 1988년부터 2008년까지 20여 년간 영국 감사원장을 지냈으며, 세계은행(World Bank), 국제연합(UN), 세계감사원장회의(INTOSAI) 등의 국제 공공감사 관련 자문과 개혁 어젠더에서 늘 중심 인물로 활약하였다. 또한 런던정경대학(LSE), 브라이턴대학(University of Brighton) 등에서 초청교수 또는 석좌 교수를 역임하였다.

존 번 경은 공직과 감사원장으로서의 성공과 시행착오, 국제기구 활동 등을 통해 얻은 주요국 감사원의 경험과 방법론 등을 체계적으로, 그리고 열정적으로 이 책에 담아냈다.

저자의 메시지

존 번 경의 문제의식은 명료하다. 현대 행정에서는 공공 부문의 역할이 확대되고 있다. 그리고 공공 부문의 축은 관료제이다. 그런데 관료제는 내부 지향적이어서 관료들은 조직의 '바깥'보다는 '안'쪽을 챙긴다. 규정과 절차가 우선이고, 그 규정과 절차는 책임을 피하려는 방편이다. 또한 관료들은 리스크를 지지 않으려 하지만 때로는 무지하며, 그래서 용감하게도 실패와 손실을 빚어낸다.

그렇다면 어떻게 해야 하는가? 존 번 경은 결국은 관료들이 책임 있고 자신 있게 판단을 내릴 수 있어야 한다고 강조한다. 이는 존 번 경의 공직 경험과 관료 사회에 대한 애정이 녹아 있는 신념처럼 느껴진다.

존 번 경은 공공 부문에 대한 시민의 니즈(needs)가 커지면서 공공서비스의 질과 재정성과를 높이려는 시도들—민영화, 민자사업, 프로그램 및 프로젝트 관리 방식 도입, 성과에 기반을 둔 행정 등—이 이어지고 있음을 소개하고, 성과가 있기를 기대한다. 그러나 존 번 경이 영국과 주요국의 감사 사례를 통해 지적하듯, 문제가 있고 또 반복되고 있다. '내부 지향적인' 관료제의 함정에서 벗어나기가 쉽지 않다는 것이다. 성과 중심의 행정을 한다면서 하나의 측정 수단에 불과한 '숫자' 그 자체가 절대적인 목표가 되어버려 왜곡이 일어난다는 대목은 압권이다.

그럼에도 존 번 경의 시선은 미래를 향해 있고 희망적이다. 그는 현대 행정이 발전해왔고 나아지고 있다고 이야기한다. 이 책에서 존 번 경은 감사 사례를 통해 여러 문제점을 지적하고 있지만, 방점은 문제점 그 자체가 아니라 문제점이 개선되고 있고 좋은 방향으로 나아가고 있다는 데 있다.

존 번 경은 관료제를 변화시키는 데, 그리고 새로운 제도들이 자리 잡고 성과를 이루는 데 감사기구와 감사인의 역할이 중요하며 바뀌어야 한다고 시종일관 강조한다. 비판자나 고발자(critic and nark)가 아니라 코치나 멘토(coach and mentor)를 지향해야 한다는 것이다. 이러한 맥락에서 그는 영국 감사원 사례와 주요국의 감사 사례를 통해 감사기구와 감사인의 역할과 방법론을 풍부하게 소개하고 있다. 잘못을 찾아내고 개선하는 것도 중요하지만, 잘된 사례를 찾아내고 거기서 교훈을 얻어내는 것이 더 효과적이라는 것, 이 역시 존 번 경의 신념으로 느껴진다.

존 번 경은 일종의 프로젝트로서 정부 프로젝트가 관리되어야 하듯, 감사기구의 감사 활동 역시 프로젝트처럼 체계적으로 관리되어야 한다고 주장한다. 그리고 관료제가 안쪽만 바라보면 안 되듯, 감사기구와 감사인도 바깥을 바라볼 수 있어야 한다고 강조한다. 관료들이 책임 있고 자신 있게 판단을 할 수 있도록 감사인이 코치와 멘토가 되고자 한다면, 감사인부터 먼저 자신이 안쪽의 함정에 빠져 있는 것은 아닌지 물어야 한다. 새로운 감사의 핵심은 소통과 협업이다.

번역자들의 소회

우리 두 번역자가 원서를 번역하기 시작한 것은 2009년이다. 당시 한 사람은 감사연구원에 근무하고 있었고, 한 사람은 감사원의 직무 연수 프로그램으로 미국에 체류 중이었는데, 'Public Sector Auditing'이라는 선명한 책 제목과 존 번 경이라는 저자의 중량감에서 "드디어 기본서가 나왔다"는 설렘을, 그리고 우리말로 번역해야겠다는 의무감을 느꼈다. 우리 두 사람은 각자 독자적으로 번역을 시작하였다가 서로 같은 일을 하고 있음을 알게 되면서 곧 공동 작업을 하게 되었다. 하지만 바쁜 직장 생활 가운데 번역은 생각만큼 속도를 내지 못하였고 어느 때부터는 마음의 짐으로 남게 되었다. 이후 두 사람이 감사원 생활을 마치게 되면서, 지나간 공직 생활 경험과 감사(感謝)의 마음을 담아 10여 년 넘게 안고 있었던 숙제를 온전히 마무리할 수 있었다.

원서는 고개가 끄덕여지는 구성에 메시지도 명료하지만, 번역은 어려웠다. 이 책은 현대 행정의 변화하는 환경과 제도들, 그리고 감사기구의 역할을 다루고 있다. 그리고 영국과 아울러 미국, 호주, 뉴질랜드, 캐나다, 중국 등 여러 나라의 사례를 다루고 있다. 각국의 제도와 쟁점을 이해하고 번역해내기 위해서는 원서의 본문을 뛰어넘어 관련 자료를 찾아 곁길에서 헤매야 하는 때도 많았다. 그보다 더 어려운 것은 성과에 기반을 둔 행정과 감사에 관한 기본 개념을 어떻게 옮기느냐 하는 것이었다. object, inputs, outputs, outcomes, results, measures, targets, accountability, value for money 같은 용어들은 매번 번역자들을 긴장하게 만들었다.

돌아보니 최선을 다했다는 느낌, 그리고 번역자들이 감사원에서 오랜 기간 감사 실무와 연구, 국제 협력 일을 했던 것이 번역을 하는 데 자산이 되었다는 생각에서 감히 위안을 얻는다.

독자들에게

지금 이 책을 펼쳐 보는 이는 어떤 분일까? 번역자들의 바람으로는, 감사부서에 제법 오래 근무했고 이제는 관리자급에 올랐는데 '감사가 뭘까, 부서원들에게 무슨 얘기를 할까'하고 고민하는 분이면 좋겠다. 또 얼마 전 감사 부서에 덜컥 배치되었는데 '감사가 뭘까, 어떻게 하라는 걸까' 난감해 하는 분이면 좋겠다. 또 공공감사 부문에서 커리어를 시작하고 싶은 드리머(dreamer)라면 더 좋겠다. 또 우리 기관이 발전하려면 감사도 달라져야 한다는 막연하지만 문제의식은 분명한 의사결정 그룹의 한 분이라면 더더욱 좋겠다.

이 책은 공공감사에 관한 교과서라 할 만하다. 존 번 경의 웅변처럼 공공 행정의 발전을 위해서는 공공감사의 역할과 변화가 중요하다. 공공감사의 발전 방향과 역할, 방법론을 고민하는 분들께 이 책이 큰 도움이 되길 기대한다.

2024년 1월
김성준, 전광춘

《 참고문헌 》

Accenture (2003) 'eGovernment leadership: engaging the customer study'.

Africa Focus, Kenya (2005) *Corruption fight stalling.*

Africa Focus, Kenya (2006) *Githongo Report.*

Algemene Rekenkamer *Performance and Operation of Public Administration Strategy 2004-2009* (http://www.rekenkamer.nl).

Algemene Rekenkamer (2006) *Reducing the Administrative Burden for Businesses* (http://www.rekenkamer.nl).

Amber, T., Chitterder, F. and Obodovski, M. (2004) *How Much Regulation is Gold Plate?* British Chamber of Commerce, London.

Anderson, J. and Gray, C. (2006) *Anti-Corruption in Transition: Who is Succeeding and Why?* World Bank.

Andrews, R. (2004) 'Analysing deprivation and local authority performance: the implications for CPA' *Public Money and Management*, January 19-24.

Anselmi, T. (1982) *Commission Report*, Italian Chamber of Deputies.

Asia Times (2005) 'On the occasion of the ratification of the United Nations Convention against Corruption by the National People's Congress'.

Audit Commission (2006) *National Fraud Initiative 2004-2005: Public Sector Summary.*

Audit Commission (2006) Briefing on the Audit Commission's Comprehensive Performance Assessment frameworks.

Auditor General of Australia Department of Immigration and Multicultural Affairs, *Visa Management: Working Holiday Makers* (Audit Report No. 7 2006-2007).

Augustine, N. (1997) *Augustine's Laws*, 6th edn, Viking.

Báger, G. (2004) *Conclusions of the Study of Privatisation in Hungary*, Hungarian State Audit Office. Research and Development Institute, Budapest.

Barber, Sir Michael (2006) 'Reform of public services is a test for managers' *Financial Times* 27 September, p. 17.

Barnett, C. (1986) *The Audit of War*, Macmillan.

Becker, G. (1968) 'Crime and punishment: an economic approach', *The Journal of*

Political Economy 76, 169–217.

Behn, R. (2001) *Rethinking Democratic Accountability*, Brookings, 2001.

Benn, T. (1989) *Against the Tide: Diaries 1973–1976*, Arrow.

Better Regulation Commission (2006) *Whose Risk is it Anyway?* October.

Bevan, G. and Hood, C. (2006) 'What's measured is what matters: targets and gaming in the English public health care system', *Public Administration* 84(3).

Biddlecombe, P. (2002) *French Lessons in Africa, Travels with my Briefcase through French Africa*, Abacus.

Blair, T. (speech) June – http://www.number10.gov.uk.

Boston, J. (2000) 'The challenge of evaluating systemic change: the case of public management reform' Paper prepared for the IPMN Conference 'Learning form experiences with new public management', Macquarie Graduate School of Management, Sydney, 4–6 March.

Bourn, J. (2003) *Press Notice: The Operational Performance of PFI Prisons*, HC 700, Session 2002–2003.

Bovens, M., 't Hart, P. and P.B. Guy (eds) (2001) *Success and Failure in Public Governance: a comparative analysis*, Edward Elgar.

Bower, T. (1992) *Maxwell: The Outsider*, Viking.

Boyne, G. (2003) 'What is public service improvement?', *Public Administration* 81(2), 211–227.

Boyne, G. and Enticott G. (2004) 'Are the poor different? An empirical analysis of the internal characteristics of local authorities in the five CPA groups', *Public Money and Management*, January 11–18.

Braithwaite, J. and Ayres, I. (1992) *Responsive Regulation: Transcending the deregulation debate*, Oxford University Press, New York.

Butler, P.D., Adonis, A. and Travers, T. (1994) *The Politics of the Poll Tax*, Oxford University Press.

Cabinet Office (2000) *Professional Policy Making For the Twenty First Century.*

Carvel, J. (2006) 'Ambulance times misreported 999 response times', *The Guardian*, 15 August.

Chapman, L. (1979) *Your Disobedient Servant: the continuing story of Whitehall's over-spending*, Penguin.

Coase, R. (1937) 'The nature of the firm', *Economica* 4, 386–405.

Coe, C.K. *Public Financial Management.*

Cole, R. *Evening Standard.*

Columbia Accident Investigation Board (2003) *Space Shuttle Columbia and Her Crew,* Houston NASA.

Committee of Public Accounts (4th Report HC 273, 1902) Votes 6, 14.

Committee of Public Accounts (2nd Report 1963–1964).

Committee of Public Accounts (4th Report HC 277, 1982) Clan III Vote 15.

Committee of Public Accounts *Sale of the Water Authorities in England and Wales* (7th Report, HC 140, Session 1992–1993, Her Majesty's Stationery Office, London).

Committee of Public Accounts, British Rail Maintenance Limited: The Sale of Maintenance Depots (22nd Report, HC 168, Session 1996–1997).

Committee of Public Accounts, *The Sale of AEA Technology* (60th Report, HC 749, Session 1997–1998), Conclusion xv.

Committee of Public Accounts, *The PRIME Project: The transfer of the Department of Social Security estate to the private sector* (41st Report, HC 548, Session 1998–1999).

Committee of Public Accounts, *Improving the Delivery of Government IT projects* (1st Report, HC 65, Session 1999–2000).

Committee of Public Accounts, *The PFI Contract for the New Dartford and Gravesham Hospital* (12th Report, HC 131, Session 1999–2000), conclusion x, The Stationery Office, London.

Committee of Public Accounts, *The Millennium Dome* (14th Report, HC 516, Session 2001–2002).

Committee of Public Accounts, Summary and Conclusions, *New IT System for Magistrates' Courts: The Libra Project* (44th Report, HC 434, Session 2002–2003) The Stationery Office, London.

Committee of Public Accounts, *The PFI Contract for the redevelopment of West Middlesex University Hospital* (19th Report, HC 155, Session 2002–2003) The Stationery Office, London.

Committee of Public Accounts, *Inland Revenue: Tax Credits* (14th Report HC 89, Session 2003–2004).

Committee of Public Accounts, *Customs and Excise Standard Report 2003–04* (HC 695, Session 2005–2006).

Committee of Public Accounts, *Achieving value for money in delivering public services* (17th Report, HC 742, Session 2005–2006).

Committee of Public Accounts, *The Refinancing of the Norfolk and Norwich PFI Hospital* (35th Report, HC 694, Session 2005–2006).

Committee of Public Accounts, *The BBC's White City 2 development* (24th Report, HC 652, Session 2005–2006) The Stationery Office, London.

Committee of Public Accounts, *Tax Credits and Deleted Tax Cases* (5th Report, Session 2005–2006).

Comptroller and Auditor General, *Sale of Shareholding in British Telecommunications plc* (HC 495, Session 1984–1985).

Comptroller and Auditor General, *Achieving Innovation in central government organisations.* (HC 1447, Session 2005–2006).

Comptroller and Auditor General & HM Treasury, *Tackling External Fraud.* (2004).

Comptroller and Auditor General, *Inland Revenue Standard Report 2004–2005.*

Comptroller and Auditor General, *Public Service Agreements.* (HC 476, Session 2004 –2005).

Comptroller and Auditor General, *Evaluation of Regulatory Impact Assessments.* (2005).

Comptroller and Auditor General, *A Framework for evaluating the implementation of Private Finance Initiative projects: Volumes 1 and 2.*

Comptroller and Auditor General, *The Efficiency Programme: A Second Review of Progress* (HC, Session 2006–2007).

Comptroller and Auditor General, *PSA targets: performance information. Results of a survey of UK Government Departments' Finance Directors and Target Owners about Information Underpinning the Pursuit of Performance Targets.* http://www.nao.org.uk/publications/ other publications.htm.

Comptroller and Auditor General, *The Vehicle Inspectorate: progress with the first Executive Agency* (HC 249, Session 1991–1992).

Comptroller and Auditor General, *The Sale of National Power and PowerGen* (HC 46, Session 1992–1993).

Comptroller and Auditor General, *The Sale of the Twelve Regional Electricity Companies* (HC 10, Session 1992–1993).

Comptroller and Auditor General, *Severance Payments to Senior Staff in the Publicly Funded Education Sector* (HC 2002, Session 1994–1995).

Comptroller and Auditor General, *A Review of the Financial Controls over Indirectly Funded Operations of the Metropolitan Police* (HC 462, Session 1994–1995).

Comptroller and Auditor General, *British Rail Maintenance Limited: Sale of Mainte-nance Depots* (HC 583, Session 1995–1996).

Comptroller and Auditor General, *Sales of the Royal Dockyards* (HC 748, Session 1997–1998).

Comptroller and Auditor General, *The Sale of the Stationery Office* (HC 522, Session 1997–1998).

Comptroller and Auditor General, *Department of the Environment, Transport and the Regions: The Private Finance Initiative: The first Four Design, Build and Operate Roads Contracts* (HC 476, Session 1997–1998).

Comptroller and Auditor General, *Privatisation of the Rolling Stock Leasing Companies* (HC 576, Session 1997–1998).

Comptroller and Auditor General, *Examining the value for money of deals under the Private Finance Initiative* (HC 739, Session 1998–1999).

Comptroller and Auditor General, *The PFI Contract for the new Dartford & Gravesham Hospital* (HC 423, Session 1998–1999).

Comptroller and Auditor General, *The Flotation of Railtrack* (HC 25, Session 1998–1999).

Comptroller and Auditor General, *Kosovo: The financial management of military operations* (HC 530, Session 1999–2000).

Comptroller and Auditor General, *The Millennium Dome* (HC 936, Session 1999–2000).

Comptroller and Auditor General, *The Management and Control of Hospital Acquired Infection in Acute NHS Trusts in England* (HC 230, Session 1999–2000).

Comptroller and Auditor General, *The Sale of Part of the UK Gold Reserves* (HC 86, Session 2000–2001).

Comptroller and Auditor General, *Measuring the Performance of Government Departments* (HC 301, Session 2000–2001).

Comptroller and Auditor General, *Purchasing Professional Services* (HC 400, Session 2000–2001).

Comptroller and Auditor General, *The Implementation of the National Probation Service Information Systems Strategy* (HC 401, Session 2000–2001).

Comptroller and Auditor General, *Inpatient and Outpatient waiting in the NHS* (HC 221, Session 2001–2002).

Comptroller and Auditor General, *NIRS2: Contract extension* (HC 335, Session 2001–

2002).

Comptroller and Auditor General, *Managing the relationship to secure a successful partnership in PFI projects* (HC 375, Session 2001–2002).

Comptroller and Auditor General, *Inappropriate Adjustments to NHS Waiting Lists* (HC 452, Session 2001–2002).

Comptroller and Auditor General, *Agriculture Fraud: The case of Joseph Bowden* (HC 615, Session 2001–2002).

Comptroller and Auditor General, *Individual Learning Accounts* (HC 1235, Session 2001–2002).

Comptroller and Auditor General, *Redevelopment of MOD Main Building* (HC 748, Session 2001–2002).

Comptroller and Auditor General, *Tackling Pensioner Poverty: encouraging take-up of entitlements* (HC 37, Session 2002–2003).

Comptroller and Auditor General, *The PFI Contract for the Redevelopment of West Middlesex University Hospital* (HC 49, Session 2002–2003).

Comptroller and Auditor General, *Using Call Centres to Deliver Public Services* (HC 134, Session 2002–2003).

Comptroller and Auditor General, *Innovation in the National Health Service–The acquisition of the Heart Hospital* (HC 157, Session 2002–2003).

Comptroller and Auditor General, *New IT systems for Magistrates' Courts: the Libra project* (HC 327, Session 2002–2003).

Comptroller and Auditor General, *Ensuring the Effective Discharge of Older Patients from NHS Acute Hospitals* (HC 392, Session 2002–2003).

Comptroller and Auditor General, *Tackling Benefit Fraud* (HC 393, 2002–2003).

Comptroller and Auditor General, *Progress in Making E-services Accessible to All: Encouraging use by older people* (HC 428, Session 2002–2003).

Comptroller and Auditor General, *Difficult Forms: How government agencies interact with citizens* (HC 1145, Session 2002–2003).

Comptroller and Auditor General, *Citizen Redress: What citizens can do if things go wrong with public services* (HC 21, Session 2003–2004).

Comptroller and Auditor General, *Difficult Forms: How government departments interact with citizens* (HC 255, Session 2003–2004).

Comptroller and Auditor General, *Criminal Records Bureau Delivering Safer Recruitment?* (HC 266, Session 2003–2004).

Comptroller and Auditor General, *English Regions: An early progress report on the New Deal for Communities Programme* (HC 309, Session 2003– 2004).

Comptroller and Auditor General, *Evaluation of Regulatory Impact Assessments Compendium Report* (HC 358, Session 2003–2004).

Comptroller and Auditor General, *PFI: The STEPS Deal* (HC 530, Session 2003–2004).

Comptroller and Auditor General, *English Regions Getting Citizens Involved: Community Participation in Neighbourhood Renewal* (HC 1070, Session 2003–2004).

Comptroller and Auditor General, *Managing Risks to Improve Public Services* (HC 1078, Session 2003–2004).

Comptroller and Auditor General, *Standard Report on the Accounts of the Inland Revenue 2003–04* (HC 1082, Session 2003–2004).

Comptroller and Auditor General, *Delivering Public Services to a Diverse Society* (HC 19, Session 2004–2005).

Comptroller and Auditor General, *Regeneration of the Millennium Dome and Associated Land* (HC 178, Session 2004–2005).

Comptroller and Auditor General, *Evaluation of Regulatory Impact Assessments Compendium Report* (HC 341, Session 2004–2005).

Comptroller and Auditor General, *Department of Health Innovation in the NHS: Local improvement finance trusts* (HC 28, Session 2005–2006).

Comptroller and Auditor General, *Driving the Successful Delivery of Major Defence Projects: Effective project control is a key factor in successful projects* (HC 30, Session 2005–2006).

Comptroller and Auditor General, *Filing of Income Tax Self Assessment Returns* (HC 74, Session 2005–2006).

Comptroller and Auditor General, *Progress on the Channel Tunnel Rail Link* (HC 77, Session 2005–2006).

Comptroller and Auditor General, *Maintaining and improving Britain's Railway Stations* (HC 132, Session 2005–2006).

Comptroller and Auditor General, *Department for Work and Pensions Resource Account* (HC 447, Session 2005–2006).

Comptroller and Auditor General, *Reducing Brain Damage: Faster access to better stroke care* (HC 452, Session 2005–2006).

Comptroller and Auditor General, *Gaining and Retaining a Job: the Department for Work and Pensions' support for disabled people* (HC 455, Session 2005–2006).

Comptroller and Auditor General, *Extending Access to Learning through Technology: Ufi and the learndirect service* (HC 460, Session 2005–2006).

Comptroller and Auditor General, *Dealing with the Complexity of the Benefits System* (HC 592, Session 2005–2006).

Comptroller and Auditor General, *Improving Poorly Performing Schools in England* (HC 679, Session 2005–2006).

Comptroller and Auditor General, *Foreign and Commonwealth Office Resource Accounts 2004–2005: Fraud at the British Embassy Tel Aviv* (HC 776, Session 2005–2006).

Comptroller and Auditor General, *Department for Work and Pensions: Using Leaflets to Communicate with the Public about Services and Entitlements* (HC 797, Session 2005–2006).

Comptroller and Auditor General, *Tackling Child Obesity–First steps* (HC 801, Session 2005–2006).

Comptroller and Auditor General, *Progress in Improving Government Efficiency* (HC 802-I, Session 2005–2006).

Comptroller and Auditor General, *Developing Effective Services through Contact Centres* (HC 941, Session 2005–2006).

Comptroller and Auditor General, *Improving the Efficiency of Postal Services Procurement in the Public Sector* (HC 946, Session 2005–2006).

Comptroller and Auditor General, *Smarter Food Procurement in the Public Sector* (HC 963, Session 2005–2006).

Comptroller and Auditor General, *Second Validation Compendium Report* (HC 985, Session 2005–2006).

Comptroller and Auditor General, *The Provision of Out-of-Hours Care in England* (HC 1041, Session 2005–2006).

Comptroller and Auditor General, *A5 Queue Relocation in Dunstable* (HC 1043, Session 2005–2006).

Comptroller and Auditor General, *The Termination of the PFI Contract for the National Physical Laboratory* (HC 1044, Session 2005–2006).

Comptroller and Auditor General, *The Paddington Health Campus Scheme* (HC 1045, Session 2005–2006).

Comptroller and Auditor General, *Department for Environment, Food and Rural Affairs and the Countryside Agency-The right of access to the open countryside* (HC 1046, Session 2005–2006).

Comptroller and Auditor General, *A Foot on the Ladder: Low cost home ownership assistance* (HC 1048, Session 2005–2006).

Comptroller and Auditor General, *Standard Report on HM Revenue and Customs 2005–2006* (HC 1159, Session 2005–2006).

Comptroller and Auditor General, *Child Support Agency-Implementation of the child support reforms* (HC 1174, Session 2005–2006).

Comptroller and Auditor General, *Progress in Tackling Pensioner Poverty: encouraging take-up of entitlements* (HC 1178, Session 2005–2006).

Comptroller and Auditor General, *Evaluation of Regulatory Impact Assessments 2005–2006* (HC 1305, Session 2005–2006).

Comptroller and Auditor General, *Achieving Innovation in central government organisations: Detailed research findings* (HC 1447-II, Session 2005–2006).

Comptroller and Auditor General, *Department for Environment, Food and Rural Affairs, and Rural Payments Agency: the delays in administering the 2005 Single Payment Scheme in England* (HC 1631, Session 2005– 2006).

Comptroller and Auditor General, *Sure Start Children's Centres* (HC 104, Session 2006–2007).

Comptroller and Auditor General, *Preparation for the London 2012 Olympic and Paralympic Games – Risk assessment and management* (HC 252, Session 2006– 2007).

Comptroller and Auditor General, of New Zealand (1999) *Events surrounding the Chartering of Aircraft by The Department of Work and Income* October http://www.oag.govt.nz.

Comptroller and Auditor General of New Zealand (2006) *Achieving Public Sector Outcomes with Private Sector Partners* (February).

Cornforth, C. and Paton, R. (2004) 'Editorial', *Public Money & Management,* 24, 197– 199.

Department of Health, *National Standards, Local Action, Health and Social Care Standards and Planning Framework 2005–2006*-2007–08.

DETR (2000) *Air Quality Strategy* Cm 4548 The Stationery Office, London.

Disability Alliance (2004) *Race Equality in the Benefits System.*

Drucker, P. (1954) *The Practice of Management, Harper Brothers*, New York.

Dunleavy, P. (1981) *The Politics of Mass Housing in Britain, 1945–1975: a study of corporate power and professional influence in the welfare state,* Oxford University Press.

"Dunnhumby" (2006) *Financial Times Magazine*, 11 November, 18–22.

EBRD (2005), *Annual Report 2005: Annual Review and Financial Report.*

Easterbrook, G. (2003) *The Progress Paradox,* Random House, 2003.

Edinburgh Institute of Chartered Accountants of Scotland (2006) *Principles not Rules: a question of judgement.*

European Foundation for Quality Management: 'The EFQM Excellence Model': Brussels.

Evaluation: Special Issue: Dialogue in Evaluation 7(2), April 2001.

Flin, R. and Crichton, M. *Risk Based Decision-Making: Mitigating threat–maximising opportunity in Comptroller and Auditor General Managing Risks to Improve Public Services* (HC 1078, 2003–2004).

Fraud Advisory Panel (2003) *Identity Theft: Do you know the signs?*

Freedom House (2006) *Freedom in the World – Kenya.*

Fulton Report (1968) *The Civil Service',* London, HMSO.

Gordon, A. (1996) *The Rules of the Game,* John Murray.

Government Accountability Office (1996) *Performance Reports* (GGO-96-66R) (February).

Government Accountability Office (2002) *Performance Reporting* (GAO-02-372).

Government Accountability Office (2002) *Defense Acquisitions Best Practices: Capturing design and manufacturing knowledge early improves acquisition outcomes* (GAO-02-701).

Government Accountability Office (2002) *Medicare: Communications with physicians can be improved* (GAO-02-249).

Government Accountability Office (2005) *Managing for Results: Enhancing agency use of performance information for management decision making* (GAO-05-927).

Government Accountability Office (2005) *Hurricane Katrina: Providing oversight of the nation's preparedness, response, and recovery activities* (GAO-05-1053T).

Government Accountability Office (2006) *Credit Card: Increased complexity in rates and fees heightens need for more effective disclosures to consumers* (GAO-06-929, September).

Government Accountability Office (2006) *Contract Management: DOD vulnerabilities to contracting fraud, waste, and abuse.* (GAO-06-838R)

Government Accountability Office (2006) *Observations on the Oil for Food Programme.*

Government's Annual Report 1997–1998 (Cm 3969).

Government's Annual Report 1998–1999 (Cm 4401).

Gray, A. and Jenkins, B. (2002) 'Policy and program evaluation in the United Kingdom: a reflective state?' in Furubo, J. (ed.) *International Atlas of Evaluation, Transaction.*

Gray, A. and Jenkins, B. (2007) 'Checking out? Accountability and evaluation in the British regularity state' in Bemelmans-Videc, M.-L., Lonsdale, J. and Perrin, B. (eds) *Making Accountability Work: Dilemmas for Evaluation and for Audit, Transaction.*

Gray, P. (1998) 'Policy disasters in Europe: an introduction' in Gray, P. (ed.) *Public Policy Disasters in Western Europe*, Routledge.

Greer, A. 'Policy co-ordination and the British Administrative System: evidence from the BSE Inquiry', *Parliamentary Affairs* 52(4), 589–615.

Grey, C. (2006) *World Business* July/August p. 15.

Grout, P.A. (2005) *Value for Money Measurement in Public-Private Partnerships*, European Investment Bank Papers, 10(2), 32–57.

Haltiwanger, J. and Singh, M. (1999) 'Cross-country evidence on public sector retrenchment' *The World Bank Economic Review*, 13(1), 23–66.

Handy, C. (1993) *Understanding Organisation* 4th edn. London, Penguin Books.

Hansard (2000) Government Resources and Accounts Bill Standing Committee 18 January.

Harford, T. (2006) 'If the price is right', *Financial Times Magazine*, July.

Hart, P. and Bovens, M. (1996) *Understanding Policy Fiascos,* 145–146.

Haythornthwaite, R. (2006) 'Britain's secret shame: we just love red tape' *Financial Times*, 9 February.

Hennessy, P. (1989) *Whitehall*, Fontana Press.

Heywood, P. (1997) *Political Corruption*, Political Studies Number 3.

Hilton, A. (2006) 'Depressing truth behind rush for Thames Water', *Evening Standard*, 7 August, 25.

HM Revenue and Customs *Annual Report and Autumn Performance Report 2004–*

2005(CM 6691, 2005–2006).

HM Treasury (1998) *Treasury Minute on the Sixtieth Report from the Committee of Public Accounts*, CM 4069.

HM Treasury (2000) *2000 Spending Review: Public service agreement targets* CM 4808, the Stationery Office, London.

HM Treasury (2002) *Refinancing of early PFI transactions Code of Conduct.*

HM Treasury (2003) *PFI: Meeting the investment challenge*, Section 7, London.

HM Treasury (2003) *The Green Book: appraisal and evaluation in central government,* The Stationery Office, London.

HM Treasury (2005) *Corporate Governance in Central Government Departments: Code of Good Practice* July.

HM Treasury (2005) *The Hampton Review of Inspection and Enforcement.*

Hood, C. (1991) 'A public management for all seasons?' *Public Administration*, 69 (Spring).

Hood, C., Scott, C., James, O., Jones, G. and Travers, T. (1999) *Regulation Inside Government: Waste-watchers, quality police and sleaze-busters*, Oxford University Press.

Hood, C. Baldwin, R. and Rothstein, H. (2000) *Assessing the Dangerous Dogs Act: When does regulatory law fail?* P.L. Summer, Sweet and Maxwell.

Hopwood, A.G. (1996) 'Looking across rather than up and down: on the need to explore the lateral processing of information', *Accounting, Organisations and Society*, 21(6).

Horton, S. (2006) 'The public service ethos in the British Civil Service: an historical institutional analysis', *Public Policy and Administration*, 21(1), 36–46.

International Monetary Fund (2000) *Transition Economies: An IMF perspective on progress and prospect*, Issues Brief, 2000/08.

INTOSAI, *Guidelines on Best Practice for the Audit of Economic Regulation* http://www.nao. org.uk/intosai/wgap/ecregguidelines.htm.

INTOSAI Working Group on the Audit of Privatisation (1998) *Guidelines on the Best Practice for the Audit of Economic Regulation.*

INTOSAI Working Group on the Audit of Privatisation (2004) *Guidelines on Best Practice for the Audit of Risk in Public/Private Partnership.*

INTOSAI, *Auditing Standards and practical experience* (http://www.intosai.org).

James, S., Murphy, K. and Reinhart, M. (2005) 'The Citizen's Charter: how such initiatives might be more effective', *Public Policy and Administration* 20(2), Summer 10.

King, T. (2004) *Prospect Magazine.*

Krkoska, L. and Robeck, K. (2006) *The Impact of Crime on the Enterprise Sector: Transition versus non-transition countries* European Bank for Reconstruction and Development July.

Laughlin R., Broadbent J. and Gill J. (2003) 'Evaluating the private finance initiative in the National Health Service in the UK' *Journal of Accounting, Audit and Accountability,* 16(3).

Leach, S. and Lowndes, V. (2006) 'Fitness for purpose? How local authorities can dare to be different' in Solace Foundation Imprint, *The Re-thinking of Local Government: Fitness for Purpose in a Year for Living Dangerously,* London SFI.

Lindblom, C. (1959) 'Science of Muddling Through Public', *Administration,* 19.

Ling, T. (1997) *The British State Since 1945,* Polity Press.

Local Government Association (2005) 'Inspection – time well spent?' Lonsdale, J. (2000) *Advancing Beyond Regularity: developments in value for money methods at the National Audit Office,* unpublished PhD thesis.

Lonsdale, J. and Whitehouse, M. (2006) UK National Audit Office 'Adding Value? Measuring the Impact of Performance Audit in the Education and Social Welfare Fields' Paper given at the Conference of the American Evaluation Association held in Portland, Oregon, 2–4 November.

Marsh, D. and Stoker, G. (1995) *Theory and Methods in Political Science,* 119.

Martin, S. (2005) 'Evaluation, inspection and the improvement agenda: Contrasting fortunes in an era of evidence-based policy-making', *Evaluation,* 11(4), 496–504.

McLuhan, M. and Fiore, Q. (1967) *The Medium is the Massage,* Allen Lane The Penguin Press.

Milton, Sir Simon (2006) 'D-day for local government' *Public Finance,* 24–30 November.

Morris, M. (1995) *Creating Public Value,* Harvard University Press.

Mueller, D.C. (2003) *Public Choice III, Chapter 16,* Cambridge University Press.

Mulgan, G. (2006) G*ood and Bad Power,* Penguin 229.

National Audit Office – *Value for Money Handbook – a guide for building quality into VFM examinations* – http://www.nao.org.uk/.

National Audit Office, *Choice Memorandum Presented to the Select Committee on*

Public Administration.

National Audit Office, *State Audit in the European Union.*

Newman, J. (2001) *Modernising Governance*, Sage.

Newman, J. (2004) 'Constructing accountability: network government and manage-
ment agency', *Public Policy and Administration*, 19(4), (Winter) 29.

New Scientist (1989) article: 'Treasury must wait 21 years for key to door of plant
research institute', Issue 1691, 18 November 1989.

Niskanen Jr, W.A. (1973) *Bureaucracy: Servant or Master?* Institute of Economic Affairs
London.

Normaton, E.L. (1966) *The Accountability and Audit of Government*, Manchester
University Press.

Office of Government Commerce (2006) *Regulatory Impact Assessment – Public
Contracts Regulations 2006.*

Office of Government Commerce (2007) *Achieving Excellence in Construction.*

Office of National Statistics (2002) *Review of ONS Pension Contributions Statistics:
Report of the Review Panel.*

Osborne, D. and Gaebler, T. (1992) *Reinventing Government*, Penguin.

Palfrey, T. (2000) 'Is fraud dishonest?' *Journal of Criminal Law.*

Parker, D. (2004) *The UK's Privatisation Experiment: The Passage of Time Permits
a Sober Assessment*, CESIFO Working Paper, February, No. 1126.

Payne, P. (2006) 'Trouble at mill' *Whitehall and Westminster Review* (21 November).

Peters, T.J. and Waterman, R.H. Jr, (1982) *In Search of Excellence*, Harper and Row,
New York.

Pickett, S.K.H. and Pickett, J.M. (2005) *Auditing for Managers: the ultimate risk
management tool*, John Wiley & Sons, Ltd.

Pidd, M. (undated) Lancaster University Working Paper, summarising material from
Smith, P. (1995) 'On the unintended consequences of publishing performance data
in the public sector', *International Journal of Public Administration,* 18(2 and 3),
277–310.

Pipe, S. (2006) *Accountancy Age,* 5 October.

Pollitt, C., Girre, X., Lonsdale, J., Mul, R., Summa, H. and Waerness, M. (1999)
*Performance or Compliance? Performance Audit and Public Management in Five
Countries*, Oxford University Press.

Pollitt, C. and Bouckaert, G. (2000) *Public Management Reform*, Oxford University

Press.

Pollitt, C. (2003) *The Essential Public Manager*, 81.

Pollitt, C. (2006) 'Performance information for democracy', *Evaluation*, 12(1), 38–55.

Ponting, C. (1986) *Whitehall: Tragedy and Farce,* Sphere Books.

Power, M. (2004) *The Risk Management of Everything*, Demos.

Prime Minister's Strategy Unit (2002) *Risk: Improving government's capability to handle risk and uncertainty* (November).

Public Administration Select Committee (2003) *On target? Government by measurement* HC 62-I, Fifth Report 2002-2003. The Stationery Office, London.

Radin, B. (2006) *Challenging the Performance Movement: Accountability, Complexity and Democratic Values*, Georgetown University Press.

Risk (2002) *Improving Government's Capability to handle Risk and Uncertainty*, Strategy Unit, November.

Schumpeter, J. Economic Theory and Entrepreneurial History 1949, *Change and the Entrepreneur.*

Seligman, M.E.P., and Cxikszentmihalyi, M. (2000) 'Positive psychology: an introduction', *American Psychologist*, 55, 5–14.

Seligman M.E.P., Steen, T.A., Park, N, and Peterson C. (2005) 'Positive psychology progress: an empirical validation of interventions', *American Psychologist,* 60, 410–421.

Sennett, R. (2006) *The Culture of the New Capitalism*, Yale University Press, 35–36.

Short, P. (1999) *Mao: A Life*, Hodder and Stoughton.

Smith, A. (1776) *The Wealth of Nations*, Book I, Chapter X.

State Research Institute of Systems Analysis, Audit Chamber of the Russian Federation (2005) *State Property Privatisation in the Russian Federation 1993–2003*, Moscow.

Statistics Commission (2006) Report No. 29 *PSA targets: the devil in the detail.*

Stern, S. (2005) 'In search of the supplier's reflex reaction', *Financial Times,* 12 October.

Stewart, J. and Ranson, S. (1988) 'Management in the public domain', *Public Money and Management* (Spring/Summer) 15.

Strachan, J. (2005) 'The ties that bind', *Public Finance*, 28 October-3 November 3.

Tett, G. (2005) 'Office Culture', *Financial Times Magazine* (21 May) 22.

The Economist (2005) 'Made to measure – ranking public services', 17 December.

Transparency International (2004, 2005, 2006) *National Integrity Studies, Kenya (various); Global Integrity, Public Integrity Index; Global Corruption Reports.*

UK Government's Approach to Public Service Reform June 2006
– http://www.strategy. gov.uk/publications.

United Kingdom Passport Agency: *The Passport Delays of Summer 1999*, Report by the Comptroller and Auditor General (HC 812 Session 1998–1999).

USA Social Security Administration, *Social Security Programmes Throughout the World.*

Volcker, P.A., Goldstone, R. and Peith, M. (2005) *Report on the Manipulation of the Oil for Food Programme.*

Von Hayek, F. (1994) *The Road to Serfdom*, University of Chicago Press.

Voszka, E. (1999) 'Privatization in Hungary: results and open issues', *Economic Reform Today*, Issue No. 2.

Wolman, C. (2005) 'Terminal Five gets off to a flying start'. P*ublic Finance* May 6–12 2005.

World Bank (2004) *Economies in Transition: An Operations Evaluation Department evaluation of World Bank assistance*, Washington.

Yeung, K. (2005) *Securing Compliance*, Hart Publishing.

《 찾아보기 》

* 기관명과 단체명, 법률 명칭 등에 특정 국
가가 명시되지 않은 항목은 영국과 관련된
것임.

공공감사: 성과감사의 역할과 방법론

초판 1판 펴낸 날 2024년 2월 15일

지은이 | 존 번 경
옮긴이 | 김성준, 전광춘
편집 | 김소라 · 디자인 | 권대흥 · 펴낸이 | 김삼수
펴낸 곳 | 아모르문디 · 등록 | 제313-2005-00087호
주소 | 서울시 마포구 월드컵북로5길 56, 401호
전화 | 070-4114-2665 · 팩스 | 0505-303-3334
이메일 | amormundi1@daum.net

ISBN 979-11-91040-34-0 93350